여러분의 합격을 응원하는
해커스공무원의 특별 혜택

KB093663

FREE 공무원 영어 **특강**

해커스공무원(gosi.Hackers.com) 접속 후 로그인 ▶ 상단의 [무료강좌] 클릭 ▶
[교재 무료특강] 클릭하여 이용

공무원 보카 어플 이용권

GOSIVOCAPATTERN

구글 플레이스토어/애플 앱스토어에서 '해커스공무원 기출보카' 검색 ▶
어플 설치 후 실행 ▶ '인증코드 입력하기' 클릭 ▶ 위 인증코드 입력

* 등록 후 30일간 사용 가능
* 해당 자료는 [해커스공무원 기출 보카 4000+] 교재 내용으로 제공되는 자료로, 공무원 시험 대비에 도움이 되는 유용한 자료입니다.

해커스공무원 온라인 단과강의 **20% 할인쿠폰**

B4ADD697D574E576

해커스공무원(gosi.Hackers.com) 접속 후 로그인 ▶ 상단의 [나의 강의실] 클릭 ▶
좌측의 [쿠폰등록] 클릭 ▶ 위 쿠폰번호 입력 후 이용

* 등록 후 7일간 사용 가능(ID당 1회에 한해 등록 가능)

합격예측 **온라인 모의고사 응시권 + 해설강의 수강권**

CFC7E8B7994C27PB

해커스공무원(gosi.Hackers.com) 접속 후 로그인 ▶ 상단의 [나의 강의실] 클릭 ▶
좌측의 [쿠폰등록] 클릭 ▶ 위 쿠폰번호 입력 후 이용

* ID당 1회에 한해 등록 가능

쿠폰 이용 관련 문의 1588-4055

단기 합격을 위한
해커스공무원 커리큘럼

입문

탄탄한 기본기와 핵심 개념 완성!

누구나 이해하기 쉬운 개념 설명과 풍부한 예시로 부담없이 쌩기초 다지기

TIP 베이스가 있다면 **기본 단계**부터!

▼

기본+심화

필수 개념 학습으로 이론 완성!

반드시 알아야 할 기본 개념과 문제풀이 전략을 학습하고
심화 개념 학습으로 고득점을 위한 응용력 다지기

▼

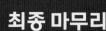

**기출+예상
문제풀이**

문제풀이로 집중 학습하고 실력 업그레이드!

기출문제의 유형과 출제 의도를 이해하고 최신 출제 경향을 반영한
예상문제를 풀어보며 본인의 취약영역을 파악 및 보완하기

▼

동형문제풀이

동형모의고사로 실전력 강화!

실제 시험과 같은 형태의 실전모의고사를 풀어보며 실전감각 극대화

▼

최종 마무리

시험 직전 실전 시뮬레이션!

각 과목별 시험에 출제되는 내용들을 최종 점검하며 실전 완성

PASS

* 커리큘럼 및 세부 일정은 상이할 수 있으며,
자세한 사항은 해커스공무원 사이트에서 확인하세요.

단계별 교재 확인 및
수강신청은 여기서!

gosi.Hackers.com

해커스공무원

영어 기출

불변의 패턴

Contents

독해

어휘&생활영어

약점 보완 해설집 [책 속의 책]

책의 특징과 구성

79개 불변의 패턴으로 공무원 영어 전 영역을 효율적이고 전략적으로 학습할 수 있습니다.

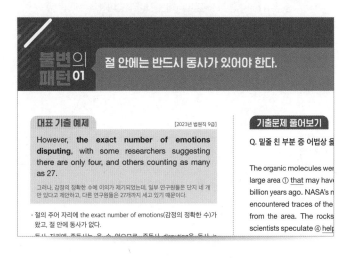

불변의 패턴

최신 기출문제와 2025년 기조 전환 대비 1, 2차 예시문제를 완벽 분석하여 매해 시험이 바뀌고 시간이 흘러도 변함없이 출제되는 불변의 패턴으로 정리했습니다. 문법/독해/어휘&생활영어 영역별로 꼭 필요한 패턴을 정리하여 효율적인 학습이 가능합니다.

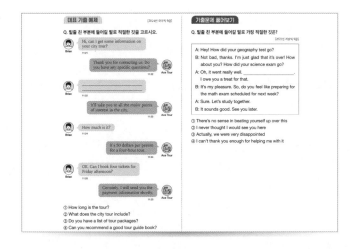

대표 기출 예제, 기출문제 풀어보기

공무원 영어 출제 패턴을 가장 잘 보여주는 최신 기출문제들을 '대표 기출 예제'와 '기출문제 풀어보기'로 수록하여 패턴을 효과적으로 학습할 수 있습니다. 2025년 대비 1, 2차 예시문제도 수록하여 출제기조 전환에 확실하게 대비할 수 있습니다.

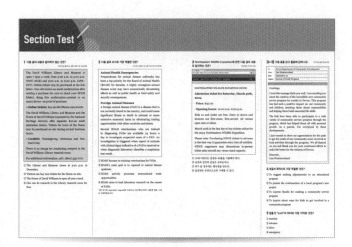

Section Test

매 Section마다 제공되는 Section Test를 통해 앞서 학습한 패턴들이 적용된 기출문제를 실전처럼 풀어보며 실전 적용력을 높일 수 있습니다.

추가 개념과 상세한 해설을 통해 흔들리지 않는 진짜 실력을 쌓을 수 있습니다.

 패턴 PLUS

- to 부정사(to + 동사원형)와 분사(v-ing와 p.p.)는 다른 단어들과 함께 하나의 구를 이루어 주어와 동사 사이에서 주어를 수식하는 역할을 할 수 있으며, 주어-동사의 수 일치에는 영향을 미치지 않는다.

수 일치

The students [to stay after school] ~~includes~~ Sam, Ashley, and
복수 주어   to 부정사구   → include(복수 동사)

Jason.
방과 후에 남을 학생들에는 Sam, Ashley, Jason이 포함된다.

- 관계대명사/관계부사가 이끄는 관계절은 앞에 있는 명사(선행사)를 수식하는 역할을 한다. 따라서 주어와 동사 사이에서 주어를 수식하는 역할을 할 수 있지만, 주어-동사의 수 일치에는 영향을 미치지 않는다.

패턴 PLUS

패턴별로 꼭 알아 두어야 하는 필수 문법 개념, 패턴에 대한 상세한 설명, 그리고 추가적으로 알아 두면 좋을 최신 기출 어휘 등을 제공하여, 기본 실력을 탄탄히 할 수 있습니다.

고득점 포인트

준동사는 동사처럼 자신만의 시제를 표현할 수도 있다. 준동사가 문장의 동사보다 앞선 시점에 일어난 일이라면 이를 나타내기 위해 다음과 같이 완료형을 쓸 수 있다.

	동명사	to 부정사	분사
원형	v-ing	to + 동사원형	v-ing 또는 p.p.
완료형	having p.p.	to have p.p.	having p.p. 또는 having been p.p.

Rising temperatures and shifting weather patterns, which disrupted agriculture, **appear to have led to** widespread famine.
농업에 지장을 준 기온 상승과 기후 패턴의 변화는 광범위한 기근으로 이어진 것으

고득점 포인트

헷갈리기 쉬운 문법 포인트나 함정으로 자주 출제되는 개념을 제공하여, 빈틈없는 실전 대비를 통해 고득점을 달성할 수 있습니다.

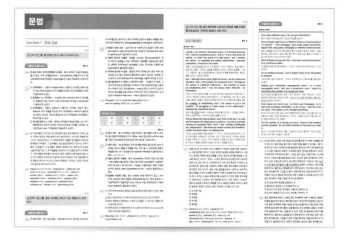

약점 보완 해설집

이해하기 쉬운 해설과 오답분석, 그리고 끊어읽기 해석을 수록하여 혼자서도 효과적인 복습이 가능하며, 문제마다 패턴 표시를 제공하여 어떤 패턴을 다시 학습하면 좋을지 점검할 수 있습니다.

공무원 영어 이렇게 출제된다!

공무원 영어 시험 구성

공무원 영어 시험은 총 20~25문항으로 구성되며 크게 3개의 영역으로 나눌 수 있습니다. 공무원 영어 시험의 약 50%를 차지하는 독해 영역과, 나머지 50%를 차지하는 문법 영역, 어휘 영역으로 구분되는데, 어휘 영역의 경우, 세부적으로 어휘, 표현, 생활영어로 구분할 수 있습니다. (법원직의 경우 독해 약 80%, 문법 및 어휘 약 20%)

시험 구분	총 문항 수	영역별 출제 문항 수		
		문법	독해	어휘
국가직 9급	총 20문항	3~4문항	10~12문항	5~6문항
지방직 9급	총 20문항	3~7문항	8~12문항	5~6문항
서울시 9급*	총 20문항	3~6문항	8~12문항	4~8문항
법원직 9급	총 25문항	1~4문항	21~24문항	0~1문항
국회직 9급	총 20문항	5문항	7~10문항	5~8문항

*서울시 9급 영어 과목 시험은 2020년부터 지방직과 동일하게 인사혁신처에서 출제했습니다.

영역별 최신 출제 경향

문법

문법 영역에서는 **동사구, 준동사구, 어순과 특수 구문**을 묻는 문제가 자주 출제되며, 세부 빈출 포인트로는 **수 일치, 분사, 병치·도치·강조 구문**이 있습니다. 최근에는 한 문제의 모든 보기가 하나의 문법 포인트로 구성되거나 문단 내 모든 문장에 밑줄이 그어져 있는 등 다양한 형태의 문법 문제가 등장하고 있습니다.

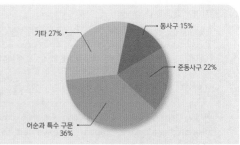

독해

독해 영역에서는 **빈칸 완성(단어, 구, 절), 주제·제목·요지·목적 파악, 내용 일치·불일치 파악 유형**의 출제 비중이 순서대로 높은 편입니다. 최근에는 전체 내용 파악과 논리적 흐름 파악 유형의 출제가 증가하고 있습니다.

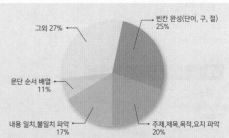

어휘&생활영어

어휘 문제에서는 **유의어 찾기 유형**의 비중이 가장 높으며, 최근에는 **문맥 속에서 적절한 단어를 추론하여 푸는 문제**가 증가하고 있습니다. 생활영어 문제는 실생활과 밀접한 주제의 대화가 주로 출제되나, 직무 관련 대화도 출제됩니다.

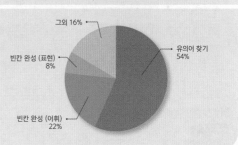

2025년 시험 변경사항 및 대비 전략

문법

☑ **활용성 높은 어법** 출제!

☑ **묻는 어법을 명확히** 한 문제 출제!

→ 실생활에서 자주 쓰이는 활용성 높은 어법이 출제될 예정입니다. 즉, 지엽적이거나 암기가 필요한 어법이 아니라 기본적인 어법을 묻는 적정 난이도의 빈출 문법 포인트가 출제될 것으로 보입니다.

→ 기존에 출제되던 단문형 문제의 출제 비율을 점차 줄이고, 밑줄을 그어 어떤 것을 묻는지 명확히 하는 지문형 문제가 주로 출제될 예정입니다.

대비 전략

지엽적이고 다소 심화적인 문법 포인트보다는 시험에 매번 출제되던 빈출 문법 포인트를 정리한 불변의 패턴 위주로 꼼꼼하게 학습하고, 이를 기출문제에 반복적으로 적용해보는 방식으로 실전에 대한 감각을 키워야 합니다.

독해

☑ 한 지문에 두 개의 문항이 포함된 **다문항 문제** 출제!

☑ 실용적인 영어 능력을 평가하기 위한 **실용문/직무 관련 지문** 출제!

→ 하나의 긴 지문을 읽고 2개의 문제를 푸는 다문항 유형의 문제가 출제될 예정입니다. 문제 유형은 전체 내용 파악 유형, 세부 내용 파악 유형, 유의어 찾기 유형 등 다양한 유형의 문제가 골고루 출제될 수 있습니다.

→ 실용적인 영어 능력을 기르기 위한 실용문 독해 문제가 '이메일', '안내문', '웹페이지' 형식으로 출제되며, 직무에 밀접한 영어 능력을 평가하기 위한 직무 관련 소재의 문제가 출제될 예정입니다.

대비 전략

지문의 형식이나 소재에 있어 변화가 있었지만, 공무원 시험에서 항상 출제되던 문제 유형은 달라지지 않았으므로, 빈출 문제 유형을 정리한 불변의 패턴을 중심으로 문제를 푸는 연습이 필요합니다. 또한, 실용문에 익숙해지기 위해 직무와 관련된 어휘를 학습하고, 관련 소재와 정부 관련 정책에 대해서도 알아두는 것이 좋습니다.

어휘&생활영어

☑ 암기 부담을 덜고 **문맥 속에서 추론 가능한 어휘** 출제!

☑ 시대의 흐름에 맞는 **비대면 의사소통 상황을 표현한 문제** 출제!

→ 어휘 영역에서는 문맥 속에서 추론할 수 있는 유형의 문제와, 난이도가 높지 않은 활용성 높은 어휘 위주로 출제될 예정입니다.

→ 생활영어 영역에서는 시대의 흐름에 맞게 비대면 의사소통 상황을 표현한 문제가 출제될 예정이며, 직무와 관련된 내용의 실용적인 대화가 출제될 예정입니다.

대비 전략

빈출 어휘를 통해 정리한 불변의 패턴을 바탕으로 문맥 속에서 추론하는 방법을 연습하는 것과 더불어, 빈출 어휘와 표현을 암기하는 것이 필요합니다. 또한, 비대면 의사소통 상황에서 쓰일 수 있는 표현과 직무 관련 표현을 알아두는 것이 좋습니다.

문법

Section 1
문장 성분

● '24~'20 국가직·지방직·서울시·법원직·국회직 9급(2024.09 기준)

최신 출제경향

최근 5개년 출제율

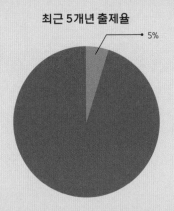

5%

최근 5개년 출제 문항 수

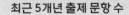
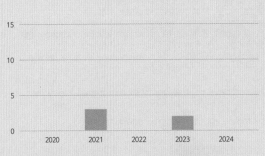

● '24~'20 국가직·지방직·서울시·법원직·국회직 9급(2024.09 기준)

정답·해설·해석_p.2

대표 기출 예제　　　　　　　[2023년 법원직 9급]

However, **the exact number of emotions disputing**, with some researchers suggesting there are only four, and others counting as many as 27.

그러나, 감정의 정확한 수에 이의가 제기되었는데, 일부 연구원들은 단지 네 개만 있다고 제안하고, 다른 연구원들은 27개까지 세고 있기 때문이다.

· 절의 주어 자리에 the exact number of emotions(감정의 정확한 수)가 왔고, 절 안에 동사가 없다.

· 동사 자리에 준동사는 올 수 없으므로, 준동사 disputing을 동사 is disputed로 고쳐야 한다. 참고로, 주어(the exact number of emotions)와 동사가 '감정의 정확한 수에 이의가 제기되다'라는 의미의 수동 관계이므로 be + p.p. 형태의 수동태가 쓰여야 한다.

기출문제 풀어보기

Q. 밑줄 친 부분 중 어법상 옳지 않은 것을 고르시오.

[2023년 국회직 9급]

The organic molecules were found in Mars's Gale Crater, a large area ① <u>that</u> may have been a watery lake over three billion years ago. NASA's nuclear-powered rover Curiosity encountered traces of the molecule in rocks ② <u>extracted</u> from the area. The rocks also contain sulfur, ③ <u>which</u> scientists speculate ④ <u>helping</u> preserve the organics even when the rocks were exposed to the harsh radiation on the surface of the planet. Scientists are quick to state that the presence of these organic molecules is not sufficient evidence for ancient life on Mars, ⑤ <u>as</u> the molecules could have been formed by non-living processes. But it's still one of the most astonishing discoveries.

🔍 패턴 PLUS

문장 안에 접속사/관계사가 있다면 절마다 동사가 한 개씩 있어야 한다. 즉, 동사는 문장에 포함된 접속사/관계사 개수보다 하나 더 많아야 한다.

부사절 접속사	when while if as because 등	
명사절 접속사	that what whether if 등	
관계사	관계대명사	which who(m) whose that
	관계부사	when where how why

The children **have been** eager to be astronauts [since they
　　　　　　　　동사1　　　　　　　　　　　　　　　　　　　　　　접속사　　＼부사절

saw the movie about wonderful space travel].
동사 2

아이들은 멋진 우주여행에 관한 영화를 본 이후로 우주 비행사가 되고 싶어 했다.

→ 부사절 접속사(since)로 두 개의 절이 연결되어 있으므로, 주절의 동사(have been), 부사절의 동사(saw)가 쓰였다.

불변의 패턴 02

보어 자리에는 부사가 아닌 형용사가 와야 한다.

대표 기출 예제

[2022년 서울시 9급(2월 추가)]

We need to stretch the perception of fashion to **remain open** to the many layers and complexities that exist.

우리는 현존하는 많은 계층과 복잡성에 변함없이 열려 있기 위해 패션에 대한 인식을 확장할 필요가 있다.

· 동사 remain은 '변함없이 ~이다'라는 의미로 쓰일 때 주격 보어를 갖는 2형식 동사이다.
· 주격 보어 자리에는 부사가 아닌 형용사가 와야 하므로, 형용사 open이 올바르게 쓰였다.

기출문제 풀어보기

Q. 다음 문장을 영어로 옮긴 것 중 가장 어색한 것을 고르면?

[2014년 국회직 9급]

① 이상하게 들릴지 모르겠지만 그것은 사실이다.
  → Though it sounds strangely, it is quite true.

② 나는 아침에 일찍 일어나는 데 익숙하다.
  → I am used to getting up early in the morning.

③ 그녀가 울음을 터뜨린다고 해서 놀라지 마십시오.
  → Don't be surprised even if she suddenly bursts into tears.

④ 그에게 부족한 것이 없다.
  → He lacks for nothing.

⑤ 그것을 누가했든, 그것이 무엇이든지 간에 별로 상관없다.
  → It matters little who did it or what it was.

패턴 PLUS

· 주격 보어로 형용사를 자주 취하는 동사

상태/상태 추측 (~이다, ~인 것 같다)	be 동사, seem, appear
상태 변화 (~하게 되다, ~해지다)	become/turn, come/grow, go, run, get
상태 유지 (계속 ~이다, ~하게 유지하다)	remain, keep, stay, stand, continue
감각 (~하게 보이다/들리다/느끼다 등)	look, sound, smell, taste, feel

· 목적격 보어로 형용사를 자주 취하는 동사

생각하다/알게 되다/느끼다	think, believe, consider, find, feel
~ 하게 하다/만들다	make, drive, render
유지하다/남기다	keep, leave

고득점 포인트

『as + 원급 + as』 또는 『비교급 + than』과 같은 비교 구문에서도 보어 자리에는 형용사가 와야 한다. 이때, 문장에서 as와 than을 제외하고 보면 보어 자리인 것을 쉽게 확인할 수 있다.

You should be as ~~specifically~~ as possible.
주어　　동사　　　→ specific(주격 보어)
너는 최대한 구체적이어야 한다.

Jason considers exercise more ~~importantly~~ than his diet.
　　　　　목적어　　　→ important(목적격 보어)
Jason은 식단보다 운동을 더 중요하게 생각한다.

Section Test

1 어법상 옳지 않은 것은? [2021년 지방직 9급]

① Fire following an earthquake is of special interest to the insurance industry.

② Word processors were considered to be the ultimate tool for a typist in the past.

③ Elements of income in a cash forecast will be vary according to the company's circumstances.

④ The world's first digital camera was created by Steve Sasson at Eastman Kodak in 1975.

2 다음 글의 밑줄 친 부분 중 어법상 틀린 것은? [2019년 법원직 9급]

Recent research reveals that some individuals are genetically ① predisposed to shyness. In other words, some people are born shy. Researchers say that between 15 and 20 percent of newborn babies show signs of shyness: they are quieter and more vigilant. Researchers have identified physiological differences between sociable and shy babies ② that show up as early as two months. In one study, two-month-olds who were later identified as shy children ③ reacting with signs of stress to stimuli such as moving mobiles and tape recordings of human voices: increased heart rates, jerky movements of arms and legs, and excessive crying. Further evidence of the genetic basis of shyness is the fact that parents and grandparents of shy children more often say that they were shy as children ④ than parents and grandparents of non-shy children.

3 밑줄 친 부분 중 어법상 가장 옳지 않은 것은?

[2018년 서울시 9급(6월 시행)]

Blue Planet II, a nature documentary ① produced by the BBC, left viewers ② heartbroken after showing the extent ③ to which plastic ④ affects on the ocean.

4 밑줄 친 부분 중 어법상 옳지 않은 것은? [2019년 기상직 9급]

① When you are driving on rain-slick, icy, or winding roads, good traction is of paramount important, so always be sure your tires are in top condition.

② As the snowstorm got worse and worse and his wife still hadn't arrived home from work, Jeff became increasingly distraught.

③ Teddy hates catching a cold. When anyone is sneezing and coughing in his presence, he opens a window and fans the air to dissipate the cold germs.

④ Last year, the town experienced a sizzling summer that was the reverse of its frigid winters.

5 (A), (B), (C)의 각 네모 안에서 어법에 맞는 표현으로 가장 적절한 것은? [2017년 법원직 9급]

Once we emerge from childhood, eye contact actually becomes a very unreliable clue to deception. Why? The answer is that eye contact is very easy to control. Much of what happens to us when we feel nervous, such as getting sweaty hands or feeling dry in the mouth, (A) is / being uncontrollable. Most of us, however, have a great deal of control over (B) which / what we're looking at. Thus, many adults have little problem looking others in the eye while lying to them. Moreover, because skilled communicators know that people (C) equate / equating the lack of eye contact with deception, they deliberately maintain normal eye contact when they lie so the other person won't get suspicious. The eyes may be the windows to the soul, as the saying goes, but eye contact is no window to honesty!

	(A)	(B)	(C)
①	is	... which ...	equate
②	being	... which ...	equating
③	is	... what ...	equate
④	being	... what ...	equating

6 다음 밑줄 친 부분 중 어법상 틀린 것은? [2017년 국회직 9급]

Many pharaohs' tombs ① were sealed so tightly that the outside air could not get inside. When this happens, certain bacteria ② grow in the oxygen-free environment and they could be very harmful if ③ inhaled. Other types of organisms like molds and fungi could also ④ present, some of which can cause serious health problems. For these reasons, modern archaeologists, unlike those in the 1920s, ⑤ wear protective filter masks and gloves when entering a tomb for the first time.

7 밑줄 친 부분 중 어법상 옳지 않은 것은? [2015년 사회복지직 9급]

A college girl was really ① upset with her father. She was ashamed of him because he didn't treat his workers well. She demanded that he ② shared the profits with the employees. She explained to him ③ how unfairly workers ④ were treated.

8 Which of the following is not grammatically correct? [2016년 국회직 8급]

Confirmation that a severed head is a good match with an unidentified torso, and that a bent leg found on the Chatsworth Estate in Derbyshire actually (A) belonging to a different body, sounds like the plot of a thriller, but this is the work of restorers (B) preparing a star exhibit for a British Museum show on Sicily. One of the leading attractions of Sicily: Culture and Conquest, the first major British exhibition (C) to examine the early history of the island, will be the reunited marble head and limbless body of a Greek warrior. It is now thought that the impressive statue of a stumbling soldier, a rare piece dating from 470 BC, was designed to inspire and entertain people, much as a Hollywood epic might do today. Part of a 3D narrative tableau, it once told the story of a recent conflict, like (D) frozen footage from an action blockbuster. "The ancient Greeks were subtle in their storytelling," said British Museum curator Peter Higgs. "While the Egyptians and Babylonians tended to depict themselves (E) trampling their enemy underfoot, the Greeks showed themselves fighting. It was very much propaganda, like a cartoon or an epic film. They also had guides at these key sites, who would take people around and explain the relevance of the statues."

① A   ② B   ③ C   ④ D   ⑤ E

정답·해설·해석_p.2

Section 2
동사구

최근 5개년 출제율

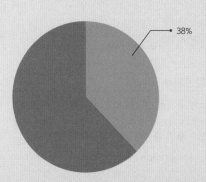

38%

최근 5개년 출제 문항 수

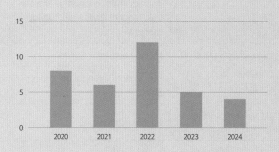

■ '24~'20 국가직·지방직·서울시·법원직·국회직 9급(2024.09 기준)

정답·해설·해석_p.5

대표 기출 예제

[2023년 국가직 9급]

A woman with the tip of a pencil stuck in her head has finally **had it remove**.

연필 끝이 머리에 박힌 여자는 마침내 그것이 제거되게 했다.

· 목적어 it은 '제거되는' 행위의 대상이다.
· 목적어가 목적격 보어가 나타내는 행위의 대상일 때는 목적격 보어 자리에 과거분사가 와야 하므로, 동사원형 remove를 과거분사 removed로 고쳐야 한다.

기출문제 풀어보기

Q. 어법상 가장 옳지 않은 것은?　　　[2022년 서울시 9급(2월 추가)]

① With nothing left, she would have to cling to that which had robbed her.

② Send her word to have her place cleaning up.

③ Alive, she had been a tradition, a duty, and a care.

④ Will you accuse a lady to her face of smelling bad?

패턴 PLUS

· 목적어가 목적격 보어 행위의 주체일 때는 동사에 따라 목적격 보어 자리에 올 수 있는 것이 다르다. 따라서 동사를 보고 목적격 보어 자리에 적절한 준동사가 왔는지 확인해야 한다.

to 부정사를 목적격 보어로 취하는 동사		want, force, get, tell, compel, expect, allow, permit, advise, enable, invite, encourage, cause, ask, require, lead, warn, forbid, tempt
동사원형을 목적격 보어로 취하는 동사	사역동사	make, have, let
	지각동사	see, watch, listen to, hear, feel, smell
현재분사를 목적격 보어로 취하는 동사		keep, find, leave

· 목적어가 목적격 보어가 나타내는 행위의 대상일 때는 동사가 무엇인지와 관계없이 목적격 보어 자리에 과거분사가 와야 한다.

고득점 포인트

help는 목적격 보어로 to 부정사를 취하지만, 이때 to를 생략하고 동사원형만 쓸 수도 있다. 따라서 help의 목적격 보어 자리에 동사원형이 와도 틀린 문장이 아닌 것에 주의한다.

Swimming **helps** me (to) improve my physical strength.
　　　　　　　목적격보어

수영은 내가 체력을 개선시키는 것을 돕는다.

불변의 패턴 04

자동사와 목적어 사이에는 반드시 전치사가 와야 한다.

대표 기출 예제

[2022년 국회직 9급]

They ingest energy, excrete waste energy, and pass on their genes through reproduction. But they also **respond to their environments**.

그들은 에너지를 섭취하고, 폐(廢) 에너지를 방출하며, 번식을 통해 그들의 유전자를 물려준다. 하지만 그들은 또한 그들의 환경에 반응한다.

· 동사 respond는 자동사이다.
· 자동사가 목적어인 their environments를 취하기 위해서는 전치사가 있어야 하므로, 자동사 respond와 목적어 사이에 전치사 to가 올바르게 쓰였다.

패턴 PLUS

특정 전치사와 자주 쓰이는 자동사가 있다.

to	respond to ~에 대응하다 object to ~에 반대하다	belong to ~에 속하다 reply to ~에 대답하다
for	account for ~을 설명하다 wait for ~을 기다리다	look for ~을 찾다
with	agree with (사람)에게 동의하다 cooperate with ~와 협력하다	comply with ~을 따르다 deal with ~을 다루다
from	differ from ~과 다르다 arise from ~에서 발생하다	refrain from ~을 삼가다 suffer from ~으로 고통받다
in	engage in ~에 종사하다 succeed in ~에 성공하다	participate in ~에 참여하다 result in ~을 초래하다
of	approve of ~을 인정하다 dispose of ~을 처분하다	consist of ~으로 구성되다 think of ~을 생각하다
기타	feast on ~을 마음껏 먹다 ponder over ~을 생각하다 improve upon ~을 더 낫게 하다	recede into ~로 물러나다

기출문제 풀어보기

Q. 다음 문장 중 어법상 맞는 것은?

[2017년 국회직 9급]

① I like that you will await for me.
② You'd better attend to your study.
③ She resembles to her mother very closely.
④ He explained me the meaning of the sentence.
⑤ If you are free now, I want to discuss about it with you.

고득점 포인트

의미가 비슷해서 혼동하기 쉬운 자동사와 타동사

의미	자동사+전치사	타동사
말하다	speak to / about ~에게 / ~에 대해 말하다 talk to / about ~와 / ~에 대해 이야기하다	tell ~에게 말하다 discuss ~에 대해 토론하다 mention ~에 대해 말하다 explain ~에 대해 설명하다
답하다	respond to ~에 답하다 reply to ~에 답하다	answer ~에 답하다
반대하다	object to ~에 반대하다 rebel against ~에 대항하다	oppose ~에 반대하다 resist ~에 저항하다
기타	arrive at / in ~에 도착하다 participate in ~에 참여하다 agree with / to ~에 동의하다 wait for ~을 기다리다 complain about ~에 대해 불평하다	reach ~에 도착하다 approach ~에 접근하다 enter ~에 들어가다 resemble ~을 닮다 contact ~에게 연락하다 marry ~와 결혼하다

A large suitcase lay on the bed.
                         자동사
침대 위에는 커다란 여행 가방이 놓여 있다.

He laid a large suitcase on the bed.
        타동사   목적어
그는 침대 위에 커다란 여행 가방을 놓았다.

정답·해설·해석_p.5

대표 기출 예제 [2022년 지방직 9급]

Toys children wanted all year long **has** recently been discarded.

아이들이 일 년 내내 갖고 싶어 했던 장난감들이 최근에 버려졌다.

· 주어는 Toys이고, children wanted all year long은 수식어인 목적격 관계대명사가 생략된 관계절이다.
· 주어(Toys)가 복수 명사이므로, 단수 동사 has를 복수 동사 have로 고쳐야 한다.

기출문제 풀어보기

Q. 밑줄 친 부분 중 어법상 옳지 않은 것은? [2023년 국가직 9급]

While advances in transplant technology have made ① it possible to extend the life of individuals with end-stage organ disease, it is argued ② that the biomedical view of organ transplantation as a bounded event, which ends once a heart or kidney is successfully replaced, ③ conceal the complex and dynamic process that more ④ accurately represents the experience of receiving an organ.

패턴 PLUS

· to 부정사(to + 동사원형)와 분사(v-ing와 p.p.)는 다른 단어들과 함께 하나의 구를 이루어 주어와 동사 사이에서 주어를 수식하는 역할을 할 수 있으며, 주어-동사의 수 일치에는 영향을 미치지 않는다.

The students [to stay after school] ~~includes~~ Sam, Ashley, and
복수 주어   to 부정사구   → include(복수 동사)

Jason.
방과 후에 남을 학생들에는 Sam, Ashley, Jason이 포함된다.

· 관계대명사/관계부사가 이끄는 관계절은 앞에 있는 명사(선행사)를 수식하는 역할을 한다. 따라서 주어와 동사 사이에서 주어를 수식하는 역할을 할 수 있지만, 주어-동사의 수 일치에는 영향을 미치지 않는다.

Some products [the company ordered] ~~was~~ unavailable.
복수 주어   관계절   → were(복수 동사)
회사에서 주문한 일부 제품은 이용할 수 없었다.

고득점 포인트

주어와 동사 사이에는 여러 수식어가 동시에 올 수도 있다. 수식어가 몇 개이든 상관없이 모든 수식어는 제외하고 주어와 동사의 수 일치를 확인해야 한다.

The report, [except for some sections] [that require graphs and
단수 주어   수식어 1   수식어 2

charts], is almost complete.
단수 동사
도표와 표가 필요한 일부 부분을 제외하고, 그 보고서는 거의 완성되었다.

불변의 패턴 06

부분/수량 표현을 포함하는 주어는 사용된 표현에 따라 다른 동사가 와야 한다.

대표 기출 예제

[2022년 지방직 9급]

The number of car accidents **is** on the rise.

자동차 사고의 수가 증가하고 있다

· 주어는 The number of car accidents이다.

· 『the number of』는 단수 취급하는 수량 표현이므로, 단수 동사 is가 올바르게 쓰였다.

패턴 PLUS

단수 취급하는 수량 표현에는 단수 동사를, 복수 취급하는 수량 표현에는 복수 동사를 쓴다.

단수 취급하는 수량 표현	one / each (+명사) every / the number of / one of / neither of + 명사 somebody, someone, something anybody, anyone, anything everybody, everyone, everything nobody, no one, nothing
복수 취급하는 수량 표현	many / several / few / both (of + the) + 복수 명사 a number of / a couple of / a range of / a variety of + 복수 명사

기출문제 풀어보기

Q. 우리말을 영어로 바르게 옮긴 것은?　　　[2024년 국가직 9급]

① 지원자 수가 증가하고 있어서 우리는 기쁘다.

→ We are glad that the number of applicants is increasing.

② 나는 2년 전에 그에게서 마지막 이메일을 받았다.

→ I've received the last e-mail from him two years ago.

③ 어젯밤에 그가 잔 침대는 꽤 편안했다.

→ The bed which he slept last night was quite comfortable.

④ 그들은 영상으로 새해 인사를 교환했다.

→ They exchanged New Year's greetings each other on screen.

고득점 포인트

『the number of + 명사』는 '~의 수'라는 뜻으로 단수 동사가 오지만, 『a number of + 명사』는 '많은 ~'이라는 뜻이며, 복수 동사가 와야 하는 것에 주의한다.

The number of customers at our stores is higher than last year.

단수 동사

우리 매장의 고객 수가 작년보다 증가했다.

A number of customers at our stores prefer the self-checkout counters.

복수 동사

우리 매장의 많은 고객들은 셀프 계산대를 선호한다.

정답·해설·해석_p.6

대표 기출 예제

[2020년 지방직 9급]

Among her most prized possessions sold during the evening sale **were a 1961 bejeweled timepiece by Bulgari.**

그 저녁 경매 동안에 팔린 그녀의 가장 가치 있는 소유물 중에는 불가리의 보석으로 장식된 1961년식 시계가 있었다.

· 부사구(Among ~ sale)가 문장의 앞쪽에 와서 주어(a 1961 ~ Bulgari)와 동사의 순서가 바뀐 도치된 구조의 문장이다.

· 주어 자리에 단수 명사 a 1961 ~ Bulgari가 왔으므로 복수 동사 were를 단수 동사 was로 고쳐야 한다.

기출문제 풀어보기

Q. 어법상 옳은 것은?
[2017년 지방직 9급(6월 시행)]

① The oceans contain many forms of life that has not yet been discovered.

② The rings of Saturn are so distant to be seen from Earth without a telescope.

③ The Aswan High Dam has been protected Egypt from the famines of its neighboring countries.

④ Included in this series is "The Enchanted Horse," among other famous children's stories.

🔍 패턴 PLUS

다음과 같이 특정한 어구들이 문장의 앞쪽에 오면 주어와 동사의 순서가 바뀌는 도치가 일어난다. 따라서 도치된 구조의 문장에서는 동사가 뒤에 나오는 주어에 수 일치하는지 확인해야 한다.

장소/방향을 나타내는 어구	there/here, in/on/under/beneath 등의 전치사 + 명사
부정/제한을 나타내는 어구	not/never/no/nor 아닌 not only ~뿐 아니라 not until ~까지는 아닌, ~에서야 비로소 only 겨우, 오로지 rarely/little/seldom/hardly/scarcely 거의 ~않는

고득점 포인트

· 장소/방향을 나타내는 어구가 문장 앞쪽에 있더라도, 주어가 대명사인 경우에는 도치가 일어나지 않는다.

Here he comes with today's mail.
　　　대명사 주어 동사
오늘의 우편물을 가지고 그가 온다.

· 주격 보어는 보통 동사 뒤에 나오지만, 의미를 강조하기 위해 형용사/분사 주격 보어가 동사 앞에 올 수 있으며 이때 주어가 동사 뒤로 도치된다. 따라서 동사는 뒤에 나오는 주어에 수 일치해야 한다.

Undisturbed was the temple near the construction site.
　　주격 보어　　단수 동사　단수 주어
공사장 근처의 절은 조용했다.

불변의 패턴 08

주격 관계절의 동사는 선행사에 수 일치해야 한다.

대표 기출 예제

[2019년 서울시 9급(6월 시행)]

Each of these animals has **special cells** under its skin **that contains** pigment, a colored liquid.

이 동물들 각각은 피부 아래에 색깔이 있는 액체인 색소가 들어 있는 특별한 세포들을 가지고 있다.

· 주격 관계절인 that contains pigment 내의 동사는 선행사에 수를 일치시켜야 한다.

· 선행사 special cells가 복수 명사이므로 주격 관계절 내의 단수 동사 contains를 복수 동사 contain으로 고쳐야 한다.

기출문제 풀어보기

Q. 밑줄 친 부분 중 어법상 가장 옳지 않은 것은?

[2018년 서울시 9급(6월 시행)]

I'm ① pleased that I have enough clothes with me. American men are generally bigger than Japanese men so ② it's very difficult to find clothes in Chicago that ③ fits me. ④ What is a medium size in Japan is a small size here.

패턴 PLUS

앞의 절 전체 내용을 대신하는 관계대명사 뒤에는 항상 단수 동사가 온다. 이때 관계대명사 앞의 명사를 선행사로 착각하지 않도록 주의한다.

It takes 7,000 liters of water to make a pair of jeans, **which** (= It ~ jeans)

contributes significantly to environmental pollution.
단수 동사

청바지 한 벌을 만드는 데는 7,000리터의 물이 필요하며, 이는 환경 오염에 큰 영향을 미친다.

정답·해설·해석_p.6

대표 기출 예제 [2023년 국회직 9급]

Kind neighbors, a fund-raising campaign organized and sponsored by local corporate leaders, **was jump-started** its first benefit event for Kalamazoo Hospital **this past Sunday**.

지역의 기업 지도자들이 조직하고 후원하는 모금 캠페인인 '다정한 이웃'은 지난 일요일에 칼라마주 병원을 위한 첫 번째 혜택 행사를 시작했다.

· 문맥상 '지난 일요일에 첫 번째 혜택 행사를 시작했다'라는 의미가 되어야 자연스럽다.

· 과거의 특정한 한 시점을 나타내는 시간 표현(this past Sunday)이 왔으므로, 단순 과거 was jump-started가 올바르게 쓰였다.

기출문제 풀어보기

Q. 어법상 옳은 것은? [2021년 국가직 9급]

① This guide book tells you where should you visit in Hong Kong.

② I was born in Taiwan, but I have lived in Korea since I started work.

③ The novel was so excited that I lost track of time and missed the bus.

④ It's not surprising that book stores don't carry newspapers any more, doesn't it?

🧭 패턴 PLUS

· 다음과 같이 과거의 한 시점부터 현재까지를 모두 포함하는 시간 표현은 단순 과거와 쓸 수 없고, 현재완료와 써야 한다.

since ~ 이래로 (지금까지)	for (지금까지) ~ 동안
how long (지금까지) 얼마나 오래	

· 다음과 같이 과거의 특정한 한 시점을 나타내는 시간 표현은 현재완료와 쓸 수 없고, 단순 과거와 써야 한다.

yesterday 어제
last/past + 시간 표현 저난 ~에
~ ago ~ 전에
in + 과거 세기/연도/계절/월 등 (과거 세기/연도/계절/월 등)에

고득점 포인트

· since는 '~이기 때문에'라는 뜻의 접속사로도 쓰일 수 있다. 이때는 단순 과거와도 함께 쓸 수 있다.

We <u>bought</u> bottled water **since** the tap water was not fit to
　　단순 과거　　　　　　　~이기 때문에(접속사)
drink.
수돗물이 마시기에 적합하지 않았기 때문에, 우리는 생수를 샀다.

· for와 how long이 '지금까지'를 포함하는 기간을 뜻하면 현재완료와 써야 하지만, 그렇지 않다면 단순 과거와 쓸 수 있다.

I'm not sure <u>how long</u> he <u>has played</u> on the soccer team so
　　　　　　지금까지 얼마나 오래　　현재완료
far.
그가 지금까지 얼마나 오래 축구팀에서 활동했는지는 잘 모르겠다.

Do you remember <u>how long</u> you <u>played</u> soccer yesterday?
　　　　　　　　어제 얼마나 오래　　단순 과거
어제 얼마나 오래 축구를 했는지 기억하니?

불변의 패턴 10

시간/조건 부사절의 동사는 미래의 일이라도 현재 시제로 써야 한다.

대표 기출 예제

[2017년 사회복지직 9급]

We must arrive in the city **before the sun will set.**

우리는 해가 지기 전에 그 도시에 도착해야 한다.

- 'before the sun will set'은 시간을 나타내는 부사절이다.
- 시간을 나타내는 부사절에서는 미래의 일이라도 현재 시제를 써야 하므로, 미래 시제 will set을 현재 시제 sets로 고쳐야 한다.

기출문제 풀어보기

Q. 우리말을 영어로 잘못 옮긴 것은?

[2015년 국가직 7급]

① 남에게 의존하지 말고 너 자신이 직접 그것을 하는 것이 중요하다.
→ It is important that you do it yourself rather than rely on others.

② 은행 앞에 주차된 내 차가 불법 주차로 인해 견인되었다.
→ My car, parked in front of the bank, was towed away for illegal parking.

③ 토요일까지 돈을 갚을 수 있다면, 돈을 빌려줄게.
→ I'll lend you with money provided you will pay me back by Saturday.

④ 만약 태풍이 접근해오지 않았었더라면 그 경기가 열렸을 텐데.
→ The game might have been played if the typhoon had not been approaching.

🔍 패턴 PLUS

when/if등의 접속사가 이끄는 시간/조건 부사절의 동사는 아직 일어나지 않은 미래의 일이라도 동사를 미래 시제가 아닌 현재 시제로 써야 한다. 부사절은 문장의 앞쪽에 있을 수도 있고 뒤쪽에 있을 수도 있다. 다음은 시간/조건을 나타내는 부사절을 이끄는 접속사이다.

시간을 나타내는 부사절 접속사	when ~할 때 before ~하기 전에 as soon as ~하자마자 while ~하는 동안 after ~한 후에 until[till] ~할 때까지 by the time ~할 때쯤에
조건을 나타내는 부사절 접속사	if 만약 ~한다면 unless 만약 ~하지 않는다면 as long as ~하는 한에는 once 일단 ~하면 in case ~하는 경우에 대비해서 provided 만약 ~라면

고득점 포인트

when/if절이 부사절이 아니라 주어/목적어 등으로 쓰이는 명사절이면, 미래의 일은 미래 시제로 써야 한다.

시간을 나타내는 부사절
We will start the meeting [when James comes to the office].
현재 시제

우리는 James가 사무실에 오면 회의를 시작할 것이다.

동사 know의 목적어로 쓰인 명사절
I don't know [when James will come to the office].
미래 시제

나는 James가 언제 사무실에 올지 모르겠다.

정답·해설·해석_p.7

대표 기출 예제
[2020년 국가직 9급]

They **had** to fight against winds that **will blow** over 40 miles an hour.

그들은 한 시간에 40마일이 넘는 바람과 싸워야 했다.

· 주절의 시제가 과거(had)이므로, 종속절에는 과거나 과거완료 시제가 쓰여야 한다.
· 문맥상 '바람이 부는' 시점과 '바람과 싸우던' 시점이 일치하므로, 미래 시제 will blow를 과거 시제 blew로 고쳐야 한다.

🔍 패턴 PLUS

역사적 사실을 나타낼 때는 주절의 시제와 상관없이 종속절에 항상 과거 시제를 쓴다.

She **knows** that 2018 Winter Olympics <u>was held</u> in Pyeongchang.
_{과거 시제}
그녀는 2018 동계 올림픽이 평창에서 열렸다는 것을 안다.

The students **learned** that Neil Armstrong <u>landed</u> on the moon in 1969.
_{과거 시제}
학생들은 닐 암스트롱이 1969년에 달에 착륙했다는 것을 배웠다.

기출문제 풀어보기

Q. 밑줄 친 부분 중 어법상 가장 옳은 것은?
[2019년 서울시 9급(2월 추가)]

Severe acute respiratory syndrome(SARS) is a serious form of pneumonia. It is caused by a virus that ① <u>identified</u> in 2003. Infection with the SARS virus causes acute respiratory distress and sometimes ② <u>dies</u>. SARS is caused by a member of the coronavirus family of viruses(the same family that can cause the common cold). It ③ <u>believes</u> the 2003 epidemic started when the virus ④ <u>spread</u> from small mammals in China.

고득점 포인트

다음과 같은 경우에는 주절의 시제와 상관없이 종속절에 항상 현재 시제를 써야 한다.

· 현재의 습관이나 반복되는 일을 나타낼 때
Linda **said** that she <u>plays</u> tennis every weekend.
_{현재 시제}
Linda는 주말마다 테니스를 친다고 말했다.

· 일반적·과학적 사실을 나타낼 때
They **didn't know** that Big Ben <u>is</u> in London.
_{현재 시제}
그들은 빅벤이 런던에 있는지 몰랐다.

· 속담·격언을 말할 때
My parents **said** that haste <u>makes</u> waste.
_{현재 시제}
나의 부모님은 서두르면 일을 그르친다고 말씀하셨다.

불변의 패턴 12

현재진행 시제로 미래에 일어날 일을 나타내기도 한다는 것에 주의해야 한다.

대표 기출 예제

[2022년 지방직 9급]

I'm aiming to start my own business **in five years**.

나는 5년 후에 내 사업을 시작할 작정이다.

· 전치사 in이 숫자를 포함한 시간 표현(five years) 앞에 쓰여 '~ 후에'라는 미래 시점을 나타내고 있다.

· 현재진행 시제를 사용해 미래에 일어나기로 예정되어 있는 일이나 곧 일어나려고 하는 일을 표현할 수 있으므로, 현재진행 시제 am aiming이 올바르게 쓰였다.

기출문제 풀어보기

Q. 어법상 옳은 것은?

[2020년 지방직 9급]

① Of the billions of stars in the galaxy, how much are able to hatch life?

② The Christmas party was really excited and I totally lost track of time.

③ I must leave right now because I am starting work at noon today.

④ They used to loving books much more when they were younger.

🔍 패턴 PLUS

현재 시제도 가까운 미래를 나타내는 부사(구)와 함께 쓰여 미래에 확실히 일어나도록 예정되어 있는 일을 나타낼 수 있다.

Minos Apparel's annual charity event <u>begins</u> [two weeks from now].
→ 가까운 미래를 나타내는 부사구   현재 시제

Minos Apparel 사의 연례 자선 행사가 앞으로 2주 후에 시작할 것이다.

1 다음 글의 밑줄 친 부분 중, 어법상 가장 틀린 것은?

[2023년 법원직 9급]

Humans have an inborn *affinity for nature that goes beyond the tangible benefits we derive from the microbes, plants, and animals of the **biomes ① in which we live. The idea that nature in the form of landscapes, plants, and animals ② are good for our well-being is old and can be traced to Charles Darwin or earlier. This idea was called biophilia by psychologist Erich Fromm and was studied by Harvard ant biologist Edward O. Wilson and Stephen Kellert. In 1984, Wilson published *Biophilia*, which was followed by another book, The Biophilia Hypothesis, ③ edited by Kellert and Wilson, in 1995. Their biophilia hypothesis is ④ that humans have a universal desire to be in natural settings.

* affinity 친밀감
** biome 생물군계(生物群系)

2 밑줄 친 부분에 들어갈 표현으로 가장 적절한 것을 고르시오.

[2022년 국회직 9급]

So far, around 130 students _____ suspensions, which means they are not allowed to use the library for up to 30 days.

① to give
② are given
③ have been given
④ have been giving
⑤ will have been given

3 밑줄 친 부분 중 어법상 가장 옳지 않은 것은?

[2016년 서울시 9급(6월 시행)]

He acknowledged that ① the number of Koreans were forced ② into labor ③ under harsh conditions in some of the locations ④ during the 1940's.

4 밑줄 친 부분 중 어법상 옳지 않은 것은?

[2022년 국가직 9급]

To find a good starting point, one must return to the year 1800 during ① which the first modern electric battery was developed. Italian Alessandro Volta found that a combination of silver, copper, and zinc ② were ideal for producing an electrical current. The enhanced design, ③ called a Voltaic pile, was made by stacking some discs made from these metals between discs made of cardboard soaked in sea water. There was ④ such talk about Volta's work that he was requested to conduct a demonstration before the Emperor Napoleon himself.

5 우리말을 영어로 잘못 옮긴 것을 고르시오. [2021년 지방직 9급]

① 경찰 당국은 자신의 이웃을 공격했기 때문에 그 여성을 체포하도록 했다.
→ The police authorities had the woman arrested for attacking her neighbor.

② 네가 내는 소음 때문에 내 집중력을 잃게 하지 말아라.
→ Don't let me distracted by the noise you make.

③ 가능한 한 빨리 제가 결과를 알도록 해 주세요.
→ Please let me know the result as soon as possible.

④ 그는 학생들에게 모르는 사람들에게 전화를 걸어 성금을 기부할 것을 부탁하도록 시켰다.
→ He had the students phone strangers and ask them to donate money.

6 다음 중 어법상 옳은 것은? [2013년 지방직 7급]

① The sound of her footsteps receded into the distance.

② The police squad began to approach on the building.

③ A cup of coffee isn't enough to sustain for you till lunchtime.

④ Her advice nerved for him to go his own way.

7 밑줄 친 부분에 들어갈 말로 가장 옳은 것은?

[2019년 서울시 9급(6월 시행)]

I am writing to you from a train in Germany, sitting on the floor. The train is crowded, and all the seats are taken. However, there is a special class of "comfort customers" who are allowed to make those already seated _____ their seats.

① give up
② take
③ giving up
④ taken

8 밑줄 친 부분 중 어법상 옳은 것은? [2017년 지방직 9급(12월 추가)]

Last week I was sick with the flu. When my father ① heard me sneezing and coughing, he opened my bedroom door to ask me ② that I needed anything. I was really happy to see his kind and caring face, but there wasn't ③ anything he could do it to ④ make the flu to go away.

정답·해설·해석_p.7

정답·해설·해석_p.9

대표 기출 예제 [2024년 법원직 9급]

Thanks to media technologies **we are brought** ever closer to the famous, allowing us to enjoy an illusion of intimacy with them.

미디어 기술 덕분에 우리는 유명인에게 훨씬 더 가까워지게 되고, 그들과 친밀감을 느끼는 환상을 즐길 수 있다.

· 주어인 we(우리)가 동사 bring의 행위의 대상이다.
· 문맥상 '우리는 유명인에게 훨씬 더 가까워지게 된다'라는 의미가 되어야 자연스러우므로, 수동태 are brought이 올바르게 쓰였다.

기출문제 풀어보기

Q. 밑줄 친 부분 중 어법상 가장 옳지 않은 것은?

[2022년 서울시 9급(2월 추가)]

Newspapers, journals, magazines, TV and radio, and professional or trade publications ① <u>provide</u> further ② <u>information</u> that may help interpret the facts ③ <u>given</u> in the annual report or on developments since the report ④ <u>published</u>.

패턴 PLUS

주격 관계절 내의 동사는 선행사가 동사 행위의 주체라면 능동태로 오고, 동사 행위의 대상이라면 수동태로 와야 한다.

The speaker introduced <u>the local artist</u>, who **was selected** as the best young painter in the city.
그 강연자는 도시 최고의 젊은 화가로 선정된 지역 예술가를 소개했다.

고득점 포인트

다음과 같은 동사들은 능·수동을 헷갈릴 수 있는 의미를 둘 다 가지고 있으므로, 문맥에 맞게 해석해야 한다.

open 열다-열리다	increase 늘리다-늘어나다
expand 확대하다-확대되다	sell 팔다-팔리다
close 닫다-닫히다	decrease 줄이다-줄어들다
change 바꾸다-바뀌다	grow 기르다-자라다

불변의 패턴 14

자동사는 수동태로 쓸 수 없고, 능동태로 써야 한다.

대표 기출 예제

[2025년 출제기조 전환 대비 2차 예시문제]

New and changed business models **are emerged**: cars are being shared via apps, languages learned online, and music streamed.

새롭고 변화된 사업 모델이 등장한다. 즉, 자동차는 앱을 통해 공유되고, 언어는 온라인으로 학습되고, 음악은 스트리밍된다.

· 동사 emerge는 목적어를 갖지 않는 자동사이다.
· 자동사는 수동태로 쓸 수 없으므로, 수동태 are emerged를 능동태 emerge로 고쳐야 한다.

기출문제 풀어보기

Q. 밑줄 친 부분 중 어법상 가장 옳지 않은 것은?

[2019년 서울시 9급(6월 시행)]

By 1955 Nikita Khrushchev ① had been emerged as Stalin's successor in the USSR, and he ② embarked on a policy of "peaceful coexistence" ③ whereby East and West ④ were to continue their competition, but in a less confrontational manner.

패턴 PLUS

일부 자동사들은 의미상 수동태로 쓰이는 것이 자연스럽다고 여겨져 혼동하기 쉬우니 주의해야 한다. 다음은 수동태로 쓸 수 없는 자동사이다.

appear 나타나다, ~처럼 보이다	seem ~처럼 보이다, ~인 것 같다
become ~이 되다, ~해지다	remain 남아 있다, 계속 ~하다
happen 일어나다, 벌어지다	occur 발생하다, 일어나다
arise 생기다, 발생하다	emerge 생겨나다, 드러나다
rise 오르다, 일어나다	lie 눕다, 놓여있다, 거짓말하다
belong (to) (~에) 속하다	result (in) (~라는) 결과를 낳다

Most new islands are appeared where volcanic eruptions create
　　　　　　　　　　→ appear(능동태)
rocky material above the surface of the oceans.
대부분의 새로운 섬은 화산 폭발이 바다 표면 위에 암석 물질을 생성하는 곳에 나타난다.

The clothes on the back of the chair are belonged to my sister.
　　　　　　　　　　　　　　　　→ belong(능동태)
의자 뒤쪽에 있는 옷은 내 여동생의 것이다.

고득점 포인트

두 개 이상의 단어로 이루어진 구동사를 수동태로 쓸 때 동사만 「be 동사 + p.p.」의 형태로 쓰고, 나머지 부분은 동사 뒤에 그대로 쓴다.

put off ~을 미루다	→	be put off ~이 미뤄지다
look after ~를 돌보다	→	be looked after ~가 돌봐지다
deal with ~을 다루다	→	be dealt with ~이 다뤄지다
associate with ~와 관련이 있다	→	be associated with ~와 관련되다
take care of ~를 돌보다	→	be taken care of ~가 돌봐지다
look up to ~를 존경하다	→	be looked up to ~가 존경받다
look down on ~를 무시하다	→	be looked down on ~가 무시되다
refer to as ~이라고 부르다	→	be referred to as ~이라고 불리다

정답·해설·해석_p.10

대표 기출 예제 [2022년 지방직 9급]

She **will have to pay** the bill sooner or later.

그녀는 조만간 요금을 내야만 할 것이다.

· '요금을 내야만 할 것이다'의 의미를 나타내기 위해 미래 시제를 나타내는 조동사 will(~할 것이다)과 조동사처럼 쓰이는 표현 have to(~해야 한다)가 쓰였다.

· 조동사와 조동사처럼 쓰이는 표현들 뒤에는 반드시 동사원형이 와야 하므로, 조동사 will 뒤에 동사원형 have가, have to 뒤에 동사원형 pay가 올바르게 쓰였다.

기출문제 풀어보기

Q. 어법상 가장 옳은 것은? [2022년 서울시 9급(2월 추가)]

① The poverty rate is the percentage of the population which family income falls below an absolute level.

② Not surprisingly, any college graduate would rather enter the labor force in a year of economic expansion than in a year of economic contraction.

③ It is hard that people pick up a newspaper without seeing some newly reported statistic about the economy.

④ Despite the growth is continued in average income, the poverty rate has not declined.

패턴 PLUS

아래 표현들은 조동사처럼 쓰이는 표현들로 뒤에는 동사원형을 쓴다.

ought to ~해야 한다	have to ~해야 한다
be going to ~할 것이다	need to ~해야 한다
be able to ~할 수 있다	used to ~하곤 했다
had better ~하는 게 좋겠다	dare to 감히 ~하다
would rather 차라리 ~하는 게 낫다	may well ~하는 게 당연하다
may[might] as well ~하는 편이 더 낫겠다	would like to ~하고 싶다
cannot (help) but ~할 수밖에 없다	
cannot ~ too 아무리 ~해도 지나치지 않다	

불변의 패턴 16 · 주장/제안/요구/명령 등의 동사가 목적어로 쓰인 that절에는 (should +) 동사원형이 와야 한다.

정답·해설·해석_p.10

대표 기출 예제 [2022년 법원직 9급]

A number of scholars **suggested** people **to use** music as psychotherapeutic agent.

많은 학자들은 사람들에게 음악을 심리 요법의 동인으로 사용할 것을 제안했다.

· 제안을 나타내는 동사 suggest가 주절에 나오면 종속절에 '(should +) 동사원형'의 형태가 와야 한다.

· that절의 조동사 should는 생략될 수 있으며, 이때 should가 없어도 동사는 동사원형으로 와야 하므로, to 부정사 to use를 동사원형 use로 고쳐야 한다.

기출문제 풀어보기

Q. 우리말을 영어로 가장 잘 옮긴 것은? [2020년 국가직 9급]

① 몇 가지 문제가 새로운 회원들 때문에 생겼다.
→ Several problems have raised due to the new members.

② 그 위원회는 그 건물의 건설을 중단하라고 명했다.
→ The committee commanded that construction of the building cease.

③ 그들은 한 시간에 40마일이 넘는 바람과 싸워야 했다.
→ They had to fight against winds that will blow over 40 miles an hour.

④ 거의 모든 식물의 씨앗은 혹독한 날씨에도 살아남는다.
→ The seeds of most plants are survived by harsh weather.

패턴 PLUS

· 주장/제안/요구/명령의 의미를 가진 동사

insist 주장하다	ask 요청하다
suggest 제안하다	urge 촉구하다
propose 제안하다	advise 충고하다
demand 요구하다	order 명령하다
request 요청하다	recommend 권고하다

· 동사 suggest와 insist가 해야 할 것에 대한 제안과 주장의 의미가 아닌 '암시하다', '~라는 사실을 주장하다'라는 의미를 나타낼 때는 종속절에 (should +) 동사원형을 쓸 수 없다.

All the evidence **suggests** [that he stole the money].
　　　　　　　　　　　　　과거 동사

그 모든 증거가 그가 그 돈을 훔쳤음을 암시한다.

They **insisted** [that the report was inaccurate].
　　　　　　　　　　　　과거 동사

그들은 그 보고가 정확하지 않다고(정확하지 않다는 사실을) 주장했다.

정답·해설·해석_p.10

대표 기출 예제 [2023년 지방직 9급]

I **should have gone** this morning, but I was feeling a bit ill.

나는 오늘 아침에 갔어야 했는데, 몸이 약간 좋지 않았다.

· 문맥상 '오늘 아침에 갔어야 했는데, 몸이 약간 좋지 않아서 가지 못했다'는 과거의 일에 대한 후회의 의미가 되어야 자연스럽다.

· 과거의 일에 대한 후회의 의미를 나타낼 때 조동사 뒤에는 have p.p.가 와야 하므로, 조동사 should 뒤에 have + p.p.(have gone)가 올바르게 쓰였다.

기출문제 풀어보기

Q. 다음의 우리말을 영어로 가장 잘 옮긴 것은? [2016년 기상직 9급]

피터가 그렇게 행동하다니 뭔가 일이 있었음에 틀림없다.

① It is certain that Peter is acting strange recently.
② Peter must have undergone a serious behavior.
③ Peter behaves in a strange way to make it happen.
④ Something must have happened to Peter to make him behave in such a way.

패턴 PLUS

· 다음과 같이 추측의 의미를 나타내는 조동사 뒤에 현재나 미래의 일은 동사원형으로 와야 하고, 과거의 일은 have p.p.로 와야 한다.

현재	cannot + 동사원형 ~일리가 없다 could + 동사원형 ~일 수도 있다 may[might] + 동사원형 ~일지도 모른다 must + 동사원형 ~임이 틀림없다
과거	cannot[couldn't] have p.p. ~했을 리가 없다 could have p.p. ~했을 수 있었다 (그런데 그러하지 않았다) may[might] have p.p. ~했을지 모른다 must have p.p. ~했음에 틀림없다

· 다음과 같이 조동사 뒤에 현재나 미래의 일은 동사원형으로 와야 하고, 과거의 일에 대한 후회는 have p.p.로 와야 한다.

현재/미래의 일	can + 동사원형 ~할 수 있다 should + 동사원형 ~해야 한다
과거 일에 대한 후회	can have p.p. ~할 수 있었는데 안 했다 should have p.p. ~했어야 했는데 안 했다

반복되는 내용 대신 쓰는 do/be/have 동사는 그것이 대신하는 동사와 종류가 일치해야 한다.

정답·해설·해석_p.10

대표 기출 예제

[2020년 국회직 9급]

When we start to lift weights, our muscles do not **strengthen and change** at first, but our nervous systems **do**, according to a fascinating new study in animals of the cellular effects of resistance training.

저항 훈련의 세포상 효과에 관한 대단히 흥미로운 새로운 동물 연구에 의하면, 우리가 역기를 들기 시작할 때, 우리의 근육은 처음에는 강화되거나 바뀌지는 않지만, 우리의 신경계는 그렇다(바뀐다).

· 앞에 나온 일반동사(strengthen and change)가 반복되고 있으므로, 이를 대신하여 do/be/have 동사를 쓰고 나머지 내용은 생략할 수 있는데, 반복되는 동사가 일반동사(strengthen and change)이므로 do 동사를 쓴다.

· do 동사는 자신이 속한 절의 주어(nervous systems)와 수 일치해야 하므로, 복수 동사 do가 올바르게 쓰였다.

기출문제 풀어보기

Q. 다음 빈칸 (A), (B)에 들어갈 표현으로 어법상 가장 적절한 것을 고르시오.

[2017년 교육행정직 9급]

The French arrived in North America about the same time the English _____(A)_____, but France was more interested in the profitable fur trade than in colonization and sent few French settlers; as a result, the population of New France stayed tiny compared with _____(B)_____ of the English colonies to the south.

	(A)		(B)
①	did	—	that
②	was	—	this
③	did	—	this
④	was	—	that

패턴 PLUS

동사부터 그 뒤 내용 전체가 앞에 나온 내용을 반복하면, do/be/have 동사를 쓰고 나머지 내용은 생략한다. 이때 반복되는 동사가 일반동사이면 do 동사, be 동사이면 be 동사, have 동사이면 have 동사를 쓴다.

The opposing team **has** practiced more hours than we <u>have</u> since they hired a new coach.

상대팀은 새 코치를 고용한 이후 우리보다 더 많은 시간을 연습했다.

정답·해설·해석_p.11

대표 기출 예제 [2020년 국회직 9급]

If **the police had asked** for a safety licence for their new flying camera, it **would have been** a major crime-fighting success.

만약 경찰이 그들의 새로운 비행 카메라에 대한 안전 면허를 요구했다면, 그것은 범죄와의 싸움에서 중대한 성공이었을 것이다.

· 문맥상 '안전 면허를 요구했다면, ~ 성공이었을 것이다'라는 의미로 과거의 상황을 반대로 가정하고 있다.

· if절에 가정법 과거완료 'if + 주어 + had p.p.'(If the police had asked)가 왔으므로, 주절에도 가정법 과거완료 '주어 + would + have p.p.'의 형태를 만드는 would have been이 올바르게 쓰였다.

기출문제 풀어보기

Q. 어법상 옳은 것은? [2018년 지방직 9급]

① Please contact to me at the email address I gave you last week.

② Were it not for water, all living creatures on earth would be extinct.

③ The laptop allows people who is away from their offices to continue to work.

④ The more they attempted to explain their mistakes, the worst their story sounded.

패턴 PLUS

· 상황을 반대로 가정해 보는 가정법 문장에서는 실제 시제보다 하나 앞선 시제를 사용한다. 가정법 문장에서 if절이나 주절 중 하나의 동사에 밑줄이 있다면, 밑줄이 없는 다른 동사를 보고 짝이 맞는 동사가 왔는지 확인해야 한다.

가정법 과거 (현재 상황의 반대)	
if절	주절
If + 주어 + 과거시제,	주어 + would/should/could/might + 동사원형

가정법 과거완료 (과거 상황의 반대)	
if절	주절
If + 주어 + had p.p.,	주어 + would/should/could/might + have p.p.

· if를 포함하지 않았지만 다음과 같은 표현들은 가정법의 의미를 나타낸다.

Were it not for / Had it not been for = Without [But for]
~이 아니라면, ~이 없다면

Were it not for(=Without/But for) the accidents, the traffic would be going smoothly.
사고가 아니라면, 교통이 원활할 텐데.

1 우리말을 영어로 잘못 옮긴 것은? [2024년 지방직 9급]

① 그는 이곳에서 일하는 것이 흥미롭다는 것을 알았다.
→ He found it exciting to work here.

② 그녀는 나에게 일찍 떠날 것이라고 언급했다.
→ She mentioned me that she would be leaving early.

③ 나는 그가 오는 것을 원하지 않았다.
→ I didn't want him to come.

④ 좀 더 능숙하고 경험 많은 선생님이었다면 그를 달리 대했을 것이다.
→ A more skillful and experienced teacher would have treated him otherwise.

2 밑줄 친 부분 중 어법상 옳지 않은 것은? [2018년 국가직 9급]

It would be difficult ① to imagine life without the beauty and richness of forests. But scientists warn we cannot take our forest for ② granted. By some estimates, deforestation ③ has been resulted in the loss of as much as eighty percent of the natural forests of the world. Currently, deforestation is a global problem, ④ affecting wilderness regions such as the temperate rainforests of the Pacific.

3 다음의 우리말을 영어로 가장 알맞게 옮긴 것은? [2018년 기상직 9급]

① 내 인생에서 가장 중요한 목표는 인정을 받는 것보다는 성공을 하는 것이다.
The most important goal in my life is not so much achieving success as receiving recognition.

② 스마트폰은 내가 집중력을 향상시킬 필요가 있을 때는 언제나 유용하지 않다.
A smartphone is not always useful for me when I need to increase my concentration.

③ 그는 네가 파티에 가도록 끝까지 너를 설득할 사람이다.
He would be the last person to persuade you to go to the party.

④ 너는 어머니가 상 차리시는 것을 도와주는 것보다 차라리 빨래를 너는 편이 낫겠다.
You may as well hang the washing out to dry as help your mother set the table.

4 다음 중 표현상 올바르지 않은 것은? [2017년 기상직 9급]

① I wish I will use my imagination earlier.

② In Australia, donating is not a special but an ordinary act.

③ Tom might have been like that throughout his life, had he not found his son.

④ It is necessary that the language in any advertising campaign be examined carefully.

5 우리말을 영어로 잘못 옮긴 것을 고르시오. [2016년 지방직 9급]

① 오늘 밤 나는 영화 보러 가기보다는 집에서 쉬고 싶다.
  → I'd rather relax at home than going to the movies tonight.

② 경찰은 집안 문제에 대해서는 개입하기를 무척 꺼린다.
  → The police are very unwilling to interfere in family problems.

③ 네가 통제하지 못하는 과거의 일을 걱정해봐야 소용없다.
  → It's no use worrying about past events over which you have no control.

④ 내가 자주 열쇠를 엉뚱한 곳에 두어서 내 비서가 나를 위해 여분의 열쇠를 갖고 다닌다.
  → I misplace my keys so often that my secretary carries spare ones for me.

7 밑줄 친 부분에 들어갈 표현으로 가장 적절한 것은?
[2010년 국회직 9급]

> A competing firm _____ Tom a job before we made our offer.

① may already offer
② already may offer
③ may already offered
④ already may have offered
⑤ may have already offered

8 어법상 옳은 것은? [2017년 지방직 9급(12월 추가)]

① A week's holiday has been promised to all the office workers.

② She destined to live a life of serving others.

③ A small town seems to be preferable than a big city for raising children.

④ Top software companies are finding increasingly challenging to stay ahead.

정답·해설·해석_p.11

6 다음 글의 밑줄 친 부분 중, 어법상 옳지 않은 것은?
[2016년 법원직 9급]

To "win hands down" which means to "win easily" or "win with little or no effort" has ① its origins in horse racing. In a close, photo-finish race, a jockey ② typically strikes his horse with a bat or the reins to force it to maintain or increase speed. When the horse is leading by several lengths and a win is assured, the jockey will usually cease striking the horse or let the reins ③ go loose: In effect, he puts his "hands down." The expression ④ was appeared in the mid-19th century; by the end of the century, it was being used outside of horse racing to mean "with no trouble at all."

Section 3
준동사구

최근 5개년 출제율

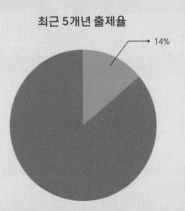

14%

최근 5개년 출제 문항 수

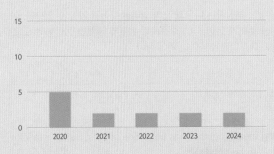

■ '24~'20 국가직·지방직·서울시·법원직·국회직 9급(2024.09 기준)

동명사/to 부정사의 능동형과 수동형을 구분해야 한다.

정답·해설·해석_p.13

대표 기출 예제

[2021년 국가직 9급]

Urban agriculture (UA) has long been dismissed as a fringe activity that has no place in cities; however, its potential is beginning **to be realized**.

도시 농업(UA)은 도시에는 적절한 곳이 없는 변두리 활동으로 오랫동안 묵살되어 왔다. 하지만, 그것의 가능성이 실현되기를 시작하고 있다.

· 동사 begin(is beginning)은 to 부정사를 취하는 동사이다.
· 주어 its potential과 to부정사가 '그것의 가능성이 실현되다'라는 의미의 수동 관계이므로 to 부정사 뒤에서 to 부정사의 수동형을 완성하는 be realized가 올바르게 쓰였다.

기출문제 풀어보기

Q. 우리말을 영어로 잘못 옮긴 것은?

[2020년 국가직 9급]

① 인간은 환경에 자신을 빨리 적응시킨다.
→ Human beings quickly adapt themselves to the environment.

② 그녀는 그 사고 때문에 그녀의 목표를 포기할 수밖에 없었다.
→ She had no choice but to give up her goal because of the accident.

③ 그 회사는 그가 부회장으로 승진하는 것을 금했다.
→ The company prohibited him from promoting to vice-president.

④ 그 장난감 자동차를 조립하고 분리하는 것은 쉽다.
→ It is easy to assemble and take apart the toy car.

패턴 PLUS

· 동명사/to 부정사가 '~되는 것', '~될' 등의 수동의 의미일 때는 수동형이 와야 한다.

	동명사	to 부정사
능동형	v-ing (~하기, ~하는 것)	to + 동사원형 (~하는 것/~할/~하기 위해 등)
수동형	being + p.p. (~되기, ~되는 것)	to be + p.p. (~되는 것/~될/~되기 위해 등)

The scientist's colleagues congratulated him ~~awarding~~ the gold medal in the science competition.
→ being awarded
그 과학자의 동료들은 그가 과학 경연대회에서 금메달을 받은 것을 축하했다

· 동명사/to 부정사는 다음과 같이 의미상 주어를 가질 수 있으며, 이 의미상 주어가 동명사/to 부정사의 행위의 주체면 능동형이 오고, 행위의 대상이면 수동형이 와야 한다.

동명사	to 부정사
소유격/목적격 + 동명사 의미상 주어	for + 목적격 + to 부정사 의미상 주어

Eating meals together has been one of the greatest ways for people to ~~be bond~~.
→ bond
함께 식사하는 것은 사람들이 유대감을 형성하는 가장 좋은 방법 중 하나였다.

고득점 포인트

준동사는 동사처럼 자신만의 시제를 표현할 수도 있다. 준동사가 문장의 동사보다 앞선 시점에 일어난 일이라면 이를 나타내기 위해 다음과 같이 완료형을 쓸 수 있다.

	동명사	to 부정사	분사
원형	v-ing	to + 동사원형	v-ing 또는 p.p.
완료형	having p.p.	to have p.p.	having p.p. 또는 having been p.p.

Rising temperatures and shifting weather patterns, which disrupted agriculture, **appear to have led to** widespread famine.
농업에 지장을 준 기온 상승과 기후 패턴의 변화는 광범위한 기근으로 이어진 것으로 보인다.

동사에 따라 다른 준동사가 목적어로 와야 한다.

정답·해설·해석_p.13

대표 기출 예제

[2020년 지방직 9급]

I regret to tell you that I lost your key.

나는 네 열쇠를 잃어버렸다고 네게 말한 것을 후회한다.

· 동사 regret은 동명사와 to 부정사를 둘 다 목적어로 취할 수 있는 동사이다.

· '~한 것을 후회하다'라는 과거의 의미를 나타낼 때는 동명사를 목적어로 취하므로, to 부정사 to tell을 동명사 telling으로 고쳐야 한다.

기출문제 풀어보기

Q. 우리말을 영어로 잘못 옮긴 것을 고르시오.

[2017년 지방직 9급(6월 시행)]

① 나는 매달 두세 번 그에게 전화하기로 규칙을 세웠다.
→ I made it a rule to call him two or three times a month.

② 그는 나의 팔을 붙잡고 도움을 요청했다.
→ He grabbed me by the arm and asked for help.

③ 폭우로 인해 그 강은 120cm 상승했다.
→ Owing to the heavy rain, the river has risen by 120 cm.

④ 나는 눈 오는 날 밖에 나가는 것보다 집에 있는 것을 더 좋아한다.
→ I prefer to staying home than to going out on a snowy day.

패턴 PLUS

· 다음의 동사들은 목적어로 동명사와 to 부정사 중 한 가지만 취한다. 따라서 동사를 보고 목적어 자리에 적절한 준동사가 왔는지 확인해야 한다.

동명사를 목적어로 취하는 동사	to 부정사를 목적어로 취하는 동사
enjoy, avoid, mind, deny, suggest, recommend, discuss, consider, keep, finish, quit, stop*, imagine, give up, postpone, put off	want, need, wish, hope, expect, decide, plan, choose, offer, ask, promise, agree, refuse, fail, manage, afford

* stop은 동명사만 목적어로 취하지만, '~하기 위해 (하던 일을) 멈추다'라는 의미로 뒤에 부사적 용법의 to 부정사가 올 수 있다.

· 다음의 동사들은 목적어로 동명사와 to 부정사를 모두 취할 수 있지만, 동명사일 때와 to 부정사일 때 의미가 다르므로 적절한 의미가 되는 준동사가 목적어로 와야 한다.

동사	목적어가 동명사일 때	목적어가 to 부정사일 때
forget	(과거에) ~한 것을 잊다	(미래에) ~할 것을 잊다
remember	(과거에) ~한 것을 기억하다	(미래에) ~할 것을 기억하다
regret	(과거에) ~한 것을 후회하다	(미래에) ~하게 되어 유감이다
try	(시험 삼아) ~해보다	~하려고 노력하다

· 다음의 동사들은 목적어로 동명사와 to 부정사를 모두 취할 수 있으며, 이때 의미 차이가 없다.

begin, start, like, love, prefer, hate, continue

정답·해설·해석_p.13

대표 기출 예제
[2019년 지방직 9급]

I **am busy preparing** for a trip to Europe.

나는 유럽 여행을 준비하느라 바쁘다.

· 문맥상 '유럽 여행을 준비하느라 바쁘다'는 의미가 되어야 자연스럽다.

· '~하느라 바쁘다'라는 의미를 나타내기 위해 be busy 뒤에 동명사 preparing이 올바르게 쓰였다.

패턴 PLUS

· 관용적으로 동명사를 쓰는 표현들

on/upon v-ing ~하자마자
be worth v-ing ~할 가치가 있다
be busy v-ing ~하느라 바쁘다
end up v-ing 결국 ~하게 되다
keep (on) v-ing 계속 ~하다
cannot help v-ing ~하지 않을 수 없다
spend + 시간/돈/노력 + (in) + v-ing ~하는 데 시간/돈/노력을 쓰다

· 관용적으로 to 부정사를 쓰는 표현들

형용사 + to 부정사	be about to 막 ~하려는 참이다
	be likely/unlikely to ~할 것 같다/같지 않다
	be able to ~할 수 있다
	be willing to 기꺼이 ~하다
	be eager to ~하고 싶어 하다
명사 + to 부정사	plan to ~하려는 계획
	effort to ~하려는 노력
	attempt to ~하려는 시도
	need to ~할 필요
	plan to ~하려는 계획
	attempt to ~하려는 시도
	right to ~할 권리
동사 + to 부정사	seem to ~처럼 보이다
	be said to ~라고 한다
	remain to 여전히 ~이다
	appear to ~처럼 보이다
	be reported to ~하는 것으로 나타나다

Cindy said that she **was about to** make a very important business call.

Cindy는 매우 중요한 업무상 전화를 할 예정이라고 말했다.

기출문제 풀어보기

Q. 밑줄 친 부분 중 어법상 가장 옳지 않은 것은?

[2017년 서울시 7급(6월 시행)]

A survey ① <u>conducted</u> for the journal *American Demographics* by the research from Market Facts found some surprising results. In modern America, ② <u>where</u> superstitions are seen as nothing more than the beliefs of a weak mind, 44 percent of the people surveyed still admitted they were superstitious. The other 56 percent claimed to be only "optimistically superstitious," ③ <u>meaning</u> they were more willing to believe superstitions relating to good luck over ones related to bad luck. For example, 12 percent of those who said they were not really superstitious confessed to ④ <u>knock</u> on wood for good luck. And 9 percent confessed they would pick up a penny on the street for good luck. A further 9 percent of non-believers also said they would pick a four-leaf clover for luck if they found one. And some still believed in kissing under the mistletoe for luck.

불변의 패턴**23** 분사의 의미상 주어가 분사가 나타내는 행위의 주체면 현재분사, 대상이면 과거분사가 와야 한다.

정답·해설·해석_p.14

대표 기출 예제 [2019년 국가직 9급]

Utilizing with other techniques, **animals** can raise human living standards very considerably, both as supplementary foodstuffs (protein in meat and milk) and as machines to carry burdens, lift water, and grind grain.

다른 기술들과 함께 활용되어, 가축들은 (고기와 우유에 있는 단백질 같은) 추가 식량으로써 그리고 짐들을 옮기고, 물을 들어 올리고, 곡물을 가는 기계로써 인간의 생활 수준을 매우 상당히 향상시킬 수 있다.

· 분사의 의미상 주어인 명사 animals는 분사가 나타내는 행위(utilize)의 대상이다.
· 분사의 의미상 주어가 분사가 나타내는 행위의 대상인 경우 과거분사를 써야 하므로, 현재분사 Utilizing을 과거분사 Utilized로 고쳐야 한다.

기출문제 풀어보기

Q. 다음 글의 밑줄 친 부분 중 어법상 옳지 않은 것은?

[2018년 법원직 9급]

In the 1860s, the populations of Manhattan and Brooklyn were rapidly increasing, and ① so was the number of the commuters between them. Thousands of people took boats and ferries across the East River every day, but these forms of transport were unstable and frequently stopped by bad weather. Many New Yorkers wanted to have a bridge directly ② connected Manhattan and Brooklyn because it would make their commute quicker and safer. Unfortunately, because of the East River's great width and rough tides, ③ it would be difficult to build anything on it. It was also a very busy river at that time, with hundreds of ships constantly ④ sailing on it.

패턴 PLUS

분사가 명사를 수식할 때는 명사가 분사의 의미상 주어이다. 이 명사가 분사가 나타내는 행위의 주체이면 현재분사가 오고, 분사가 나타내는 행위의 대상이면 과거분사가 와야 한다. 이때 분사는 명사 앞이나 뒤에 온다.

In the silence, she heard the ~~ticked~~ **clock**.
→ ticking
고요함 속에서, 그녀는 똑딱거리는 시계 소리를 들었다.

We could not open the ~~locking~~ **door** because we had no key.
→ locked
우리는 열쇠가 없었기 때문에 잠겨 있는 문을 열 수 없었다.

고득점 포인트

「with + (대)명사 + 분사」에서는 (대)명사가 분사의 의미상 주어이다. 따라서 이 (대)명사가 분사가 나타내는 행위의 주체이면 현재분사가 오고, 분사가 나타내는 행위의 대상이면 과거분사가 와야 한다.

I tried to concentrate, but I had a hard time listening to the lecture **with the kids making** so much noise.
나는 집중하려고 노력했지만, 아이들이 너무 시끄러워서 강의를 듣는 데 어려움을 겪었다.

She made a wish and blew out the candles **with her eyes closed**.
그녀는 소원을 빌고 눈을 감은 채 촛불을 껐다.

정답·해설·해석_p.14

대표 기출 예제
[2017년 지방직 9급(12월 추가)]

The movie was so **bored** that I fell asleep after half an hour.

그 영화가 너무 지루해서 나는 삼십 분 후에 잠이 들었어.

· 문맥상 '그 영화가 너무 지루하다'라는 의미가 되어야 자연스러우므로, 분사가 보충 설명하는 대상인 The movie는 지루한 감정을 일으키는 행위의 주체이다.

· 분사가 수식 또는 보충 설명하는 대상이 감정을 일으키면 현재분사가 와야 하므로, 과거분사 bored를 현재분사 boring으로 고쳐야 한다.

기출문제 풀어보기

Q. 우리말을 영어로 잘못 옮긴 것은?
[2023년 지방직 9급]

① 우리는 그의 연설에 감동하게 되었다.
→ We were made touching with his speech.

② 비용은 차치하고 그 계획은 훌륭한 것이었다.
→ Apart from its cost, the plan was a good one.

③ 그들은 뜨거운 차를 마시는 동안에 일몰을 보았다.
→ They watched the sunset while drinking hot tea.

④ 과거 경력 덕분에 그는 그 프로젝트에 적합하였다.
→ His past experience made him suited for the project.

패턴 PLUS

· 감정동사의 현재분사는 '~한 감정을 느끼게 하는'이라는 뜻이고, 과거분사는 '~한 감정을 느끼는'이라는 뜻이다. 따라서 분사가 수식 또는 보충 설명하는 대상이 감정을 일으키는 행위의 주체라면 현재분사가 오고, 감정을 느끼는 행위의 대상이라면 과거분사가 와야 한다.

· 자주 쓰이는 감정동사의 현재분사-과거분사

surprising-surprised 놀라게 하는-놀라움을 느끼는	
satisfying-satisfied 만족하게 하는-만족감을 느끼는	
relaxing-relaxed 느긋하게 하는-느긋하게 느끼는	
pleasing-pleased 기쁘게 하는-기쁘게 느끼는	
fascinating-fascinated 매력을 느끼게 하는-매력을 느끼는	
interesting-interested 흥미롭게 하는-흥미를 느끼는	
appealing-appealed 매력을 느끼게 하는-매력을 느끼는	
shocking-shocked 충격을 주는-충격을 받은	
annoying-annoyed 성가시게 하는-성가시게 느끼는	
exhausting-exhausted 지치게 하는-지치게 느끼는	
discouraging-discouraged 낙담하게 하는-낙담을 느끼는	
depressing-depressed 우울하게 하는-우울하게 느끼는	
frustrating-frustrated 좌절하게 하는-좌절감을 느끼는	
frightening-frightened 무섭게 하는-무서움을 느끼는	
confusing-confused 혼란스럽게 하는-혼란스럽게 느끼는	
humiliating-humiliated 굴욕감을 주는-굴욕감을 느끼는	
overwhelming-overwhelmed 압도되게 만드는-압도되게 느끼는	
embarrassing-embarrassed 당황하게 하는-당황을 느끼는	

Section Test

1 밑줄 친 부분 중 어법상 옳지 않은 것을 고르시오.

[2025년 출제기조 전환 대비 1차 예시문제]

Beyond the cars and traffic jams, she said it took a while to ① get used to have so many people in one place, ② all of whom were moving so fast. "There are only 18 million people in Australia ③ spread out over an entire country," she said, "compared to more than six million people in ④ the state of Massachusetts alone."

2 밑줄 친 부분에 들어갈 말로 가장 적절한 것을 고르시오.

[2025년 출제기조 전환 대비 2차 예시문제]

Overpopulation may have played a key role: too much exploitation of the rain-forest ecosystem, on which the Maya depended for food, as well as water shortages, seems to _____ the collapse.

① contribute to
② be contributed to
③ have contributed to
④ have been contributed to

3 다음 글의 밑줄 친 부분을 어법상 바르게 고친 것이 아닌 것은?

[2021년 법원직 9급]

① Knowing as the Golden City, Jaisalmer, a former caravan center on the route to the Khyber Pass, rises from a sea of sand, its 30-foot-high walls and medieval sandstone fort ② shelters carved spires and palaces that soar into the sapphire sky. With its tiny winding lanes and hidden temples, Jaisalmer is straight out of The Arabian Nights, and so little has life altered here ③ which it's easy to imagine yourself back in the 13th century. It's the only fortress city in India still functioning, with one quarter of its population ④ lived within the walls, and it's just far enough off the beaten path to have been spared the worst ravages of tourism. The city's wealth originally came from the substantial tolls it placed on passing camel caravans.

① Knowing → Known
② shelters → sheltering
③ which → that
④ lived → lives

4 다음 글의 밑줄 친 부분 중 어법상 틀린 것은? [2020년 법원직 9급]

As soon as the start-up is incorporated it will need a bank account, and the need for a payroll account will follow quickly. The banks are very competitive in services to do payroll and related tax bookkeeping, ① starting with even the smallest of businesses. These are areas ② where a business wants the best quality service and the most "free" accounting help it can get. The changing payroll tax legislation is a headache to keep up with, especially when a sales force will be operating in many of the fifty states. And the ③ requiring reports are a burden on a company's add administrative staff. Such services are often provided best by the banker. The banks' references in this area should be compared with the payroll service alternatives such as ADP, but the future and the long-term relationship should be kept in mind when a decision is ④ being made.

5 다음 글의 밑줄 친 부분 중 어법상 틀린 것은? [2020년 법원직 9급]

Many people refuse to visit animal shelters because they find it too sad or ① depressed. They shouldn't feel so bad because so many lucky animals are saved from a dangerous life on the streets, ② where they're at risk of traffic accidents, attack by other animals or humans, and subject to the elements. Many lost pets likewise ③ are found and reclaimed by distraught owners simply because they were brought into animal shelters. Most importantly, ④ adoptable pets find homes, and sick or dangerous animals are humanely relieved of their suffering.

6 밑줄 친 부분 중 어법상 옳지 않은 것은? [2019년 지방직 9급]

Each year, more than 270,000 pedestrians ① lose their lives on the world's roads. Many leave their homes as they would on any given day never ② to return. Globally, pedestrians constitute 22% of all road traffic fatalities, and in some countries this proportion is ③ as high as two thirds of all road traffic deaths. Millions of pedestrians are non-fatally ④ injuring — some of whom are left with permanent disabilities. These incidents cause much suffering and grief as well as economic hardship.

7 밑줄 친 부분 중 어법상 가장 옳지 않은 것은? [2017년 서울시 9급]

Strange as ① it may seem, ② the Sahara was once an expanse of grassland ③ supported the kind of animal life ④ associated with the African plains.

8 다음 밑줄 친 부분에 들어갈 가장 적절한 표현은?

[2017년 국회직 9급]

When the detective interrogated Steve about the incident, he remembered _____ a black figure passing by. But he couldn't be sure of what it was.

① seen

② to see

③ seeing

④ being seen

⑤ to be seen

정답·해설·해석_p.14

Section 4
품사

최근 5개년 출제율

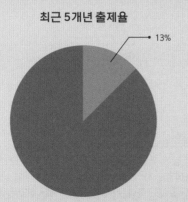

13%

최근 5개년 출제 문항 수

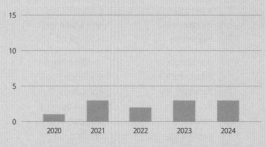

■ '24~'20 국가직·지방직·서울시·법원직·국회직 9급(2024.09 기준)

정답·해설·해석_p.16

대표 기출 예제

[2017년 국가직 9급(10월 추가)]

If you like scary **movies**, this is **a** must-see **movie**.

무서운 영화를 좋아한다면 이것은 꼭 봐야 할 영화이다.

· 명사 movie는 가산 명사이므로 단수형 또는 복수형으로 쓸 수 있다.
· 문맥상 첫 번째 movie는 '무서운 영화 전체'를 의미하므로 뒤에 '-s'가 붙은 복수형으로 써야 하고, 두 번째 movie는 '봐야 할 하나의 영화'를 의미하므로 앞에 'a'가 붙은 단수형으로 써야 한다. 따라서 scary movies와 a must-see movie가 각각 복수형과 단수형으로 올바르게 쓰였다.

기출문제 풀어보기

Q. 어법상 옳지 않은 것은?

[2013년 지방직 9급]

① George has not completed the assignment yet, and Mark hasn't either.

② My sister was upset last night because she had to do too many homeworks.

③ If he had taken more money out of the bank, he could have bought the shoes.

④ It was so quiet in the room that I could hear the leaves being blown off the trees outside.

🎖 패턴 PLUS

· 가산 명사가 단수일 때는 명사 앞에 a(n)를 붙이고 복수일 때는 보통 명사에 -(e)s를 붙여서 복수형으로 써야 한다.

I have **a notebook**, Joseph has three **notebooks**.
나는 공책 한 권을 가지고 있다. Joseph은 공책 세 권을 가지고 있다.

· 고유명사·추상명사·물질명사 등의 불가산 명사는 항상 단수 취급하며, 명사 앞에 a(n)를 붙일 수 없고 복수형으로도 쓸 수 없다. 불가산 명사는 단위명사를 활용하여 수량을 나타내고, 복수형은 단위명사에 -(e)s를 붙여서 만들어야 한다.

Tom is drinking **milk**.
Tom은 우유를 마시고 있다.

We ordered **a glass of** juice and **two bowls of** cereal.
우리는 주스 한 잔과 시리얼 두 그릇을 주문했다.

· 혼동하기 쉬운 가산 명사·불가산 명사

가산 명사	a price 가격	a workplace 일터
	a result/an outcome 결과	a disaster 재해
	a noise 소음	an excuse 변명
	measures 수단, 대책	belongings 소지품
불가산 명사	homework 숙제	certification 자격
	information 정보	evidence 증거
	furniture 가구	equipment 장비
	advice 조언	knowledge 지식
	news 뉴스	luggage 수하물, 짐
	access 접근, 출입	clothing 의류
	machinery 기계류	stationery 문구류
	politics (등의 학문 이름) 정치학	

고득점 포인트

glass와 같이 어떤 명사들은 의미에 따라 가산 명사이기도 하고 불가산 명사이기도 하다. 또한 의미에 따라 단수나 복수 중 한 가지 형태로만 쓸 수 있기도 하다. 따라서 명사의 형태가 맞는지 확인하기 위해서는 먼저 문맥상 어떤 의미로 쓰였는지 파악해야 한다.

「the + 형용사/분사」(~한 사람들)가 주어면 복수 동사가 와야 한다.

정답·해설·해석_p.17

대표 기출 예제
[2017년 국가직 9급(4월 시행)]

The homeless usually **have** great difficulty getting a job, so they are losing their hope.

노숙자들은 대개 일자리를 구하는 데 큰 어려움을 겪어서, 그들은 희망을 잃고 있다.

· 주어 자리에 '~한 사람들'이라는 의미를 나타내는 'the + 형용사(homeless)'가 왔다.

· 'the + 형용사'가 주어면 복수 동사가 와야 하므로, 복수 동사 have가 올바르게 쓰였다.

기출문제 풀어보기

Q. 다음 밑줄 친 부분 중 어법상 옳지 않은 것은? [2019년 국회직 9급]

At the time of writing, it remains unclear ① who this administration's plans are in regard to immigration policing more generally. All names are fictitious names ② to protect the identities of our undocumented research collaborators. These facts run contrary to the common belief that the undocumented ③ does not pay taxes on their wages. On the contrary, undocumented workers pay billions of dollars annually in income taxes ④ using false documents. Many undocumented workers also have a legitimate Individual Taxpayer Identification Number ⑤ with which they pay income taxes.

패턴 PLUS

다음과 같은 「the + 형용사/분사」(~한 사람들) 표현이 자주 쓰인다.

the poor 가난한 사람들	the old/elderly/aged 나이가 든 사람들
the young 젊은 사람들	the homeless 집이 없는 사람들(노숙자들)
the rich 부유한 사람들	the blind 눈이 안 보이는 사람들(시각 장애인들)
the unemployed 직업이 없는 사람들(실업자들)	

고득점 포인트

the 뒤에 추상적인 의미를 가진 형용사가 올 경우 '~한 것'이라는 뜻의 명사로 쓸 수도 있으며, 이때는 단수 동사가 와야 한다.

the true 진실한 것, 참인 것	the unknown 알려지지 않은 것
the false 잘못된 것, 거짓인 것	the beautiful 아름다운 것
the personal 개인적인 것	the supernatural 초현실적인 것

Often, **the unknown** gives us a sense of fear.
단수 동사
종종 알려지지 않은 것은 우리에게 공포감을 준다.

정답·해설·해석_p.17

대표 기출 예제

[2024년 국가직 9급]

Despite the belief that **the quality** of older houses is superior to **those** of modern houses, the foundations of most pre-20th-century houses are dramatically shallow compared to today's, and have only stood the test of time due to the flexibility of their timber framework or the lime mortar between bricks and stones.

오래된 주택의 품질이 현대 주택의 그것(품질)보다 뛰어나다는 믿음에도 불구하고, 대부분의 20세기 이전 주택의 기반은 오늘날의 것과 비교했을 때 극히 얇고, 단지 그것들의 목재 구조의 유연성이나 벽돌과 돌 사이의 석회 모르타르 덕분에 시간의 시험을 견뎌왔을 뿐이다.

· 대명사가 지칭하는 명사(the quality)는 단수 취급하는 불가산 명사이다.
· 대명사는 그것이 가리키는 명사와 반드시 수가 일치해야 하므로, 복수 지시대명사 those를 단수 지시대명사 that으로 고쳐야 한다.

기출문제 풀어보기

Q. 어법상 옳은 것은?

[2022년 국가직 9급]

① A horse should be fed according to its individual needs and the nature of its work.
② My hat was blown off by the wind while walking down a narrow street.
③ She has known primarily as a political cartoonist throughout her career.
④ Even young children like to be complimented for a job done good.

패턴 PLUS

· 대명사는 그것이 가리키는 명사와 반드시 수가 일치해야 한다. 따라서 대명사의 앞뒤를 살펴보고 대명사가 가리키는 것이 무엇인지 정확히 파악하는 것이 중요하다. 다음은 수를 구분해야 할 단수/복수 대명사이다.

단수 대명사	it/its/it, this, that, one
복수 대명사	they/their/them, these, those, ones

· it은 to 부정사나 that절 등 긴 주어나 목적어를 대신하여 가주어나 가목적어로 쓰일 수도 있다. 이러한 it을 앞에 언급된 명사 대신 쓴 대명사로 착각하지 않도록 주의한다.

We cannot know people's thoughts, but **it** is easy [to judge
　　　　　　　　　　　　　　　　　가주어
people based on their actions].
진짜 주어
우리는 사람의 생각을 알 수 없지만, 그들의 행동으로 사람을 판단하는 것은 쉽다.

The architecture firm considered **it** disappointing [that its
　　　　　　　　　　　　　　　　가목적어
designs were rejected].
진짜 목적어
그 건축 회사는 그것의 디자인이 거부된 것을 실망스럽게 생각했다.

정답·해설·해석_p.17

대표 기출 예제 [2024년 법원직 9급]

She has promised me to take care of **her** for their sake.

그녀는 그들을 위해 그녀 스스로를 돌보겠다고 약속했다.

· to 부정사구(to take care of)의 목적어(her)가 지칭하는 대상이 문장의 주어(She)와 동일하다.
· 목적어가 주어와 동일한 대상이면 재귀대명사로 써야 하므로, 목적격 대명사 her를 재귀대명사 herself로 고쳐야 한다.

기출문제 풀어보기

Q. 다음 밑줄 친 부분 중 어법상 옳지 않은 것은? [2019년 국회직 9급]

Michael Phelps is one of ① the most decorated athletes of all time. As the first Olympic swimmer to earn a spot on five Olympic teams and ② the oldest individual swimmer to earn Olympic gold, he's earned himself the nickname the "Flying Fish." Swimmers tend to have longer torsos and shorter legs than the average person. ③ Standing at 6 feet 4 inches, Phelps has the torso of a man who's 6 feet 8 inches tall, and the legs of a man 8 inches shorter. Double-jointed elbows allow Phelps ④ to create more downward thrust in the water. His large hands also act like paddles. Paired with his extra-long wingspan, his arms serve like propellers to shoot ⑤ himself through the water.

📔 패턴 PLUS

목적어나 전치사의 목적어가 가리키는 명사에 따라 다음 목적격 대명사와 재귀대명사를 구분하여 사용한다.

목적격 대명사	재귀대명사
me	myself
you	yourself/yourselves
it	itself
him	himself
her	herself
us	ourselves
them	themselves

고득점 포인트

명령문에는 주어 you가 생략되어 있으므로, 목적어가 주어 you와 동일한 대상이라면 재귀대명사 yourself나 yourselves로 와야 한다.

┌─── 동일한 대상 ───┐
(You) Promise yourself that you will always relax during
생략된 주어   목적어
one full evening after work.

퇴근 후에 저녁 동안 항상 휴식을 취할 것이라고 스스로에게 약속해라.

정답·해설·해석_p.18

대표 기출 예제   [2021년 법원직 9급]

Congratulate them, **publicly showcase** their accomplishment, and spread the word.

그들을 축하해주고, 그들의 업적을 공개적으로 전시하고, 소문을 퍼뜨려라.

· publicly가 수식하는 showcase는 동사이다.
· 동사는 부사가 수식해야 하므로, 부사 publicly가 동사 showcase 앞에 올바르게 쓰였다.

기출문제 풀어보기

Q. 다음 밑줄 친 부분 중 어법상 옳지 않은 것은? [2018년 국회직 9급]

Democracy, after all, is not just ① a set of practices but a culture. It lives not only ② in so formal mechanisms as party and ballot ③ but in the instincts and expectations of citizens. Objective circumstances—jobs, war, competition from abroad—shape ④ that political culture, but ⑤ so do the words and deeds of leaders.

🔍 패턴 PLUS

형용사와 부사 둘 다로 쓰이면서, -ly가 붙으면 별개의 부사가 되는 단어들이 있다. 이런 단어들 중, -ly가 붙은 단어는 부사이므로 형용사 자리에 올 수 없고, 부사 자리에는 -ly가 붙은 것과 아닌 것 중 의미가 적절한 것이 와야 한다.

형용사=부사	+ -ly 부사
near (형) 가까운 (부) 가까이	nearly (부) 거의
close (형) 가까운, 친밀한 (부) 가까이	closely (부) 자세히, 긴밀하게
deep (형) 깊은 (부) 깊이, 깊게	deeply (부) 깊이, 매우
high (형) 높은 (부) 높이, 높게	highly (부) 고도로, 매우
late (형) 늦은, ~말의 (부) 늦게	lately (부) 최근에
short (형) 짧은, 키 작은, 부족한 (부) 짧게, 갑자기	shortly (부) 곧, 간단히
	freely (부) 자유롭게
free (형) 자유로운, 무료인, ~이 없는 (부) 자유롭게, 무료로	hardly (부) 거의 ~ 않다
hard (형) 어려운, 단단한, 열심히 하는 (부) 열심히, 심하게, 세게	

고득점 포인트

다음과 같은 단어들은 형용사와 부사 둘 다로 쓰이는데, 별개의 부사로 쓰일 때 끝에 -ly가 붙지 않는 것에 주의해야 한다.

long (형) 긴, 오랜 (부) 길게, 오래
fast (형) 빠른 (부) 빠르게, 빨리
early (형) 이른, 초기의 (부) 일찍, 초기에
that (형) 저, 그 (부) 그렇게, 그 정도로
enough (형) 충분한 (부) 충분히
alike (형) 비슷한, 서로 같은 (부) 비슷하게, 마찬가지로

Although there was a long line, we did not have to wait very long.
　　　　　　　　　　 형용사 명사　　　　　　　　　　 동사　 부사
줄이 길기는 했지만, 우리는 그렇게 오래 기다리지 않아도 됐다.

불변의 패턴 30

단수 명사 앞에는 every, another, either/neither가 오고, 복수 명사 앞에는 all, other, both가 와야 한다.

대표 기출 예제

[2018년 국회직 9급]

In 1900, not a single country had what we would today consider a democracy: a government created by elections where **every adult citizen** could vote.

1900년에는, 어느 한 나라도 우리가 오늘날 민주주의라고 여기는, 즉, 모든 성인 시민이 투표할 수 있는 선거들에 의해 정부가 형성되는 것을 갖추고 있지 않았다.

· every(모든) 뒤에는 단수 명사가 와야 한다.
· every 뒤에 단수 명사 adult citizen이 올바르게 쓰였다.

기출문제 풀어보기

Q. 밑줄 친 부분 중 어법상 가장 옳은 것은?   [2018년 서울시 9급]

More than 150 people ① have fell ill, mostly in Hong Kong and Vietnam, over the past three weeks. And experts ② are suspected that ③ another 300 people in China's Guangdong province had the same disease ④ begin in mid-November.

패턴 PLUS

「every + 단수 명사」는 단수 대명사로 가리켜야 하며, 주어로 쓸 때 단수 동사가 와야 한다. 마찬가지로, 「all + 복수명사」는 복수 명사로 가리켜야 하며, 주어로 쓸 때 복수 동사가 와야 한다.

Every device requires a battery to power it.
every + 단수 명사 단수 동사   단수 대명사
모든 장치는 그것에 전원을 공급하기 위한 배터리를 필요로 한다.

All products come with a money-back guarantee, and they also
all + 복수 명사 복수 동사   복수 대명사
have a 10-year warranty.
모든 제품은 환불 보증이 제공되며, 그것들(모든 제품)은 10년 보증도 포함한다.

고득점 포인트

another와 every는 'few/숫자 + 복수 명사' 앞에도 올 수 있음을 알아둔다. 이때 뒤에 온 'few/숫자 + 복수 명사'는 한 단위로 취급되며, another는 '(~만큼) 더', every는 '매 (~만큼) 마다'라는 의미이다.

Ms. Choi was informed that she could upgrade to business class for **another** 100 dollars.
Ms. Choi는 100달러를 더 내면 비즈니스석으로 업그레이드할 수 있음을 알게 되었다.

정답·해설·해석_p.18

대표 기출 예제

[2023년 국회직 9급]

In relying **so heavily** on economic processes it is able to say little about, for example, the social geographies of cities that are clearly related to economic change.

예를 들어, 경제적 과정에 너무 과하게 의존함으로써, 경제 변화와 명백하게 관련된 도시들의 사회적 지형에 대해서는 거의 말할 수 없다.

· '경제적 과정에 너무 과하게 의존하다'라는 의미를 나타내기 위해 부사(heavily)를 수식하며 '매우, 너무' 등의 의미를 더해주는 강조 부사를 써야 한다.

· 강조 부사는 부사를 앞에서 강조해야 하므로, 강조 부사 so가 부사 heavily 앞에 올바르게 쓰였다.

기출문제 풀어보기

Q. 어법상 가장 옳지 않은 것은?　　[2022년 서울시 9급(2월 추가)]

① An ugly, old, yellow tin bucket stood beside the stove.

② It is the most perfect copier ever invented.

③ John was very frightening her.

④ She thought that he was an utter fool.

고득점 포인트

수식하는 대상을 강조하는 다른 강조 부사들도 함께 알아두도록 한다.

quite	'a(n) + 형용사 + 명사'를 앞에서 강조
enough	동사와 형용사를 뒤에서 강조
well, right, way	전치사구를 앞에서 강조
even	명사, 동사, 전치사구를 앞에서 강조
just, only	명사, 전치사구를 앞에서 강조

My apartment required **quite a large deposit**.
내 아파트는 꽤 많은 보증금을 필요로 했다.

She is **smart enough** to get any job she wants.
그녀는 그녀가 원하는 어떤 직업이든 구할 수 있을 만큼 충분히 똑똑하다.

Breakfast is available **only until 10 a.m.**
아침 식사는 오전 10시까지만 이용 가능하다.

패턴 PLUS

강조 부사는 '매우, 너무' 등의 의미를 더해 수식하는 대상을 강조하며, 보통 형용사나 부사를 앞에서 강조한다. 다음은 다양한 강조 부사이다.

very 매우	much 너무, 많이
so (긍정적·부정적 의미로) 매우, 너무	too (부정적 의미로) 너무
pretty 꽤, 제법	quite 꽤, 상당히
ever 항상, 도대체	
much/even/still/far/a lot/by far (비교급 앞에서) 훨씬	

Thank you **very** much.
매우 대단히 감사합니다.

New laptop computers continue to get **even** smaller.
새로운 노트북 컴퓨터들은 계속 훨씬 더 작아지고 있다.

by/until, for/during 등의 혼동하기 쉬운 전치사의 쓰임을 구분해야 한다.

정답·해설·해석_p.19

대표 기출 예제
[2023년 국가직 9급]

We have to finish the work **until the end of this month.**

우리는 그 일을 이번 달 말까지 끝내야 한다.

· 문맥상 정해진 시점(이번 달 말)까지 '그 일'이 완료되는 상황을 나타내고 있다.

· 정해진 시점까지 어떤 행동이나 상황이 완료되는 것을 의미하는 전치사는 by이므로 특정 시점까지 어떤 행동이나 상황이 계속되는 것을 나타내는 전치사 until을 by(~까지)로 고쳐야 한다.

기출문제 풀어보기

Q. 어법상 옳은 것을 고르시오.
[2017년 국가직 9급(10월 추가)]

① My father was in the hospital during six weeks.

② The whole family is suffered from the flu.

③ She never so much as mentioned it.

④ She would like to be financial independent.

패턴 PLUS

우리말로 비슷하게 해석되는 전치사라도 서로 다른 의미로 쓰이는 경우가 있으므로, 적절한 전치사가 쓰였는지는 전체 문장의 맥락을 파악한 후 판단해야 한다.

~까지	until	특정 시점까지 어떤 행동이나 상황이 계속되는 것
	by	정해진 시점까지 어떤 행동이나 상황이 완료되는 것

~ 동안	for	+ 숫자를 포함한 시간 표현 (얼마나 오래 지속되는가)
	during	+ 명사 (언제 일어나는가)

사이	between	'둘 사이'에 쓰여서 위치와 시간의 '사이'를 의미
	among	'셋 이상'의 그룹 '사이'를 의미

The lunch special is available **until** two o'clock.
점심 특선은 2시까지 이용 가능합니다.

The Pope will be visiting London **during** August.
교황이 8월 동안에 런던을 방문할 것이다.

His car was parked **between** two vans.
그의 차는 두 대의 밴 사이에 주차되어 있었다.

Section Test

1 다음 글의 밑줄 친 부분 중, 어법상 가장 틀린 것은?

[2022년 법원직 9급]

I was released for adoption by my biological parents and ① spend the first decade of my life in orphanages. I spent many years thinking that something was wrong with me. If my own parents didn't want me, who could? I tried to figure out ② what I had done wrong and why so many people sent me away. I don't get close to anyone now because if I do they might leave me. I had to isolate ③ myself emotionally to survive when I was a child, and I still operate on the assumptions I had as a child. I am so fearful of being deserted ④ that I won't venture out and take even minimal risks. I am 40 years old now, but I still feel like a child.

2 밑줄 친 부분 중 어법상 옳지 않은 것은? [2015년 서울시 9급]

The cartoon character SpongeBob SquarePants is ① in a hot water from a study ② suggesting that watching just nine minutes ③ of that program can cause short-term attention and learning problems ④ in 4-year-olds.

3 밑줄 친 부분 중 어법상 가장 옳지 않은 것은?

[2018년 서울시 9급(6월 시행)]

His survival ① over the years since independence in 1961 does not alter the fact that the discussion of real policy choices in a public manner has hardly ② never occurred. In fact, there have always been ③ a number of important policy issues ④ which Nyerere has had to argue through the NEC.

4 우리말을 영어로 잘못 옮긴 것을 고르시오.

[2017년 지방직 9급(6월 시행)]

① 그를 당황하게 한 것은 그녀의 거절이 아니라 그녀의 무례함이었다.
→ It was not her refusal but her rudeness that perplexed him.

② 부모는 아이들 앞에서 그들의 말과 행동에 대해 아무리 신중해도 지나치지 않다.
→ Parents cannot be too careful about their words and actions before their children.

③ 환자들과 부상자들을 돌보기 위해 더 많은 의사가 필요했다.
→ More doctors were required to tend sick and wounded.

④ 설상가상으로, 또 다른 태풍이 곧 올 것이라는 보도가 있다.
→ To make matters worse, there is a report that another typhoon will arrive soon.

5 Which of the following best completes the blanks (A) and (B)?

[2017년 국회직 8급]

Since (A) _____ creation, the Community of Democracies has aspired to actively engage in the promotion of democratic values and practices, whether through supporting countries in (B) _____ first steps in the democratic world or helping experienced democracies with challenges and dilemmas. The Community realizes this mission by providing and supporting series of initiatives and mechanisms alongside its participating states and its partners.

	(A)	(B)
①	its	our
②	their	their
③	its	its
④	their	its
⑤	its	their

6 우리말을 영어로 잘못 옮긴 것을 고르시오. [2016년 지방직 7급]

① 탄소배출은 가스, 석탄, 석유와 같은 화석연료 연소의 결과물이다.
→ Carbon emissions are a result of burning fossil fuels such as gas, coal, or oil.

② 모든 연령대의 사람들이 여왕에게 존경을 표하기 위해 차려 입었다.
→ People of all ages dressed up to show themselves their respect to the queen.

③ 당뇨병은 우리 건강에 심각한 위협이지만 완벽히 예방할 수 있다.
→ Although diabetes is a critical threat to our health, it can be completely prevented.

④ 토요일로 예정된 집회는 금세기에 가장 큰 정치적 모임이 될 것이다.
→ The rally scheduled for Saturday will be the largest political gathering in this century.

7 (A), (B), (C)의 각 네모 안에서 어법에 맞는 표현으로 가장 적절한 것은? [2021년 법원직 9급]

Some of our dissatisfactions with self and with our lot in life are based on real circumstances, and some are false and simply (A) (perceive / perceived) to be real. The perceived must be sorted out and discarded. The real will either fall into the changeable or the unchangeable classification. If it's in the latter, we must strive to accept it. If it's in the former, then we have the alternative to strive instead to remove, exchange, or modify it. All of us have a unique purpose in life; and all of us are gifted, just (B) (different / differently) gifted. It's not an argument about whether it's fair or unfair to have been given one, five, or ten talents; it's about what we have done with our talents. It's about how well we have invested (C) (them / those) we have been given. If one holds on to the outlook that their life is unfair, then that's really holding an offense against God.

	(A)	(B)	(C)
①	perceive	different	them
②	perceive	differently	those
③	perceived	different	them
④	perceived	differently	those

8 다음 세 문장의 밑줄 친 부분에 들어갈 말이 순서대로 짝지어진 것은? [2011년 국회직 9급]

- Many a student _____ to pass the exam.
- A number of people _____ late for work because there was a traffic accident.
- I could not read every _____ of the library.

① tries — were — book   ② try — was — books
③ tries — was — book   ④ try — were — books
⑤ tries — was — books

정답·해설·해석_p.19

Section 5
접속사와 절

최근 5개년 출제율

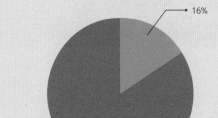

16%

최근 5개년 출제 문항 수

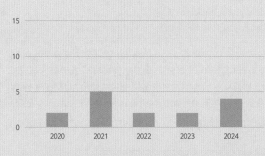

■ '24~'20 국가직·지방직·서울시·법원직·국회직 9급(2024.09 기준)

정답·해설·해석_p.21

대표 기출 예제 [2024년 서울시 9급(2월 추가)]

This is a kind of literary criticism very different from the one that had existed in the nineteenth century, **not only** in attitude **but** in vocation too, as criticism became increasingly academic and technical.

이는 비평이 점점 학문적이고 기술적으로 되면서 태도뿐 아니라 직업에 있어서도 19세기에 존재했던 것과는 매우 다른 일종의 문학 비평이다.

· '태도뿐 아니라 직업에 있어서도'라는 의미를 나타내기 위해 상관접속사 not only A but B(A뿐만 아니라 B도)가 쓰였다.
· but을 포함하는 상관접속사로 연결된 A와 B에는 대등한 것이 와야 하는데 not only 뒤에 전치사구(in attitude)가 왔으므로, but 뒤에도 전치사구 in vocation이 올바르게 쓰였다.

기출문제 풀어보기

Q. 우리말을 영어로 잘못 옮긴 것은? [2016년 사회복지직 9급]

① 네가 하는 어떤 것도 나에게는 괜찮아.
 → Whatever you do is fine with me.

② 나는 어떤 일도 결코 우연히 하지 않았으며, 내 발명 중 어느 것도 우연히 이루어진 것은 없었다.
 → I never did anything by accident, nor did any of my inventions come by accident.

③ 사랑은 서로를 응시하는 것에 있지 않고, 같은 방향을 함께 바라보는 것에 있다.
 → Love does not consist in gazing at each other, but looks outward together in the same direction.

④ 자원봉사자들은 그들이 가치가 없기 때문이 아니라, 매우 귀중하기 때문에 보수를 받지 않는다.
 → Volunteers aren't paid, not because they are worthless, but because they are priceless.

패턴 PLUS

· and/but/(n)or 등을 포함하는 상관접속사로 연결된 A와 B에는 대등한 것이 와야 한다.

both A and B A와 B 둘 다
not A but (rather) B A가 아니라 (오히려) B
either A or B A와 B 둘 중 아무거나
not only/just A but (also) B A뿐 아니라 B도
neither A nor B A나 B 둘 다 아닌

· 둘 이상의 것을 나열할 때 and/but/(n)or 앞뒤로 형태와 기능이 대등한 것끼리 나열되어야 하므로, 동사는 동사끼리, 동명사는 동명사끼리, to 부정사는 to 부정사끼리 와야 한다. 단, to 부정사가 나열될 때 뒤에 오는 to 부정사는 to를 생략하고 동사원형으로 올 수 있다.

Meditation allows people to increase their sense of well-being
　　　　　　　　　　　　　　to 부정사
and (to) experience a better quality of life.
　　to를 생략한 동사원형
명상은 사람들이 행복감을 높이고 더 나은 삶의 질을 경험할 수 있게 한다.

정답·해설·해석_p.21

대표 기출 예제 [2022년 법원직 9급]

The key to understanding economics is accepting **that** there are always unintended consequences.

경제학을 이해하는 비결은 항상 의도하지 않은 결과가 있다는 것을 받아들이는 것이다.

· that 뒤에 완전한 절(there are always unintended consequences)이 왔다.
· 문맥상 '항상 의도하지 않은 결과가 있다는 것'이라는 의미가 되어야 자연스러우므로, '~라는 것'이라는 의미의 명사절 접속사 that이 완전한 절(there are ~ consequences) 앞에 올바르게 쓰였다.

기출문제 풀어보기

Q. 우리말을 영어로 잘못 옮긴 것은? [2020년 지방직 9급]

① 보증이 만료되어서 수리는 무료가 아니었다.
 → Since the warranty had expired, the repairs were not free of charge.

② 설문지를 완성하는 누구에게나 선물카드가 주어질 예정이다.
 → A gift card will be given to whomever completes the questionnaire.

③ 지난달 내가 휴가를 요청했더라면 지금 하와이에 있을 텐데.
 → If I had asked for a vacation last month, I would be in Hawaii now.

④ 그의 아버지가 갑자기 작년에 돌아가셨고, 설상가상으로 그의 어머니도 병에 걸리셨다.
 → His father suddenly passed away last year, and, what was worse, his mother became sick.

📖 패턴 PLUS

명사절 접속사는 완전한 절 앞에 오는 것과 불완전한 절 앞에 오는 것으로 나뉘므로, 뒤에 오는 절의 형태를 보고 올바른 것이 왔는지 확인할 수 있다. 뒤에 오는 절의 형태에 맞는 것이 왔다면, 의미가 적절한 것이 왔는지 확인한다.

that ~라는 것, ~라고 whether/if ~인지 (아닌지) when/where/why/how 언제/어디에서/왜/어떻게 ~하는지, ~하는 시간/장소/이유/방법 how + 형용사/부사 얼마나 …한/하게 ~하는지	+ 완전한 절
what 무엇이(무엇을) ~하는지, ~하는 것 which/who(m) 무엇이(무엇을)/누구를(누구를) ~하는지 whatever/whichever/who(m)ever ~하는 무엇이든지/누구든지	+ 불완전한 절

고득점 포인트

명사절은 보통 길이가 길기 때문에, 문장의 앞에 주어로 쓰기보다는 가주어 it을 쓰고 진짜 주어인 명사절은 뒤에 쓰는 경우가 많다. 이때 뒤에 오는 절의 형태를 보고 올바른 것이 왔는지 확인한다.

It is important that [students learn the value of hard work].
가주어   완전한절 → 주어   동사   목적어
학생들이 노력의 가치를 배우는 것이 중요하다.

When we assess food, **it** is surprising **what** [we emphasize about flavor].
가주어   주어   동사   목적어가 없는 불완전한 절
우리가 음식을 평가할 때, 맛에 대해 강조하는 것은 놀랍다.

정답·해설·해석_p.21

대표 기출 예제

[2016년 국가직 9급]

A strong wind blew my umbrella inside out **as** I was walking home from school.

학교에서 집으로 걸어오고 있을 때 강풍에 내 우산이 뒤집혔다.

· '학교에서 집으로 걸어오고 있을 때'라며 시간을 나타내고 있다.
· 부사절 접속사 as는 '~할 때'의 의미를 나타낼 수 있으므로, 부사절 접속사 as가 완전한 절(I was ~ school) 앞에 올바르게 쓰였다.

기출문제 풀어보기

Q. 우리말을 영어로 가장 잘 옮긴 것을 고르시오.

[2021년 국가직 9급]

① 당신이 부자일지라도 당신은 진실한 친구들을 살 수는 없다.
  → Rich as if you may be, you can't buy sincere friends.

② 그것은 너무나 아름다운 유성 폭풍이어서 우리는 밤새 그것을 보았다.
  → It was such a beautiful meteor storm that we watched it all night.

③ 학위가 없는 것이 그녀의 성공을 방해했다.
  → Her lack of a degree kept her advancing.

④ 그는 사형이 폐지되어야 하는지 아닌지에 대한 에세이를 써야 한다.
  → He has to write an essay on if or not the death penalty should be abolished.

패턴 PLUS

절과 절을 연결하는 부사절 접속사는 다양한 의미를 가지는 경우가 많다. 따라서 접속사별 다양한 의미를 익혀두고 문맥에 맞는 접속사가 쓰였는지 확인할 수 있어야 한다. 다음은 다양한 부사절 접속사이다.

while ~하는 동안, 반면에	unless 만약 ~아니라면, ~하지 않는 한
since ~한 이래로, ~기 때문에	as ~할 때, ~함에 따라, ~기 때문에
whether ~이든 아니든	(just) as (꼭) ~인 것처럼
if 만약 ~라면(명사절 접속사일 때는 '~인지 아닌지')	
as though [as if] 마치 ~인 것처럼	

명사 역할의 단어/구 앞에는 전치사가 오고, 절 앞에는 부사절 접속사가 와야 한다.

정답·해설·해석_p.21

대표 기출 예제

[2024년 지방직 9급]

One of the many virtues of the book you are reading is that it provides an entry point into *Maps of Meaning*, which is a highly complex work **because of** the author **was working** out his approach to psychology as he wrote it.

당신이 읽고 있는 책의 많은 장점 중 하나는 그것이 『의미의 지도』에 대한 진입점을 제공한다는 점인데, 이것은 작가가 이 책을 쓰면서 심리학에 대한 그의 접근법을 연구하고 있었기 때문에 매우 복잡한 작품이다.

· because of 뒤에 주어(the author)와 동사(was working)를 포함하는 절이 왔다.
· 절 앞에는 부사절 접속사가 와야 하고, 문맥상 '접근법을 연구하고 있었기 때문에'라는 의미가 되어야 자연스러우므로, 전치사 because of를 '~하기 때문에'라는 의미를 갖는 부사절 접속사 because로 고쳐야 한다.

기출문제 풀어보기

Q. 우리말을 영어로 가장 잘 옮긴 것은? [2016년 사회복지직 9급]

> 내가 저지른 모든 실수에도 불구하고 그는 여전히 나를 신임했다.

① I had made all the mistakes, though he still trusted me.
② I had made all the mistakes, moreover, he still trusted me.
③ Despite all the mistakes I had made, he still trusted me.
④ Nevertheless all the mistakes I had made, he still trusted me.

🔍 패턴 PLUS

· 명사/대명사/동명사 등 명사 역할을 하는 단어/구 앞에는 전치사가 와야 하고, 「주어 + 동사」를 포함한 절 앞에는 부사절 접속사가 와야 한다. 다음은 유사한 의미를 가졌지만, 각각 전치사와 접속사로만 쓰이는 표현들이다.

	전치사 (+ 단어/구)	부사절 접속사 (+ 절)
~ 때문에	because of	because
~하는 동안	during	while
비록 ~이지만	despite [in spite of]	although [though]

· 다음의 단어들은 전치사와 부사절 접속사 둘 다로 쓰이므로, 뒤에 단어/구나 절이 모두 올 수 있는 것에 주의한다.

> before (전) ~ 전에 (접) ~하기 전에
> after (전) ~ 후에 (접) ~한 후에
> until (전) ~까지 (접) ~하기까지
> since (전) ~ 이래로 (접) ~한 이래로, ~하기 때문에
> as (전) ~로서, ~처럼, ~ 만큼 (접) ~하듯이, ~함에 따라, ~하기 때문에
> like (전) ~과 같은, ~처럼 (접) ~하는 것처럼, ~하듯이

I have lived with my grandmother **since** <u>my birth</u>.
명사구
나는 태어났을 때부터 할머니와 함께 살았다.

I have lived with my grandmother **since** <u>I was born</u>.
주어 동사
나는 태어났을 대부터 할머니와 함께 살았다.

고득점 포인트

like와 alike를 혼동하지 않도록 주의한다. like는 전치사나 접속사로 쓸 수 있지만, alike는 형용사와 부사로만 쓸 수 있다. 또한 형용사 alike는 명사를 앞에서 수식하는 데는 쓸 수 없고, 동사 뒤에서 보어로만 쓰인다.

> like (전) ~와 비슷한, ~처럼 (접) ~하는 것처럼, ~하듯이
> alike (형) 비슷한, 서로 같은 (부) 비슷하게, 마찬가지로

→ like(전치사)
Labels on food are ~~alike~~ <u>the table</u> of contents found in books.
명사
식품의 라벨은 책에서 찾아볼 수 있는 목차와 같다.

that만 쓸 수 있는 구문에 주의해야 한다.

정답·해설·해석_p.22

대표 기출 예제

[2017년 법원직 9급]

But such a society, while waiting for some ultimate version of events, would be **so rife** with rumor, alarm, and lies **which** the errors of our journalism would by comparison seem models of truth.

하지만 그러한 사회는, 사건에 대한 최종적인 설명을 기다리는 동안, 소문, 불안, 그리고 거짓말로 너무 가득 차서 우리 언론의 실수는 그에 비해 진실의 본보기로 보일 것이다.

· 'so + 형용사(rife)'가 쓰였고, 뒤에 완전한 절(the errors ~ of truth)이 왔다.
· 문맥상 '거짓말로 너무 가득 차서 ~ 하다'라는 의미가 되어야 자연스러우므로, which를 'so + 형용사(rife)'와 함께 쓰며 '너무 ~해서 -하다'라는 의미를 만드는 that으로 고쳐야 한다.

기출문제 풀어보기

Q. 어법상 옳은 것은?

[2013년 국가직 9급]

① Few living things are linked together as intimately than bees and flowers.
② My father would not company us to the place where they were staying, but insisted on me going.
③ The situation in Iraq looked so serious that it seemed as if the Third World War might break out at any time.
④ According to a recent report, the number of sugar that Americans consume does not vary significantly from year to year.

패턴 PLUS

which/what 등은 쓸 수 없고 that만 쓸 수 있는 구문들이 있다. 따라서 문제 주변을 잘 살펴보고 that을 써야만 하는 구문인지 확인해야 한다. 이러한 that 뒤에는 완전한 절이 온다.

너무 (형용사/부사) 해서 ~하다	so + 형용사/부사 + that + 완전한 절
	such + (a/an) + (형용사) + 명사 + that + 완전한 절
~해서/~라는 것이 (형용사)하다	생각/감정 형용사 + that + 완전한 절
	the + 특정 명사 + 동격 that + 완전한 절
~라는 사실/희망 등 명사	the fact that ~라는 사실 the hope that ~라는 희망 the idea that ~라는 아이디어 the news that ~라는 소식 the belief that ~라는 믿음 the notion that ~라는 개념 the possibility that ~라는 가능성 the perspective that ~라는 관점 the guarantee that ~라는 보장

고득점 포인트

It-that 강조 구문 역시 that을 주로 사용하지만, 강조 대상의 종류에 따라 that 대신 who(사람)/when(시간)/where(장소) 등이 올 수 있는 것에 주의한다.

It was Dr. Jonas Salk **who[that]** successfully developed
　　　　　　　　　강조 대상(사람)
the vaccine in 1955.
1955년에 백신을 성공적으로 개발한 사람은 Jonas Salk 박사였다.

불변의 패턴 38

that은 명사절 접속사와 관계사로 모두 쓸 수 있지만, what은 선행사를 수식하는 관계사로 쓸 수 없다.

대표 기출 예제

[2023년 법원직 9급]

Language is an amazing thing **what** we take for granted.

언어는 우리가 당연하게 여기는 놀라운 것이다.

- 선행사(an amazing thing)가 사물이고, 관계절 내에서 동사 take의 목적어 역할을 하고 있다.
- 명사절 접속사 what은 선행사를 수식하는 관계사로 쓸 수 없으므로, 명사절 접속사 what을 사물을 가리키는 목적격 관계대명사 that으로 고쳐야 한다.

기출문제 풀어보기

Q. 어법상 옳지 않은 것은?

[2017년 지방직 9급(6월 시행)]

① You might think that just eating a lot of vegetables will keep you perfectly healthy.

② Academic knowledge isn't always that leads you to make right decisions.

③ The fear of getting hurt didn't prevent him from engaging in reckless behaviors.

④ Julie's doctor told her to stop eating so many processed foods.

패턴 PLUS

- that이 명사절 접속사일 때는 완전한 절 앞에 오고, 관계사일 때는 완전한 절과 불완전한 절 모두 앞에 올 수 있다. 반면에 what은 명사절 접속사로서 불완전한 절 앞에만 올 수 있고, 앞에 있는 명사(선행사)를 수식하는 관계사로는 쓸 수 없다.

명사절 접속사 that	+ 완전한 절
관계사 that	+ 완전한/불완전한 절
명사절 접속사 what	+ 불완전한 절

- what은 the thing(s) that과 바꾸어 쓸 수 있으므로 '선행사를 포함한 관계대명사'라고 불리기도 한다. 그러나 what은 앞에 있는 선행사를 수식할 수 없으며, 명사절만을 이끈다는 것을 기억해 두어야 한다.

Finally, people began to believe **what** we were saying.
　　　　　　　　　　　　believe의 목적어 역할을 하는 명사절

= Finally, people began to believe the thing that we were saying.
　　　　　　　　　　　　　　　선행사　　선행사를 수식하는 관계절

마침내, 사람들은 우리가 말하는 것을 믿기 시작했다.

정답·해설·해석_p.22

대표 기출 예제

[2022년 국회직 9급]

The expert paleontologists **whose** advice I sought all said that they knew of no physical evidence of sound-making structures from animals until the first cricket-and cicada-like insects evolved.

내가 조언을 구한 전문적인 고생물학자들은 모두 최초의 귀뚜라미와 매미와 같은 곤충이 진화하기 전까지는 동물의 소리 생성 구조에 대한 물리적 증거를 알지 못했다고 말했다.

· 선행사(The expert paleontologists)가 사람이고, 관계절 내에서 advice가 누구의 조언인지를 나타내고 있다.

· 선행사를 수식하는 역할을 하는 관계대명사는 선행사의 종류와 대신하는 대명사의 원래 격에 맞아야 하므로, 사람을 나타내는 소유격 관계대명사 whose가 올바르게 쓰였다.

기출문제 풀어보기

Q. 밑줄 친 부분이 어법상 옳지 않은 것은? [2024년 지방직 9급]

① You must plan not to spend too much on the project.

② My dog disappeared last month and hasn't been seen since.

③ I'm sad that the people who daughter I look after are moving away.

④ I bought a book on my trip, and it was twice as expensive as it was at home.

패턴 PLUS

앞에 있는 명사(선행사)를 수식하거나, 보충 설명하는 역할을 하는 관계사는 선행사의 종류에 맞아야 한다. 또한 관계대명사의 경우, 주어/목적어 등 관계대명사가 대신하는 대명사의 원래 격에 일치해야 한다.

선행사	관계대명사		
	주격	목적격	소유격
사람	who/that	who(m)/that	whose+명사
사물	which/that	which/that	whose+명사 명사+of which

선행사	관계부사
시간	when
장소	where
the reason(이유)	why
the way(방법)	how

※ 단, the way와 how는 함께 쓸 수 없고, 둘 중 하나는 반드시 생략해야 한다.

고득점 포인트

· which는 앞에 있는 절 전체를 가리키기도 한다. 이때 which 뒤에는 단수 동사가 온다.

Susan goes to the gym twice a week, **which** makes her much healthier.

Susan은 일주일에 두 번씩 체육관에 가는데, 그것은 그녀를 훨씬 더 건강하게 만든다.

· 관계대명사 자리에 대명사가 오지 않았는지 확인해야 한다. 명사 뒤에 수식하거나 보충 설명하는 절을 접속사 없이 연결하기 위해서는 대명사가 아닌 관계대명사가 필요하다.

The great Pyramid of Giza is a large structure it was built
                                   선행사   → which/that
over 4,000 years ago.

기자의 위대한 피라미드는 4,000년 전에 지어진 대규모 건축물이다.

The market now has high-efficiency toilets, some of them use
                           선행사   → which
1.3 gallons per flush.

현재 시장에는 고효율 변기가 있으며, 그중 일부는 물을 내릴 때마다 1.3갤런을 사용한다.

불완전한 절 앞에는 관계대명사가 오고, 완전한 절 앞에는 관계부사 또는 「전치사 + 관계대명사」가 와야 한다.

정답·해설·해석_p.22

대표 기출 예제
[2024년 법원직 9급]

Dressed in long robes, they jump into the Euphrates River **where** one is swimming while the others hug a lifebuoy to their chests.

긴 옷을 입은 그들은 유프라테스강으로 뛰어들고, 그곳에서 한 사람은 수영하고 다른 사람들은 구명부표를 가슴에 껴안는다.

· 관계사 뒤에 완전한 절(one is ~ their chests)이 왔다.
· 완전한 절 앞에 오는 것은 관계대명사가 아닌 관계부사이고, 관계부사가 수식하는 선행사가 장소(the Euphrates River)이므로, 장소를 나타내는 관계부사 where이 완전한 절 앞에 올바르게 쓰였다.

기출문제 풀어보기

Q. 밑줄 친 부분 중 어법상 옳지 않은 것을 고르시오.
[2025년 출제기조 전환 대비 2차 예시문제]

It seems to me that any international organization ① <u>designed</u> to keep the peace must have the power not merely to talk ② <u>but also to act</u>. Indeed, I see this ③ <u>as</u> the central theme of any progress towards an international community ④ <u>which</u> war is avoided not by chance but by design.

🔎 패턴 PLUS

관계부사 대신 that을 쓸 수도 있는데, that이 관계대명사일 때는 불완전한 절 앞에 오고, 관계부사일 때는 완전한 절 앞에 온다.

Take your comics with you when you visit sick friends that
(= 주격 관계대명사 who)
[can use a good laugh].
주어가 없는 불완전한 절
동사   목적어

크게 웃는 것을 정말 잘 활용할 수 있는 아픈 친구들을 방문하러 갈 때 여러분의 만화를 가지고 가라.

Most people do not like to spend time in places that [they feel
완전한 절
uncomfortable].
(= 관계부사 where) 주어 동사
주격보어

대부분의 사람들은 불편함을 느끼는 장소에서 시간을 보내는 것을 좋아하지 않는다.

고득점 포인트

전치사 뒤의 관계대명사로는 which나 whom이 오고, that은 올 수 없는 것에 주의한다.

There are many examples [in that insect bodies develop
선행사   which
전치사
differently from our own].
관계절
곤충의 몸이 우리의 몸과 다르게 발달한 사례는 많다.

Section Test

1 밑줄 친 부분 중 어법상 가장 옳은 것은?

[2024년 서울시 9급(2월 추가)]

① Despite the inconsistent and fairly sparse laboratory data regarding groupthink, the theory has been believed to have explanatory potential. ② Some of this continued confidence undoubtedly stems in part from a series of creative historical analysis that have been advanced to substantiate the model's various hypotheses. ③ Surely, we must be careful of such historical analysis for several reasons, as we cannot be certain that contradictory examples have not overlook. ④ Such case studies, however, do have the virtue of looking at cases which the antecedent conditions were strong enough to create the conditions deemed necessary by the model.

2 밑줄 친 부분 중 어법상 가장 옳지 않은 것은?

[2024년 서울시 9급(2월 추가)]

Research shows that tea drinkers can ① enjoy greater protection from heart disease, cancer, and stress, ② no matter how type of brew they choose. Experts say the antioxidants in tea leaves confer major health benefits. ③ That's why we admire how some creative cooks went beyond the cup to ④ find tasty ways to meld tea with their appetizers, meals, and desserts.

3 밑줄 친 부분 중 어법상 옳지 않은 것은?

[2023년 지방직 9급]

One reason for upsets in sports—① in which the team ② predicted to win and supposedly superior to their opponents surprisingly loses the contest—is ③ what the superior team may not have perceived their opponents as ④ threatening to their continued success.

4 (A), (B), (C)의 각 네모 안에서 어법에 맞는 표현으로 가장 적절한 것은?

[2022년 법원직 9급]

The selection of the appropriate protective clothing for any job or task (A) is / are usually dictated by an analysis or assessment of the hazards presented. The expected activities of the wearer as well as the frequency and types of exposure, are typical variables that input into this determination. For example, a firefighter is exposed to a variety of burning materials. Specialized multilayer fabric systems are thus used (B) to meet / meeting the *thermal challenges presented. This results in protective gear that is usually fairly heavy and essentially provides the highest levels of protection against any fire situation. In contrast, an industrial worker who has to work in areas (C) where / which the possibility of a flash fire exists would have a very different set of hazards and requirements. In many cases, a flame-resistant coverall worn over cotton work clothes adequately addresses the hazard.

* thermal : 열의

	(A)	(B)	(C)
①	is	to meet	where
②	is	meeting	which
③	are	meeting	where
④	are	to meet	which

5 어법상 옳지 않은 문장은? [2021년 국회직 9급]

① The average size of humans have fluctuated over the last million years.

② Before I made a decision about what to do, I had weighed all the alternatives.

③ Tom played so well that he received a standing ovation from the audience.

④ The local government addresses the problems of malnutrition in the state.

⑤ All members must agree to abide by the club regulations.

6 (A), (B), (C)에서 어법에 맞는 표현으로 가장 적절한 것은? [2019년 법원직 9급]

First impression bias means that our first impression sets the mold (A) [which / by which] later information we gather about this person is processed, remembered, and viewed as relevant. For example, based on observing Ann-Chinn in class, Loern may have viewed her as a stereotypical Asian woman and assumed she is quiet, hard working, and unassertive. (B) [Reached / Having reached] these conclusions, rightly or wrongly, he now has a set of prototypes and constructs for understanding and interpreting Ann-Chinn's behavior. Over time, he fits the behavior consistent with his prototypes and constructs into the impression (C) [that / what] he has already formed of her. When he notices her expressing disbelief over his selection of bumper stickers, he may simply dismiss it or view it as an odd exception to her real nature because it doesn't fit his existing prototype.

	(A)	(B)	(C)
①	which	... reached	... that
②	which	... having reached	... what
③	by which	... having reached	... that
④	by which	... reached	... what

7 어법상 옳은 것은? [2019년 지방직 9급]

① The paper charged her with use the company's money for her own purposes.

② The investigation had to be handled with the utmost care lest suspicion be aroused.

③ Another way to speed up the process would be made the shift to a new system.

④ Burning fossil fuels is one of the lead cause of climate change.

8 (A), (B), (C)의 각 부분에서 어법에 맞는 표현으로 가장 적절한 것은? [2019년 법원직 9급]

Mel Blanc, considered by many industry experts to be the inventor of cartoon voice acting, began his career in 1927 as a voice actor for a local radio show. The producers did not have the funds to hire many actors, so Mel Blanc resorted to (A) [create / creating] different voices and personas for the show as needed. He became a regular on The Jack Benny Program, (B) [where / which] he provided voices for many characters — human, animal, and nonliving objects such as a car in need of a tune-up. The distinctive voice he created for Porky Pig fueled his breakout success at Warner Bros. Soon Blanc was closely associated with many of the studio's biggest cartoon stars as well as characters from Hanna-Barbera Studios. His longest running voice-over was for the character Daffy Duck — about 52 years. Blanc was extremely protective of his work — screen credits reading "Voice Characterization by Mel Blanc" (C) [was / were] always under the terms of his contracts.

*personas (극·소설 등의) 등장인물

	(A)	(B)	(C)
①	create	... where	... was
②	create	... which	... were
③	creating	... where	... were
④	creating	... which	... was

정답·해설·해석_p.23

Section 6

어순과
특수구문

최근 5개년 출제율

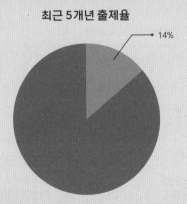

14%

최근 5개년 출제 문항 수

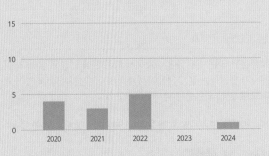

■ '24~'20 국가직·지방직·서울시·법원직·국회직 9급(2024.09 기준)

정답·해설·해석_p.25

대표 기출 예제   [2017년 국가직 9급(10월 추가)]

Can you tell **who that is** over there?

저쪽에 있는 사람이 누구인지 알겠니?

· 동사 tell의 목적어 자리에 의문사 who가 이끄는 간접 의문문이 쓰였다.
· 간접 의문문은 '의문사(who) + 주어(that) + 동사(is)'의 어순으로 쓰여야
하므로, who that is가 올바르게 쓰였다.

기출문제 풀어보기

Q. 어법상 옳은 것은?   [2020년 국가직 9급]

① The traffic of a big city is busier than those of a small city.

② I'll think of you when I'll be lying on the beach next week.

③ Raisins were once an expensive food, and only the wealth ate them.

④ The intensity of a color is related to how much gray the color contains.

고득점 포인트

간접 의문문의 「주어 + 동사」 앞에 다음과 같은 형태의 의문사가 올수도 있다.

how + 형용사/부사 얼마나 ~한/하게
how + many/much (of) + 명사 얼마나 많은 (명사)
what/which (kind of) + 명사 어떤 (명사)

Managers are still discussing which solution the client
                                which + 명사   주어
will prefer.
동사
관리자들은 그 고객이 어떤 해결책을 선호할지 계속 논의하고 있다.

The traffic study revealed how many cars residents of
                              how + many + 명사   주어
the city own.
동사
교통 조사는 그 도시의 주민들이 자동차를 몇 대나 소유하고 있는지를 밝혔다.

🔍 패턴 PLUS

간접 의문문은 의문사를 접속사로 해서 다른 절에 연결된 절이다. 이
때 의문사가 연결하는 절은 문장에서 주어/보어/(전치사의) 목적어 역
할을 하므로, 간접 의문문은 명사절이기도 하다.

                        의문사 (명사절 접속사)
Nobody seems to know [why Daniel has been away from town
                          주어   동사
for the past few days].
↳ to 부정사 to know의 목적어인 명사절
Daniel이 지난 며칠 동안 도시를 떠나 있었던 이유를 아는 사람은 아무도 없는 것 같다.

불변의 패턴 42

enough는 명사의 앞에 오거나, 형용사/부사의 뒤에 와야 한다.

대표 기출 예제 [2013년 국가직 9급]

We were **enough fortunate** to visit the Grand Canyon, which has much beautiful landscape.

우리는 운이 좋게도 그랜드캐년을 방문했는데, 거기에는 경치가 아름다운 곳이 많다.

· enough가 형용사 fortunate를 수식하며 '운이 좋게도 그랜드캐년을 방문했다'라는 의미를 나타내고 있다.
· enough는 형용사의 뒤에 와야 하므로, enough fortunate를 fortunate enough로 고쳐야 한다.

기출문제 풀어보기

Q. 다음 중 어법상 잘못된 부분을 고르시오. [2009년 국회직 9급]

Water particles ① carried to ② a great height freeze into ice particles and ③ are swept upward and ④ refrozen repeatedly until they are ⑤ enough heavy to fall as hail.

🔍 패턴 PLUS

enough 뒤에는 「for + 목적격」 또는 to 부정사가 자주 함께 쓰이며, 둘 다 올 때는 「for + 목적격」이 to 부정사 앞에 온다.

There were many guests, but thankfully we had **enough** seats
　　　　　　　　　　　　　　　　　　　　　　　　　　　　　명사
for them.
for + 목적격
손님이 많았지만, 다행히 우리는 그들을 위한 충분한 자리가 있었다.

This laptop is light **enough** for me to carry in my bag.
　　　　　　형용사　　　　　 for + 목적격　to 부정사
이 노트북은 내가 가방에 넣고 다닐 수 있을 만큼 가볍다.

정답·해설·해석_p.26

대표 기출 예제

[2018년 국가직 9급]

I think the better question to ask is whether you are going to do something about it or just let life **pass you by**.

나는 물어보기에 더 나은 질문은 당신이 무언가 행동을 취할 것인지 아니면 그저 인생이 당신을 스쳐 지나가게 할 것인지라고 생각한다.

· 타동사(pass)와 부사(by)의 목적어가 대명사(you)이다.
· 「타동사 + 부사」의 목적어가 대명사인 경우에는 목적어가 타동사와 부사 사이에 와야 하므로, pass you by가 올바르게 쓰였다.

기출문제 풀어보기

Q. 밑줄 친 부분 중 어법상 옳지 않은 것은? [2021년 국회직 9급]

Learning to ① pose questions and receive information that is satisfying ② is a key social as well as intellectual experience in a child's development. Children who don't have a successful experience at this stage, or ③ who experience is frustrated or perverted, ④ stop participating in the learning process. They stop expressing their questions, and eventually may stop ⑤ thinking them up.

패턴 PLUS

· 「타동사 + 부사」의 목적어가 명사라면 타동사와 부사 사이에 올 수도 있고, 부사 뒤에 올 수도 있다. 그러나 목적어가 대명사라면 타동사와 부사 사이에만 와야 하고, 부사 뒤에는 올 수 없다.

He took sunglasses with him and put them on at the beach.
　　　　　　　　　　　　　　　　　　타동사 대명사 부사

그는 선글라스를 가져와서 해변에서 썼다.

· 자주 쓰이는 「타동사 + 부사」

give away ~을 거저 주다	put off ~을 미루다
hand in ~을 제출하다	give up ~을 포기하다, ~을 줘버리다
take away ~을 치우다	turn down ~을 거절하다
put on ~을 입다	set up ~을 설치하다, ~을 함정에 빠뜨리다
bring up (문제)를 꺼내다, ~을 기르다	

고득점 포인트

「타동사 + 부사」와 「자동사 + 전치사」를 혼동하지 않도록 주의해야 한다. 타동사는 목적어를 취하는 동사이므로 목적어가 타동사 바로 뒤에 올 수 있지만, 자동사는 목적어를 취하지 않는 동사이므로 목적어는 항상 전치사 뒤에 와야 한다.

arrive at ~에 도착하다	wait for ~을 기다리다
ask for ~을 요구하다	belong to ~에 속하다
depend on ~에 의존하다	cope with ~을 다루다
agree with ~에 동의하다	look at ~을 보다
laugh at ~을 (비)웃다	look for ~을 찾다
listen to ~을 듣다	deal with ~을 다루다
look after ~을 돌보다	consist of ~로 구성되다

Alligators lay their eggs near the river and ~~look them after~~ for
　　　　　　　　　　　　　　　　　　　→ look after them
about two months.　　　　　　　　　　　　 (자동사 + 전치사 + 대명사)

악어는 강 근처에 그들의 알을 낳고 약 두 달 동안 그것들을 돌본다.

정답·해설·해석_p.26

대표 기출 예제 [2024년 국가직 9급]

They are not interested in reading poetry, **still more** in writing.

그들은 시를 읽는 것에 관심이 없고, 하물며 글쓰기에도 관심이 없다.

· 문맥상 '하물며 글쓰기에도 관심이 없다'라는 의미가 되어야 자연스럽다.
· '하물며 ~아닌'은 비교급 관련 표현 still less를 사용하여 나타낼 수 있으므로, still more를 still less로 고쳐야 한다.

기출문제 풀어보기

Q. 우리말을 영어로 잘못 옮긴 것을 고르시오. [2022년 국가직 9급]

① 우리가 영어를 단시간에 배우는 것은 결코 쉬운 일이 아니다.
→ It is by no means easy for us to learn English in a short time.

② 우리 인생에서 시간보다 더 소중한 것은 없다.
→ Nothing is more precious as time in our life.

③ 아이들은 길을 건널 때 아무리 조심해도 지나치지 않다.
→ Children cannot be too careful when crossing the street.

④ 그녀는 남들이 말하는 것을 쉽게 믿는다.
→ She easily believes what others say.

패턴 PLUS

원급/비교급/최상급을 쓰는 관용 표현

<원급 관련 표현>

as + many/much + 명사 + as... ···만큼 많은 (명사)
배수사(twice/three times 등) + as + 원급 + as ... ···의 몇 배만큼 ~한
as + 원급 + as possible 가능한 한 ~하게

The firefighters tried to put out the wildfire **as quickly as possible** to reduce the damage.

소방관들은 피해를 줄이기 위해 가능한 한 빠르게 산불을 진압하려고 노력했다.

<비교급 관련 표현>

no other + 단수 명사 / nothing ~비교급 + than
다른 어떤 -도 ~보다 더 ~하지 않다
the + 비교급 ~, the + 비교급... 더 ~할수록, 더 ...하다
비교급 + than any other + 단수 명사 다른 어떤 (단수 명사)보다 더 ~한
much[still] less 하물며 ~아닌

They didn't finish their homework, **still less** study for the test.

그들은 숙제를 하지 않았고, 하물며 시험을 위한 공부도 안 했다.

<최상급 관련 표현>

one of the + 최상급 + 복수 명사 가장 ~한 (복수 명사)들 중 하나
the + 최상급 + possible 가능한 한 가장 ~한

If you are ever outside during a tornado, you should move to **the lowest possible** spot.

토네이도가 발생하는 동안 밖에 있는 경우, 가능한 한 가장 낮은 곳으로 이동해야 한다.

고득점 포인트

비교 구문에서는 as와 as 사이에 원급이 왔는지, 비교급 뒤에 than이 잘 왔는지 등을 묻는 문제가 자주 출제된다.

원급 비교 구문	A ~ + as + 형용사/부사 원급 + as + B
비교급 비교 구문	A ~ + 형용사/부사 비교급 + than + B
최상급 비교 구문	A ~ + (the) + 형용사/부사 최상급 + (of/in + 기간/집단 등)

정답·해설·해석_p.26

대표 기출 예제

[2018년 서울시 9급(3월 추가)]

I am convinced that making pumpkin cake from scratch would be **even easier** than making cake from a box.

나는 맨 처음부터 호박 케이크를 만드는 것이 상자에 담긴 케이크를 만드는 것보다 훨씬 더 쉬울 것이라고 확신한다.

· 문맥상 '훨씬 더 쉬울 것이다'라는 의미가 되어야 자연스럽다.

· 비교급을 강조하여 '훨씬'이라는 의미를 나타낼 때는 even을 사용할 수 있으므로, 비교급 강조 표현 even이 비교급 easier 앞에 올바르게 쓰였다.

기출문제 풀어보기

Q. 밑줄 친 부분에 들어갈 표현으로 가장 적절한 것을 고르시오.

[2022년 국회직 9급]

For this reason, drones can be _____ than traditional aircraft.

① very smaller and more maneuverable

② much smaller and more maneuverable

③ much smaller and much maneuverable

④ much smaller and maneuverabler

⑤ very smaller and very maneuverable

패턴 PLUS

· 비교급의 의미를 강조할 때는 '훨씬'이라는 뜻의 much/even/still/a lot/(by) far 등의 강조 부사가 비교급 앞에 와야 한다.

My daughter is **much** <u>taller</u> than she was a year ago.
내 딸은 일 년 전보다 훨씬 더 키가 크다.

· 다음과 같은 부사들은 비교급을 강조하는 표현으로는 쓸 수 없다.

very 매우	too 너무	so 너무	that 그만큼

Eating moderately is ~~very~~ **better** than eating a lot.
    → much/even/still
적당히 먹는 것은 많이 먹는 것보다 훨씬 더 좋다.

불변의 패턴 46

동사가 주어 앞에 오는 도치 구문의 어순에 주의해야 한다.

대표 기출 예제 [2022년 지방직 9급]

No sooner **I have finishing** the meal than I started feeling hungry again.

식사를 마치자마자 나는 다시 배고프기 시작했다.

· 부정을 나타내는 부사구(No sooner)가 강조되어 문장의 맨 앞에 나왔다.

· 부정을 나타내는 부사구가 문장의 맨 앞에 나오면 주어와 조동사가 도치되어 '조동사 + 주어 + 동사'의 어순이 되어야 하는데, 문맥상 '내가 식사를 마친' 시점이 '내가 다시 배고프기 시작한' 시점보다 더 이전에 일어난 일이므로 과거완료 시제가 쓰여야 한다. 따라서 I have finishing을 had I finished로 고쳐야 한다.

🔍 패턴 PLUS

· 부정/제한의 의미를 가진 어구가 절의 앞쪽에 있으면, do/be/have 동사 또는 can/will 등의 조동사가 주어 앞으로 오는 도치가 일어난다.

부정을 나타내는 부사구	never 결코 ~않다
	hardly/seldom/rarely/little 거의 ~않다
	not until ~하고 나서야 비로소 -하다
	no sooner ~ than - ~하자마자 -하다
	no longer 더 이상 ~않다
	nor/neither ~도 역시 -않다
	at no time 결코 ~않다
	nowhere 어디에서도 ~않다
	on no account 결코 ~않다
	under no circumstance 어떤 일이 있어도 ~않다
제한을 나타내는 부사구	not only ~일 뿐 아니라
	only + 부사구 오직 ~

· 이외에 도치가 일어날 수 있는 경우들

<형용사/분사 주격 보어가 절이나 문장의 앞쪽에 온 경우>

Swift was the dolphin as it swam along beside the sailboat.
주격 보어 동사   주어

범선 옆을 따라 헤엄칠 때 돌고래는 빨랐다.

<반복되는 내용 대신 쓰는 do/be/have 동사를 포함한 표현>

so + do/be/have 동사 + 주어 (주어)도 역시 그렇다
neither + do/be/have 동사 + 주어 (주어)도 역시 그렇지 않다
as + do/be/have 동사 + 주어 (주어)가 그렇듯이

The nurse believes that the patient will be fine, and **so does the doctor**. (= and the doctor believes too)
         do동사
주어

그 간호사는 환자가 괜찮을 것이라고 믿으며, 의사도 마찬가지이다.

기출문제 풀어보기

Q. 우리말을 영어로 가장 잘 옮긴 것을 고르시오.

[2021년 국가직 9급]

① 나는 너의 답장을 가능한 한 빨리 받기를 고대한다.
   → I look forward to receive your reply as soon as possible.

② 그는 내가 일을 열심히 했기 때문에 월급을 올려 주겠다고 말했다.
   → He said he would rise my salary because I worked hard.

③ 그의 스마트 도시 계획은 고려할 만했다.
   → His plan for the smart city was worth considered.

④ Cindy는 피아노 치는 것을 매우 좋아했고 그녀의 아들도 그랬다.
   → Cindy loved playing the piano, and so did her son.

고득점 포인트

장소/방향을 나타내는 어구가 절의 앞쪽에 왔을 때도 도치가 일어날 수 있으며, 이때는 일반동사가 그대로 주어 앞으로 오거나, 「be + p.p.」 등과 같은 동사 전체가 주어 앞으로 오기도 한다. 단, 주어가 대명사인 경우에는 도치가 일어나지 않는다.

On the ground before him was placed a stick.
   장소를 나타내는 어구   동사   주어

그의 앞에 있는 땅에는 막대기가 놓여있었다.

From my sick bed I noticed the little notebook on a nearby shelf.
  방향을 나타내는 어구 주어 동사

나의 병상에서 나는 근처 선반에 있는 작은 공책을 발견했다.

Section Test

1 다음 글의 밑줄 친 부분 중 어법상 옳지 않은 것은?

[2018년 법원직 9급]

After lots of trial and error, Richard finally created a system of flashing LED lights, ① powered by an old car battery that was charged by a solar panel. Richard set the lights up along the fence. At night, the lights could be seen from outside the stable and took turns flashing, ② which appeared as if people were moving around with torches. Never again ③ lions crossed Richard's fence. Richard called his system Lion Lights. This simple and practical device did no harm to lions, so human beings, cattle, and lions were finally able to make peace with ④ one another.

2 다음 밑줄 친 (A), (B), (C)에 들어갈 가장 적절한 표현은?

[2018년 국회직 9급]

Anecdotes about elephants (A)_____ with examples of their loyalty and group cohesion. Maintaining this kind of togetherness calls for a good system of communication. We are only now beginning to appreciate (B)_____ complex and far-reaching this system is. Researcher Katharine Payne first started to delve into elephant communication after a visit to Portland's Washington Park Zoo. Standing in the elephant house, she began to feel (C)_____ vibrations in the air, and after a while realized that they were coming from the elephants. What Katharine felt, and later went on to study, is a low-frequency form of sound called infrasound.

	(A)	(B)	(C)
①	abound	how	throbbing
②	abound	that	throbbed
③	abound	that	throbbing
④	are abounded	how	throbbing
⑤	are abounded	that	throbbed

3 우리말을 영어로 잘못 옮긴 것은?

[2018년 국가직 9급]

① 그 연사는 자기 생각을 청중에게 전달하는 데 능숙하지 않았다.
→ The speaker was not good at getting his ideas across to the audience.

② 서울의 교통 체증은 세계 어느 도시보다 심각하다.
→ The traffic jams in Seoul are more serious than those in any other city in the world.

③ 네가 말하고 있는 사람과 시선을 마주치는 것은 서양 국가에서 중요하다.
→ Making eye contact with the person you are speaking to is important in western countries.

④ 그는 사람들이 생각했던 만큼 인색하지 않았다는 것이 드러났다.
→ It turns out that he was not so stingier as he was thought to be.

4 다음 문장 중 어법상 옳지 않은 것은?

[2018년 국회직 9급]

① Attached is the document file you've requested.

② Never in my life have I seen such a beautiful woman.

③ Should you need further information, please contact me.

④ Hardly has the situation more serious than now.

⑤ Now is the time to start living the life you have always imagined.

5 어법상 옳은 것은? [2017년 국가직 9급(4월 시행)]

① They didn't believe his story, and neither did I.

② The sport in that I am most interested is soccer.

③ Jamie learned from the book that World War I had broken out in 1914.

④ Two factors have made scientists difficult to determine the number of species on Earth.

6 우리말을 영어로 옮긴 것 중 가장 어색한 것은?

[2015년 지방직 9급]

① 그녀는 젊었을 때 더 열심히 일하지 않았던 것을 후회한다.
→ She regrets not having worked harder in her youth.

② 그는 경험과 지식을 둘 다 겸비한 사람이다.
→ He is a man of both experience and knowledge.

③ 분노는 정상적이고 건강한 감정이다.
→ Anger is a normal and healthy emotion.

④ 어떤 상황에서도 너는 이곳을 떠나면 안 된다.
→ Under no circumstances you should not leave here.

7 우리말을 영어로 잘못 옮긴 것을 고르시오. [2015년 국가직 9급]

① 그는 자신의 정적들을 투옥시켰다.
→ He had his political enemies imprisoned.

② 경제적 자유가 없다면 진정한 자유가 있을 수 없다.
→ There can be no true liberty unless there is economic liberty.

③ 나는 가능하면 빨리 당신과 거래할 수 있기를 바란다.
→ I look forward to doing business with you as soon as possible.

④ 30년 전 고향을 떠날 때, 그는 다시는 고향을 못 볼 거라고 꿈에도 생각지 않았다.
→ When he left his hometown thirty years ago, little does he dream that he could never see it again.

8 우리말을 영어로 가장 잘 옮긴 문장은? [2013년 서울시 9급]

① 그는 제인이 제안한 대안이 실효성이 없을 것이라고 굳게 믿고 있다.
→ He strongly believes that the alternatives had been offered by Jane won't work.

② 히틀러가 다른 유럽국가를 침략하지 않았다면 2차세계대전은 일어나지 않았을 것이다.
→ If Hitler hadn't invaded other European countries, World War II might not take place.

③ 나는 커튼 뒤에 숨어서 그림자가 다시 나타나기를 기다렸다.
→ Hiding behind the curtain, I waited the shadow to reappear.

④ 그는 미국회사에서 회계사로 5년 동안 근무했다.
→ He worked for an American company as accountant during 5 years.

⑤ 탐은 자기 생각을 영어보다 러시아어로 표현하는 것이 훨씬 쉽다고 한다.
→ Tom says that it is much easier for him to express his thoughts in Russian than in English.

정답·해설·해석_p.27

독해

gosi.Hackers.com

Section 1
신유형

2025 예시문제 출제율

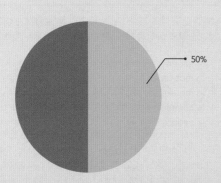

50%

2025 예시문제 출제 문항 수

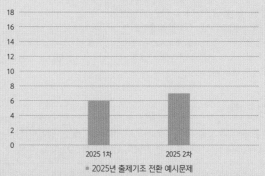

■ 2025년 출제기조 전환 예시문제

불변의 패턴 01 〉 이메일의 형식은 정해져 있다.

대표 기출 예제 [2025년 출제기조 전환 대비 2차 예시문제]

Q. 다음 글의 목적으로 가장 적절한 것은?

To	cbsclients@callbank.com
From	callbanks@calmail.com
Date	May 7, 2024
Subject	Important notice

Dear Valued Clients,

In today's world, cybercrime poses a serious threat to your security. As your trusted partner, we want to help you protect your personal and business information. Here are five easy ways to safeguard yourself from cyber threats:

1. Use strong passwords and change them frequently.
2. Keep your software and devices up to date.
3. Be wary of suspicious emails, links, or telephone calls that pressure you to act quickly or give out sensitive information.
4. Enable Two Factor authentication and use it whenever possible. When contacting California Bank & Savings, you will be asked to use a One Time Passcode (OTP) to verify your identity.
5. Back up your data regularly.

Visit our Security Center to learn more about how you can stay safe online. Remember, cybersecurity is a team effort. By working together, we can build a safer online environment for ourselves and the world.

Sincerely,
California Bank & Savings

① to inform clients of how to keep themselves safe from cyber threats
② to inform clients of how to update their software and devices
③ to inform clients of how to make their passwords stronger
④ to inform clients of how to safeguard their OTPs

> **해설** 이메일 형식의 지문은 보통 지문의 앞부분에서 목적을 언급한다. 지문 처음에서 개인 정보와 기업 정보를 보호하는 데 도움을 주고 싶다고 하면서 사이버 위협으로부터 스스로를 보호하는 다섯 가지 방법을 제시하고 있으므로, '① 고객에게 사이버 위협으로부터 스스로를 안전하게 지키는 방법을 알려주기 위해'가 이 글의 목적이다.

🏅 패턴 PLUS

이메일은 형식이 보통 정해져 있으므로, 문제에서 묻는 것에 따라 지문의 각 부분을 집중해서 읽으면 정답의 단서를 빠르게 찾을 수 있다.

인사 → 주제/목적 확인 → 세부사항 → 추가 요청/결론 강조 → 끝맺음

기출문제 풀어보기

Q. 다음 이메일의 내용과 일치하지 않는 것은? [2024년 지방직 9급]

To	reserve@metropolitan.com
From	BruceTaylor@westcity.com
Date	June 22, 2024
Subject	Venue facilities

Dear Sir,

I am writing to ask for information about Metropolitan Conference Center.

We are looking for a venue for a three-day conference in September this year. We need to have enough room for over 200 delegates in your main conference room, and we would also like three small conference rooms for meetings. Each conference room needs wi-fi as well. We need to have coffee available mid-morning and mid-afternoon, and we would also like to book your restaurant for lunch on all three days.

In addition, could you please let me know if there are any local hotels with discount rates for Metropolitan clients or large groups? We will need accommodations for over 100 delegates each night.

I look forward to hearing from you.

Best regards,
Bruce Taylor, Event Manager

① 주 회의실은 200명 이상의 대표자를 수용할 수 있어야 한다.
② wi-fi가 있는 작은 회의실 3개가 필요하다.
③ 3일간의 저녁 식사를 위한 식당 예약이 필요하다.
④ 매일 밤 100명 이상의 대표자를 위한 숙박시설이 필요하다.

🎯 고득점 포인트

· 이메일 형식의 지문에서는 목적을 묻는 문제가 나올 가능성이 높으므로, 글의 목적을 나타내는 표현을 알아두는 것이 좋다.

to inform 알리려고[알려주려고]	to inquire 문의하려고
to recommend 권유[추천]하려고	to promote 홍보하려고
to request 요청하려고	to explain 설명하려고
to complain 항의하려고	to confirm 확인하려고
to suggest 제안하려고	to celebrate 축하하려고

· 이메일 상단에 늘 나오는 "To: ~"(발신자), "From: ~"(수신자), "Subject: ~"(제목)를 통해 글의 소재와 내용을 예상하며 읽으면 빠르게 내용 파악이 가능하다.

대표 기출 예제   [2025년 출제기조 전환 대비 1차 예시문제]

[Q1~Q2] 다음 글을 읽고 물음에 답하시오.

[A]

We're pleased to announce the upcoming City Harbour Festival, an annual event that brings our diverse community together to celebrate our shared heritage, culture, and local talent. Mark your calendars and join us for an exciting weekend!

Details
· **Dates**: Friday, June 16—Sunday, June 18
· **Times**: 10 : 00 a.m. — 8 : 00 p.m. (Friday & Saturday)
　　　　　10 : 00 a.m. — 6 : 00 p.m. (Sunday)
· **Location**: City Harbour Park, Main Street, and surrounding areas

Highlights
· **Live Performances**
Enjoy a variety of live music, dance, and theatrical performances on multiple stages throughout the festival grounds.

· **Food Trucks**
Have a feast with a wide selection of food trucks offering diverse and delicious cuisines, as well as free sample tastings.

For the full schedule of events and activities, please visit our website at www.cityharbourfestival.org or contact the Festival Office at (552) 234-5678.

Q1. (A)에 들어갈 윗글의 제목으로 가장 적절한 것은?

① Make Safety Regulations for Your Community
② Celebrate Our Vibrant Community Events
③ Plan Your Exciting Maritime Experience
④ Recreate Our City's Heritage

Q2. City Harbour Festival에 관한 윗글의 내용과 일치하지 않는 것은?

① 일 년에 한 번 개최된다.
② 일요일에는 오후 6시까지 열린다.
③ 주요 행사로 무료 요리 강습이 진행된다.
④ 웹사이트나 전화 문의를 통해 행사 일정을 알 수 있다.

> **해설**　Q1. 안내문 처음에서 공유 유산 등을 기념하기 위해 다가오는 연례 행사 일정을 발표하게 되어 기쁘다고 하고 있으므로 '② 우리의 활기찬 지역사회 행사를 기념하세요'가 이 글의 제목이다.
> Q2. 소제목인 'Food Trucks(푸드 트럭)'의 세부 내용에서 무료 시식을 제공한다고 했지만 무료 요리 강습에 대해서는 언급하지 않았으므로, '③ 주요 행사로 무료 요리 강습이 진행된다'는 지문의 내용과 일치하지 않는다.

🔷 패턴 PLUS

안내문의 키워드가 선택지에 그대로 제시되므로, 선택지에 등장한 정보나 굵은 글씨로 쓰이는 소제목 중심으로 지문을 읽으면 정답을 빠르게 찾을 수 있다.

기출문제 풀어보기

[Q1~Q2] 다음 글을 읽고 물음에 답하시오.

[2025년 출제기조 전환 대비 2차 예시문제]

[A]

As a close neighbor, you will want to learn how to save your lake.

While it isn't dead yet, Lake Dimmesdale is heading toward this end. So pay your respects to this beautiful body of water while it is still alive.

Some dedicated people are working to save it now. They are having a special meeting to tell you about it. Come learn what is being done and how you can help. This affects your property value as well.

Who wants to live near a dead lake?

Sponsored by Central State Regional Planning Council

· Location: Green City Park Opposite Southern State College (in case of rain: College Library Room 203)
· Date: Saturday, July 6, 2024
· Time: 2:00 p.m.

For any questions about the meeting, please visit our website at www.planningcouncilsavelake.org or contact our office at (432) 345-6789.

Q1. (A)에 들어갈 윗글의 제목으로 가장 적절한 것은?

① Lake Dimmesdale Is Dying
② Praise to the Lake's Beauty
③ Cultural Value of Lake Dimmesdale
④ Significance of the Lake to the College

Q2. 위 안내문의 내용과 일치하지 않는 것은?

① 호수를 살리기 위해 노력하는 사람들이 있다.
② 호수를 위한 활동이 주민들의 재산에 영향을 미친다.
③ 우천 시에는 대학의 구내식당에서 회의가 열린다.
④ 웹사이트 방문이나 전화로 회의에 관해 질문할 수 있다.

고득점 포인트

기간·날짜·연도·나이·가격 등 수치에 대한 내용이나, 별표(*)·괄호·Notice·Note 등으로 예외 조항이나 추가 정보를 보기로 출제하는 경우가 많으므로 이를 중점적으로 본다.

정답·해석·해설_p.32

대표 기출 예제

[2025년 출제기조 전환 대비 1차 예시문제]

Q. Enter-K 앱에 관한 다음 글의 내용과 일치하지 않는 것은?

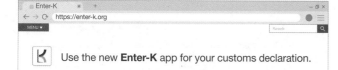

Use the new **Enter-K** app for your customs declaration.

Use the new Enter-K app upon your arrival at the airport. One notable feature offered by Enter-K is the Advance Declaration, which allows travellers the option to submit their customs declaration in advance, enabling them to save time at all our international airports. As part of the ongoing Traveller Modernization initiative, Enter-K will continue to introduce additional border-related features in the future, further improving the overall border experience. Simply download the latest version of the app from the online store before your arrival. There is also a web version of the app for those who are not comfortable using mobile devices.

① It allows travellers to declare customs in advance.
② More features will be added later.
③ Travellers can download it from the online store.
④ It only works on personal mobile devices.

> 해설 지문 마지막에서 모바일 기기 사용이 불편한 사람들을 위한 웹 버전의 앱도 있다고 했으므로, 이 내용을 일부 변형시켜서 표현한 '④ 이것은 개인 모바일 기기에서만 작동한다'는 지문의 내용과 일치하지 않는다.

기출문제 풀어보기

Q. Office of the Labor Commissioner에 관한 다음 글의 내용과 일치하는 것은?
[2025년 출제기조 전환 대비 1차 예시문제]

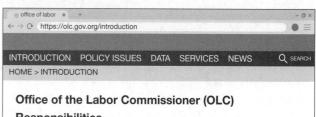

Office of the Labor Commissioner (OLC) Responsibilities

The OLC is the principal labor regulatory agency for the state. The OLC is responsible for ensuring that minimum wage, prevailing wage, and overtime are paid to employees, and that employee break and lunch periods are provided. In addition, the OLC has authority over the employment of minors. It is the vision and mission of this office to resolve labor-related problems in an efficient, professional, and effective manner. This includes educating employers and employees regarding their rights and responsibilities under the law. The OLC takes enforcement action when necessary to ensure that workers are treated fairly and compensated for all time worked.

① It ensures that employees pay taxes properly.
② It has authority over employment of adult workers only.
③ It promotes employers' business opportunities.
④ It takes action when employees are unfairly treated.

패턴 PLUS

웹페이지는 주로 '내용 일치/불일치 파악' 문제 유형으로 출제되는 지문이다. 선택지가 지문에서 언급된 순서대로 제시되므로, 지문을 앞부분부터 차례대로 읽으면서 선택지와 비교하면 정답을 빠르게 찾을 수 있다.

고득점 포인트

정부 정책이나 서비스, 또는 직무와 관련된 내용이 등장하는데, 익숙한 주제일지라도 선험지식에 근거하여 문제를 푸는 것이 아니라 지문에 제시된 내용에 대한 정확한 이해를 바탕으로 문제를 풀어야 한다.

정답·해석·해설_p.33

대표 기출 예제   [2025년 출제기조 전환 대비 2차 예시문제]

Q. 밑줄 친 fair의 의미와 가장 가까운 것은?

Agricultural Marketing Office

Mission

We administer programs that create domestic and international marketing opportunities for national producers of food, fiber, and specialty crops. We also provide the agriculture industry with valuable services to ensure the quality and availability of wholesome food for consumers across the country and around the world.

Vision

We facilitate the strategic marketing of national agricultural products in domestic and international markets while ensuring <u>fair</u> trading practices and promoting a competitive and efficient marketplace to the benefit of producers, traders, and consumers of national food, fiber, and specialty crops.

Core Values

· Honesty & Integrity: We expect and require complete honesty and integrity in all we do.
· Independence & Objectivity: We act independently and objectively to create trust in our programs and services.

① free
② mutual
③ profitable
④ impartial

해설 밑줄 친 fair를 포함한 앞뒤 문맥에서 유의어를 찾을 수 있는 단서를 파악해야 한다. 밑줄이 포함된 문장 뒷부분에서 국내 식품, 섬유 및 특수작물의 생산자, 거래자, 그리고 소비자에게 이익이 되도록 경쟁력 있고 효율적인 시장을 촉진한다는 내용이 있으므로, fair trading practices는 관련된 모든 사람들(생산자, 거래자, 소비자)이 모두 이익을 얻을 수 있으면서도 경쟁력 있고 효율적인 시장을 촉진하는 방식의 거래 관행이라는 것을 알 수 있다. 따라서 이 모든 내용을 포괄하는 '공정한'이라는 의미의 '④ impartial'이 정답이다.

패턴 PLUS

· 밑줄 친 어휘가 포함된 문장을 꼼꼼하게 읽으면 가장 유사한 의미를 가진 어휘를 찾는 데 도움이 된다. 밑줄 친 어휘가 포함된 문장만으로 어휘를 찾을 수 없는 경우, 지문의 중심 내용이 무엇인지 확인하여 어휘를 찾는다.

· 밑줄 친 어휘의 유의어이지만 문맥에서 쓰인 것과 다른 뜻을 가진 어휘가 오답보기로 나오기도 하므로, 반드시 문맥을 통해 뜻을 확인해야 한다.

기출문제 풀어보기

Q. 밑줄 친 "steps"의 의미와 가장 가까운 것은?

[2025년 출제기조 전환 대비 1차 예시문제]

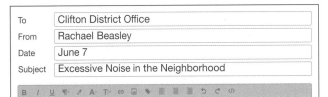

To	Clifton District Office
From	Rachael Beasley
Date	June 7
Subject	Excessive Noise in the Neighborhood

To whom it may concern,

I hope this email finds you well. I am writing to express my concern and frustration regarding the excessive noise levels in our neighborhood, specifically coming from the new sports field.

As a resident of Clifton district, I have always appreciated the peace of our community. However, the ongoing noise disturbances have significantly impacted my family's well-being and our overall quality of life. The sources of the noise include crowds cheering, players shouting, whistles, and ball impacts.

I kindly request that you look into this matter and take appropriate <u>steps</u> to address the noise disturbances. Thank you for your attention to this matter, and I appreciate your prompt response to help restore the tranquility in our neighborhood.

Sincerely,
Rachael Beasley

① movements
② actions
③ levels
④ stairs

Section Test

1 다음 글의 내용과 일치하지 않는 것은?

[2025년 출제기조 전환 대비 2차 예시문제]

The David Williams Library and Museum is open 7 days a week, from 9:00 a.m. to 5:00 p.m. (NOV–MAR) and 9:00 a.m. to 6:00 p.m. (APR–OCT). Online tickets may be purchased at the link below. You will receive an email confirmation after making a purchase (be sure to check your SPAM folder). Bring this confirmation–printed or on smart device—as proof of purchase.

• **Online tickets**: buy.davidwilliams.com/events

The David Williams Library and Museum and the Home of David Williams (operated by the National Heritage Service) offer separate $10.00 adult admission tickets. Tickets for tours of the Home may be purchased on-site during normal business hours.

• **CLOSED**: Thanksgiving, Christmas and New Year's Day

There is no charge for conducting research in the David Williams Library research room.

For additional information, call 1 (800) 333-7777.

① The Library and Museum closes at 5:00 p.m. in December.
② Visitors can buy tour tickets for the Home on-site.
③ The Home of David Williams is open all year round.
④ One can do research in the Library research room for free.

2 다음 글의 요지로 가장 적절한 것은?

[2025년 출제기조 전환 대비 2차 예시문제]

Animal Health Emergencies
Preparedness for animal disease outbreaks has been a top priority for the Board of Animal Health (BOAH) for decades. A highly contagious animal disease event may have economically devastating effects as well as public health or food safety and security consequences.

Foreign Animal Diseases
A foreign animal disease (FAD) is a disease that is not currently found in the country, and could cause significant illness or death in animals or cause extensive economic harm by eliminating trading opportunities with other countries and states.

Several BOAH veterinarians who are trained in diagnosing FADs are available 24 hours a day to investigate suspected cases of a FAD. An investigation is triggered when report of animals with clinical signs indicative of a FAD is received or when diagnostic laboratory identifies a suspicious test result.

① BOAH focuses on training veterinarians for FADs.
② BOAH's main goal is to repsond to animal disease epidemic.
③ BOAH actively promotes international trade opportunities.
④ BOAH aims to lead laboratory research on the causes of FADs.

*2번 보기의 repsond는 respond의 오타이나, 인사혁신처에서 제공한 원문 그대로 수록하였습니다.

3 Northeastern Wildlife Exposition에 관한 다음 글의 내용과 일치하는 것은?

[2024년 국가직 9급]

NORTHEASTERN WILDLIFE EXPOSITION (NEWE)

Admission ticket for Saturday, March 30th, 2024

· **Price**: $40.00

· **Opening hours**: 10:00 a.m.-6:00 p.m.

Kids 10 and under are free. Entry to shows and lectures are first-come, first-served. All venues open rain or shine.

March 20th is the last day to buy tickets online for the 2024 Northeastern Wildlife Exposition.

Please note: Purchasing NEWE tickets in advance is the best way to guarantee entry into all exhibits. NEWE organizers may discontinue in-person ticket sales should any venue reach capacity.

① 10세 어린이는 입장료 40불을 지불해야 한다.
② 공연과 강연의 입장은 선착순이다.
③ 비가 올 경우에는 행사장을 닫는다.
④ 입장권은 온라인으로만 구매할 수 있다.

[4~5] 다음 글을 읽고 물음에 답하시오.

[2025년 출제 예상문제]

To	Devon Department of Community Development
From	Lisa Westmoreland
Date	September 15
Subject	Success of Youth Program

Greetings,

I trust this message finds you well. I am emailing you about the creation of the incredible new community service program for youths in Devon. This program has had such a positive impact on our community and children, teaching them about responsibility and helping them build essential life skills.

The kids have been able to participate in a wide variety of community service projects through the program, which has helped them all with personal growth. As a parent, I'm overjoyed by these developments.

I just wanted to show my appreciation for the push to get the youth of our community more involved in local activities through the program. We all depend on you and thank you for your continued efforts to make life better for the citizens of Devon.

Sincerely,
Lisa Westmoreland

4 윗글의 목적으로 가장 적절한 것은?

① To suggest making adjustments to an educational program
② To protest the continuation of a local program's new project
③ To express thanks for making a community service program
④ To inquire about ways for kids to get involved in a community program

5 밑줄 친 "push"의 의미와 가장 가까운 것은?

① exercise
② advance
③ drive
④ emergency

6 Road Guard 앱에 관한 다음 글의 내용과 일치하는 것은?

[2025년 출제 예상문제]

MENU https://roadguard.org/information SEARCH

INFORMATION | CONTACT | DATA | SERVICES | PARTNERSHIPS

HOME > INFORMATION

Information about the Road Guard App

The Road Guard app is a comprehensive solution dedicated to addressing inconveniences on highways and national roads. Functioning as an integrated application, it efficiently helps manage a range of issues such as roadkill, falling rocks, poor road facilities, and potholes. The user-friendly interface allows individuals to register complaints with photos and location details, connecting quickly with relevant authorities. With a focus on rapid road maintenance, the app ensures prompt resolution of reported problems. In addition, the app provides real-time updates to users on the status of their reported inconveniences, fostering transparency and keeping them informed throughout the resolution process. Downloadable on both Android and iOS, the Road Guard app exemplifies excellence in road inconvenience resolution, enhancing safety and maintaining efficient road infrastructure.

① It helps manage the traffic flow on local roadways.

② It allows users to easily connect with road authorities.

③ It provides accident updates on major highways.

④ It is only downloadable on Android.

[7~8] 다음 글을 읽고 물음에 답하시오. [2025년 출제 예상문제]

To	Arlington Civic Center
From	Brady Walters
Date	November 25
Subject	New Online Meeting Feature

B I U ¶ ✎ A T ⊕ ▣ ▼ ≣ ≣ ≣ ↺ ↻ </>

Dear Civic Center staff,

I'm reaching out to share my thoughts on the recent addition of the online attendance option for town hall meetings.

As a resident balancing work and childcare, the convenience of tuning in to these gatherings online is incredibly beneficial. This feature allows me to stay informed about essential matters despite not being able to go to the meetings. For instance, I now have important details about upcoming construction projects in the area and the local elections schedule. This helps me coordinate various aspects of my life more effectively.

I want to express my appreciation for giving residents the option to attend town hall <u>sessions</u> virtually. I think it will encourage residents to become more involved in community affairs.

Best wishes,
Brady Walters

7 윗글의 목적으로 가장 적절한 것은?

① To request additional updates about an election schedule

② To inform about an upcoming community gathering

③ To complain about a delay in finishing a construction project

④ To show gratitude for being able to attend town hall meetings online

8 밑줄 친 "sessions"의 의미와 가장 가까운 것은?

① performances

② assemblies

③ series

④ classes

[9~10] 다음 글을 읽고 물음에 답하시오. [2025년 출제 예상문제]

[A]

Bellview High School is hosting its first ever "Short Film Showcase." This competition is a great opportunity for students to express their creativity with their very own films!

How to Participate

1) Make a movie that's five minutes long using any device (including a phone).
2) Email your movie to bellviewsc@bhs.edu by 5:00 p.m. on October 6.
3) Attend the award ceremony and showcase of all student films on October 9.

※ Films will be judged by faculty. Awards will be given to the top three films.

Additional Information

- No more than four students may work on one film together.
- Winners will receive movie theater gift cards.

9 (A)에 들어갈 윗글의 제목으로 가장 적절한 것은?

① Join the Bellview Movie Theater Field Trip
② Participate in a Movie Production Contest
③ Attend a Comedy Movie Night
④ Get Creative in the Bellview Art Competition

10 Short Film Showcase에 관한 윗글의 내용과 일치하는 것은?

① 제출할 영화의 분량은 정해져 있지 않다.
② 제작한 영화는 학교 홈페이지에 게시해야 한다.
③ 수상작은 학생들의 투표로 선정될 것이다.
④ 최대 네 명의 학생들이 함께 영화를 만들 수 있다.

11 Noise Scan 서비스에 관한 다음 글의 내용과 일치하는 것은? [2025년 출제 예상문제]

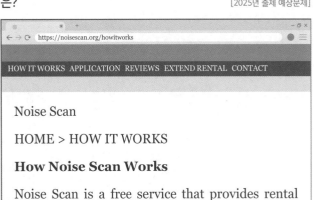

Noise Scan

HOME > HOW IT WORKS

How Noise Scan Works

Noise Scan is a free service that provides rental noise meters for measuring floor noise in housing complexes. Its aim is to help settle disputes concerning noise between floors by offering data to housing management entities and floor noise management committees. To utilize the service, interested parties must submit the necessary documents through the application portal on the Noise Scan website. Noise measuring instruments are then dispatched based on the order of applications. The rental period lasts one month from the delivery date, with the option for two extensions at most. For inquiries, please see the Noise Scan website or contact us at 032-590-4000.

① It finds rental housing for individuals.
② It helps settle disputes related to floor noise.
③ It provides instruments with a variety of applications.
④ It has a rental period of two months from delivery.

정답·해석·해설_p.35

gosi.Hackers.com

Section 2

전체 내용
파악 유형

최근 5개년 출제율

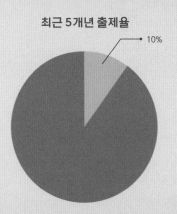

10%

최근 5개년 출제 문항 수

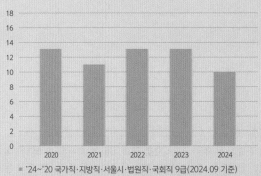

※ '24~'20 국가직·지방직·서울시·법원직·국회직 9급(2024.09 기준)

정답·해석·해설_p.40

대표 기출 예제 [2024년 지방직 9급]

Q. 다음 글의 제목으로 적절한 것은?

Every organization has resources that it can use to perform its mission. How well your organization does its job is partly a function of how many of those resources you have, but mostly it is a function of how well you use the resources you have, such as people and money. You as the organization's leader can always make the use of those resources more efficient and effective, provided that you have control of the organization's personnel and agenda, a condition that does not occur automatically. By managing your people and your money carefully, by treating the most important things as the most important, by making good decisions, and by solving the problems that you encounter, you can get the most out of what you have available to you.

① Exchanging Resources in an Organization
② Leaders' Ability to Set up External Control
③ Making the Most of the Resources: A Leader's Way
④ Technical Capacity of an Organization: A Barrier to Its Success

해설 지문 처음에서 조직이 임무를 얼마나 잘 수행하는가의 대부분은 가진 자원을 얼마나 잘 사용하느냐에 달려 있다고 했고, 지문 마지막에서 조직의 리더로서 직원과 돈을 신중하게 관리하고, 직면한 문제를 해결하는 등의 방법을 통해 이용할 수 있는 것을 최대한 활용할 수 있다고 했다. 따라서 '③ 자원을 최대한 활용하기: 리더의 방법'이 이 글의 제목이다.

기출문제 풀어보기

Q. 다음 글의 요지로 가장 적절한 것은? [2023년 국회직 9급]

Maps are imperfect projections of a three-dimensional globe onto a two-dimensional surface. Similarly, a mapmaker superimposes his own point of view upon the world he is visualizing. What he presents may seemingly appear objective, but it is to a considerable extent a product of his own cultural and political proclivities—and even of his imagination. The cartographer's projection of the outer world is therefore dependent on his own inner psychological state as his maps are based on an "act of seeing" rather than on "what was seen." Geographical maps reflect perceptions of space that are socially conditioned, and they are basically mental. They are "mediators" between a person's inner world and the physical world, and they "construct" the world rather than "reproduce" it. People tend to see what they describe, rather than vice versa. Conceptual categories, such as continents or oceans, emanate from the cartographer's intellect and are then applied to his maps just as constellations are formulated to provide a systematic vision of the skies.

① 지도 제작은 3차원 입체 형상의 정확한 투사를 요구한다.
② 지도의 종류에 따라 사람들의 공간에 대한 인식이 달라진다.
③ 지도는 제작자의 문화적·정치적 성향과 상상력의 산물이다.
④ 지도 제작자는 지도를 통해 세계를 객관적으로 보여주고자 한다.
⑤ 지도는 제작자가 물리적 세상을 건설한 것이라기보다는 재생산한 것이다.

패턴 PLUS

주제·제목·요지·목적은 두괄식으로 글의 처음에 제시된 후 마지막에 다시 한번 언급되는 경우가 많다. 따라서 글의 처음과 마지막 두세 문장에 집중하면 주제·제목·요지·목적을 쉽게 찾을 수 있다.

정답·해석·해설_p.41

대표 기출 예제 [2024년 국가직 9급]

Q. 다음 글의 주제로 적절한 것은?

It seems incredible that one man could be responsible for opening our eyes to an entire culture, but until British archaeologist Arthur Evans successfully excavated the ruins of the palace of Knossos on the island of Crete, the great Minoan culture of the Mediterranean was more legend than fact. Indeed its most famed resident was a creature of mythology: the half-man, half-bull Minotaur, said to have lived under the palace of mythical King Minos. But as Evans proved, this realm was no myth. In a series of excavations in the early years of the 20th century, Evans found a trove of artifacts from the Minoan age, which reached its height from 1900 to 1450 B.C.: jewelry, carvings, pottery, altars shaped like bull's horns, and wall paintings showing Minoan life.

① King Minos' successful excavations
② Appreciating artifacts from the Minoan age
③ Magnificence of the palace on the island of Crete
④ Bringing the Minoan culture to the realm of reality

해설 지문 처음에서 고고학자 Arthur Evans가 크노소스 궁전의 유적을 발굴하기 전까지 미노아 문화는 사실이라기보다는 더 전설이었다고 한 후, 지문 마지막에서 Evans가 보석, 조각품 등 미노아 시대의 유물 발굴품을 발견했다는 것을 설명하며 그 왕국은 신화가 아니었다고 하고 있다. 따라서 '④ 미노아 문화를 현실의 영역으로 끌어오기'가 이 글의 주제이다.

오답 분석
① 첫 번째 문장에서 크노소스 궁전의 유적을 성공적으로 발굴했다고 했으나 발굴한 사람은 미노스 왕이 아닌 영국의 고고학자 Arthur Evans이므로 글의 내용과 일부만 일치한다.
② 마지막 문장에 미노아 시대의 유물 발굴품이 언급되었지만 유물을 감상하는 것에 대해서는 언급되지 않았다.
③ 첫 번째 문장에 크레타섬에 크노소스 궁전이 있다고는 언급되었으나 웅장한지에 대해서는 언급되지 않았다.

기출문제 풀어보기

Q. 글의 제목으로 가장 적절한 것은? [2024년 서울시 9급(2월 추가)]

We are living in perhaps the most exciting times in all of human history. The technological advances we are witnessing today are giving birth to new industries that are producing devices, systems, and services that were once only reflected in the realm of science fiction and fantasy. Industries are being completely restructured to become better, faster, stronger, and safer. You no longer have to settle for something that is "close enough," because customization is reaching levels that provide you with exactly what you want or need. We are on the verge of releasing the potential of genetic enhancement, nanotechnology, and other technologies that will lead to curing many diseases and maybe even slowing the aging process itself. Such advances are due to discoveries in separate fields to produce these wonders. In the not so distant future, incredible visions of imagination such as robotic surgeons that keep us healthy, self-driving trucks that deliver our goods, and virtual worlds that entertain us after a long day will be commonplace. If ever there were a time that we were about to capture perfection, it is now—and the momentum is only increasing.

① The Era of Unprecedented Technological Advancements
② Struggles with Imperfect Solutions in Modern Industries
③ Historical Perspectives on Technological Progress
④ The Stagnant State of Contemporary Industries

패턴 PLUS

자주 출제되는 오답의 유형을 알아두면 빠르게 소거하면서 정답을 선택할 수 있다.

- 글과 반대되거나 다른 내용
- 글과 일부만 일치하고 나머지는 다른 내용
- 글에 나오지 않은 소재를 언급한 내용

불변의 패턴 07

요약문은 글의 핵심 내용을 간추린 요지이다.

대표 기출 예제

[2022년 법원직 9급]

Q. 다음 글의 내용을 한 문장으로 요약하고자 한다. 빈칸 (A), (B)에 들어갈 말로 가장 적절한 것은?

In the absence of facial cues or touch during pandemic, there is a greater need to focus on other aspects of conversation, including more emphasis on tone and inflection, slowing the speed, and increasing loudness without sounding annoying. Many *nuances of the spoken word are easily missed without facial expression, so eye contact will assume an even greater importance. Some hospital workers have developed innovative ways to try to solve this problem. One of nurse specialists was deeply concerned that her chronically sick young patients could not see her face, so she printed off a variety of face stickers to get children to point towards. Some hospitals now also provide their patients with 'face-sheets' that permit easier identification of staff members, and it is always useful to reintroduce yourself and colleagues to patients when wearing masks.

*nuance : 미묘한 차이, 뉘앙스

Some hospitals and workers are looking for ___(A)___ ways to ___(B)___ conversation with patients during pandemic.

	(A)	(B)
①	alternative	complement
②	bothering	analyze
③	effective	hinder
④	disturbing	improve

해설 　지문 중간에서 전문 간호사들 중 한 명이 환자들이 자신의 얼굴을 볼 수 없다는 것에 깊은 관심을 가지게 되어 환자들이 가리킬 수 있는 얼굴 스티커를 인쇄했다고 했고, 지문 마지막에서 오늘날 일부 병원들은 마스크를 착용하고 있을 때 환자가 직원을 쉽게 확인할 수 있도록 '페이스 시트'를 제공한다고 설명하고 있으므로, 일부 병원과 근로자들이 팬데믹 중에 환자들과의 대화를 보완하기 위한 대안적인 방법들을 찾고 있다는 것이 글의 요지이다. 따라서 (A)와 (B)에는 ① alternative(대안적인) – complement(보완하다)가 들어가야 적절하다.

패턴 PLUS

요약문은 글의 핵심 내용을 한 문장으로 표현한 요지이다. 따라서 문제를 풀 때 먼저 요약문부터 읽고 글의 요지가 무엇인지 파악한 후 글을 읽으면 정답을 더 쉽고 빠르게 찾을 수 있다.

기출문제 풀어보기

Q. 다음 글의 요지를 한 문장으로 요약하고자 한다. 빈칸 (A), (B)에 들어갈 말로 가장 적절한 것은?

[2020년 법원직 9급]

"Most of bird identification is based on a sort of subjective impression—the way a bird moves and little instantaneous appearances at different angles and sequences of different appearances, and as it turns its head and as it flies and as it turns around, you see sequences of different shapes and angles," Sibley says, "All that combines to create a unique impression of a bird that can't really be taken apart and described in words. When it comes down to being in the fieldland looking at a bird, you don't take time to analyze it and say it shows this, this, and this; therefore it must be this species. It's more natural and instinctive. After a lot of practice, you look at the bird, and it triggers little switches in your brain. It looks right. You know what it is at a glance."

According to Sibley, bird identification is based on (A) _____ rather than (B) _____.

---

① instinctive impression – discrete analysis
② objective research – subjective judgements
③ physical appearances – behavioral traits
④ close observation - distant observation

정답·해석·해설_p.43

대표 기출 예제 [2022년 법원직 9급]

Q. 다음 글의 내용을 한 문장으로 요약하고자 한다. 빈칸 (A), (B)에 들어갈 말로 가장 적절한 것은?

In India, approximately 360 million people—one-third of the population—live in or very close to the forests. More than half of these people live below the official poverty line, and consequently they depend crucially on the resources they obtain from the forests. The Indian government now runs programs aimed at improving their lot by involving them in the commercial management of their forests, in this way allowing them to continue to obtain the food and materials they need, but at the same time to sell forest produce. If the programs succeed, forest dwellers will be more prosperous, but they will be able to preserve their traditional way of life and culture, and the forest will be managed sustainably, so the wildlife is not depleted.

⇒ The Indian government is trying to ____(A)____ the lives of the poor who live near forests without ____(B)____ the forests.

	(A)	(B)
①	improve	ruining
②	control	preserving
③	improve	limiting
④	control	enlarging

해설 지문 중간에 인도 정부가 숲이나 그 근처에 사는 사람들을 숲의 상업적 관리에 참여시킴으로써 그들 지역의 가치를 높이기 위한 프로그램을 운영한다는 내용이 있고, 지문 마지막에 그 프로그램이 성공한다면 숲에 사는 사람들이 더 부유해지면서도 숲이 지속 가능하게 관리되어 야생동물이 대폭 감소하지 않을 것이라는 내용이 있으므로, 빈칸 (A)에는 지문의 improve(개선하다)를 그대로 쓴 improve(개선하다)가, (B)에는 지문의 manage sustainably(지속 가능하게 관리하다)를 다르게 표현한 (without) ruining(파괴하는 것(없이))이 들어가야 한다. 따라서 ① improve(개선하다) - ruining(파괴하는 것)이 정답이다.

기출문제 풀어보기

Q. 다음 글의 내용을 한 문장으로 요약하고자 한다. 빈칸 (A), (B)에 들어갈 말로 가장 적절한 것은? [2023년 법원직 9급]

The myth of the taste map, which claims that different sections of the tongue are responsible for specific tastes, is incorrect, according to modern science. The taste map originated from the experiments of German scientist David Hänig in the early 1900s, which found that the tongue is most sensitive to tastes along the edges and not so much at the center. However, this has been misinterpreted over the years to claim that sweet is at the front of the tongue, bitter is at the back, and salty and sour are at the sides. In reality, different tastes are sensed by *taste buds all over the tongue. Taste buds work together to make us crave or dislike certain foods, based on our long-term learning and association. For example, our ancestors needed fruit for nutrients and easy calories, so we are naturally drawn to sweet tastes, while bitterness in some plants serves as a warning of toxicity. Of course, different species in the animal kingdom also have unique taste abilities: carnivores do not eat fruit and therefore do not crave sugar like humans do.

* taste bud 미뢰

↓

The claim that different parts of the tongue are responsible for specific tastes has been proven to be ____(A)____ by modern science, and the taste preferences are influenced by the ____(B)____ history.

	(A)		(B)
①	correct	…	evolutionary
②	false	…	evolutionary
③	false	…	psychological
④	correct	…	psychological

패턴 PLUS

요약문의 빈칸에는 지문의 핵심 단어가 들어가는데, 정답의 선택지는 이를 다른 말로 바꾸어 표현한 것이다. 따라서 지문의 핵심 단어의 유의어에 해당하는 단어로 조합된 선택지를 고른다.

정답·해석·해설_p.45

대표 기출 예제 [2024년 법원직 9급]

Q. 다음 글에 나타난 화자의 심경으로 가장 적절한 것은?

It's three in the morning, and we are making our way from southern to northern Utah, when the weather changes from the dry chill of the desert to the freezing gales of an alpine winter. Ice claims the road. Snowflakes flick against the windshield like tiny insects, a few at first, then so many the road disappears. We push forward into the heart of the storm. The van skids and jerks. The wind is furious, the view out the window pure white. Richard pulls over. He says we can't go any further. Dad takes the wheel, Richard moves to the passenger seat, and Mother lies next to me and Audrey on the mattress. Dad pulls onto the highway and accelerates, rapidly, as if to make a point, until he has doubled Richard's speed. "Shouldn't we drive slower?" Mother asks. Dad grins. "I'm not driving faster than our angels can fly." The van is still accelerating. To fifty, then to sixty. Richard sits tensely, his hand clutching the armrest, his knuckles bleaching each time the tires slip. Mother lies on her side, her face next to mine, taking small sips of air each time the van fishtails, then holding her breath as Dad corrects and it snakes back into the lane. She is so rigid, I think she might shatter. My body tenses with hers; together we brace a hundred times for impact.

* gale 강풍, 돌풍 ** skid 미끄러지다 *** jerk 홱 움직이다
**** fishtail(차량)뒷부분이 좌우로 미끄러지다

① excited and thrilled
② anxious and fearful
③ cautious but settled
④ comfortable and relaxed

해설 지문 전반에 걸쳐 화자가 유타 북부로 가는 길에서의 상황을 설명하고 있다. 길이 얼어서 밴이 미끄러지는데 운전대를 잡은 아빠가 빠르게 가속하여 밴의 뒷부분이 좌우로 미끄러질 때마다 긴장하고 충격에 대해 준비를 한다고 이야기하면서 이 상황을 통해 간접적으로 불안하고 두려운 심경을 표현하고 있으므로, '② 불안하고 두려운'이 이 글에 나타난 화자의 심경으로 적절하다.

기출문제 풀어보기

Q. 다음 글에 나타난 Johnbull의 심경으로 가장 적절한 것은?

[2021년 국가직 9급]

In the blazing midday sun, the yellow egg-shaped rock stood out from a pile of recently unearthed gravel. Out of curiosity, sixteen-year-old miner Komba Johnbull picked it up and fingered its flat, pyramidal planes. Johnbull had never seen a diamond before, but he knew enough to understand that even a big find would be no larger than his thumbnail. Still, the rock was unusual enough to merit a second opinion. Sheepishly, he brought it over to one of the more experienced miners working the muddy gash deep in the jungle. The pit boss's eyes widened when he saw the stone. "Put it in your pocket," he whispered. "Keep digging." The older miner warned that it could be dangerous if anyone thought they had found something big. So Johnbull kept shoveling gravel until nightfall, pausing occasionally to grip the heavy stone in his fist. Could it be?

① thrilled and excited
② painful and distressed
③ arrogant and convinced
④ detached and indifferent

패턴 PLUS

인물의 심경이나 글의 분위기는 상황이나 배경 설명, 인물의 대사를 통해 간접적으로 드러나는 경우가 많으므로 글의 전반적인 분위기와 종합하여 정답을 찾는다.

불변의 패턴 10

심경 변화의 단서는 처음과 마지막 한두 문장에 있다.

대표 기출 예제

[2017년 법원직 9급]

Q. 다음 글에 나타난 필자의 심경 변화로 가장 적절한 것은?

I was always mad at Charles even though I couldn't ever put my finger on exactly what he was doing to make me angry. Charles was just one of those people who rubbed me the wrong way. Yet, I was constantly upset. When we began looking at anger in this class, I thought, "What's my primary feeling about Charles?" I almost hate to admit what I found out because it makes me look like I'm a lot more insecure than I feel I really am, but my primary feeling was fear. I was afraid that Charles with his brilliance and sharp tongue was going to make me look stupid in front of the other students. Last week I asked him to stay after class and I just told him how threatened I get when he pins me down on some minor point. He was kind of stunned, and said he wasn't trying to make me look bad, that he was really trying to score brownie points with me. We ended up laughing about it and I'm not threatened by him anymore. When he forgets and pins me down now, I just laugh and say, "Hey, that's another brownie point for you."

*brownie point: 윗사람의 신임 점수

① relieved → irritated
② uneasy → relieved
③ calm → envious
④ frightened → indifferent

해설 지문 처음에서 필자는 Charles가 자신을 불쾌하게 만들었으며, 그가 다른 학생들 앞에서 자신을 멍청해 보이게 만들까 봐 두려웠다고 설명한 뒤, 지문 마지막에서 Charles가 단지 자신에게 점수를 따려고 했었다는 것을 알게 되자 더 이상 그에게 위협을 느끼지 않게 되었다는 일화를 소개하고 있다. 따라서 '② 불편한 → 안심한'이 지문에서 I(나)가 느꼈을 심경 변화로 적절하다.

패턴 PLUS

처음 한두 문장에서 인물의 처음 심경이 드러나고, 마지막 한두 문장에서 변화된 심경이 드러나기 때문에, 처음과 마지막 한두 문장을 특히 주의 깊게 본다.

기출문제 풀어보기

Q. 다음 글에 드러난 'I'의 심경 변화로 가장 적절한 것은?

[2012년 법원직 9급]

I cannot believe what I am seeing: plants, and trees everywhere. The scents are sweet and the air is pure and clean. I like the silence that greets me as I arrive at hotel. Upstairs, my heart is all aflutter at finding I have a good room, with a good-enough balcony view of the distant water. I take out clean clothes, shower, and, camera in hand, head downstairs to ask the attendant where I can find Moreno gardens. The man at the desk looks puzzled and says he's never heard of the Moreno gardens. He steps into the back office and comes out accompanied by a woman. She has never heard of the Moreno gardens, either. My second question, regarding the house painted by Monet, brings me no closer to the truth. Neither has heard of such a house. It makes my shoulders droop.

① bored → expectant
② worried → pleased
③ sorrowful → relieved
④ excited → disappointed

고득점 포인트

인물의 심경과 관련된 어휘는 주요 의미별로 알아두는 것이 좋다.

우울	depressed 우울한	sorrowful 슬퍼하는
불안	alarmed 불안해하는	nervous 불안해하는
짜증	annoyed 짜증이 난	irritated 짜증이 난
놀람	startled 놀란 panicked 겁에 질린	frightened 겁먹은
감사	grateful 고마워하는	thankful 감사하는
기쁨	delighted 아주 기뻐하는	pleased 기뻐하는
신남	excited 신이 난 thrilled 흥분한	festive 흥겨운
차분함	calm 침착한, 차분한 relaxed 느긋한	indifferent 무관심한
기타	embarrassed 쑥스러운 curious 호기심이 강한 disappointed 실망한 puzzled 당혹스러운	envious 부러워하는 bored 지루해하는 satisfied 만족스러워하는 scared 무서워하는

Section Test

1 다음 글의 주제로 적절한 것은?
[2024년 지방직 9급]

In recent years Latin America has made huge strides in exploiting its incredible wind, solar, geothermal and biofuel energy resources. Latin America's electricity sector has already begun to gradually decrease its dependence on oil. Latin America is expected to almost double its electricity output between 2015 and 2040. Practically none of Latin America's new large-scale power plants will be oil-fueled, which opens up the field for different technologies. Countries in Central America and the Caribbean, which traditionally imported oil, were the first to move away from oil-based power plants, after suffering a decade of high and volatile prices at the start of the century.

① booming oil industry in Latin America
② declining electricity business in Latin America
③ advancement of renewable energy in Latin America
④ aggressive exploitation of oil-based resources in Latin America

2 글의 제목으로 가장 적절한 것은?
[2024년 서울시 9급(2월 추가)]

The assumption that politics and administration could be separated was ultimately disregarded as utopian. Wilson and Goodnow's idea of apolitical public administration proved unrealistic. A more realistic view—the so-called "politics school"—is that politics is very much a part of administration. The politics school maintains that in a pluralistic political system in which many diverse groups have a voice, public administrators with considerable knowledge play key roles. Legislation, for instance, is written by public administrators as much as by legislators. The public bureaucracy is as capable of engendering support for its interests as any other participant in the political process, and public administrators are as likely as any to be part of a policymaking partnership. Furthermore, laws are interpreted by public administrators in their execution, which includes many and often unforeseen scenarios.

① How to Cope with Unpredictable Situations in Politics
② Public Administrators' Surprising Influence in a Political System
③ Repetitive Attempts to Separate the Politics from Administration
④ Loopholes of the View that Politics and Administration are Inseparable

3 다음 중 글에 설명된 사회적 지배력과 번식 성공 사이의 관계를 가장 잘 요약한 것은? [2024년 법원직 9급]

Social dominance refers to situations in which an individual or a group controls or dictates others' behavior primarily in competitive situations. Generally, an individual or group is said to be dominant when "a prediction is being made about the course of future interactions or the outcome of competitive situations". Criteria for assessing and assigning dominance relationships can vary from one situation to another. It is difficult to summarize available data briefly, but generally it has been found that dominant individuals, when compared to subordinate individuals, often have more freedom of movement, have priority of access to food, gain higher-quality resting spots, enjoy favorable grooming relationships, occupy more protected parts of a group, obtain higher-quality mates, command and regulate the attention of other group members, and show greater resistance to stress and disease. Despite assertions that suggest otherwise, it really is not clear how powerful the relationship is between an individual's dominance status and its lifetime reproductive success.

* dominance 지배, 우세

① 하위 개체에 비해 모든 지배적인 개체는 평생 동안 높은 번식 성공률을 보인다.
② 개체의 우세 상태와 평생 번식 성공 사이의 관계는 다면적이며 명확하게 정립되어 있다고 할 수는 없다.
③ 사회적 지배력을 갖춘 존재는 음식 및 짝과 같은 자원에 대한 접근을 통해 번식 성공에 영향을 미친다.
④ 하위 개체는 스트레스 수준이 높지 않기 때문에 평생 번식 성공률이 더 높은 경향이 있다.

4 다음 글의 요지로 적절한 것은? [2023년 국회직 9급]

The naive listener might assume a life story to be a truthful, factual account of the storyteller's life. The assumption is that the storyteller has only to penetrate the fog of the past and that once a life is honestly remembered, it can be sincerely recounted. But the more sophisticated listener understands that no matter how sincere the attempt, remembering the past cannot render it as it was, not only because memory is selective but because the life storyteller is a different person now than he or she was ten or thirty years ago; and he or she may not be able to, or even want to, imagine that he or she was different then. The problem of how much a person may change without losing his or her identity is the greatest difficulty facing the life storyteller, whose chief concern, after all, is to affirm his or her identity and account for it. So life storytelling is a fiction, a making, an ordered past imposed by a present personality on a disordered life.

① 전기(傳記)를 읽는 독자는 행간의 의미를 정확히 파악해야 한다.
② 수동적인 독자는 전기(傳記)를 사실 그대로의 기록으로 받아들인다.
③ 정확한 기억력과 변하지 않는 인격이 전기(傳記) 작가에게 요구된다.
④ 전기(傳記)는 무결(無缺)하지 않은 작가에 의해서 기록된 일종의 픽션이다.
⑤ 올바르게 전기(傳記)를 이해하기 위해서는 독자의 적극적인 역할이 중요하다.

5 다음 글의 제목으로 알맞은 것은? [2023년 국가직 9급]

The feeling of being loved and the biological response it stimulates is triggered by nonverbal cues: the tone in a voice, the expression on a face, or the touch that feels just right. Nonverbal cues—rather than spoken words—make us feel that the person we are with is interested in, understands, and values us. When we're with them, we feel safe. We even see the power of nonverbal cues in the wild. After evading the chase of predators, animals often nuzzle each other as a means of stress relief. This bodily contact provides reassurance of safety and relieves stress.

① How Do Wild Animals Think and Feel?
② Communicating Effectively Is the Secret to Success
③ Nonverbal Communication Speaks Louder than Words
④ Verbal Cues: The Primary Tools for Expressing Feelings

6 다음 글의 내용을 한 문장으로 요약하고자 한다. 빈칸 (A), (B)에 들어갈 말로 가장 적절한 것은? [2024년 법원직 9급]

Passive House is a standard and an advanced method of designing buildings using the precision of building physics to ensure comfortable conditions and to deeply reduce energy costs. It removes all guesswork from the design process. It does what national building regulations have tried to do. Passive House methods don't affect "buildability", yet they close the gap between design and performance and deliver a much higher standard of comfort and efficiency than government regulations, with all their good intentions, have managed to achieve. When we use Passive House methods, we learn how to use insulation and freely available daylight, in the most sensible way and in the right amounts for both comfort and energy efficiency. This is, I believe, fundamental to good design, and is the next step we have to make in the evolution of our dwellings and places of work. The improvements that are within our grasp are potentially transformative for mankind and the planet.

↓

Passive House utilizes precise building physics to ensure comfort and energy efficiency, ____(A)____ traditional regulations and offering transformative potential for ____(B)____ design.

	(A)	(B)
①	persisting	sustainable
②	persisting	unsustainable
③	surpassing	unsustainable
④	surpassing	sustainable

7 다음 글에 나타난 화자의 심경으로 가장 적절한 것은?

[2021년 법원직 9급]

Our whole tribe was poverty-stricken. Every branch of the Garoghlanian family was living in the most amazing and comical poverty in the world. Nobody could understand where we ever got money enough to keep us with food in our bellies. Most important of all, though, we were famous for our honesty. We had been famous for honesty for something like eleven centuries, even when we had been the wealthiest family in what we liked to think was the world. We put pride first, honest next, and after that we believed in right and wrong. None of us would take advantage of anybody in the world.

*poverty-stricken 가난에 시달리는

① peaceful and calm
② satisfied and proud
③ horrified and feared
④ amazed and astonished

8 다음 글의 목적으로 가장 적절한 것은?

[2016년 법원직 9급]

Dear Charles,

It was a pleasure having lunch with you yesterday. I am very interested in the new household product you mentioned and how I might work with you develop it. I have seen nothing like it advertised in any of the trade journals, so it may be an original, one-of-a-kind product. If so, you will want to move fast to register it to protect your intellectual property rights in it. Let me know if you want to pursue this and I will have our patent associate contact you with a proposal.

Let's get together again soon.

Until then,

Frank

① 새로 구입한 가정용품을 환불하려고
② 새로 개발한 가정용품 구매를 요청하려고
③ 새로 개발한 가정용품에 대해 표창하려고
④ 새로 개발한 가정용품의 특허등록을 제안하려고

정답·해석·해설_p.47

Section 3

세부 내용
파악 유형

최근 5개년 출제율

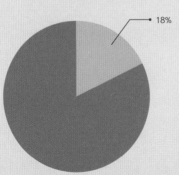

18%

최근 5개년 출제 문항 수

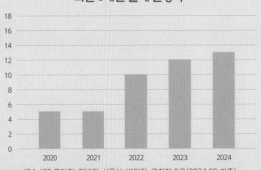

■ '24~'20 국가직·지방직·서울시·법원직·국회직 9급(2024.09 기준)

정답·해석·해설_p.51

대표 기출 예제
[2022년 국회직 9급]

Q. 다음 글의 내용과 일치하는 것은?

Glass Beach was created by accident. Beginning in 1906, people were permitted to throw away their garbage in the ocean near the city. People threw away glass bottles, appliances, and even cars. In 1967, the local government made it illegal to throw away trash in the water. After this, there were many cleanup efforts to recycle the metal and the other non-biodegradable waste. However, most of the glass had already been broken into tiny pieces. The glass was too difficult to remove, so it was left in the water. Over time, the pounding waves caused the rough pieces of glass to become smooth. These green, white, and brown pieces of smooth glass began washing up on shore, creating Glass Beach.

① Glass Beach는 의도적으로 만들어졌다.
② 정부는 1906년에 바다에 쓰레기를 버리는 것을 금지했다.
③ 금속 폐기물을 재활용하기 위한 노력이 있었다.
④ 사람들은 바다에 남겨진 유리조각을 남김없이 치웠다.
⑤ 거대한 유리조각들이 Glass Beach를 관광명소로 만들었다.

해설 ③번의 키워드인 금속(the metal)이 그대로 언급된 지문 주변의 내용에서 지방 정부가 쓰레기를 물에 버리는 것을 불법으로 만든 이후, 금속과 다른 비(非)생분해성 폐기물을 재활용하기 위한 많은 정화 노력이 있었다고 했으므로, '③ 금속 폐기물을 재활용하기 위한 노력이 있었다'는 지문의 내용과 일치한다.

오답분석 ① 첫 번째 문장에서 Glass Beach는 우연히 만들어졌다고 했으므로, 지문의 내용과 다르다.
② 네 번째 문장에서 1967년에 지방 정부가 쓰레기를 물에 버리는 것을 불법으로 만들었다고 했으므로, 지문의 내용과 다르다.
④ 일곱 번째 문장에서 작은 조각들로 깨진 유리는 제거하기가 너무 어려워서 물속에 남겨졌다고 했으므로, 지문의 내용과 다르다.
⑤ 마지막 문장에서 매끄러운 유리조각들이 해안가로 씻겨 내려오기 시작했고, Glass Beach를 만들었다고는 했지만, 거대한 유리조각들이 Glass Beach를 관광명소로 만들었는지는 알 수 없다.

기출문제 풀어보기

Q. 다음 글의 내용과 일치하지 않는 것은? [2024년 지방직 9급]

According to the historians, neckties date back to 1660. In that year, a group of soldiers from Croatia visited Paris. These soldiers were war heroes whom King Louis XIV admired very much. Impressed with the colored scarves that they wore around their necks, the king decided to honor the Croats by creating a military regiment called the Royal Cravattes. The word *cravat* comes from the word *Croat*. All the soldiers in this regiment wore colorful scarves or cravats around their necks. This new style of neckwear traveled to England. Soon all upper class men were wearing cravats. Some cravats were quite extreme. At times, they were so high that a man could not move his head without turning his whole body. The cravats were made of many different materials from plaid to lace, which made them suitable for any occasion.

① A group of Croatian soldiers visited Paris in 1660.
② The Royal Cravattes was created in honor of the Croatian soldiers wearing scarves.
③ Some cravats were too uncomfortable for a man to move his head freely.
④ The materials used to make the cravats were limited.

패턴 PLUS

선택지는 보통 글의 흐름 순서대로 제시된다. 따라서 선택지를 먼저 보고 글에서 해당하는 부분을 찾아 내용이 일치하는지 확인한다.

불변의 패턴 12

내용 일치·불일치 파악 문제의 선택지는 글에 나온 정보가 일부 변형된 것이다.

정답·해석·해설_p.52

대표 기출 예제

[2022년 국회직 9급]

Q. 다음 글의 내용과 일치하지 않는 것은?

Despite such losses, Germany as a country is rich, but a recent study from the European Central Bank suggests that the typical German household is not. Astonishingly, the median household's net assets, at €51,400, are less than those of the typical Italian, Spanish or even Greek household. These figures need careful interpretation. Households in Germany are smaller than in those countries, and their average is dragged down by the east, where 20 years ago no one had any assets to speak of. Moreover, the figures do not include pension promises. But the main reason for the poor showing is that far fewer people than in other European countries own their homes. Most households rent, and the housing stock is owned by a relatively small number of people, so Germany ends up with the most unequal distribution of household wealth in the euro zone.

① 전형적인 독일 가구가 부유하다는 최근 연구 결과가 있다.
② 한 연구에 따르면 전형적인 스페인 가구의 순자산은 독일 중위 가구의 순자산을 능가한다.
③ 유럽중앙은행의 연구가 제시한 수치는 신중한 해석이 필요하다.
④ 독일의 경우 자신의 집을 소유한 사람의 수는 다른 유럽 국가보다 적다.
⑤ 가구 재산의 분배에 있어 독일은 유로존에서 가장 불평등하다.

> **해설** 지문 처음에 한 국가로서의 독일은 부유하지만, 유럽 중앙은행의 최근 연구는 일반적인 독일 가구는 그렇지 않다는 것을 시사한다는 내용이 있으므로, 이 내용을 일부 변형한 '① 전형적인 독일 가구가 부유하다는 최근 연구 결과가 있다'는 지문의 내용과 일치하지 않는다.

기출문제 풀어보기

[2023년 국가직 9급]

Q. 다음 글의 내용과 일치하는 것은?

Around 1700 there were, by some accounts, more than 2,000 London coffeehouses, occupying more premises and paying more rent than any other trade. They came to be known as penny universities, because for that price one could purchase a cup of coffee and sit for hours listening to extraordinary conversations. Each coffeehouse specialized in a different type of clientele. In one, physicians could be consulted. Others served Protestants, Puritans, Catholics, Jews, literati, merchants, traders, Whigs, Tories, army officers, actors, lawyers, or clergy. The coffeehouses provided England's first egalitarian meeting place, where a man chatted with his tablemates whether he knew them or not.

① The number of coffeehouses was smaller than that of any other business.
② Customers were not allowed to stay for more than an hour in a coffeehouse.
③ Religious people didn't get together in a coffeehouse to chat.
④ One could converse even with unknown tablemates in a coffeehouse.

패턴 PLUS

내용 일치/불일치 파악 문제의 선택지는 글에 나온 정보를 조금씩 다르게 말한 것인 경우가 많다. 따라서 선택지의 일부만 보고 대조하기보다 꼼꼼하게 읽어보고 정답을 선택해야 한다.

정답·해석·해설_p.53

대표 기출 예제 [2024년 법원직 9급]

Q. 밑줄 친 "unfinished animals."가 다음 글에서 의미하는 바로 가장 적절한 것은?

Ideas or theories about human nature have a unique place in the sciences. We don't have to worry that the cosmos will be changed by our theories about the cosmos. The planets really don't care what we think or how we theorize about them. But we do have to worry that human nature will be changed by our theories of human nature. Forty years ago, the distinguished anthropologist said that human beings are "unfinished animals." What he meant is that it is human nature to have a human nature that is very much the product of the society that surrounds us. That human nature is more created than discovered. We "design" human nature, by designing the institutions within which people live. So we must ask ourselves just what kind of a human nature we want to help design.

① stuck in an incomplete stage of development
② shaped by society rather than fixed by biology
③ uniquely free from environmental context
④ born with both animalistic and spiritual aspect

> 해설 이 글의 주제는 인간 본성은 발견되었다기보다는 창조된 것이며, 우리는 사람들이 살고 있는 사회 제도를 설계함으로써 인간 본성을 설계한다는 것이므로 '② 생물학에 의해 고정된 것이 아니라 사회에 의해 형성된'이 밑줄 친 unfinished animals(미완성의 동물)의 의미로 가장 적절하다.

기출문제 풀어보기

Q. 밑줄 친 "drains the mind"가 다음 글에서 의미하는 바로 가장 적절한 것은? [2021년 법원직 9급]

If the writing is solid and good, the mood and temper of the writer will eventually be revealed and not at the expense of the work. Therefore, to achieve style, begin by affecting none—that is, draw the reader's attention to the sense and substance of the writing. A careful and honest writer does not need to worry about style. As you become proficient in the use of language, your style will emerge, because you yourself will emerge, and when this happens you will find it increasingly easy to break through the barriers that separate you from other minds and at last, make you stand in the middle of the writing. Fortunately, the act of composition, or creation, disciplines the mind; writing is one way to go about thinking, and the practice and habit of writing drains the mind.

① to heal the mind
② to help to be sensitive
③ to satisfy his/her curiosity
④ to place oneself in the background

패턴 PLUS

밑줄 친 부분이 포함된 문장은 주제문을 다른 표현으로 바꿔 말한 것인 경우가 많다. 따라서 글의 주제를 파악하면 밑줄의 의미를 빠르게 추론하는 데 도움이 된다.

정답·해석·해설_p.54

대표 기출 예제

[2019년 서울시 9급]

Q. 밑줄 친 부분이 지칭하는 대상이 다른 것은?

Dracula ants get their name for the way they sometimes drink the blood of their own young. But this week, ① the insects have earned a new claim to fame. Dracula ants of the species *Mystrium camillae* can snap their jaws together so fast, you could fit 5,000 strikes into the time it takes us to blink an eye. This means ② the blood-suckers wield the fastest known movement in nature, according to a study published this week in the journal *Royal Society Open Science*. Interestingly, the ants produce their record-breaking snaps simply by pressing their jaws together so hard that ③ they bend. This stores energy in one of the jaws, like a spring, until it slides past the other and lashes out with extraordinary speed and force—reaching a maximum velocity of over 200 miles per hour. It's kind of like what happens when you snap your fingers, only 1,000 times faster. Dracula ants are secretive predators as ④ they prefer to hunt under the leaf litter or in subterranean tunnels.

> 해설 ①, ②, ④번 모두 드라큘라 개미를 지칭하지만, ③번은 개미의 턱을 지칭하므로 ③번이 정답이다.

기출문제 풀어보기

Q. 다음 밑줄 친 단어가 가리키는 대상이 나머지 셋과 다른 것은?

[2018년 교육행정직 9급]

Alexander loved sport, and riding more than anything. No one rode better than he. His father once bought a beautiful horse that no one could tame. His name was Bucephalus. Whenever anyone tried to mount ① him they were thrown off. But Alexander worked out why ② he did it: the horse was afraid of his own shadow. So Alexander turned the horse's head towards the sun so that he couldn't see ③ his shadow on the ground. Stroking him gently, ④ he swung himself onto his back and rode round to the applause of the whole court.

패턴 PLUS

첫 번째 밑줄 친 부분이 가리키는 것과 나머지 밑줄 친 부분들이 가리키는 것을 비교하며 지문을 읽고 각 밑줄이 가리키는 것을 찾는다. 대부분 밑줄이 있는 부분의 바로 앞이나 뒤에서 가리키는 대상을 찾을 수 있으므로, 이 부분에 특히 유의하여 읽는다.

Section Test

[2024년 국가직 9급]

1 다음 글의 내용과 일치하지 않는 것은?

The tragedies of the Greek dramatist Sophocles have come to be regarded as the high point of classical Greek drama. Sadly, only seven of the 123 tragedies he wrote have survived, but of these perhaps the finest is *Oedipus the King*. The play was one of three written by Sophocles about Oedipus, the mythical king of Thebes (the others being *Antigone* and *Oedipus at Colonus*), known collectively as the Theban plays. Sophocles conceived each of these as a separate entity, and they were written and produced several years apart and out of chronological order. *Oedipus the King* follows the established formal structure and it is regarded as the best example of classical Athenian tragedy.

① A total of 123 tragedies were written by Sophocles.
② *Antigone* is also about the king Oedipus.
③ The Theban plays were created in time order.
④ *Oedipus the King* represents the classical Athenian tragedy.

[2024년 법원직 9급]

2 Duke Kahanamoku에 대한 다음 글의 내용과 가장 일치하지 않는 것은?

Duke Kahanamoku, born August 26, 1890, near Waikiki, Hawaii, was a Hawaiian surfer and swimmer who won three Olympic gold medals for the United States and who for several years was considered the greatest freestyle swimmer in the world. He was perhaps most widely known for developing the flutter kick, which largely replaces the scissors kick. Kahanamoku set three universally recognized world records in the 100-yard freestyle between July 5, 1913, and September 5, 1917. In the 100-yard freestyle Kahanamoku was U.S. indoor champion in 1913, and outdoor titleholder in 1916-17 and 1920. At the Olympic Games in Stockholm in 1912, he won the 100-metre freestyle event, and he repeated that triumph at the 1920 Olympics in Antwerp, Belgium, where he also was a member of the victorious U.S. team in the 800-metre relay race. Kahanamoku also excelled at surfing, and he became viewed as one of the icons of the sport. Intermittently from the mid-1920s, Kahanamoku was a motion-picture actor. From 1932 to 1961 he was sheriff of the city and county of Honolulu. He served in the salaried office of official greeter of famous personages for the state of Hawaii from 1961 until his death.

* intermittently 간헐적으로 ** sheriff 보안관

① 하와이 출신의 서퍼이자 수영 선수로 올림픽 금메달리스트이다.
② 그는 플러터 킥을 대체하는 시저스 킥을 개발한 것으로 널리 알려져 있다.
③ 벨기에 앤트워프 올림픽의 800미터 계주에서 우승한 미국 팀의 일원이었다.
④ 그는 1920년대 중반부터 간헐적으로 영화배우로도 활동했다.

3 밑줄 친 you've been thrown a curve ball이 다음 글에서 의미하는 바로 가장 적절한 것은?

[2024년 법원직 9급]

Life is full of its ups and downs. One day, you may feel like you have it all figured out. Then, in a moment's notice, <u>you've been thrown a curve ball</u>. You're not alone in these feelings. Everyone has to face their own set of challenges. Learning how to overcome challenges will help you stay centered and remain calm under pressure. Everyone has their own preferences for how to face a challenge in life. However, there are a few good tips and tricks to follow when the going gets tough. There's no need to feel ashamed for asking for help. Whether you choose to rely on a loved one, a stranger, a mentor, or a friend, there are people who want to help you succeed. You have to be open and willing to accept support. People who come to your aid truly do care about you. Be open to receiving help when you need it.

① 어려운 상황에 직면하다.
② 흥미로운 상황을 맞이하게 되다.
③ 대안적인 방법을 적용하게 되다.
④ 정면 승부를 피하여 에둘러 가다.

4 다음 글의 내용과 일치하지 않는 것은?

[2023년 국가직 9급]

Are you getting enough choline? Chances are, this nutrient isn't even on your radar. It's time choline gets the attention it deserves. A shocking 90 percent of Americans aren't getting enough choline, according to a recent study. Choline is essential to health at all ages and stages, and is especially critical for brain development. Why aren't we getting enough? Choline is found in many different foods but in small amounts. Plus, the foods that are rich in choline aren't the most popular: think liver, egg yolks and lima beans. Taylor Wallace, who worked on a recent analysis of choline intake in the United States, says, "There isn't enough awareness about choline even among health-care professionals because our government hasn't reviewed the data or set policies around choline since the late '90s."

① A majority of Americans are not getting enough choline.
② Choline is an essential nutrient required for brain development.
③ Foods such as liver and lima beans are good sources of choline.
④ The importance of choline has been stressed since the late '90s in the U.S.

Section Test

5 다음 글의 내용과 일치하지 않는 것은? [2023년 지방직 9급]

The traditional way of making maple syrup is interesting. A sugar maple tree produces a watery sap each spring, when there is still lots of snow on the ground. To take the sap out of the sugar maple tree, a farmer makes a slit in the bark with a special knife, and puts a "tap" on the tree. Then the farmer hangs a bucket from the tap, and the sap drips into it. That sap is collected and boiled until a sweet syrup remains—forty gallons of sugar maple tree "water" make one gallon of syrup. That's a lot of buckets, a lot of steam, and a lot of work. Even so, most of maple syrup producers are family farmers who collect the buckets by hand and boil the sap into syrup themselves.

① 사탕단풍나무에서는 매년 봄에 수액이 생긴다.
② 사탕단풍나무의 수액을 얻기 위해 나무껍질에 틈새를 만든다.
③ 단풍나무시럽 1갤론을 만들려면 수액 40갤론이 필요하다.
④ 단풍나무시럽을 만들기 위해 기계로 수액 통을 수거한다.

6 글의 내용과 가장 일치하지 않는 것은? [2022년 서울시 9급(2월 추가)]

When Ali graduated, he decided he didn't want to join the ranks of commuters struggling to work every day. He wanted to set up his own online gift-ordering business so that he could work from home. He knew it was a risk but felt he would have at least a fighting chance of success. Initially, he and a college friend planned to start the business together. Ali had the idea and Igor, his friend, had the money to invest in the company. But then just weeks before the launch, Igor dropped a bombshell: he said he no longer wanted to be part of Ali's plans. Despite Ali's attempts to persuade him to hang fire on his decision, Igor said he was no longer prepared to take the risk and was going to beat a retreat before it was too late. However, two weeks later Igor stole a march on Ali by launching his own online gift-ordering company. Ali was shell-shocked by this betrayal, but he soon came out fighting. He took Igor's behaviour as a call to arms and has persuaded a bank to lend him the money he needs. Ali's introduction to the business world has certainly been a baptism of fire, but I'm sure he will be really successful on his own.

① 본래 온라인 선물주문 사업은 Ali의 계획이었다.
② Igor가 먼저 그 사업에서 손을 떼겠다고 말했다.
③ Igor가 Ali보다 앞서서 자기 소유의 선물주문 회사를 차렸다.
④ Ali는 은행을 설득하여 Igor에게 돈을 빌려주게 했다.

7 다음 글의 내용과 일치하는 것은? [2021년 국가직 9급]

The most notorious case of imported labor is of course the Atlantic slave trade, which brought as many as ten million enslaved Africans to the New World to work the plantations. But although the Europeans may have practiced slavery on the largest scale, they were by no means the only people to bring slaves into their communities: earlier, the ancient Egyptians used slave labor to build their pyramids, early Arab explorers were often also slave traders, and Arabic slavery continued into the twentieth century and indeed still continues in a few places. In the Americas some native tribes enslaved members of other tribes, and slavery was also an institution in many African nations, especially before the colonial period.

① African laborers voluntarily moved to the New World.

② Europeans were the first people to use slave labor.

③ Arabic slavery no longer exists in any form.

④ Slavery existed even in African countries.

8 Peanut Butter Drive에 관한 다음 안내문의 내용과 가장 일치하지 않는 것은? [2021년 법원직 9급]

SPREAD THE LOVE

Fight Hunger During the Peanut Butter Drive

Make a contribution to our community by helping local families who need a little assistance. We are kicking off our 4th annual area-wide peanut butter drive to benefit children, families and seniors who face hunger in Northeast Louisiana.

Peanut butter is a much needed staple at Food Banks as it is a protein-packed food that kids and adults love. Please donate peanut butter in plastic jars or funds to the Monroe Food Bank by Friday, March 29th at 4:00 pm. Donations of peanut butter can be dropped off at the food bank's distribution center located at 4600 Central Avenue in Monroe on Monday through Friday, 8:00 am to 4:00 pm. Monetary donations can be made here or by calling 427-418-4581.

For other drop-off locations, visit our website at https://www.foodbanknela.org

① 배고픈 사람들에게 도움을 주려는 행사이다.

② 토요일과 일요일에도 땅콩버터를 기부할 수 있다.

③ 전화를 걸어 금전 기부를 할 수도 있다.

④ 땅콩버터를 기부하는 장소는 여러 곳이 있다.

정답·해석·해설_p.55

gosi.Hackers.com

Section 4
추론 유형

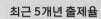

최근 5개년 출제율

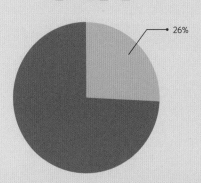

26%

최근 5개년 출제 문항 수

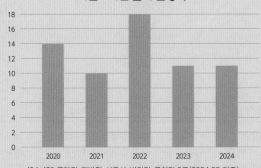

※ '24~'20 국가직·지방직·서울시·법원직·국회직 9급(2024.09 기준)

정답·해석·해설_p.59

대표 기출 예제 [2024년 국가직 9급]

Q. 밑줄 친 부분에 들어갈 말로 적절한 것을 고르시오.

_____. Nearly every major politician hires media consultants and political experts to provide advice on how to appeal to the public. Virtually every major business and special-interest group has hired a lobbyist to take its concerns to Congress or to state and local governments. In nearly every community, activists try to persuade their fellow citizens on important policy issues. The workplace, too, has always been fertile ground for office politics and persuasion. One study estimates that general managers spend upwards of 80% of their time in verbal communication—most of it with the intent of persuading their fellow employees. With the advent of the photocopying machine, a whole new medium for office persuasion was invented—the photocopied memo. The Pentagon alone copies an average of 350,000 pages a day, the equivalent of 1,000 novels.

① Business people should have good persuasion skills
② Persuasion shows up in almost every walk of life
③ You will encounter countless billboards and posters
④ Mass media campaigns are useful for the government

> **해설** 글의 초반부에 빈칸이 나왔으므로 이어지는 글의 내용을 종합하여 주제가 무엇인지를 파악해야 한다. 지문 전반에 걸쳐 정치인들은 대중들에게 호소하기 위한 조언을 받고, 사업체와 특수 이익 단체들은 그들의 우려 사항을 정부에 전달하고, 활동가들은 동료 시민들을 설득하고, 직장의 일반 관리자들은 동료 직원들을 설득하는 데 언어적 의사소통의 대부분을 사용하는 등 여러 분야에서 설득이 이루어지는 예시를 설명하고 있으므로, 빈칸에는 '② 설득은 삶의 거의 모든 직업에서 나타난다'는 내용이 들어가야 한다.

기출문제 풀어보기

Q. 다음 빈칸에 들어갈 말로 가장 적절한 것은? [2023년 법원직 9급]

As global temperatures rise, so do sea levels, threatening coastal communities around the world. Surprisingly, even small organisms like oysters _____. Oysters are keystone species with *ripple effects on the health of their ecosystems and its inhabitants. Just one adult oyster can filter up to fifty gallons of water in a single day, making waterways cleaner. Healthy oyster reefs also provide a home for hundreds of other marine organisms, promoting biodiversity and ecosystem balance. As rising sea levels lead to pervasive flooding, oyster reefs act as walls to buffer storms and protect against further coastal erosion.

* ripple effect 파급효과

① can come to our defense
② can be the food for emergency
③ may be contaminated by microplastics
④ can increase the income of local residents

🔍 패턴 PLUS

주제문이 초반에 있는 두괄식 글, 또는 주제문이 초반에 나온 후 후반에서 다시 언급되는 양괄식 글이 많이 출제된다. 빈칸이 글의 초반부에 나오면 이어지는 글의 내용을 종합해서 주제문을 완성하는 느낌으로 빈칸에 들어갈 말을 추론해야 한다.

정답·해석·해설_p.61

대표 기출 예제

[2023년 국회직 9급]

Q. 밑줄 친 부분에 들어갈 단어로 적절한 것은?

Usually you will find that each scene in a fictional narrative film uses an establishing shot; that is a shot that gives the setting in which the scene is to take place and enables the viewer to establish the spatial relationships between characters involved in the scene. But, although this is what might be known as the Hollywood standard and was certainly the expected norm throughout the period of Classical Hollywood, the practice of using an establishing shot has not always been followed by filmmakers. By _____ an establishing shot the viewer is put in the position of struggling to make sense of the relationship between the characters shown. We are effectively disorientated and this will be part of what the filmmakers are attempting to achieve; as well as perhaps defying the expected filmic norm and thereby challenging any presumption that there are certain correct (and therefore, certain incorrect) ways of making films.

① underestimating
② triggering
③ omitting
④ maintaining
⑤ controlling

> 해설 | 글의 중반부에 빈칸이 나왔으므로 주제문이 무엇인지 먼저 확인하고, 그 구체적인 설명이 어떻게 들어가야 하는지 확인해야 한다. 지문 처음에 설정 샷은 장면이 발생할 배경을 제공하고 시청자가 장면과 관련된 등장인물들 사이의 공간적 관계를 확립할 수 있도록 해주는 샷이라고 설명하는 주제문이 있고, 지문 중간에서 설정 샷이 기대되는 표준이었지만 설정 샷을 사용하는 관행이 영화 제작자들에 의해 항상 따라졌던 것은 아니라고 설명하고 있으므로, 빈칸에는 설정 샷을 '③ 생략함'으로써 시청자는 보여지는 등장인물들 사이의 관계를 이해하기 위해 고군분투하는 위치에 놓이게 된다는 내용이 들어가야 한다.

기출문제 풀어보기

Q. 밑줄 친 부분에 들어갈 말로 가장 적절한 것을 고르시오.

[2023년 지방직 9급]

How many different ways do you get information? Some people might have six different kinds of communications to answer—text messages, voice mails, paper documents, regular mail, blog posts, messages on different online services. Each of these is a type of in-box, and each must be processed on a continuous basis. It's an endless process, but it doesn't have to be exhausting or stressful. Getting your information management down to a more manageable level and into a productive zone starts by _____. Every place you have to go to check your messages or to read your incoming information is an in-box, and the more you have, the harder it is to manage everything. Cut the number of in-boxes you have down to the smallest number possible for you still to function in the ways you need to.

① setting several goals at once
② immersing yourself in incoming information
③ minimizing the number of in-boxes you have
④ choosing information you are passionate about

패턴 PLUS

글의 중반부에 나오는 빈칸 문장은 글의 주제에 대해 구체적으로 설명하거나 예시를 제공하는 문장인 경우가 많다. 따라서 글의 주제문을 확실히 파악한 후, 이에 대한 세부 내용을 설명하는 선택지를 찾아야 한다.

정답·해석·해설_p.62

대표 기출 예제 [2024년 국가직 9급]

Q. 밑줄 친 부분에 들어갈 말로 적절한 것을 고르시오.

It is important to note that for adults, social interaction mainly occurs through the medium of language. Few native-speaker adults are willing to devote time to interacting with someone who does not speak the language, with the result that the adult foreigner will have little opportunity to engage in meaningful and extended language exchanges. In contrast, the young child is often readily accepted by other children, and even adults. For young children, language is not as essential to social interaction. So-called 'parallel play', for example, is common among young children. They can be content just to sit in each other's company speaking only occasionally and playing on their own. Adults rarely find themselves in situations where _____.

① language does not play a crucial role in social interaction
② their opinions are readily accepted by their colleagues
③ they are asked to speak another language
④ communication skills are highly required

[해설] 글의 후반부에 빈칸이 나왔으므로 주제문이 어떻게 재진술되어야 하는지 확인해야 한다. 지문 처음에서 성인의 경우 사회적 상호작용은 주로 언어라는 매개체를 통해 발생하기 때문에 해당 언어를 구사하지 못하는 사람과 상호작용을 하는 데 기꺼이 시간을 할애하려는 원어민인 성인은 거의 없다고 했으므로, 빈칸에는 성인들은 '① 언어가 사회적 상호작용에서 중요한 역할을 하지 않는' 상황에 처하는 경우가 거의 없다는 주제를 재진술한 내용이 들어가야 한다.

기출문제 풀어보기

Q. 밑줄 친 부분에 들어갈 말로 가장 적절한 것은?

[2022년 국가직 9급]

Scientists have long known that higher air temperatures are contributing to the surface melting on Greenland's ice sheet. But a new study has found another threat that has begun attacking the ice from below: Warm ocean water moving underneath the vast glaciers is causing them to melt even more quickly. The findings were published in the journal Nature Geoscience by researchers who studied one of the many "ice tongues" of the Nioghalvfjerdsfjorden Glacier in northeast Greenland. An ice tongue is a strip of ice that floats on the water without breaking off from the ice on land. The massive one these scientists studied is nearly 50 miles long. The survey revealed an underwater current more than a mile wide where warm water from the Atlantic Ocean is able to flow directly towards the glacier, bringing large amounts of heat into contact with the ice and _____ the glacier's melting.

① separating
② delaying
③ preventing
④ accelerating

패턴 PLUS

글의 후반부에 나오는 빈칸 문장은 앞서 나온 주제문을 다시 한번 언급하는 문장인 경우가 많다. 따라서 글의 초중반부에서 주제문을 찾아서 확실히 이해한 후, 이를 다른 말로 바꿔 말한 선택지를 찾아야 한다.

정답·해석·해설_p.63

대표 기출 예제

[2020년 국가직 9급]

Q. 밑줄 친 (A), (B)에 들어갈 말로 가장 적절한 것은?

When an organism is alive, it takes in carbon dioxide from the air around it. Most of that carbon dioxide is made of carbon-12, but a tiny portion consists of carbon-14. So the living organism always contains a very small amount of radioactive carbon, carbon-14. A detector next to the living organism would record radiation given off by the carbon-14 in the organism. When the organism dies, it no longer takes in carbon dioxide. No new carbon-14 is added, and the old carbon-14 slowly decays into nitrogen. The amount of carbon-14 slowly ____(A)____ as time goes on. Over time, less and less radiation from carbon-14 is produced. The amount of carbon-14 radiation detected for an organism is a measure, therefore, of how long the organism has been ____(B)____. This method of determining the age of an organism is called carbon-14 dating. The decay of carbon-14 allows archaeologists to find the age of once-living materials. Measuring the amount of radiation remaining indicates the approximate age.

	(A)	(B)
①	decreases	dead
②	increases	alive
③	decreases	productive
④	increases	inactive

해설 빈칸이 두 개 있으므로 글의 주제문이나 중심 소재와 관련된 키워드가 무엇인지 확인해야 한다. 지문 전반에 걸쳐 유기체가 죽으면 붕괴되는 탄소 14의 방사능양에 따라 그 유기체의 연대를 결정하는 방식에 대해 설명하고 있다. 지문 처음에 유기체는 항상 매우 적은 양의 방사선 탄소인 탄소 14를 포함한다고 했고, (A) 빈칸 앞문장에서 유기체가 죽으면 기존의 탄소 14가 붕괴된다는 내용이 있으므로, 빈칸에는 탄소 14의 양이 천천히 '감소한다'는 내용이 들어가야 한다. (B) 빈칸 뒷부분에서 유기체의 연대를 결정하는 탄소 14 연대 측정법을 통해 고고학자들은 한때 살아있던 물질들의 연대를 알아낼 수 있고, 남아있는 방사능의 양을 측정하는 것이 대략적인 연대를 알려준다고 했으므로, 빈칸에는 유기체에서 감지되는 탄소 14의 방사능의 양이 그 유기체가 얼마나 오랫동안 '죽어'있었는지의 척도라는 내용이 들어가야 한다. 따라서 ① (A) decreases(감소하다) - (B) dead(죽은)가 정답이다.

패턴 PLUS

빈칸이 두 개 있는 경우 글의 주제문이나 중심 소재와 관련된 키워드가 들어가는 경우가 많다. 따라서 글의 주제를 나타낼 수 있는 키워드로 조합된 선택지를 고른다.

기출문제 풀어보기

Q. 밑줄 친 (A)와 (B)에 들어갈 표현으로 가장 적절한 것은?

[2023년 국회직 9급]

Over the past four decades a fundamental shift has been occurring in the world economy. We have been moving away from a world in which national economies were relatively self-contained entities, ____(A)____ each other by barriers to cross-border trade and investment; by distance, time zones, and language; and by national differences in government regulation, culture, and business systems. We are moving toward a world in which barriers to cross-border trade and investment are ____(B)____; perceived distance is shrinking due to advances in transportation and telecommunications technology; material culture is starting to look similar the world over; and national economies are merging into an interdependent, integrated global economic system. The process by which this transformation is occurring is commonly referred to as globalization.

	(A)	(B)
①	introduced to	fulfilling
②	taking care of	escalating
③	converged with	diminishing
④	winning on	unfaltering
⑤	isolated from	declining

정답·해석·해설_p.64

대표 기출 예제 [2022년 국가직 9급]

Q. 밑줄 친 (A), (B)에 들어갈 말로 가장 적절한 것은?

Beliefs about maintaining ties with those who have died vary from culture to culture. For example, maintaining ties with the deceased is accepted and sustained in the religious rituals of Japan. Yet among the Hopi Indians of Arizona, the deceased are forgotten as quickly as possible and life goes on as usual. ___(A)___, the Hopi funeral ritual concludes with a break-off between mortals and spirits. The diversity of grieving is nowhere clearer than in two Muslim societies—one in Egypt, the other in Bali. Among Muslims in Egypt, the bereaved are encouraged to dwell at length on their grief, surrounded by others who relate to similarly tragic accounts and express their sorrow. ___(B)___, in Bali, bereaved Muslims are encouraged to laugh and be joyful rather than be sad.

	(A)	(B)
①	However	Similarly
②	In fact	By contrast
③	Therefore	For example
④	Likewise	Consequently

해설 (A) 빈칸 앞 문장은 애리조나주의 호피족 인디언들 사이에서 고인은 가능한 한 빨리 잊히고 삶은 평소처럼 계속된다는 내용이고, 빈칸 뒤 문장은 호피족의 장례 의식은 인간들과 영혼들 사이의 단절로 마무리된다고 강조하는 내용이다. 따라서 빈칸에는 강조를 나타내는 연결어인 In fact(실제로)가 들어가야 한다. (B) 빈칸 앞 문장은 이집트의 이슬람교도 유족들은 유사한 비극적 이야기에 대해 언급하고 슬픔을 표하는 다른 사람들에 둘러싸여 자신들의 슬픔을 오랫동안 자세히 이야기하도록 격려된다는 내용이고, 빈칸 뒤 문장은 발리의 이슬람교도 유족들은 슬퍼하기보다는 웃고 기뻐하도록 격려된다는 내용으로 앞 문장과 대조적인 내용이다. 따라서 빈칸에는 대조를 나타내는 연결어인 By contrast(그에 반해)가 들어가야 한다. 따라서 ② (A) In fact(실제로) - (B) By contrast(그에 반해)가 정답이다.

기출문제 풀어보기

Q. (A)와 (B)에 들어갈 말로 가장 적절한 것은?

[2022년 서울시 9급(2월 추가)]

Scientists are working on many other human organs and tissues. For example, they have successfully generated, or grown, a piece of liver. This is an exciting achievement since people cannot live without a liver. In other laboratories, scientists have created a human jawbone and a lung. While these scientific breakthroughs are very promising, they are also limited. Scientists cannot use cells for a new organ from a very diseased or damaged organ. ___(A)___, many researchers are working on a way to use stem cells to grow completely new organs. Stem cells are very simple cells in the body that can develop into any kind of complex cells, such as skin cells or blood cells and even heart and liver cells. ___(B)___, stem cells can grow into all different kinds of cells.

	(A)	(B)
①	Specifically	For example
②	Additionally	On the other hand
③	Consequently	In other words
④	Accordingly	In contrast

패턴 PLUS

빈칸 앞뒤에 있는 문장을 읽고 두 문장 사이의 논리적 관계를 가장 잘 표현한 보기를 선택하고, 지문의 전체적인 흐름이 자연스러운지 확인한다.

불변의 패턴20

지문의 흐름을 자연스럽게 이어주는 연결어가 정답이다.

정답·해석·해설_p.65

대표 기출 예제
[2022년 지방직 9급]

Q. (A)와 (B)에 들어갈 말로 가장 적절한 것은?

Duration shares an inverse relationship with frequency. If you see a friend frequently, then the duration of the encounter will be shorter. Conversely, if you don't see your friend very often, the duration of your visit will typically increase significantly. [(A)], if you see a friend every day, the duration of your visits can be low because you can keep up with what's going on as events unfold. If, however, you only see your friend twice a year, the duration of your visits will be greater. Think back to a time when you had dinner in a restaurant with a friend you hadn't seen for a long period of time. You probably spent several hours catching up on each other's lives. The duration of the same dinner would be considerably shorter if you saw the person on a regular basis. [(B)], in romantic relationships the frequency and duration are very high because couples, especially newly minted ones, want to spend as much time with each other as possible. The intensity of the relationship will also be very high.

	(A)	(B)
①	For example	Conversely
②	Nonetheless	Furthermore
③	Therefore	As a result
④	In the same way	Thus

해설 지문 처음에서 지속 시간은 빈도와 반비례 관계를 갖는다고 하면서 친구를 자주 만나는 것과 자주 만나지 않는 것에 대한 대조적인 예시를 들고 있으므로 이후 지문의 흐름이 이 두 가지 내용으로 이어질 것임을 예상할 수 있다. (A) 빈칸 뒤에서 매일 친구를 만나는 것에 대해 예시를 들고 있으므로 (A)에는 예시를 나타내는 연결어 For example(예를 들어)이 들어가야 한다. 이후 (B) 빈칸 뒤에서 최근에 생겨난 연인들이 많은 시간을 서로와 보내고 싶어하는 대조적인 예시가 있으므로 (B)에는 대조를 나타내는 연결어 Conversely(반대로)가 들어가야 한다. 따라서 ① (A) For example(예를 들어) - (B) Conversely(반대로)가 정답이다.

패턴 PLUS

빈칸 앞뒤에 있는 문장만으로 둘 사이의 논리적 관계를 파악하기 힘든 경우, 지문 전체를 읽고 전체적인 흐름을 파악한다.

기출문제 풀어보기

Q. 다음 밑줄 친 (A)와 (B)에 들어갈 가장 적절한 표현은?

[2020년 국회직 9급]

More and more people and communities are changing their habits in order to protect the environment. One reason for this change is that space in landfills is running out and the disposal of waste has become difficult. [(A)], the practices of recycling, reusing, and reducing waste are becoming more commonplace. In some countries the technology for disposing of, or getting rid of, waste has actually become big business. Individuals have also taken actions to reduce landfill waste; for example, people are recycling newspapers and donating clothes to charities. [(B)], some people take leftover food and turn it into rich garden compost, an excellent fertilizer for vegetable and flower gardens.

	(A)	(B)
①	As a result	In addition
②	However	In general
③	Incidentally	Overall
④	Consequently	For instance
⑤	Accordingly	Particularly

고득점 포인트

보기로 자주 등장하는 다양한 연결어를 알아 두면 쉽게 정답을 고를 수 있다.

대조/전환	but/however/yet 하지만, 그러나 while/whereas 반면에 in contrast/conversely 대조적으로 on the other hand/on the contrary 반면에	
결론/요약	thus/therefore 그러므로 consequently 결과적으로 in conclusion 결론적으로	accordingly 따라서 eventually 결국 in short/in sum 요약하면
양보	otherwise 그렇지 않으면 despite/in spite of ~에도 불구하고 although/even though 비록 ~이지만 nevertheless/nonetheless 그럼에도 불구하고	
예시	for instance/for example 예를 들어	
첨가/부연	in addition/besides/furthermore/moreover 게다가 what's more 한술 더 떠서	
유사	similarly/likewise 마찬가지로	

Section Test

1 밑줄 친 부분에 들어갈 말로 적절한 것을 고르시오.

[2024년 지방직 9급]

Javelin Research noticed that not all Millennials are currently in the same stage of life. While all Millennials were born around the turn of the century, some of them are still in early adulthood, wrestling with new careers and settling down. On the other hand, the older Millennials have a home and are building a family. You can imagine how having a child might change your interests and priorities, so for marketing purposes, it's useful to split this generation into Gen Y.1 and Gen Y.2. Not only are the two groups culturally different, but they're in vastly different phases of their financial life. The younger group is financial beginners, just starting to show their buying power. The latter group has a credit history, may have their first mortgage and is raising young children. The _____ in priorities and needs between Gen Y.1 and Gen Y.2 is vast.

① contrast

② reduction

③ repetition

④ ability

2 밑줄 친 부분에 들어갈 말로 적절한 것을 고르시오.

[2024년 지방직 9급]

Cost pressures in liberalized markets have different effects on existing and future hydropower schemes. Because of the cost structure, existing hydropower plants will always be able to earn a profit. Because the planning and construction of future hydropower schemes is not a short-term process, it is not a popular investment, in spite of low electricity generation costs. Most private investors would prefer to finance _____, leading to the paradoxical situation that although an existing hydropower plant seems to be a cash cow, nobody wants to invest in a new one. Where public shareholders/owners (states, cities, municipalities) are involved, the situation looks very different because they can see the importance of the security of supply and also appreciate long-term investments.

① more short-term technologies

② all high technology industries

③ the promotion of the public interest

④ the enhancement of electricity supply

3 (A)와 (B)에 들어갈 말로 가장 적절한 것은?

[2024년 서울시 9급(2월 추가)]

Antibiotics are among the most commonly prescribed drugs for people. Antibiotics are effective against bacterial infections, such as strep throat, some types of pneumonia, eye infections, and ear infections. But these drugs don't work at all against viruses, such as those that cause colds or flu. Unfortunately, many antibiotics prescribed to people and to animals are unnecessary. ____(A)____, the overuse and misuse of antibiotics help to create drug-resistant bacteria. Here's how that might happen. When used properly, antibiotics can help destroy disease-causing bacteria. ____(B)____, if you take an antibiotic when you have a viral infection like the flu, the drug won't affect the viruses making you sick.

(A)	(B)
① However	Instead
② Furthermore	Therefore
③ On the other hand	For example
④ Furthermore	However

4 다음 빈칸에 들어갈 말로 가장 적절한 것은? [2024년 법원직 9급]

The understandings that children bring to the classroom can already be quite powerful in the early grades. For example, some children have been found to hold onto their preconception of a flat earth by imagining a round earth to be shaped like a pancake. This construction of a new understanding is guided by a model of the earth that helps the child explain how people can stand or walk on its surface. Many young children have trouble giving up the notion that one-eighth is greater than one-fourth, because 8 is more than 4. If children were blank slates, just telling them that the earth is round or that one-fourth is greater than one-eighth would be _____. But since they already have ideas about the earth and about numbers, those ideas must be directly addressed in order to transform or expand them.

① familiar
② adequate
③ improper
④ irrelevant

Section Test

5 밑줄 친 부분에 들어갈 말로 알맞은 것은? [2023년 국가직 9급]

In recent years, the increased popularity of online marketing and social media sharing has boosted the need for advertising standardization for global brands. Most big marketing and advertising campaigns include a large online presence. Connected consumers can now zip easily across borders via the internet and social media, making it difficult for advertisers to roll out adapted campaigns in a controlled, orderly fashion. As a result, most global consumer brands coordinate their digital sites internationally. For example, Coca-Cola web and social media sites around the world, from Australia and Argentina to France, Romania, and Russia, are surprisingly _____.
All feature splashes of familiar Coke red, iconic Coke bottle shapes, and Coca-Cola's music and "Taste the Feeling" themes.

① experimental   ② uniform
③ localized   ④ diverse

6 밑줄 친 (A)와 (B)에 들어갈 가장 적절한 표현은?

[2021년 국회직 9급]

Child psychologist Jean Piaget was one of the first to study questions of moral development. He suggested that moral development, like cognitive development, proceed in stages. The earliest stage is a broad form of moral thinking he called heteronomous morality, in which rules are seen as invariant and unchangeable. During this stage, which lasts from about age 4 to age 7, children play games rigidly, assuming that there is one, and only one, way to play and that every other way is wrong. At the same time, though, preschool-age children may not even fully grasp game rules. ____(A)____, a group of children may be playing together, with each child playing according to a slightly different set of rules. Nevertheless, they enjoy playing with others. Piaget suggests that every child may "win" such a game ____(B)____ winning is equated with having a good time, as opposed to truly competing with others.

	(A)	(B)
①	Consequently	because
②	For instance	although
③	In reality	whereas
④	However	by the time
⑤	In addition	in case

7 (A)와 (B)에 들어갈 말로 가장 적절한 것은?

[2022년 서울시 9급(2월 추가)]

To speak of 'the aim' of scientific activity may perhaps sound a little ___(A)___ ; for clearly, different scientists have different aims, and science itself (whatever that may mean) has no aims. I admit all this. And yet it seems that when we speak of science we do feel, more or less clearly, that there is something characteristic of scientific activity; and since scientific activity looks pretty much like a rational activity, and since a rational activity must have some aim, the attempt to describe the aim of science may not be entirely ___(B)___ .

(A)	(B)
① naive	futile
② reasonable	fruitful
③ chaotic	acceptable
④ consistent	discarded

8 밑줄 친 부분에 들어갈 표현으로 가장 적절한 것을 고르시오.

[2022년 국회직 9급]

What counts as private information or as intrusion can vary among cultures and even within subcultures of a particular society. Whether an act is regarded as intrusion or comfortable familiarity depends on _____.
For example, knocking on doors and waiting to be granted permission to enter is one way that privacy is respected in some cultures. In other cultures, it is acceptable for people to walk unannounced through entranceways or to enter a friend's or family member's home without knocking.

① the circumstances and shared understandings of those involved
② the rights and responsibilities associated with privacy
③ people's ability to live a life without being interfered
④ the individual's control over personal information
⑤ the efficacy of the law to protect privacy

정답·해석·해설_p.66

gosi.Hackers.com

Section 5

논리적 흐름
파악 유형

최신 출제경향

최근 5개년 출제율

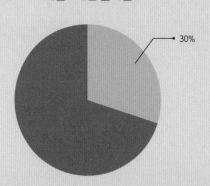

30%

최근 5개년 출제 문항 수

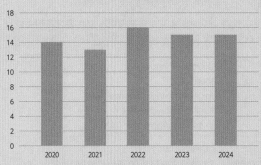

■ '24~'20 국가직·지방직·서울시·법원직·국회직 9급(2024.09 기준)

정답·해석·해설_p.71

대표 기출 예제 [2022년 지방직 9급]

Q. 주어진 글 다음에 이어질 글의 순서로 가장 적절한 것은?

> For people who are blind, everyday tasks such as sorting through the mail or doing a load of laundry present a challenge.

(A) That's the thinking behind Aira, a new service that enables its thousands of users to stream live video of their surroundings to an on-demand agent, using either a smartphone or Aira's proprietary glasses.

(B) But what if they could "borrow" the eyes of someone who could see?

(C) The Aira agents, who are available 24/7, can then answer questions, describe objects or guide users through a location.

① (A) – (B) – (C)   ② (A) – (C) – (B)
③ (B) – (A) – (C)   ④ (C) – (A) – (B)

해설   주어진 문장에서 우편물을 분류하는 것과 같은 일상적인 일들이 시각장애가 있는 사람들에게는 도전을 제기할 정도로 어려운 일이라고 설명한 후, (B)에서 만약 그들이(they) 앞을 볼 수 있는 누군가의 눈을 빌릴 수 있다면 어떠할 것 같은지에 대해 의문을 제기하고 있다. 이어서 (A)에서 그것(That)은 사용자들이 그들 주변 환경의 실시간 영상을 언제든지 에이전트에게 스트리밍할 수 있게 해주는 새로운 서비스인 Aira의 이면에 있는 생각이라고 설명하면서, 마지막으로 (C)에서 Aira의 기능에 대해 설명하고 있다. 따라서 ③ (B) - (A) - (C)가 정답이다.

🔍 패턴 PLUS

· 각 문단의 첫 문장에 나온 대명사나 연결어를 찾으면 그 앞에 올 내용을 추측할 수 있다. 글의 순서를 알려주는 표현을 참고한다.

- it, that/those, this/these 등의 대명사가 가리키는 내용이 어느 문단에 있는지 찾는다.
- but, however, while 등의 역접 연결어가 있는 문장과 반대되는 내용이 어느 문단에 있는지 찾는다.
- for example, also, so 등의 순접 연결어가 있는 문장과 비슷한 내용이 어느 문단에 있는지 찾는다.

순접 연결어	therefore/hence (결과)
	then (순서)
	for example/for instance (예시)
	similarly/likewise (비교)
	in addition/moreover (첨가)
역접 연결어	however/but/yet (반전)
	while/in contrast/on the other hand (대조)
	nevertheless/although/even though (양보)

기출문제 풀어보기

Q. 주어진 글 다음에 이어질 글의 순서로 가장 적절한 것은?

[2022년 국가직 9급]

> Today, Lamarck is unfairly remembered in large part for his mistaken explanation of how adaptations evolve. He proposed that by using or not using certain body parts, an organism develops certain characteristics.

(A) There is no evidence that this happens. Still, it is important to note that Lamarck proposed that evolution occurs when organisms adapt to their environments. This idea helped set the stage for Darwin.

(B) Lamarck thought that these characteristics would be passed on to the offspring. Lamarck called this idea *inheritance of acquired characteristics*.

(C) For example, Lamarck might explain that a kangaroo's powerful hind legs were the result of ancestors strengthening their legs by jumping and then passing that acquired leg strength on to the offspring. However, an acquired characteristic would have to somehow modify the DNA of specific genes in order to be inherited.

① (A) – (C) – (B)
② (B) – (A) – (C)
③ (B) – (C) – (A)
④ (C) – (A) – (B)

정답·해석·해설_p.72

대표 기출 예제

[2023년 국가직 9급]

Q. 주어진 글 다음에 이어질 글의 순서로 알맞은 것은?

All civilizations rely on government administration. Perhaps no civilization better exemplifies this than ancient Rome.

(A) To rule an area that large, the Romans, based in what is now central Italy, needed an effective system of government administration.

(B) Actually, the word "civilization" itself comes from the Latin word *civis*, meaning "citizen."

(C) Latin was the language of ancient Rome, whose territory stretched from the Mediterranean basin all the way to parts of Great Britain in the north and the Black Sea to the east.

① (A) – (B) – (C)　　　　② (B) – (A) – (C)
③ (B) – (C) – (A)　　　　④ (C) – (A) – (B)

해설 주어진 문장에서 고대 로마보다 문명이 정부의 행정에 의존하는 것을 잘 보여주는 문명은 없을 것이라고 하고 있으므로, 뒤에는 문명이 정부의 행정에 의존하는 것에 대한 예시가 나올 것임을 예측할 수 있다. (B)에서 '문명'이라는 단어 자체가 '시민'을 의미하는 라틴어에서 왔다고 설명하고 있고, 이어서 (C)에서 라틴어는 고대 로마의 언어였는데, 그들의 영토가 지중해의 분지에서 동쪽의 흑해까지 뻗어 있었다고 한 뒤, (A)에서 그렇게 넓은 지역을 통치하기 위해 로마인들은 효과적인 정부 행정 시스템이 필요했다고 설명하고 있다. 따라서 ③ (B) – (C) – (A)가 정답이다.

기출문제 풀어보기

Q. 주어진 글 다음에 이어질 글의 순서로 가장 적절한 것은?

[2020년 국가직 9급]

Past research has shown that experiencing frequent psychological stress can be a significant risk factor for cardiovascular disease, a condition that affects almost half of those aged 20 years and older in the United States.

(A) Does this mean, though, that people who drive on a daily basis are set to develop heart problems, or is there a simple way of easing the stress of driving?

(B) According to a new study, there is. The researchers noted that listening to music while driving helps relieve the stress that affects heart health.

(C) One source of frequent stress is driving, either due to the stressors associated with heavy traffic or the anxiety that often accompanies inexperienced drivers.

① (A) – (C) – (B)　　　　② (B) – (A) – (C)
③ (C) – (A) – (B)　　　　④ (C) – (B) – (A)

패턴 PLUS

자주 출제되는 글의 구조를 알아두면, 주어진 글을 통해 글의 구조를 예측하여 글을 더 쉽고 빠르게 이해할 수 있다.

주제(주어진 문장)	→	예시
문제(주어진 문장)	→	해결
통념(주어진 문장)	→	반박 → 결론
일화(주어진 문장)	→	사건의 전개

정답·해석·해설_p.72

대표 기출 예제 [2024년 지방직 9급]

Q. 주어진 문장이 들어갈 위치로 적절한 것은?

> But she quickly popped her head out again.

The little mermaid swam right up to the small window of the cabin, and every time a wave lifted her up, she could see a crowd of well-dressed people through the clear glass. Among them was a young prince, the handsomest person there, with large dark eyes. (①) It was his birthday, and that's why there was so much excitement. (②) When the young prince came out on the deck, where the sailors were dancing, more than a hundred rockets went up into the sky and broke into a glitter, making the sky as bright as day. (③) The little mermaid was so startled that she dove down under the water. (④) And look! It was just as if all the stars up in heaven were falling down on her. Never had she seen such fireworks.

해설 | 주어진 문장에 역접 연결어 But(하지만)과 함께 그녀가 재빨리 다시 고개를 내밀었다는 내용이 있는데, ④번 앞 문장에 인어공주가 물속으로 뛰어들었다는 내용이 있으므로 ④번 자리에 주어진 문장이 나와야 지문이 자연스럽게 연결된다.

기출문제 풀어보기

Q. 글의 흐름상 아래 문장이 들어가기에 가장 적절한 곳은?

[2021년 국회직 9급]

> Similarly, *television* gave rise to *televise*, *double-glazing* preceded *double-glaze*, and *baby-sitter* preceded *baby-sit*.

It is common in English to form a new lexeme by adding a prefix or a suffix to an old one. From *happy* we get *unhappy*; from *inspect* we get *inspector*. (①) Every so often, however, the process works the other way round, and a shorter word is derived from a longer one by deleting an imagined affix. (②) *Editor*, for example, looks as if it comes from *edit*, whereas the noun was in the language first. (③) Such forms are known as 'back-formations'. Each year sees a new crop of back-formations. (④) Some are coined because they meet a real need, as when a group of speech therapists in the 1970s felt they needed a new verb to describe what they did—to *therap*. Some are playful formations, as when a tidy person is described as *couth*, *kempt*, or *shevelled*. (⑤) Back-formations often attract criticism when they first appear, as happened in the late 1980s to *explete* ('to use an *expletive*') and *accreditate* (from *accreditation*).

📋 패턴 PLUS

주어진 문장에 있는 대명사, 관사, 연결어는 그 문장 앞뒤로 어떤 내용이 오는지 알려주는 중요한 단서이다.

- 대명사와 관사가 있으면 그것이 가리키는 대상이 언급된 문장을 찾는다. 주어진 문장은 그 뒤에 와야 한다.
- 연결어가 있으면 연결어의 뜻을 바탕으로 논리 관계가 자연스러운 문장을 찾는다.

불변의 패턴 24

뜬금없는 대명사나 지시어, 어색한 연결어가 있는 문장 앞이 주어진 문장이 들어갈 위치이다.

대표 기출 예제

[2023년 법원직 9급]

Q. 글의 흐름으로 보아, 주어진 문장이 들어가기에 가장 적절한 곳은?

> But here it's worth noting that more than half the workforce has little or no opportunity for remote work.

COVID-19's spread flattened the cultural and technological barriers standing in the way of remote work. One analysis of the potential for remote work to persist showed that 20 to 25 percent of workforces in advanced economies could work from home in the range of three to five days a week. (①) This is four to five times more remote work than pre-COVID-19. (②) Moreover, not all work that can be done remotely should be; for example, negotiations, brainstorming, and providing sensitive feedback are activities that may be less effective when done remotely. (③) The outlook for remote work, then, depends on the work environment, job, and the tasks at hand, so *hybrid work setups, where some work happens on-site and some remotely, are likely to persist. (④) To unlock sustainable performance and well-being in a hybrid world, the leading driver of performance and productivity should be the sense of purpose work provides to employees, not compensation.

* hybrid 혼합체

> 해설 ②번 뒤 문장에 연결어 Moreover(게다가)가 왔으므로, ②번에 주어진 문장을 넣어 자연스럽게 연결되는지 확인한다. ②번 앞 문장에 선진국 노동력의 20에서 25퍼센트가 일주일에 3일에서 5일의 범위에서 집에서 일할 수 있었는데, 이는 코로나19 이전보다 4배에서 5배 더 많은 원격 근무라는 내용이 있고, ②번 뒤 문장에 게다가(Moreover), 원격으로 할 수 있는 모든 업무가 원격으로 이루어져야 하는 것은 아니라는 내용이 있으므로, ②번 자리에 노동력의 절반 이상이 원격 근무를 할 기회가 거의 또는 전혀 없다는 점에 주목할 가치가 있다는 주어진 문장이 들어가야 지문이 자연스럽게 연결된다.

기출문제 풀어보기

Q. 주어진 문장이 들어갈 위치로 가장 적절한 것은?

[2020년 지방직 9급]

> But there is also clear evidence that millennials, born between 1981 and 1996, are saving more aggressively for retirement than Generation X did at the same ages, 22 ~ 37.

Millennials are often labeled the poorest, most financially burdened generation in modern times. Many of them graduated from college into one of the worst labor markets the United States has ever seen, with a staggering load of student debt to boot. ① Not surprisingly, millennials have accumulated less wealth than Generation X did at a similar stage in life, primarily because fewer of them own homes. ② But newly available data providing the most detailed picture to date about what Americans of different generations save complicates that assessment. ③ Yes, Gen Xers, those born between 1965 and 1980, have a higher net worth. ④ And that might put them in better financial shape than many assume.

패턴 PLUS

글의 흐름상 어색한 부분을 찾는 것이 관건이다. 무엇을 가리키는지 명확하지 않은 대명사나 지시어가 나오거나, 연결어가 어색한 경우 그 문장 앞이 정답이다. 정답의 위치에 주어진 문장을 넣어 흐름이 자연스러운지 확인하면 된다.

정답·해석·해설_p.75

대표 기출 예제

[2022년 지방직 9급]

Q. 글의 흐름상 가장 어색한 문장은?

The skill to have a good argument is critical in life. But it's one that few parents teach to their children. ① We want to give kids a stable home, so we stop siblings from quarreling and we have our own arguments behind closed doors. ② Yet if kids never get exposed to disagreement, we may eventually limit their creativity. ③ Children are most creative when they are free to brainstorm with lots of praise and encouragement in a peaceful environment. ④ It turns out that highly creative people often grow up in families full of tension. They are not surrounded by fistfights or personal insults, but real disagreements. When adults in their early 30s were asked to write imaginative stories, the most creative ones came from those whose parents had the most conflict a quarter-century earlier.

해설 좋은 논쟁을 하는 기술이 인생에서 매우 중요하지만 이를 가르치는 부모가 거의 없다는 것이 이 글의 주제이다. ①번에서 우리는 아이들에게 안정적인 가정을 만들어주기 위해 우리 자신의 논쟁을 숨긴다고 하며 그 이유를 설명하고, 이어서 ②번에서 그러나(Yet) 만약 아이들이 전혀 의견 차이에 노출되지 않는다면, 결국 아이들의 창의력을 제한하게 될지도 모른다고 하고 있다. 뒤이어 ④번에서 대단히 창의적인 사람들은 대개 갈등이 넘치는 가정에서 자라는 것으로 밝혀졌다고 하며 그러한 사람들의 특징을 설명하고 있다. 그러나 ③번은 아이들이 평화로운 환경에서 많은 칭찬과 격려로 자유롭게 브레인스토밍을 할 때 가장 창의적이라는 내용으로, 좋은 논쟁을 하는 것이 창의력에 중요하다는 지문 전반의 흐름과 관련이 없다.

기출문제 풀어보기

Q. 글의 흐름상 가장 어색한 문장은?

[2022년 서울시 9급(2월 추가)]

In the early 1980s, a good friend of mine discovered that she was dying of multiple myeloma, an especially dangerous, painful form of cancer. I had lost elderly relatives and family friends to death before this, but I had never lost a personal friend. ① I had never watched a relatively young person die slowly and painfully of disease. It took my friend a year to die, and ② I got into the habit of visiting her every Saturday and taking along the latest chapter of the novel I was working on. This happened to be *Clay's Ark*. With its story of disease and death, it was thoroughly inappropriate for the situation. But my friend had always read my novels. ③ She insisted that she no longer wanted to read this one as well. I suspect that neither of us believed she would live to read it in its completed form—④ although, of course, we didn't talk about this.

🔍 패턴 PLUS

흐름과 관계없는 문장을 찾기 위해서는 주제를 명확히 파악해야 한다. 주제문이 초반에 나오는 경우가 많으므로, 처음 한두 문장에서 주제를 파악하고 이와 관련 없는 문장을 고른다.

불변의 패턴 26

핵심 소재만 같고 주제에서 살짝 벗어나는 문장이 글의 흐름과 무관한 문장이다.

정답·해석·해설_p.76

대표 기출 예제

[2023년 국가직 9급]

Q. 다음 글의 흐름상 어색한 문장은?

In our monthly surveys of 5,000 American workers and 500 U.S. employers, a huge shift to hybrid work is abundantly clear for office and knowledge workers. ① An emerging norm is three days a week in the office and two at home, cutting days on site by 30% or more. You might think this cutback would bring a huge drop in the demand for office space. ② But our survey data suggests cuts in office space of 1% to 2% on average, implying big reductions in density not space. We can understand why. High density at the office is uncomfortable and many workers dislike crowds around their desks. ③ Most employees want to work from home on Mondays and Fridays. Discomfort with density extends to lobbies, kitchens, and especially elevators. ④ The only sure-fire way to reduce density is to cut days on site without cutting square footage as much. Discomfort with density is here to stay according to our survey evidence.

> **해설** 지문 처음에서 하이브리드 근무로의 전환에 대해 언급한 뒤, ①, ②, ④번에서 하이브리드 근무의 정의와 하이브리드 근무로 사무실 공간의 밀도를 감소시킬 수 있는 방법에 대해 설명하고 있으므로 모두 첫 문장과 관련이 있다. 그러나 ③번은 대부분의 직원들이 월요일과 금요일에 집에서 근무하기를 원한다는 내용으로, 핵심 소재인 하이브리드 근무에 대해 다루긴 하지만 하이브리드 근무가 사무실 공간의 밀도를 감소시킬 수 있는 방법이라고 설명하는 지문 전반의 흐름과는 관련이 없다.

기출문제 풀어보기

[2024년 국가직 9급]

Q. 다음 글의 흐름상 어색한 문장은?

In spite of all evidence to the contrary, there are people who seriously believe that NASA's Apollo space program never really landed men on the moon. These people claim that the moon landings were nothing more than a huge conspiracy, perpetuated by a government desperately in competition with the Russians and fearful of losing face. ① These conspiracy theorists claim that the United States knew it couldn't compete with the Russians in the space race and was therefore forced to fake a series of successful moon landings. ② Advocates of a conspiracy cite several pieces of what they consider evidence. ③ Crucial to their case is the claim that astronauts never could have safely passed through the Van Allen belt, a region of radiation trapped in Earth's magnetic field. ④ They also point to the fact that the metal coverings of the spaceship were designed to block radiation. If the astronauts had truly gone through the belt, say conspiracy theorists, they would have died.

패턴 PLUS

흐름과 관계없는 문장은 보통 글의 핵심 소재 또는 관련 소재에 대해 다루지만 주제에서 살짝 벗어나는 내용인 경우가 많다. 언뜻 보기에 자연스럽게 연결되어 보일 수 있으니 주의해야 한다.

Section Test

1 주어진 글 다음에 이어질 글의 순서로 적절한 것은?

[2024년 국가직 9급]

Interest in movie and sports stars goes beyond their performances on the screen and in the arena.

(A) The doings of skilled baseball, football, and basketball players out of uniform similarly attract public attention.

(B) Newspaper columns, specialized magazines, television programs, and Web sites record the personal lives of celebrated Hollywood actors, sometimes accurately.

(C) Both industries actively promote such attention, which expands audiences and thus increases revenues. But a fundamental difference divides them: What sports stars do for a living is authentic in a way that what movie stars do is not.

① (A) – (C) – (B)　　② (B) – (A) – (C)
③ (B) – (C) – (A)　　④ (C) – (A) – (B)

2 다음 글의 흐름상 어색한 문장은?

[2024년 지방직 9급]

Critical thinking sounds like an unemotional process but it can engage emotions and even passionate responses. In particular, we may not like evidence that contradicts our own opinions or beliefs. ① If the evidence points in a direction that is challenging, that can rouse unexpected feelings of anger, frustration or anxiety. ② The academic world traditionally likes to consider itself as logical and free of emotions, so if feelings do emerge, this can be especially difficult. ③ For example, looking at the same information from several points of view is not important. ④ Being able to manage your emotions under such circumstances is a useful skill. If you can remain calm, and present your reasons logically, you will be better able to argue your point of view in a convincing way.

3 주어진 글 다음에 이어질 글의 순서로 적절한 것은?

[2024년 지방직 9급]

Computer assisted language learning (CALL) is both exciting and frustrating as a field of research and practice.

(A) Yet the technology changes so rapidly that CALL knowledge and skills must be constantly renewed to stay apace of the field.

(B) It is exciting because it is complex, dynamic and quickly changing—and it is frustrating for the same reasons.

(C) Technology adds dimensions to the domain of language learning, requiring new knowledge and skills for those who wish to apply it into their professional practice.

① (A) – (C) – (B)
② (B) – (A) – (C)
③ (B) – (C) – (A)
④ (C) – (B) – (A)

4 <보기>의 문장이 들어갈 위치로 가장 적절한 것은?

[2024년 서울시 9급(2월 추가)]

— <보기> —

International management is applied by managers of enterprises that attain their goals and objectives across unique multicultural, multinational boundaries.

The term management is defined in many Western textbooks as the process of completing activities efficiently with and through other individuals. (①) The process consists of the functions or main activities engaged in by managers. These functions or activities are usually labeled planning, organizing, staffing, coordinating(leading and motivating), and controlling. (②) The management process is affected by the organization's home country environment, which includes the shareholders, creditors, customers, employees, government, and community, as well as technological, demographic, and geographic factors. (③) These business enterprises are generally referred to as international corporations, multinational corporations(MNCs), or global corporations. (④) This means that the process is affected by the environment where the organization is based, as well as by the unique culture, including views on ethics and social responsibility, existing in the country or countries where it conducts its business activities.

5 글의 흐름으로 보아, 주어진 문장이 들어가기에 가장 적절한 곳은? [2024년 법원직 9급]

> However, there are now a lot of issues with the current application of unmanned distribution.

The city lockdown policy during COVID-19 has facilitated the rapid growth of numerous takeaways, vegetable shopping, community group buying, and other businesses. (①) Last-mile delivery became an important livelihood support during the epidemic. (②) At the same time, as viruses can be transmitted through aerosols, the need for contactless delivery for last-mile delivery has gradually increased, thus accelerating the use of unmanned logistics to some extent. (③) For example, the community space is not suitable for the operation of unmanned delivery facilities due to the lack of supporting logistics infrastructure. (④) In addition, the current technology is unable to complete the delivery process and requires the collaboration of relevant space as well as personnel to help dock unmanned delivery nodes.

* last-mile delivery 최종 단계의 배송

6 주어진 문장이 들어갈 위치로 알맞은 것은? [2023년 국가직 9급]

> They installed video cameras at places known for illegal crossings, and put live video feeds from the cameras on a Web site.

Immigration reform is a political minefield. (①) About the only aspect of immigration policy that commands broad political support is the resolve to secure the U.S. border with Mexico to limit the flow of illegal immigrants. (②) Texas sheriffs recently developed a novel use of the Internet to help them keep watch on the border. (③) Citizens who want to help monitor the border can go online and serve as "virtual Texas deputies." (④) If they see anyone trying to cross the border, they send a report to the sheriff's office, which follows up, sometimes with the help of the U.S. Border Patrol.

7 다음 글의 흐름상 어색한 문장은?　　　　　[2023년 지방직 9급]

I once took a course in short-story writing and during that course a renowned editor of a leading magazine talked to our class. ① He said he could pick up any one of the dozens of stories that came to his desk every day and after reading a few paragraphs he could feel whether or not the author liked people. ② "If the author doesn't like people," he said, "people won't like his or her stories." ③ The editor kept stressing the importance of being interested in people during his talk on fiction writing. ④ Thurston, a great magician, said that every time he went on stage he said to himself, "I am grateful because I'm successful." At the end of the talk, he concluded, "Let me tell you again. You have to be interested in people if you want to be a successful writer of stories."

8 다음에 이어질 순서로 가장 적절한 것은?　　　　　[2021년 국회직 9급]

Dottie and I entered 1966 expecting another good year, but as it turned out, that was not to be, as our parents were hurting.

(A) We flew to Wichita and were met by my sisters. By the time we got to the hospital, Dad was responding to some new medicine. He recovered and was able to go home in a couple of weeks.

(B) We made some changes in his care, and after a couple of days, he was beginning to recover. We then received the call that Dad had gotten worse, his remaining kidney had stopped functioning, he had fallen into a coma, and that we should come.

(C) Mother had fallen and hurt her leg; then, in April, Dad had a kidney removed due to a tumor. At the same time, Dottie's father became very sick, and we flew to Tucson to be with him.

① (A) – (C) – (B)
② (B) – (A) – (C)
③ (B) – (C) – (A)
④ (C) – (A) – (B)
⑤ (C) – (B) – (A)

정답·해석·해설_p.77

어휘&
생활영어

Section 1
어휘

최신 출제경향

최근 5개년 출제율

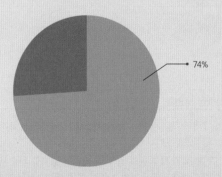

74%

최근 5개년 출제 문항 수

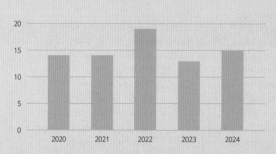

■ '24~'20 국가직·지방직·서울시·법원직·국회직 9급 (2024.09 기준)

정답·해설·해석_p.82

대표 기출 예제 [2024년 국가직 9급]

Q. 밑줄 친 부분에 들어갈 말로 적절한 것은?

Obviously, no aspect of the language arts stands alone either in learning or in teaching. Listening, speaking, reading, writing, viewing, and visually representing are _____.

① distinct
② distorted
③ interrelated
④ independent

해설 선택지가 형용사로 구성되어 있으므로 명사인 Listening, speaking, ~ representing(듣기, 말하기, ~ 시각적으로 표현하기)이 문맥 속에서 어떻게 서술되어야 하는지 파악해야 한다. 빈칸 앞 문장에서 '언어 예술의 어떤 측면도 배움이나 가르침에 있어 분리되지 않는다'고 했으므로 언어 예술의 측면들을 의미하는 Listening, speaking, ~ representing이 '분리되지 않는'이라는 의미와 가까운 형용사로 서술되어야 함을 파악할 수 있다. 따라서 빈칸에 들어갈 형용사는 '상호 연관된'이라는 의미의 ③ interrelated이다.

패턴 PLUS

최근에 출제된 다양한 형용사의 의미를 알아두면 도움이 된다.

interrelated 밀접한 관계인	insulated 절연 처리가 된
vigilant 경계하고 있는	dilapidated 황폐한
collaborative 협력적인	candid (= frank) 솔직한
vexed 화가 난	renowned (= famous) 유명한
intimate (= close) 친한	opulent (= luxurious) 호화로운
lucid (= perspicuous) 명쾌한	singular (= exceptional) 뛰어난
incessant (= constant) 끊임없는	antagonistic (= hostile) 적대적인
subsequent (= following) 다음의	flexible (= adaptable) 융통성 있는

기출문제 풀어보기

Q1. 밑줄 친 부분에 들어갈 말로 가장 적절한 것은?
[2024년 서울시 9급(2월 추가)]

It has rained so little in California for the last six years that forest rangers need to be especially _____ in watching for forest fires.

① vigilant   ② relaxed
③ indifferent   ④ distracted

Q2. 밑줄 친 부분의 의미와 가장 가까운 것을 고르시오.
[2023년 국가직 9급]

Jane wanted to have a small wedding rather than a fancy one. Thus, she planned to invite her family and a few of her intimate friends to eat delicious food and have some pleasant moments.

① nosy
② close
③ outgoing
④ considerate

고득점 포인트

· 유의어 찾기 유형의 경우, 수식받는 명사를 찾고, 밑줄 친 형용사가 명사를 어떤 의미로 서술하고 있는지 확인하면 정답을 찾을 수 있다.
· 빈칸 채우기 유형의 경우, 수식받는 명사를 찾고, 명사가 문맥상 어떤 의미로 서술되어야 하는지 파악하면 정답을 찾을 수 있다.

불변의 패턴 02

선택지가 동사(구)로 구성된 경우, 문맥상 주어/목적어의 동작이나 상태를 가장 잘 나타내는 것이 정답이다.

정답·해설·해석_p.82

대표 기출 예제

[2024년 지방직 9급]

Q. 밑줄 친 부분에 들어갈 말로 가장 적절한 것은?

> Automatic doors in supermarkets _____ the entry and exit of customers with bags or shopping carts.

① ignore
② forgive
③ facilitate
④ exaggerate

해설 선택지가 동사로 구성되어 있으므로, 주어인 Automatic doors(자동문)의 동작이나 상태를 어떻게 나타내야 하는지 파악해야 한다. 빈칸 뒤에 '가방이나 쇼핑 카트를 가진 고객의 출입'이라는 말이 있으므로 주어(Automatic doors)는 '가방이나 쇼핑 카트를 가진 고객의 출입을 용이하게 한다'는 의미로 서술되어야 한다. 따라서 빈칸에 들어갈 동사는 '용이하게 하다'라는 의미의 ③ facilitate이다.

기출문제 풀어보기

Q1. 밑줄 친 부분의 의미와 가장 가까운 것을 고르시오.

[2024년 국가직 9급]

> To <u>appease</u> critics, the wireless industry has launched a $12 million public-education campaign on the drive-time radio.

① soothe
② counter
③ enlighten
④ assimilate

Q2. 밑줄 친 부분의 의미와 가장 가까운 것을 고르시오.

[2024년 지방직 9급]

> The Prime Minister is believed to have <u>ruled out</u> cuts in child benefit or pensions.

① excluded
② supported
③ submitted
④ authorized

패턴 PLUS

최근에 출제된 다양한 동사(구)의 의미를 알아두면 도움이 된다.

conceal (= hide) 숨기다	spurn (= decline) 거절하다
appease (= soothe) 달래다	boast (= brag) 자랑하다
underestimate 경시하다	suspend 연기하다
exclude 배제하다	unravel (= solve) 풀다
vary (= change) 달라지다	dilute (= weaken) 묽게 하다
play down 경시하다	have the guts 용기가 있다
rule out 배제하다	let on 털어놓다
hold off 미루다	abide by 따르다
bring up 기르다	do away with 폐지하다
run out of ~을 다 써버리다	give rise to 초래하다

고득점 포인트

문맥에서 동사의 의미를 유추하기 어려운 경우, 보기를 먼저 확인하고 보기가 긍정적인 의미인지 부정적인 의미인지 등을 파악한 후, 성격이 다른 보기를 정답 후보로 좁혀 나가며 문제를 해결할 수도 있다.

정답·해설·해석_p.83

대표 기출 예제 [2025년 출제기조 전환 대비 2차 예시문제]

Q. 밑줄 친 부분에 들어갈 말로 적절한 것을 고르시오.

> Even though there are many problems that have to be solved, I want to emphasize that the safety of our citizens is our top _____.

① secret
② priority
③ solution
④ opportunity

> **해설** 선택지가 명사로 구성되어 있으므로, 빈칸 앞에 나온 설명에서 단서를 찾아야 한다. 문장 앞부분에서 '해결되어야 할 문제가 많지만'이라고 하고 있으므로, 국민의 안전이 최우선이라는 점을 강조하고 싶다는 의미가 되어야 자연스러운 것을 알 수 있다. 따라서 빈칸에 들어갈 명사는 '우선'이라는 의미의 ② priority이다.

기출문제 풀어보기

Q1. 밑줄 친 부분에 들어갈 말로 가장 적절한 것을 고르시오.
[2022년 국가직 9급]

> A mouse potato is the computer _____ of television's couch potato: someone who tends to spend a great deal of leisure time in front of the computer in much the same way the couch potato does in front of the television.

① technician
② equivalent
③ network
④ simulation

Q2. 밑줄 친 부분의 의미와 가까운 것을 고르시오.
[2023년 국회직 9급]

> The flippancy of the second graders was almost more than the substitute teacher could stand it.

① disrespect   ② humourlessness
③ seriousness   ④ stipend
⑤ verge

패턴 PLUS

최근에 출제된 다양한 명사의 의미를 알아두면 도움이 된다.

platitude 진부한 이야기	equivalent 상당어구
courtesy (= politeness) 예의	absence 결핍
transparency 투명성	plagiarism 표절
profanity 비속어	preservation 보존
resilience (= elasticity) 회복 탄력성	sanction (= embargo) 제재, 제한
attainment (= procurement) 성취	proliferation (= expansion) 확산

고득점 포인트

'형용사 + -ity', '동사 + -ion' 등 다른 품사 뒤에 붙어서 명사형을 만드는 접미사를 알아두면 다른 품사에서 파생된 명사의 의미를 유추하여 문제를 해결할 수 있다.

> real(진짜의) + -ity → reality(현실)
> productive(생산적인) + -ity → productivity(생산성)
> intense(강렬한) + -ity → intensity(강렬함)
> act(행동하다) + -ion → action(행동)
> educate(교육하다) + -ion → education(교육)
> direct(지시하다) + -ion → direction(지시)

불변의 패턴 04

선택지가 부사로 구성된 경우, 부사가 수식하는 형용사나 서술어에서 단서를 찾는다.

대표 기출 예제

[2024년 지방직 9급]

Q. 밑줄 친 부분의 의미와 가장 가까운 것을 고르시오.

While Shakespeare's comedies share many similarities, they also differ <u>markedly</u> from one another.

① softly
② obviously
③ marginally
④ indiscernibly

해설 선택지가 부사로 구성되어 있으므로, 밑줄 친 부사 markedly가 수식하는 동사 differ from(~와 다르다)에서 정답의 단서를 찾아야 한다. 밑줄 앞부분에 '셰익스피어의 희극이 많은 유사성을 공유하지만'이라는 내용이 있고, 밑줄 친 부사 뒤에 '서로'라는 의미의 one another가 왔으므로 동사 differ from은 '분명히'라는 의미로 수식되어야 자연스럽다. 따라서 밑줄 친 부사 markedly의 의미와 가장 가까운 것은 '분명히'라는 의미의 ② obviously이다.

🔍 패턴 PLUS

최근에 출제된 다양한 부사의 의미를 알아두면 도움이 된다.

markedly 현저하게	thoroughly 완전히
obviously 분명히	steadily 꾸준히, 한결같이
inevitably (= necessarily) 반드시	

기출문제 풀어보기

Q1. 다음 밑줄 친 부분의 의미와 가장 가까운 것은?

[2017년 국회직 9급]

The young lawyer <u>ostentatiously</u> hung his college diploma on the door to his office.

① exceptionally
② confidently
③ tentatively
④ irrationally
⑤ boastfully

Q2. 밑줄 친 부분과 의미가 가장 가까운 것은? [2017년 서울시 9급]

Leadership and strength are <u>inextricably</u> bound together. We look to strong people as leaders because they can protect us from threats to our group.

① inseparably ② inanimately
③ ineffectively ④ inconsiderately

고득점 포인트

정답이 부사인 경우, 주로 '유의어 찾기' 유형으로 출제되므로, 비슷한 의미를 갖는 부사를 함께 학습하는 것이 좋다.

completely (= totally, entirely) 완전히, 철저히
solely (= only, simply) 오로지, 단독으로
soundly (= deeply) 곤히, 깊이
primarily (= chiefly) 주로
deliberately (= purposely, consciously) 고의로
literally (= truly, actually) (강조하여) 완전히, 정말
immediately (= directly, instantly, promptly) 즉시
respectively (= individually, severally) 각각, 각자

Section Test

1 밑줄 친 부분에 들어갈 말로 가장 적절한 것을 고르시오.

[2025년 출제기조 전환 대비 1차 예시문제]

> Recently, increasingly _____ weather patterns, often referred to as "abnormal climate," have been observed around the world.

① irregular
② consistent
③ predictable
④ ineffective

2 밑줄 친 부분의 의미와 가장 가까운 것을 고르시오.

[2024년 국가직 9급]

> The money was so cleverly concealed that we were forced to abandon our search for it.

① spent
② hidden
③ invested
④ delivered

3 밑줄 친 부분의 의미와 가장 가까운 것을 고르시오.

[2024년 국가직 9급]

> She worked diligently and had the guts to go for what she wanted.

① was anxious
② was fortunate
③ was reputable
④ was courageous

4 밑줄 친 부분의 의미와 가장 가까운 것을 고르시오.

[2024년 지방직 9급]

> Jane poured out the strong, dark tea and diluted it with milk.

① washed
② weakened
③ connected
④ fermented

5 밑줄 친 부분의 의미와 가장 가까운 것을 고르시오.

[2024년 지방직 9급]

> If you let on that we are planning a surprise party, Dad will never stop asking you questions.

① reveal
② observe
③ believe
④ possess

6 밑줄 친 부분의 의미와 가장 가까운 것은?

[2024년 서울시 9급(2월 추가)]

> Ever since the Red Sox traded Babe Ruth to the Yankees in 1918, Boston sports fans have learned to take the good with the bad. They have seen more basketball championships than any other city but haven't boasted a World Series title in over 75 years.

① waived
② yielded
③ renounced
④ bragged

7 밑줄 친 부분에 들어갈 말로 가장 적절한 것은?

[2024년 서울시 9급(2월 추가)]

Instead of giving us an innovative idea on the matter in hand, the keynote speaker brought up a(n) _____ which was lengthy and made us feel tedium for quite a while.

① brainstorming   ② witticism

③ epigraph   ④ platitude

8 밑줄 친 부분의 의미와 가장 가까운 것을 고르시오.

[2023년 국가직 9급]

The incessant public curiosity and consumer demand due to the health benefits with lesser cost has increased the interest in functional foods.

① rapid

② constant

③ significant

④ intermittent

9 밑줄 친 부분의 의미와 가장 가까운 것을 고르시오.

[2023년 지방직 9급]

Folkways are customs that members of a group are expected to follow to show courtesy to others. For example, saying "excuse me" when you sneeze is an American folkway.

① charity

② humility

③ boldness

④ politeness

10 밑줄 친 부분의 의미와 가까운 것을 고르시오.

[2023년 국회직 9급]

It makes sense to think demand will inevitably rebound briskly, sending Brent and WTI higher in the year to come.

① necessarily   ② substantially

③ miraculously   ④ utterly

⑤ incredibly

11 밑줄 친 부분의 의미와 가장 가까운 것을 고르시오.

[2022년 국가직 9급]

Before the couple experienced parenthood, their four-bedroom house seemed unnecessarily opulent.

① hidden

② luxurious

③ empty

④ solid

12 밑줄 친 부분의 의미와 가장 가까운 것을 고르시오.

[2021년 국가직 9급]

The influence of Jazz has been so pervasive that most popular music owes its stylistic roots to jazz.

① deceptive   ② ubiquitous

③ persuasive   ④ disastrous

정답·해설·해석_p.84

gosi.Hackers.com

Section 2
생활영어

최신 출제경향

최근 5개년 출제율

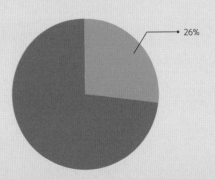

26%

최근 5개년 출제 문항 수

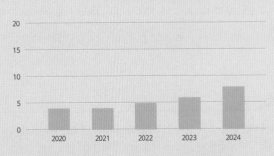

■ '24~'20 국가직·지방직·서울시·법원직·국회직 9급 (2024.09 기준)

정답·해설·해석_p.85

대표 기출 예제 [2024년 국가직 9급]

Q. 밑줄 친 부분에 들어갈 말로 적절한 것을 고르시오.

 Brian 11:21
Hi, can I get some information on your city tour?

 Ace Tour 11:22
Thank you for contacting us. Do you have any specific questions?

 Brian 11:22
_____
_____

 Ace Tour 11:23
It'll take you to all the major points of interest in the city.

 Brian 11:24
How much is it?

 Ace Tour 11:24
It's 50 dollars per person for a four-hour tour.

 Brian 11:25
OK. Can I book four tickets for Friday afternoon?

 Ace Tour 11:25
Certainly. I will send you the payment information shortly.

① How long is the tour?
② What does the city tour include?
③ Do you have a list of tour packages?
④ Can you recommend a good tour guide book?

해설 대화의 초반부에 빈칸이 나왔으므로, 다음 문장인 'It'll take you ~ in the city'에서 단서를 찾아야 한다. 빈칸 다음 문장에서 '도시의 주요 명소를 모두 안내해 준다'고 했는데, 보기가 의문문으로 구성되어 있으므로, 빈칸 다음 문장의 내용으로 답변할 수 있는 질문을 정답으로 골라야 한다. 따라서 '시티 투어에는 무엇이 포함되나요?'라고 묻는 '② What does the city tour include?'가 정답이다.

패턴 PLUS

· 보기가 의문문인 경우, 빈칸 뒤에 나오는 대답의 내용을 파악하고 해당 내용으로 답변할 수 있는 질문을 정답으로 고른다.
· 보기가 평서문인 경우, 빈칸 뒤에 이어지는 대화의 흐름을 파악하고 뒤의 흐름과 자연스럽게 이어질 수 있는 보기를 정답으로 고른다.

기출문제 풀어보기

Q. 밑줄 친 부분에 들어갈 말로 가장 적절한 것은?

[2022년 지방직 9급]

A: Hey! How did your geography test go?
B: Not bad, thanks. I'm just glad that it's over! How about you? How did your science exam go?
A: Oh, it went really well. _____.
   I owe you a treat for that.
B: It's my pleasure. So, do you feel like preparing for the math exam scheduled for next week?
A: Sure. Let's study together.
B: It sounds good. See you later.

① There's no sense in beating yourself up over this
② I never thought I would see you here
③ Actually, we were very disappointed
④ I can't thank you enough for helping me with it

정답·해설·해석_p.86

대표 기출 예제

[2023년 지방직 9급]

Q. 밑줄 친 부분에 들어갈 말로 가장 적절한 것을 고르시오.

A: You were the last one who left the office, weren't you?

B: Yes. Is there any problem?

A: I found the office lights and air conditioners on this morning.

B: Really? Oh, no. Maybe I forgot to turn them off last night.

A: Probably they were on all night.

B: _____

① Don't worry. This machine is working fine.
② That's right. Everyone likes to work with you.
③ I'm sorry. I promise I'll be more careful from now on.
④ Too bad. You must be tired because you get off work too late.

해설 대화의 후반부에 빈칸이 나왔으므로 빈칸 앞 문장에서 단서를 찾아야 한다. 에어컨이 켜져 있었다는 A의 말에 B가 끄는 것을 깜빡했다고 하고, 빈칸 앞 문장에서 A가 '아마 밤새 켜져 있었을 거예요(Probably they were on all night)'라고 했으므로 빈칸에는 B가 본인의 부주의(에어컨 끄는 것을 깜빡한 것)에 대해 사과하는 내용이 나와야 한다는 것을 알 수 있다. 따라서 '죄송해요, 앞으로 더 조심할 것을 약속할게요'라고 하는 '③ I'm sorry. I promise I'll be more careful from now on'이 정답이다.

기출문제 풀어보기

Q. 밑줄 친 부분에 들어갈 말로 가장 적절한 것을 고르시오.

[2024년 지방직 9급]

A: Can I get the document you referred to at the meeting yesterday?

B: Sure. What's the title of the document?

A: I can't remember its title, but it was about the community festival.

B: Oh, I know what you're talking about.

A: Great. Can you send it to me via email?

B: I don't have it with me. Mr. Park is in charge of the project, so he should have it.

A: _____

B: Good luck. Hope you get the document you want.

① Can you check if he is in the office?
② Mr. Park has sent the email to you again.
③ Are you coming to the community festival?
④ Thank you for letting me know. I'll contact him.

🔍 패턴 PLUS

· 빈칸 앞 문장이 질문일 경우, 질문에 대한 자연스러운 대답을 고른다.

· 빈칸 앞 문장이 평서문일 경우, 앞에 나온 대화의 흐름을 파악하고 자연스럽게 이어질 수 있는 보기를 고른다.

정답·해설·해석_p.86

대표 기출 예제

[2022년 지방직 9급]

Q. 두 사람의 대화 중 가장 어색한 것은?

① A: I like this newspaper because it's not opinionated.
   B: That's why it has the largest circulation.

② A: Do you have a good reason for being all dressed up?
   B: Yeah, I have an important job interview today.

③ A: I can hit the ball straight during the practice but not during the game.
   B: That happens to me all the time, too.

④ A: Is there any particular subject you want to paint on canvas?
   B: I didn't do good in history when I was in high school.

해설 어색한 대화 고르기 유형의 문제이므로 문맥에서 살짝 벗어나는 대답에 주의하여 정답을 골라야 한다. ④번에서 B가 '나는 고등학교 때 역사 과목을 잘하지 못했어'라고 대답하고 있는데, A는 '과목(subject)'이 아닌, 캔버스에 그리고 싶은 특정한 '주제(subject)'가 있는지 물어본 것이므로 자연스럽지 않다. 따라서 ④번이 정답이다.

기출문제 풀어보기

Q. 두 사람의 대화 중 가장 어색한 것은? [2022년 서울시 9급(2월 추가)]

① A: I need to ask you to do me a favor.
   B: Sure thing, what is it?

② A: I'm afraid I have to close my account.
   B: OK, please fill out this form.

③ A: That was a beautiful wedding.
   B: I'll say. And the wedding couple looked so right for each other.

④ A: I bought this jacket last Monday and already the zipper was broken. I'd like a refund.
   B: OK, I will fix the zipper.

고득점 포인트

대표 기출 예제의 subject와 같이 두 사람의 대화에 같은 단어가 쓰였지만 서로 다른 의미를 갖는 다의어를 사용하여 언뜻 보기에 자연스럽게 연결되는 것처럼 보이는 대화를 주의해야 한다.

다의어	뜻
present	[동] 제시하다, 나타내다, 주다 [명] 선물 [형] 존재하는, 참석한, 현재의
major	[동] 전공하다 [명] 전공 과목 [형] 큰, 대다수의, 중요한, 주요한
object	[동] 반대하다 [명] 물건, 대상, 목표, 목적
mean	[동] 의미하다, 의도하다 [명] (복수형으로) 수단 [형] 비열한
interest	[명] 관심, 호기심, 이익, 이해관계, 이자
charge	[동] 청구하다, 맡기다, 충전하다 [명] 요금, 책임

패턴 PLUS

최근에 출제된 다양한 생활영어 표현의 의미를 알아두면 도움이 된다.

over the moon 하늘을 둥둥 떠다니는 듯한
out of the blue 갑자기
up in the air 아직 미정인
under the weather 몸이 좀 안 좋은
I don't buy it 나는 그것을 믿지 않는다
believe it or not 믿기 힘들겠지만
get it made 잘 풀리다, 잘되다
call it a day ~을 그만하기로 하다
a piece of cake 식은 죽 먹기
around the corner 바로 가까이에, 곧

Section Test

1 밑줄 친 부분에 들어갈 말로 적절한 것을 고르시오.

[2024년 국가직 9급]

> A: Thank you. We appreciate your order.
> B: You are welcome. Could you send the goods by air freight? We need them fast.
> A: Sure. We'll send them to your department right away.
> B: Okay. I hope we can get the goods early next week.
> A: If everything goes as planned, you'll get them by Monday.
> B: Monday sounds good.
> A: Please pay within 2 weeks. Air freight costs will be added on the invoice.
> B: _____
> A: I am afraid the free delivery service is no longer available.

① I see. When will we be getting the invoice from you?

② Our department may not be able to pay within two weeks.

③ Can we send the payment to your business account on Monday?

④ Wait a minute. I thought the delivery costs were at your expense.

2 밑줄 친 부분에 들어갈 말로 가장 적절한 것을 고르시오.

[2024년 지방직 9급]

> A: Charles, I think we need more chairs for our upcoming event.
> B: Really? I thought we already had enough chairs.
> A: My manager told me that more than 350 people are coming.
> B: _____
> A: I agree. I am also a bit surprised.
> B: Looks like I'll have to order more then. Thanks.

① I wonder if the manager is going to attend the event.

② I thought more than 350 people would be coming.

③ That's actually not a large number.

④ That's a lot more than I expected.

3 밑줄 친 부분에 들어갈 말로 가장 적절한 것은?

[2024년 서울시 9급(2월 추가)]

> A: Sorry to keep you waiting, Ms. Krauss.
> B: Well, I see that you've got a lot on your plate today. I won't keep you any longer.
> A: Don't worry, Ms. Krauss. We'll get your order done on time.
> B: Should I give you a call?
> A: _____

① Well, you're a good customer. Let me see what I can do.

② No need for that. Come at 11:00 and I'll have your documents ready.

③ Tomorrow morning? No sweat. Can you get the documents to me before noon?

④ I'm afraid that might be difficult. I've got a lot of orders to complete this morning.

4 두 사람의 대화 중 자연스럽지 않은 것은? [2023년 국가직 9급]

① A: He's finally in a hit movie!
   B: Well, he's got it made.

② A: I'm getting a little tired now.
   B: Let's call it a day.

③ A: The kids are going to a birthday party.
   B: So, it was a piece of cake.

④ A: I wonder why he went home early yesterday.
   B: I think he was under the weather.

5 두 사람의 대화 중 자연스럽지 않은 것은? [2023년 지방직 9급]

① A: How would you like your hair done?
  B: I'm a little tired of my hair color. I'd like to dye it.
② A: What can we do to slow down global warming?
  B: First of all, we can use more public transportation.
③ A: Anna, is that you? Long time no see! How long has it been?
  B: It took me about an hour and a half by car.
④ A: I'm worried about Paul. He looks unhappy. What should I do?
  B: If I were you, I'd wait until he talks about his troubles.

6 밑줄 친 부분에 들어갈 말로 가장 적절한 것을 고르시오.
[2022년 국가직 9급]

A: Hi there. May I help you?
B: Yes, I'm looking for a sweater.
A: Well, this one is the latest style from the fall collection. What do you think?
B: It's gorgeous. How much is it?
A: Let me check the price for you. It's $120.
B: _____.
A: Then how about this sweater? It's from the last season, but it's on sale for $50.
B: Perfect! Let me try it on.

① I also need a pair of pants to go with it
② That jacket is the perfect gift for me
③ It's a little out of my price range
④ We are open until 7 p.m. on Saturdays

7 밑줄 친 부분에 들어갈 말로 가장 적절한 것을 고르시오.
[2021년 국가직 9급]

A: Were you here last night?
B: Yes. I worked the closing shift. Why?
A: The kitchen was a mess this morning. There was food spattered on the stove, and the ice trays were not in the freezer.
B: I guess I forgot to go over the cleaning checklist.
A: You know how important a clean kitchen is.
B: I'm sorry. _____

① I won't let it happen again.
② Would you like your bill now?
③ That's why I forgot it yesterday.
④ I'll make sure you get the right order.

8 밑줄 친 부분에 들어갈 말로 가장 적절한 것을 고르시오.
[2017년 국가직 9급(10월 추가)]

A: Wow! Look at the long line. I'm sure we have to wait at least 30 minutes.
B: You're right. _____
A: That's a good idea. I want to ride the roller coaster.
B: It's not my cup of tea.
A: How about the Flume Ride then? It's fun and the line is not so long.
B: That sounds great! Let's go!

① Let's find seats for the magic show.
② Let's look for another ride.
③ Let's buy costumes for the parade.
④ Let's go to the lost and found.

정답·해설·해석_p.87

MEMO

해커스공무원
영어 기출
불변의 패턴

초판 3쇄 발행 2025년 1월 20일
초판 1쇄 발행 2024년 9월 12일

지은이	해커스 공무원시험연구소
펴낸곳	해커스패스
펴낸이	해커스공무원 출판팀

주소	서울특별시 강남구 강남대로 428 해커스공무원
고객센터	1588-4055
교재 관련 문의	gosi@hackerspass.com
	해커스공무원 사이트(gosi.Hackers.com) 교재 Q&A 게시판
	카카오톡 플러스 친구 [해커스공무원 노량진캠퍼스]
학원 강의 및 동영상강의	gosi.Hackers.com

ISBN	979-11-7244-282-8 (13740)
Serial Number	01-03-01

공무원 교육 1위,
해커스공무원 gosi.Hackers.com

해커스공무원

· **해커스공무원 학원 및 인강**(교재 내 인강 할인쿠폰 수록)
· 공무원 영어 기출 어휘를 언제 어디서나 외우는 **공무원 보카 어플**
· 해커스 스타강사의 **공무원 영어 무료 특강**
· 정확한 성적 분석으로 약점 극복이 가능한 **합격예측 온라인 모의고사**(교재 내 응시권 및 해설강의 수강권 수록)

5천 개가 넘는
해커스토익 무료 자료!

대한민국에서 공짜로 토익 공부하고 싶으면 | 해커스영어 Hackers.co.kr ▾ | 검색

강의도 무료

베스트셀러 1위 토익 강의 150강 무료 서비스,
누적 시청 1,900만 돌파!

문제도 무료

토익 RC/LC 풀기, 모의토익 등
실전토익 대비 문제 3,730제 무료!

최신 특강도 무료

2,400만뷰 스타강사의
압도적 적중예상특강 매달 업데이트!

공부법도 무료

토익 고득점 달성팁, 비법노트,
점수대별 공부법 무료 확인

*미션 달성 시

가장 빠른 정답까지!

615만이 선택한 해커스 토익 정답!
시험 직후 가장 빠른 정답 확인

더 많은
토익무료자료 보기 ▶

해커스공무원
영어 기출
불변의 패턴

약점 보완 해설집

해커스공무원

영어 기출
불변의 패턴

약점 보완 해설집

해커스

문법

Section 1 문장 성분

p.12

불변의 패턴 **01** 절 안에는 반드시 동사가 있어야 한다.

기출문제 풀어보기

정답 ④

[해설] ④ **동사 자리 | 주격 관계절의 수 일치** 동사 자리에 '-ing'의 형태는 올 수 없고, 주격 관계절(which ~ the planet)의 선행사가 단수 명사(sulfur)이므로 현재분사 helping을 단수 동사 helps로 고쳐야 한다.

[오답분석] ① **관계대명사** 선행사 a large area가 사물이고 관계절 내에서 동사 may have been의 주어 역할을 하므로 주격 관계대명사 that이 올바르게 쓰였다.
② **현재분사 vs. 과거분사** 수식받는 명사 rocks와 분사가 '암석들이 추출되다'라는 의미의 수동 관계이므로 과거분사 extracted가 올바르게 쓰였다.
③ **관계대명사** 선행사 sulfur이 사물이고, 관계절 내에서 동사 helps의 주어 역할을 하므로 주격 관계대명사 which가 올바르게 쓰였다. 참고로, 계속적 용법으로 쓰인 관계절에는 관계대명사 that이 올 수 없다.
⑤ **부사절 접속사 2: 이유** 문맥상 '분자들이 형성되었을 수도 있기 때문에'라는 의미가 되어야 자연스러우므로 이유를 나타내는 부사절 접속사 as(~기 때문에)가 올바르게 쓰였다.

[해석] 유기 분자들은 30억 년 이상 전에 물이 많은 호수였을지도 모르는 넓은 지역인 화성의 게일 분화구에서 발견되었다. NASA의 핵동력 탐사차인 '큐리오시티'는 그 지역으로부터 추출된 암석들에서 분자의 흔적들과 마주쳤다. 그 암석들은 또한 황을 함유하고 있는데, 과학자들은 그것(황)이 그 암석들이 행성의 표면에 있는 혹독한 방사능에 노출되었을 때도 그 유기물들을 보존하는 데 도움을 준다고 추측한다. 과학자들은 분자들이 살아있지 않은 과정에 의해 형성되었을 수도 있기 때문에 이러한 유기 분자의 존재가 화성의 고대 생명체에 대한 충분한 증거가 아니라고 신속히 표명한다. 하지만 그것은 여전히 가장 놀라운 발견 중 하나이다.

[어휘] organic 유기적인, 유기체의 molecule 분자 watery 물이 많은 rover 탐사차, 탐사선 encounter 마주치다, 만나다 trace 흔적 extract 추출하다 contain 함유하다, 포함하다 sulfur (유)황 speculate 추측하다 preserve 보존하다 expose 노출하다 radiation 방사능 presence 존재 sufficient 충분한 evidence 증거 ancient 고대의 astonishing 놀라운

p.13

불변의 패턴 **02** 보어 자리에는 부사가 아닌 형용사가 와야 한다.

기출문제 풀어보기

정답 ①

[해설] ① **보어 자리** 동사 sound는 '~처럼 들리다'라는 의미로 쓰일 때 주

격 보어를 갖는 동사이고, 보어 자리에는 명사나 형용사 역할을 하는 것이 와야 하므로 부사 strangely를 형용사 strange로 고쳐야 한다.

[오답분석] ② **동명사 관련 표현** '일어나는 데 익숙하다'는 동명사 관련 표현 be used to -ing(-에 익숙하다)로 나타낼 수 있으므로 am used to getting up이 올바르게 쓰였다.
③ **3형식 동사의 수동태** 감정을 나타내는 동사(surprise)의 경우 주어가 감정을 느끼는 주체이면 수동태를 사용하는데, 문맥상 생략된 주어(You)가 놀라움을 느끼는 것이므로 수동태 be surprised가 올바르게 쓰였다.
④ **주어와 동사의 수 일치** 문장의 주어 자리에 단수 명사 He가 왔으므로 단수 동사 lacks가 올바르게 쓰였다. 참고로, '부족한 것이 없다'는 숙어 표현 lack for nothing을 사용해 나타낼 수 있다.
⑤ **명사절 접속사 3: 의문사 | 가짜 주어 구문** '그것을 누가 했든, 그것이 무엇이든'은 의문대명사 who(누구)와 what(무엇)을 사용하여 나타낼 수 있고, 명사절(who ~ was)과 같이 긴 주어가 오면 진주어인 명사절을 뒤로 보내고 가주어 it이 주어 자리에 대신 쓰이므로 It matters little who ~ was가 올바르게 쓰였다.

[어휘] strangely 이상하게 burst into tears 울음을 터뜨리다 lack for nothing 부족함이 없다, 돈이 풍족하다

Section Test
p. 14-15

1	③	2	③	3	④	4	①
5	③	6	④	7	②	8	①

1
정답 ③

[해설] ③ **동사 자리** 동사 자리에는 '조동사(will) + 동사원형'이 올 수 있는데, 동사원형 자리에 동사가 두 개(be, vary) 왔으므로 will be vary를 자동사 vary(달라지다)만 남긴 will vary로 고쳐야 한다.

[오답분석] ① **보어 자리** be 동사(is)는 주격 보어를 취하는 동사인데, 보어 자리에는 명사나 형용사 역할을 하는 것이 올 수 있으므로 형용사 역할을 하는 'of + 추상명사'(of special interest)가 올바르게 쓰였다. (불변의 패턴 02)
② **5형식 동사의 수동태** 동사 consider는 목적어 뒤에 '(to be) + 명사/형용사'를 취하는 5형식 동사인데, consider가 수동태가 되면 '(to be) + 명사'(to be ~ tool)는 수동태 동사 뒤에 그대로 남아야 하므로 were considered to be ~ tool이 올바르게 쓰였다.
④ **능동태·수동태 구별** 동사 create 뒤에 목적어가 없고, 주어(The world's first digital camera)와 동사가 '세계 최초의 디지털카메라가 만들어졌다'라는 의미의 수동 관계이므로 수동태 was created가 올바르게 쓰였다.

[해석] ① 지진 후에 뒤따르는 화재는 보험 업계에게 특히 흥미가 있는 부분이다.
② 워드 프로세서는 과거에 타자수에게 최고의 도구로 여겨졌다.
③ 현금 예측에서 발생하는 소득의 요소들은 그 회사의 상황에 따라 달라질 것이다.
④ 세계 최초의 디지털카메라는 이스트먼 코닥에서 Steve Sasson에 의해 1975년에 만들어졌다.

[어휘] following ~후에, ~에 이어 ultimate 최고의, 궁극적인 vary 달라지다 circumstance 상황

2
정답 ③

해설 ③ **동사 자리** 절에는 반드시 주어와 동사가 있어야 하는데, 동사 자리에는 '동사'나 '조동사 + 동사원형'이 와야 하므로 '동사원형 + ing' 형태인 reacting을 과거 동사 reacted로 고쳐야 한다. (불변의 패턴 01)

오답 분석 ① **능동태·수동태 구별** 동사 predispose(~하는 성향을 갖게 하다) 뒤에 목적어가 없고, 주어 some individuals와 동사가 '어떤 사람들은 ~하는 성향을 갖게 된다'라는 의미의 수동 관계이므로 be 동사 are와 함께 수동태를 완성하는 과거분사 predisposed가 올바르게 쓰였다.
② **관계대명사 that** 선행사 differences(차이점들)가 사물이고 관계절 내에서 동사(show up)의 주어 역할을 하므로 사물을 가리키는 주격 관계대명사 that이 올바르게 쓰였다.
④ **비교급** 비교급 표현은 '형용사/부사의 비교급(more often) + than'의 형태로 나타날 수 있으므로 than이 올바르게 쓰였다.

해석 최근의 연구는 어떤 사람들은 유전적으로 수줍어하는 성향을 갖게 된다고 밝힌다. 다시 말하면, 어떤 사람들은 내성적으로 태어난다. 연구원들은 15퍼센트에서 20퍼센트 사이의 신생아들이 수줍음의 징후를 보인다고 말하는데, 그들은 더 조용하고 더 경계한다. 연구원들은 빠르면 생후 2개월 만에 나타나는 사교적인 아기와 내성적인 아기들 간의 생리학적인 차이점들을 확인했다. 한 연구에서, 이후 내성적인 아이들로 확인된 2개월 된 아기들은 움직이는 모빌과 사람의 목소리 녹음 테이프와 같은 자극에 대해 스트레스 징후를 보이며 반응했는데, 스트레스 징후에는 증가된 심장 박동, 팔다리의 요동치는 움직임과 지나친 울음이 있었다. 수줍음과 관련된 유전적 근거에 대한 추가 증거는 내성적인 아이들의 부모나 조부모들은 그들이 어렸을 때 내성적이었다는 것을 내성적이지 않은 아이들의 부모나 조부모들보다 더 자주 말한다는 사실이다.

어휘 genetically 유전적으로 predispose ~하는 성향을 갖게 하다
vigilant 경계하는 jerky movement 요동치는 움직임

3
정답 ④

해설 ④ **타동사** 동사 affect(~에 영향을 미치다)는 전치사(on) 없이 목적어를 바로 취하는 타동사이므로 affects on을 affects로 고쳐야 한다.

오답 분석 ① **현재분사 vs. 과거분사** 수식받는 명사 documentary와 분사가 '다큐멘터리가 제작되다'라는 의미의 수동 관계이므로 과거분사 produced가 올바르게 쓰였다.
② **보어 자리** leave(left)는 목적격 보어를 취하는 5형식 동사로 쓰일 수 있는데, 보어 자리에는 명사나 형용사 역할을 하는 것이 와야 하므로 목적어 viewers 뒤에 형용사 역할을 하는 과거분사 heartbroken이 올바르게 쓰였다. (불변의 패턴 02)
③ **전치사 + 관계대명사** '전치사 + 관계대명사'에서 전치사는 선행사 또는 관계절의 동사에 따라 결정되는데, 선행사 the extent는 전치사 to와 함께 짝을 이루어 쓰이므로 to which가 올바르게 쓰였다.

해석 BBC에 의해 제작된 자연 다큐멘터리 '블루 플래닛 II'는 플라스틱이 바다에 영향을 미치는 정도를 보여준 후 시청자들이 가슴 아픈 상태가 되게 했다.

어휘 leave ~한 상태가 되게 하다 heartbroken 가슴 아픈 extent 정도

4
정답 ①

해설 ① **보어 자리** be동사(is)는 주격 보어를 취하는 동사인데, 'of + 추상명사'는 형용사 역할을 하며 주격 보어 자리에 올 수 있으므로, 형용사 important를 추상명사 importance로 고쳐야 한다. (불변의 패턴 02)

오답 분석 ② **보어 자리** 동사 become(became)은 주격 보어를 취하는 동사인데, 보어 자리에는 명사나 형용사 역할을 하는 것이 와야 하므로 형용사 distraught(마음이 심란해진)가 올바르게 쓰였다.
③ **병치 구문** 접속사(and)로 연결된 병치 구문에서는 같은 품사끼리 연결되어야 하는데, and 앞에 3인칭 단수 동사 opens가 왔으므로, and 뒤에도 3인칭 단수 동사 fans(바람을 일으키다)가 올바르게 쓰였다.
④ **관계대명사 that** 선행사(a sizzling summer)가 사물이고, 관계절 내에서 동사 was의 주어 역할을 하므로 주격 관계대명사 that이 올바르게 쓰였다.

해석 ① 당신이 비로 미끄럽거나, 얼음으로 뒤덮이거나, 구불구불한 길을 운전하고 있다면 좋은 정지 마찰력이 최고로 중요하므로, 당신의 타이어가 항상 최상의 상태에 있도록 해라.
② 눈보라가 점점 더 심해지고 그의 아내가 아직 일에서 돌아오지 않자, Jeff는 점점 마음이 심란해졌다.
③ Teddy는 감기에 걸리는 것을 싫어한다. 누군가가 그의 면전에서 재채기하고 기침하고 있으면, 그는 창문을 열고 감기 세균을 흩어지게 하기 위해 바람을 일으킨다.
④ 지난해, 그 도시는 그곳의 몹시 추운 겨울과 정반대였던 타는 듯이 더운 여름을 경험했다.

어휘 slick 미끄러운 winding 구불구불한 traction 정지 마찰력
paramount 최고의 distraught 마음이 심란해진
in one's presence 면전에서 fan (바람을) 일으키다
dissipate 흩어지게 하다 sizzling 타는 듯이 더운 frigid 몹시 추운

5
정답 ③

해설 (A) **동사 자리** 주어(Much of ~ in the mouth)와 주격 보어 (uncontrollable) 사이에 올 수 있는 것은 동사이므로 동명사 being이 아닌 동사 is를 써야 한다. (불변의 패턴 01)
(B) **명사절 접속사 3: 의문사** 목적어가 없는 불완전한 절(we're looking at)을 이끌며 전치사(over)의 목적어 자리에 올 수 있는 것은 명사절 접속사 what이므로 관계대명사 which가 아닌 what을 써야 한다.
(C) **명사절 자리와 쓰임** 동사 know 뒤의 목적어 자리에 that절이 왔고, that절은 '명사절 접속사(that) + 주어(people) + 동사'의 형태가 되어야 하므로 동사 자리에 동명사 equating이 아닌 동사 equate를 써야 한다.
따라서 ③ (A) is – (B) what – (C) equate가 정답이다.

해석 일단 우리가 아동기에서 벗어나면, 눈 맞춤은 사실 속임수에 대해 매우 신뢰할 수 없는 단서가 된다. 왜일까? 정답은 눈 맞춤이 매우 통제하기가 쉽다는 것이다. 손에 땀이 나거나 입이 마르는 것과 같이 우리가 긴장할 때 우리에게 일어나는 일의 많은 부분은 통제가 불가능하다. 하지만 우리 대부분은 우리가 보고 있는 것에 대해서는 상당히 잘 통제할 수 있다. 따라서, 많은 성인들은 다른 사람들에게 거짓말을 하는 동안 그들의 눈을 바라보는 데 문제가 거의 없다. 게다가, 능숙한 소통가들은 사람들이 눈 맞춤의 부족함과 속임수를 동일시한다는 것을 알고 있기 때문에, 그들은 상대방이 의심하지 않도록 그들이 거짓말을 할 때 의도적으로 정상적인 눈 맞춤을 유지한다. 속담에서 말하듯 눈이 영혼의 창일 수는 있지만, 눈 맞춤이 정직함의 창은 아니다!

어휘 emerge from ~에서 벗어나다 unreliable 신뢰할 수 없는
deception 속임수, 기만 sweaty 땀이 나는 equate 동일시하다
deliberately 의도적으로 suspicious 의심하는 saying 속담, 격언

6
정답 ④

해설 ④ **동사 자리** 동사 자리에는 '동사'나 '조동사(could) + 동사원형'이 와야 하는데, 문맥상 '다른 종류의 생물체들도 존재할 수 있다'가

되어야 자연스럽고, present 뒤에 목적어가 없으므로 present는 형용사이다. 따라서 형용사 present를 형용사 앞에 be 동사를 쓴 be present로 고쳐야 한다. (불변의 패턴 01)

[오답분석] ① **수량 표현의 수 일치 | 능동태·수동태 구별** 주어 자리에 복수 취급하는 수량 표현 'many + 복수 명사'(Many pharaohs' tombs)가 왔으므로 복수 동사 were가 올바르게 쓰였다. 또한, 주어와 동사가 '많은 파라오의 무덤이 밀폐되다'라는 의미의 수동 관계이므로 수동태 동사 were sealed가 올바르게 쓰였다.

② **주어와 동사의 수 일치** 주어 자리에 복수 명사 bacteria가 왔으므로, 동사 자리에 복수 동사 grow가 올바르게 쓰였다.

③ **부사절 접속사 1: 조건 | 능동태·수동태 구별** 문맥상 '그것들은 만약 흡입되면 매우 해로울 수 있다'라는 의미가 되어야 자연스러우므로 조건을 나타내는 부사절 접속사 if가 올바르게 쓰였다. 또한, 조건을 나타내는 부사절에서는 미래를 나타내기 위해 미래 시제 대신 현재 시제를 사용하는데, 주어(they)와 동사가 '그것들이 흡입되다'라는 수동 관계이므로, if they are inhaled가 와야 한다. 그런데, 부사절의 동사가 be 동사일 경우 부사절 접속사 뒤의 '주어(they) + 동사(are)'를 생략할 수 있으므로 if inhaled가 올바르게 쓰였다.

⑤ **주어와 동사의 수 일치** 주어 자리에 복수 명사 modern archaeologists가 왔으므로, 동사 자리에 복수 동사 wear가 올바르게 쓰였다. 참고로, 주어와 동사 사이의 수식어 거품(unlike those in the 1920s)은 동사의 수 결정에 영향을 주지 않는다.

[해석] 많은 파라오의 무덤은 아주 단단히 밀폐되어서 외부의 공기가 안으로 들어갈 수 없었다. 이러한 일이 일어나면, 특정 박테리아들이 산소가 없는 환경에서 자라고, 그것들은 만약 흡입되면 매우 해로울 수 있다. 곰팡이와 균류 같은 다른 종류의 생물체들도 존재할 수 있는데, 그것들 중 일부는 심각한 건강 문제를 일으킬 수 있다. 이러한 이유들로 인해, 1920년대의 고고학자들과 달리 현대의 고고학자들은 처음으로 무덤에 들어갈 때 보호 필터 마스크와 장갑을 착용한다.

[어휘] **pharaoh** 파라오(고대 이집트의 왕) **tomb** 무덤 **seal** 밀폐하다 **inhale** 흡입하다, 들이마시다 **mold** 곰팡이 **fungi** 균류, 곰팡이류(fungus의 복수형) **archaeologist** 고고학자 **protective** 보호하는

7

정답 ②

[해설] ② **조동사 should의 생략** 주절에 요청을 나타내는 동사(demand)가 오면 종속절에는 '(should +) 동사원형'이 와야 하므로 과거 시제 동사 shared를 동사원형 (should) share로 고쳐야 한다.

[오답분석] ① **보어 자리** be 동사(was)는 주격 보어를 취하는 동사인데, 보어 자리에는 명사나 형용사 역할을 하는 것이 올 수 있으므로 동사 was 뒤에 형용사 upset이 올바르게 쓰였다. (불변의 패턴 02)

③ **명사절 접속사 3: 의문사** 완전한 절(workers were treated)을 이끌면서 목적어 자리에 올 수 있는 의문부사 how가 올바르게 쓰였다.

④ **주어와 동사의 수 일치 | 능동태·수동태 구별** 주어 workers가 복수 명사이므로 복수 동사 were가 올바르게 쓰였다. 또한, 주어와 동사가 '근로자들이 대우받다'라는 의미의 수동 관계이므로 be 동사 were와 함께 수동태를 완성하는 과거분사 treated가 올바르게 쓰였다.

[해석] 한 여대생은 그녀의 아버지에게 매우 화가 났다. 그녀는 그가 그의 근로자들을 제대로 대우하지 않았기 때문에 그가 부끄러웠다. 그녀는 그가 수익을 직원들과 나눠야 한다고 주장했다. 그녀는 그에게 근로자들이 얼마나 부당하게 대우받았는지를 설명했다.

[어휘] **ashamed** 부끄러운 **treat** 대우하다, 취급하다 **profit** 수익, 이윤

8

정답 ①

[해설] ① **동사 자리** 명사절 접속사 that이 이끄는 명사절은 '명사절 접속사(that) + 주어(a bent leg found on the Chatsworth Estate in Derbyshire) + 동사'의 형태가 되어야 한다. 동사 자리에 '동사 + -ing'(belonging)의 형태는 올 수 없고 주어(Confirmation)가 단수 명사이므로 belonging을 단수 동사 belongs로 고쳐야 한다. (불변의 패턴 01)

[오답분석] ② **현재분사 vs. 과거분사** 수식받는 명사 restorers와 분사가 '복원 전문가들이 준비하다'라는 의미의 능동 관계이므로 현재분사 preparing이 올바르게 쓰였다.

③ **to 부정사의 역할** 문맥상 '초기 역사를 고찰하는 최초의 주요 영국 전시'라는 의미가 되어야 자연스러우므로 형용사처럼 명사(the first major British exhibition)를 수식할 수 있는 to 부정사 to examine이 올바르게 쓰였다.

④ **현재분사 vs. 과거분사** 수식받는 명사 footage와 분사가 '화면이 정지되다'라는 의미의 수동 관계이므로 과거분사 frozen이 올바르게 쓰였다.

⑤ **현재분사 vs. 과거분사** 수식받는 명사 themselves와 분사가 '자신들이 짓밟다'라는 의미의 능동 관계이므로 현재분사 trampling이 올바르게 쓰였다.

[해석] 한 절단된 머리가 신원 미상의 몸통과 잘 맞으며, 더비셔의 채츠워스 단지에서 발견된 굽은 다리가 실제로 다른 몸통에 속한다는 확증은 스릴러물의 줄거리같이 들리지만, 이것은 시칠리아에 관한 대영 박물관 전시를 위해 주요 전시품을 준비하는 복원 전문가들의 일이다. 그 섬의 초기 역사를 고찰하는 최초의 주요 영국 전시인 '시칠리아: 문화와 정복'의 주요 볼거리 중 하나는 그리스 전사의 재결합된 대리석 머리와 사지가 없는 몸통일 것이다. 기원전 470년으로 연대를 추정하는 희귀한 작품인, 그 인상적인 비틀거리는 전사의 조각상은 이제 오늘날 할리우드 서사 영화가 그러하듯이, 사람들에게 영감을 주고 즐겁게 하기 위해 만들어졌다고 여겨진다. 3D 서술 기법 장면의 일부로서, 액션 블록버스터에서 나오는 정지된 화면처럼, 그것은 한때 최근의 분쟁에 대한 이야기를 들려주었다. "고대 그리스인들은 이야기하는 데 매우 교묘했습니다." 대영 박물관의 큐레이터 Peter Higgs가 말했다. "이집트인들과 바빌로니아인들은 자신들이 그들의 적을 발로 짓밟는 모습을 묘사한 반면에, 그리스인들은 자신들이 싸우는 모습을 보여주었습니다. 만화나 서사영화처럼 매우 선전에 가까웠죠. 그들은 또한 주요 장소에 안내자들을 배치했는데, 그들은 사람들을 안내하면서 그 조각상의 적합성에 대해 설명했습니다."

[어휘] **confirmation** 확증, 확인 **sever** 절단하다, 자르다 **unidentified** 신원 미상의 **torso** 몸통 **bent** 굽은 **attraction** 볼거리 **conquest** 정복, 점령지 **reunite** 재결합하다 **limbless** 사지가 없는 **stumble** 비틀거리다, 발이 걸리다 **epic** 서사의 **tableau** 장면, 화면 (역사적 사건 등을 배우들이 정지된 행동으로 재현하는 것) **footage** 화면, 장면 **subtle** 교묘한, 정교한 **depict** 묘사하다 **relevance** (사회적인) 적합성, 타당성

Section 2 동사구

p.18

불변의 패턴 03 목적격 보어 자리에는 목적어와 목적격 보어의 관계와 동사의 종류에 따라 각기 다른 준동사가 와야 한다.

기출문제 풀어보기

정답 ②

[해설] ② 5형식 동사   역동사 have는 목적어와 목적격 보어가 수동 관계일 때 과거분사를 목적격 보어로 취하는 5형식 동사인데, 목적어(her place)와 목적격 보어가 '그녀의 집이 청소되다'라는 의미의 수동 관계이므로 현재분사 cleaning을 과거분사 cleaned로 고쳐야 한다.

[오답분석] ① 분사구문의 관용 표현 | 관계대명사   이유를 나타낼 때는 'with + 명사 + 분사'로 나타낼 수 있는데, 명사(nothing)와 분사가 '아무 것도 남아 있지 않다'라는 의미의 수동 관계이므로 과거분사 left가 올바르게 쓰였다. 또한, 선행사(that)가 사물이고 관계절 내에서 동사 had robbed의 주어 역할을 하고 있으므로 사물을 나타내는 주격 관계대명사 which가 올바르게 쓰였다.
③ 부사절 접속사 1: 시간   문맥상 '그녀가 살아있는 동안'이라는 의미가 되어야 자연스러운데, '~하는 동안'은 부사절 접속사 while(~하는 동안)로 나타낼 수 있고, 종속절인 부사절(While she was alive)의 주어가 주절의 주어(she)와 같고 부사절의 동사가 be 동사(was)일 경우 부사절 접속사 뒤의 '주어 + 동사'를 생략할 수 있으므로 보어 Alive(살아있는)가 올바르게 쓰였다.
④ 기타 전치사   문맥상 '한 여성을 ~라는 이유로 비난하다'라는 의미가 되어야 자연스러운데, 'A를 B라는 이유로 비난하다'는 전치사 of와 함께 쓰이는 동사 accuse를 사용하여 accuse A of B로 나타낼 수 있으므로 전치사 of가 올바르게 쓰였다.

[해석] ① 아무것도 남지 않았기 때문에, 그녀는 그녀를 굴복시킨 그것에 매달려야 했을 것이다.
② 그녀에게 그녀의 집이 청소되어야 한다는 말을 전해라.
③ 살아있는 동안, 그녀는 전통이고, 의무이자, 보살핌이었다.
④ 당신은 한 여성을 나쁜 냄새를 풍긴다는 이유로 면전에서 비난할 건가?

[어휘] cling to ~에 매달리다   rob ~를 굴복시키다, 강도질을 하다
accuse 비난하다, 고소하다

p.19

불변의 패턴 04 자동사와 목적어 사이에는 반드시 전치사가 와야 한다.

기출문제 풀어보기

정답 ②

[해설] ② 자동사   문맥상 '공부에 전념하다'라는 의미가 되어야 자연스러운데, '~에 전념하다'는 자동사 attend를 써서 나타낼 수 있고, 자동사는 전치사(to) 없이는 목적어를 취할 수 없으므로 목적어(your study) 앞에 attend to가 올바르게 쓰였다. 참고로, 동사 attend가 타동사로 쓰이는 경우, '~에 참석하다'라는 의미를 가지므로, attend your study는 '공부에 참석하다'라는 어색한 문장이 된다.

[오답분석] ① 혼동하기 쉬운 자동사와 타동사   문맥상 '나를 기다리다'라는 의미가 되어야 자연스러운데, '~을 기다리다'라는 의미로 전치사 for와 함께 사용되는 것은 wait이므로 타동사 await를 자동사 wait

---

으로 고쳐야 한다. 또는 타동사 await는 전치사를 취하지 않고 바로 목적어를 취하므로 전치사 for를 삭제하여 await me로 고쳐도 맞다.
③ 혼동하기 쉬운 자동사와 타동사 동사 resemble은 '~와 닮다'라는 의미를 가질 때 전치사 없이 목적어(her mother)를 바로 취하는 타동사이므로 resembles to를 resembles로 고쳐야 한다.
④ 4형식 동사 동사 explain은 목적어를 하나만 가지는 3형식 동사인데, 3형식 동사 뒤에는 '사람(me)'이 혼자 올 수 없고 'to + 사람'(to me)의 형태로 와야 하므로, explained me를 explained to me로 고쳐야 한다.
⑤ 혼동하기 쉬운 자동사와 타동사 동사 discuss는 '~에 대해 토론하다'라는 의미를 가질 때 전치사 없이 목적어(it)를 바로 취하는 타동사로 쓰이므로 discuss about을 discuss로 고쳐야 한다.

[해석] ① 나는 네가 나를 기다리기를 원한다.
② 너는 공부에 전념하는 것이 좋을 것이다.
③ 그녀는 그녀의 어머니와 아주 꼭 닮았다.
④ 그는 나에게 그 문장의 의미를 설명해 주었다.
⑤ 만약 지금 네가 한가하다면, 나는 그것에 대해 너와 토론하고 싶다.

[어휘] closely 꼭, 면밀히

p.20

불변의 패턴 05 주어와 동사 사이의 수식어는 제외하고 수 일치해야 한다.

기출문제 풀어보기

정답 ③

[해설] ③ 주어와 동사의 수 일치   주어 자리에 단수 명사 the biomedical view가 왔으므로 복수 동사 conceal을 단수 동사 conceals로 고쳐야 한다. 참고로, 주어와 동사 사이의 수식어 거품(of ~ replaced)은 동사의 수 결정에 영향을 주지 않는다.

[오답분석] ① 5형식 동사 | 목적어 자리   동사 make(made)는 5형식 동사로 쓰일 때 'make(made) + 목적어 + 목적격 보어(possible)' 형태를 취하며 '~을 -하게 만들다'라는 의미를 나타내는데, to 부정사구 목적어가 목적격 보어와 함께 오면 진짜 목적어(to 부정사구)를 목적격 보어 뒤로 보내고 목적어가 있던 자리에 가짜 목적어 it을 써서 '가짜 목적어 it + 목적격 보어(possible) + 진짜 목적어(to extend ~ disease)'의 형태가 되어야 하므로 목적어 자리에 it이 올바르게 쓰였다.
② 명사절 접속사 1: that | 가짜 주어 구문   완전한 절(the biomedical ~ receiving an organ)을 이끌며 동사 argue의 목적어 자리에 올 수 있는 명사절 접속사 that이 올바르게 쓰였다. 또한 that절(that ~ an organ)과 같이 긴 주어가 오면 진짜 주어인 that절을 맨 뒤로 보내고 가주어 it이 주어 자리에 대신해서 쓰이므로 진짜 주어 자리에 that절을 이끄는 that이 올바르게 쓰였다.
④ 부사 자리   동사(represent)를 앞에서 수식할 수 있는 것은 부사이므로 부사 accurately가 올바르게 쓰였다.

[해석] 이식 기술의 발전이 말기의 장기 질환을 가진 개인의 수명을 연장하는 것을 가능하게 한 반면, 일단 심장이나 신장이 성공적으로 교체되면 끝나는 한정된 사건으로서의 장기 이식의 생물 의학적 관점은 장기를 받는 경험을 보다 정확하게 표현하는 복잡하고 역동적인 과정을 감춘다고 주장된다.

[어휘] advance 발전   transplant 이식   extend 연장하다
end-stage 말기의   organ 장기, 기관   biomedical 생물 의학적인

bounded 한정된, 한계가 있는 kidney 신장 conceal 감추다
dynamic 역동적인 accurately 정확하게
represent 표현하다, 나타내다

p.21

불변의 패턴 06 부분/수량 표현을 포함하는 주어는 사용된 표현에 따라 다른 동사가 와야 한다.

기출문제 풀어보기
정답 ①

[해설] ① **수량 표현의 수 일치** 주어 자리에 단수 취급하는 수량 표현 'the number of + 명사'(the number of applicants)가 왔으므로 단수 동사 is가 올바르게 쓰였다.

[오답분석] ② **과거 시제** 문장에 시간 표현 two years ago(2년 전에)가 왔고 문맥상 '이메일을 받았다'라며 과거의 동작을 표현하고 있으므로 현재완료 시제 have received를 과거 시제 received로 고쳐야 한다.
③ **전치사 + 관계대명사** 완전한 절(he slept last night) 앞에는 '전치사 + 관계대명사'가 와야 하고, 문맥상 '침대에서 자다'라는 의미가 되어야 자연스러우므로 관계대명사 which를 전치사 in(~에서)이 관계대명사 which 앞에 쓰인 in which로 고쳐야 한다.
④ **기타 전치사** '새해 인사를 교환했다'는 전치사 숙어 표현 exchange A with B(A를 B와 교환하다)를 사용하여 나타낼 수 있으므로 exchanged New Year's greetings each other를 exchanged New Year's greetings with each other로 고쳐야 한다.

[어휘] applicant 지원자 comfortable 편안한 greeting 인사

p.22

불변의 패턴 07 도치된 문장에서는 동사가 뒤에 있는 주어에 수 일치해야 한다.

기출문제 풀어보기
정답 ④

[해설] ④ **도치 구문: 기타 도치 | 주어와 동사의 수 일치** 분사 보어 (Included)가 강조되어 문장의 맨 앞에 나오면 주어와 동사가 도치되어 '동사(is) + 주어(The Enchanted Horse)'의 어순이 되어야 하므로 Included in this series is "The Enchanted Horse"가 올바르게 쓰였다. 또한, 주어 자리에 단수 명사 "The Enchanted Horse"가 왔으므로 단수 동사 is가 올바르게 쓰였다.

[오답분석] ① **주격 관계절의 수 일치** 주격 관계절(that has not yet been discovered)의 동사는 선행사(many forms)에 수 일치시켜야 하는데, 선행사가 복수 명사 many forms이므로 단수 동사 has를 복수 동사 have로 고쳐야 한다. 참고로, 선행사와 관계절 사이의 수식어 거품(of life)은 선행사와 관계절 내 동사의 수 일치에 영향을 주지 않는다.
② **to 부정사 관련 표현** 문맥상 '토성의 고리는 너무 멀리 있어서 지구에서 볼 수 없다'라는 의미가 되어야 자연스러운데, '너무 ~해서 -할 수 없다'는 to 부정사 관용 표현 'too ~ to'를 써서 나타낼 수 있으므로 so distant to be seen을 too distant to be seen으로 고쳐야 한다.
③ **능동태·수동태 구별** 동사 protect(has been protected) 뒤에 목적어 Egypt가 있고, 주어 The Aswan High Dam과 동사가 '아스완하이댐이 이집트를 보호하다'라는 의미의 능동 관계

이므로 수동태 동사 has been protected를 능동태 동사 has protected로 고쳐야 한다.

[해석] ① 바다 속에는 아직 발견되지 않은 많은 생명체들이 있다.
② 토성의 고리는 너무 멀리 있어서 망원경 없이는 지구에서 볼 수 없다.
③ 아스완 하이 댐은 이웃 국가들의 기근으로부터 이집트를 보호해 왔다.
④ '마법의 말'은 다른 유명한 동화 중에서 이 시리즈에 포함되어 있다.

[어휘] contain (속에) 있다, 함유하다 telescope 망원경 famine 기근
neighboring 이웃의

p.23

불변의 패턴 08 주격 관계절의 동사는 선행사에 수 일치해야 한다.

기출문제 풀어보기
정답 ③

[해설] ③ **주격 관계절의 수 일치** 주격 관계절(that fits me)의 동사는 선행사(clothes)에 수 일치시켜야 하는데, 선행사 clothes가 복수 명사이므로 단수 동사 fits를 복수 동사 fit으로 고쳐야 한다.

[오답분석] ① **현재분사 vs. 과거분사** 감정을 나타내는 동사(please)의 경우 주어가 감정의 원인이면 현재분사를, 감정을 느끼는 주체이면 과거분사를 써야 하는데, 문맥상 '나는 만족스럽다'라는 의미로 주어(I)가 감정을 느끼는 주체가 되어야 자연스러우므로 과거분사 pleased가 올바르게 쓰였다.
② **가짜 주어 구문** to 부정사구(to find ~ me)와 같이 긴 주어가 오면 가주어 it이 진주어(to 부정사구)를 대신해서 주어 자리에 쓰이므로 it's가 올바르게 쓰였다.
④ **명사절 접속사 3: 의문사** 주어가 없는 불완전한 절(is a medium size in Japan)을 이끌면서 문장의 주어 자리에 올 수 있는 명사절 접속사 What이 올바르게 쓰였다.

[해석] 나는 나에게 충분한 옷을 가지고 있다는 것이 만족스럽다. 미국 남성들은 일반적으로 일본 남성들보다 더 커서 시카고에서 나에게 꼭 맞는 옷들을 찾는 것은 매우 어렵다. 일본에서 중간 사이즈인 것은 여기서는 작은 사이즈다.

[어휘] please 만족시키다 generally 일반적으로 fit 꼭 맞다

p.24

불변의 패턴 09 과거와 현재를 모두 포함한 시간 표현은 현재완료와 쓰고, 과거 한 시점만 나타내는 시간 표현은 단순 과거와 써야 한다.

기출문제 풀어보기
정답 ②

[해설] ② **시제 일치** 현재완료 시제와 자주 함께 쓰이면서 과거와 현재를 모두 포함하는 시간 표현 since가 왔으므로, 현재완료 시제 have lived가 올바르게 쓰였다.

[오답분석] ① **의문의 어순** 의문문이 다른 문장 안에 포함된 간접 의문문은 '의문사 + 주어 + 동사'의 어순이 되어야 하므로 where should you visit을 where you should visit으로 고쳐야 한다.
③ **3형식 동사의 수동태** 감정을 나타내는 동사(excite)의 경우 주

어가 감정의 원인이면 현재분사를, 감정을 느끼는 주체이면 과거분사를 써야 하는데, 문맥상 '소설이 흥미진진했다'라는 의미로 주어(The novel)가 감정의 원인이 되어야 하므로 과거분사 excited를 be 동사(was) 뒤에서 능동태를 완성하는 현재분사 exciting으로 고쳐야 한다.

④ 의문문의 어순 평서문(It's not surprising ~ any more)에 be 동사(is)가 온 부정문이므로, 부정 부가 의문문 doesn't it을 긍정 부가 의문문 is it으로 고쳐야 한다.

해석 ① 이 가이드북은 당신이 홍콩에서 어디를 방문해야 하는지를 알려준다.
② 나는 대만에서 태어났지만, 내가 일을 시작한 이후로는 한국에서 살아왔다.
③ 그 소설은 너무 흥미진진해서 나는 시간 가는 줄 몰랐고 버스를 놓쳤다.
④ 서점들이 더 이상 신문을 취급하지 않는다는 것이 놀랍지 않다, 그렇지 않은가?

어휘 lose track of time 시간 가는 줄 모르다 carry 취급하다

p.25

불변의 패턴 10 시간/조건 부사절의 동사는 미래의 일이라도 현재 시제로 써야 한다.

기출문제 풀어보기 정답 ③

해설 ③ 4형식 동사 | 현재 시제 동사 lend는 'lend + 간접 목적어(you) + 직접 목적어(money)'의 형태를 취하는 4형식 동사이므로 lend you with money에서 전치사 with를 삭제하여 lend you money로 고쳐야 한다. 또한 조건을 나타내는 부사절(provided ~ Saturday)에서는 미래를 나타내기 위해 미래 시제 대신 현재 시제를 사용하므로 미래 시제 will pay를 현재 시제 pay로 고쳐야 한다.

오답분석 ① 조동사 should의 생략 주절에 의무를 나타내는 형용사 important가 오면 종속절에는 '(should +) 동사원형'이 와야 하므로, 종속절에 동사원형 do가 올바르게 쓰였다.
② 현재분사 vs. 과거분사 수식받는 명사(My car)와 분사구문이 '내 차가 은행 앞에 주차되다(은행 앞에 주차된 내 차)'라는 의미의 수동 관계이므로 과거분사 parked가 올바르게 쓰였다.
④ 가정법 과거완료 제시된 문장의 '만약 태풍이 접근해 오지 않았었더라면 ~ 열렸을 텐데'는 과거 사실을 반대로 가정하는 가정법 과거완료로 나타낼 수 있으므로, 주절에 '주어 + would/should/could/might + have p.p.' 형태인 The game might have been played와 if절에 'if + 주어 + had p.p.'형태인 if the typhoon had not been ~'이 올바르게 쓰였다.

어휘 rely on ~에 의존하다 tow 견인하다 provided (만약) ~라면

p.26

불변의 패턴 11 주절의 시제가 과거면 종속절에는 주로 과거나 과거완료가 온다.

기출문제 풀어보기 정답 ④

해설 ④ 시제 일치 주절의 시제가 과거(started)일 경우 종속절에는 주로 과거나 과거완료 시제가 쓰이므로 과거 시제 spread가 올바르게 쓰였다. 참고로, 동사 spread는 과거형과 과거분사형의 형태가 동일하다.

오답분석 ① 능동태·수동태 구별 동사 identified 뒤에 목적어가 없고 주격 관계절의 선행사(a virus)와 동사가 '바이러스가 발견되었다'라는 의미의 수동 관계이므로, 능동태 identified를 수동태 was identified로 고쳐야 한다.
② 병치 구문 접속사 and 앞에 명사구 acute respiratory distress가 왔으므로 and 뒤에도 명사가 와야 한다. 따라서 동사 dies를 명사 death로 고쳐야 한다.
③ 3형식 동사의 수동태 문맥상 명사절 접속사 that이 생략된 명사절(the 2003 epidemic ~ China)과 동사가 '2003년 유행병이 시작했다고 여겨진다'라는 의미의 수동 관계이므로 능동태 believes를 수동태 is believed로 고쳐야 한다. 참고로, that절을 목적어로 취하는 문장이 수동태가 되면 'It + be p.p. + that'의 형태로 쓰인다.

해석 중증 급성 호흡기 증후군(SARS)은 폐렴의 위독한 형태이다. 이것은 2003년에 발견된 바이러스에 의해 발생된다. SARS 바이러스 감염은 급성 호흡 곤란과 때로는 사망의 원인이 된다. SARS는 코로나바이러스 계열(흔한 감기를 일으킬 수 있는 것과 같은 계열)의 일부로 인해 발생된다. 2003년 유행병은 그 바이러스가 중국에서 작은 포유동물들로부터 퍼졌을 때 시작했다고 여겨진다.

어휘 acute 급성의 respiratory 호흡기관의, 호흡의 pneumonia 폐렴 infection 감염 distress 곤란, 재난 epidemic 유행병, 전염병

p.27

불변의 패턴 12 현재진행 시제로 미래에 일어날 일을 나타내기도 한다는 것에 주의해야 한다.

기출문제 풀어보기 정답 ③

해설 ③ 현재진행 시제 미래를 나타내는 시간 표현 at noon today(오늘 정오)가 쓰였고, 현재진행 시제를 사용해 미래에 일어나기로 예정되어 있는 일이나 곧 일어나려고 하는 일을 표현할 수 있으므로 현재진행 시제 am starting이 올바르게 쓰였다.

오답분석 ① 수량 표현 수량 표현 much가 지시하는 명사(stars)가 가산 복수 명사이므로, how much를 how many로 고쳐야 한다.
② 3형식 동사의 수동태 감정을 나타내는 동사(excite)의 경우 주어(The Christmas party)가 '크리스마스 파티는 정말 즐거웠다'라는 의미로 감정의 원인이면 능동태를 써야 하므로 과거분사 excited를 be 동사(was)와 함께 능동태를 완성하는 현재분사 exciting으로 고쳐야 한다.
④ 조동사 관련 표현 조동사처럼 쓰이는 표현 used to(~하곤 했다) 뒤에는 동사원형이 와야 하므로 loving을 동사원형 love로 고쳐야 한다.

해석 ① 은하계에 있는 수십억 개의 별 중에서, 얼마나 많은 별이 생명을 부화할 수 있을까?
② 크리스마스 파티가 매우 즐거워서 나는 전혀 시간 가는 줄 몰랐다.
③ 나는 오늘 정오에 일을 시작할 것이기 때문에 지금 떠나야만 한다.
④ 그들은 어렸을 때 훨씬 더 책을 좋아하곤 했다.

어휘 hatch 부화하다 lose track of time 시간 가는 줄 모르다

Section Test [불변의 패턴 03-12] p. 28-29

1	②	2	③	3	①	4	②
5	②	6	①	7	①	8	①

1

[해설] ② **주어와 동사의 수 일치** 주어 자리에 단수 명사 nature가 왔으므로 복수 동사 are를 단수 동사 is로 고쳐야 한다. 참고로 주어와 동사 사이의 수식어 거품(in ~ animals)은 동사의 수 결정에 영향을 주지 않는다. (불변의 패턴 05)

[오답분석] ① **전치사 + 관계대명사** 관계사 뒤에 완전한 절(we live)이 왔으므로 '전치사 + 관계대명사' 형태가 올 수 있다. '전치사 + 관계대명사'에서 전치사는 선행사 또는 관계절의 동사에 따라 결정되는데, 문맥상 '우리가 생물군계에서 살고 있다'라는 의미가 되어야 자연스러우므로 전치사 in(~에서)이 관계대명사 which 앞에 와서 in which가 올바르게 쓰였다.
③ **현재분사 vs. 과거분사** 수식받는 명사(another book)와 분사가 '또 다른 책이 편집되다'라는 의미의 수동 관계이므로 과거분사 edited가 올바르게 쓰였다.
④ **명사절 접속사 1: that** 완전한 절(humans have ~ natural settings)을 이끌면서 be 동사(is)의 보어 자리에 올 수 있는 명사절 접속사 that이 올바르게 쓰였다.

[해석] 인간은 우리가 살고 있는 생물군계의 미생물, 식물, 그리고 동물로부터 얻을 수 있는 가시적인 이익을 넘어서는 자연에 대한 선천적인 친밀감을 가지고 있다. 풍경, 식물, 그리고 동물의 형태로 이루어진 자연이 우리의 행복에 좋다는 생각은 오래되었고 찰스 다윈이나 그 이전으로 거슬러 올라갈 수 있다. 이 생각은 심리학자 Erich Fromm에 의해 녹색 갈증(생물애)이라고 불렸고 하버드 개미 생물학자 Edward O. Wilson과 Steven Kellert에 의해 연구되었다. 1984년에, Willson은 『녹색 갈증』을 출판했고, 이어서 1995년에 Kellert와 Willson이 편집한 또 다른 책인 『녹색 갈증 가설』을 출판했다. 그들의 녹색 갈증 가설은 인간이 자연환경에 있고 싶어 하는 보편적인 욕망을 가지고 있다는 것이다.

[어휘] inborn 선천적인   go beyond ~을 넘어서다
tangible 가시적인, 만질 수 있는   derive benefit 이득을 취하다
trace 거슬러 올라가다   universal 보편적인   desire 욕망

2

[해설] ③ **현재완료 시제 l 능동태·수동태 구별** 문맥상 '지금까지 약 130명의 학생들이 정학 조치를 받았다'라는 과거에 시작된 일이 현재까지 영향을 미치는 상황을 표현하고 있으므로 현재완료 시제가 와야 하고, 주어(around 130 students)와 동사가 '정학 조치를 받다(주어지다)'라는 의미의 수동 관계이므로 현재완료 수동태 have been given이 들어가야 적절하다. (불변의 패턴 09)

[해석] 지금까지, 약 130명의 학생들이 정학 조치를 받았는데, 이것은 그들이 최대 30일까지 도서관을 이용할 수 없다는 것을 의미한다.

[어휘] suspension 정학

3

[해설] ① **수량 표현의 수 일치** that절의 동사 자리에 복수 동사 were가 왔으므로, that절의 주어 자리에도 복수 명사가 와야 한다. 따라서 단수 취급하는 수량 표현 the number of를 복수 취급하는 수량 표현 a number of(많은)로 고쳐야 한다. (불변의 패턴 06)

[오답분석] ② **기타 전치사** 동사 force는 전치사 into와 함께 force into(~을 강요하다)의 형태로 자주 쓰이므로 전치사 into가 올바르게 쓰였다.
③ **전치사 3: 위치** '~의 환경에서'는 전치사 under를 사용하여 under conditions(환경에서)로 나타낼 수 있으므로, under harsh conditions가 올바르게 쓰였다.
④ **전치사 2: 기간** 전치사 during은 명사 역할을 하는 것 앞에 와

서 기간을 나타내므로 during the 1940's가 올바르게 쓰였다.

[해석] 그는 1940년대에 일부 지역에서 많은 한국인들이 혹독한 환경에서 노동을 강요받았다는 것을 인정했다.

[어휘] acknowledge 인정하다   labor 노동   harsh 혹독한, 가혹한

4

[해설] ② **주어와 동사의 수 일치** 주어 자리에 단수 명사 a combination이 왔으므로 복수 동사 were를 단수 동사 was로 고쳐야 한다. 참고로 주어와 동사 사이의 수식어 거품(of silver ~ zinc)은 동사의 수 결정에 영향을 주지 않는다. (불변의 패턴 05)

[오답분석] ① **전치사 + 관계대명사** 선행사 the year 1800가 사물이고 관계절 내에서 전치사 during의 목적어 역할을 하므로 목적격 관계대명사 which가 올바르게 쓰였다.
③ **현재분사 vs. 과거분사** 수식받는 명사 The enhanced design과 분사가 '이 향상된 디자인이 ~이라고 불리다'라는 의미의 수동 관계이므로 과거분사 called가 올바르게 쓰였다.
④ **부사절 접속사 2: 기타** 문맥상 '볼타의 업적에 대한 소문이 퍼져서 그는 ~ 요청을 받았다'라는 의미가 되어야 자연스러운데, '~해서 -하다'라는 부사절 접속사 such ~ that을 사용하여 나타낼 수 있으므로 형용사 such가 명사 talk 앞에 올바르게 쓰였다.

[해석] 좋은 출발점을 찾기 위해서는, 최초의 현대식 전기 배터리가 개발되었던 1800년으로 돌아가야 한다. 이탈리아의 알레산드로 볼타는 은, 구리, 그리고 아연의 조합이 전류를 만드는 데 이상적이라는 것을 발견했다. 볼타의 전지라고 불리는 이 향상된 디자인은 바닷물에 적신 판지로 만들어진 원반들 사이에 이 금속들로 만들어진 원반들을 쌓아 올림으로써 만들어졌다. 볼타의 업적에 대한 소문이 퍼져서 그는 나폴레옹 황제 앞에서 직접 시연하라는 요청을 받았다.

[어휘] combination 조합, 결합   copper 구리   zinc 아연   ideal 이상적인
electrical current 전류   pile 전지   stack 쌓아 올리다   disc 원반
conduct 하다, 행동하다   demonstration 시연, 설명

5

[해설] ② **원형 부정사를 목적격 보어로 취하는 동사** 사역동사 let은 목적어와 목적격 보어가 수동 관계일 때 목적격 보어로 'be + p.p.' 형태를 취하는 5형식 동사인데, 목적어 me와 목적격 보어가 '내가 집중력을 잃게 되다'라는 의미의 수동 관계이므로 let me distracted를 let me be distracted로 고쳐야 한다. (불변의 패턴 03)

[오답분석] ① **원형 부정사를 목적격 보어로 취하는 동사** 사역동사 have(had)는 목적어와 목적격 보어가 수동 관계일 때 과거분사를 목적격 보어로 취하는 5형식 동사인데, 목적어 the woman과 목적격 보어가 '여자가 (경찰 당국에 의해) 체포되다'라는 의미의 수동 관계이므로 과거분사 arrested가 올바르게 쓰였다.
③ **원형 부정사를 목적격 보어로 취하는 동사** 사역동사 let은 목적어와 목적격 보어가 능동 관계일 때 동사원형을 목적격 보어로 취하는 5형식 동사인데, 목적어 me와 목적격 보어가 '내가 알다'라는 의미의 능동 관계이므로, 동사원형 know가 올바르게 쓰였다.
④ **원형 부정사를 목적격 보어로 취하는 동사** 사역동사 have(had)는 목적어와 목적격 보어가 능동 관계일 때 동사원형을 목적격 보어로 취하는 5형식 동사인데, 목적어 the students와 목적격 보어가 '학생들이 전화를 걸다'라는 의미의 능동 관계이므로, 동사원형 phone이 올바르게 쓰였다. 참고로, 접속사 and 앞에 동사원형 phone이 왔으므로 and 뒤에도 동사원형 ask가 올바르게 쓰였다.

[어휘] authorities 당국   distract 집중력을 잃게 하다   phone 전화를 걸다

6 정답 ①

해설 ① **자동사** 문맥상 '저 멀리 사라졌다'라는 의미가 되어야 자연스러운데, 동사 recede는 전치사(into) 없이 목적어(the distance)를 취할 수 없는 자동사이므로 자동사와 목적어 사이에 전치사 into를 써서 receded into the distance가 올바르게 쓰였다. (불변의 패턴 04)

오답분석 ② **타동사** 동사 approach(다가가다)는 전치사(on) 없이 목적어(the building)를 바로 취하는 타동사이므로 approach on the building을 approach the building으로 고쳐야 한다.
③ **타동사** 동사 sustain(버티다)은 전치사(for) 없이 목적어(you)를 바로 취하는 타동사이므로 sustain for you를 sustain you로 고쳐야 한다.
④ **타동사** 동사 nerve(용기를 주다)는 전치사(for) 없이 목적어(him)를 바로 취하는 타동사이므로 nerved for him을 nerved him으로 고쳐야 한다.

해석 ① 그녀의 발소리는 저 멀리로 사라졌다.
② 기동대는 건물로 다가가기 시작했다.
③ 한 잔의 커피는 점심때까지 버티기에는 충분하지 않다.
④ 그녀의 조언은 그가 자신의 길을 가도록 용기를 주었다.

어휘 footstep 발소리 recede into ~로 사라지다 police squad 기동대
approach 다가가다 sustain 버티다, 살아가게 하다
nerve 용기를 주다, 힘을 주다

7 정답 ①

해설 ① **5형식 동사** 빈칸은 동사 make의 목적격 보어 자리이다. 문맥상 '이미 앉아 있는 사람들이 자리를 내주도록 한다'라는 의미가 되어야 자연스러우므로 '(자리를) 차지하다'를 의미하는 take가 쓰인 ②, ④번은 정답이 될 수 없다. 동사 make는 목적격 보어로 원형 부정사를 취하는 사역동사이므로 ① give up이 정답이다. (불변의 패턴 03)

해석 나는 독일의 기차에서 바닥에 앉아 당신에게 편지를 쓰고 있다. 기차는 붐비고, 좌석은 다 찼다. 그러나, 이미 앉아 있는 사람들이 그들의 자리를 내주도록 하는 '안심 고객'이라는 특별한 등급이 있다.

어휘 crowded 붐비는 give up ~을 내주다, 넘겨주다

8 정답 ①

해설 ① **5형식 동사** 동사 hear(heard)는 동사원형이나 현재분사를 목적격 보어로 취하는 지각동사이므로 현재분사 sneezing과 coughing이 목적격 보어 자리에 올바르게 쓰였다. (불변의 패턴 03)

오답분석 ② **명사절 접속사 2: if와 whether** 문맥상 '그는 내게 무언가 필요한 것이 있는지(없는지) 물어보았다'라는 의미로 아버지가 불확실한 사실(내가 필요한 것이 있는지 없는지)에 대해 질문했다는 의미가 되어야 자연스러운데, 명사절 접속사 that은 확실한 사실을 나타내므로 의미상 적절하지 않다. 따라서 명사절 접속사 that을 불확실한 사실을 나타내는 명사절 접속사 if/whether(~인지 아닌지)로 고쳐야 한다. 참고로, 동사 ask는 간접 목적어(me)와 직접 목적어를 갖는 4형식 동사이므로 밑줄 친 명사절은 ask의 직접 목적어이다.
③ **관계대명사** 선행사 anything 뒤에 목적격 관계대명사 that 또는 which가 생략된 관계절이 온 형태이다. 생략된 관계대명사가 관계절 내에서 동사 do의 목적어 역할을 하고 있으므로 관계대명사 뒤에는 목적어가 없는 불완전한 절이 와야 한다. 따라서 anything he could do it을 anything he could do로 고쳐야 한다.
④ **5형식 동사** 동사 make는 목적격 보어로 동사원형을 취하는 사역동사이므로 to 부정사 to go away를 동사원형 go away로 고쳐야 한다.

해석 지난주에 나는 독감을 앓았다. 나의 아버지가 내가 재채기하고 기침하고 있는 것을 들었을 때, 그는 나의 침실 문을 열고 내게 무언가 필요한 것이 있는지 물어보셨다. 나는 그의 다정하고 염려하는 표정을 보아서 정말 행복했지만, 독감이 사라지게 하기 위해 그가 할 수 있는 것은 없었다.

어휘 flu 독감 sneeze 재채기하다 cough 기침하다
care 염려하다, 보살피다 go away 사라지다, 없어지다

p.30

불변의 패턴 13 주어가 동사 행위의 주체이면 능동태, 대상이면 수동태로 써야 한다.

기출문제 풀어보기 정답 ④

해설 ④ **능동태·수동태 구별** 동사 published 뒤에 목적어가 없고, 주어(the report)와 동사가 '보고서가 발간되다'라는 의미의 수동 관계이므로 능동태 published를 수동태 was published로 고쳐야 한다.

오답분석 ① **주어와 동사의 수 일치** 주어 자리에 복수 명사 Newspapers, journals, ~ trade publications가 왔으므로 복수 동사 provide가 올바르게 쓰였다.
② **불가산 명사** 불가산 명사는 부정관사(a/an)와 함께 쓰일 수 없으므로 부정관사 없이 불가산 명사 information이 올바르게 쓰였다.
③ **현재분사 vs. 과거분사** 수식받는 명사(the facts)와 분사가 '사실이 제시되다'라는 의미의 수동 관계이므로 과거분사 given이 올바르게 쓰였다.

해석 신문, 학술지, 잡지, TV 및 라디오와 전문 혹은 무역 출판물은 연례 보고서에 제시된 사실이나 보고서가 발간된 이후에 전개된 상황에 관한 사실을 해석하는 데 도움이 될 수 있는 추가적인 정보를 제공한다.

어휘 journal 학술지 publication 출판물 further 추가적인
interpret 해석하다 annual 연례의 publish 발간하다

p.31

불변의 패턴 14 자동사는 수동태로 쓸 수 없고, 능동태로 써야 한다.

기출문제 풀어보기 정답 ①

해설 ① **자동사 | 능동태·수동태 구별** emerge(부상하다)는 목적어를 취하지 않는 자동사이므로 수동태로 쓰일 수 없다. 따라서 과거완료 수동태 had been emerged as를 과거완료 능동태 had emerged as로 고쳐야 한다.

오답분석 ② **과거 시제 | 자동사** 특정 과거 시점을 나타내는 표현(By 1955)이 왔으므로 이미 끝난 과거의 일을 나타내는 과거시제 동사 embarked가 올바르게 쓰였고, 자동사 embark는 전치사 on과 함께 embark on(~에 착수하다)의 형태로 쓰이므로 전치사 on이 올바르게 쓰였다.
③ **관계부사와 관계대명사 비교** 관계사 뒤에 완전한 절(East and West ~ competition)이 왔으므로 선행사의 종류에 관계없이 '~에 의한(by which)' 등의 의미로 관계절을 연결하는 관계부사 whereby가 올바르게 쓰였다.
④ **주어와 동사의 수 일치 | 지시대명사** 접속사 and로 연결된 주어(East and West)는 복수 취급하므로 복수 동사 were가 올바르

게 쓰였고, 대명사가 지시하는 명사(East and West)가 복수이므로 복수 소유격 대명사 their가 올바르게 쓰였다.

해석 1955년까지 니키타 흐루쇼프는 소비에트 사회주의 공화국 연방에서 스탈린의 후계자로 부상했고, 그는 (그 정책에 의해) 동서양이 경쟁은 계속되, 덜 대립적인 방식으로 경쟁할 '평화 공존' 정책에 착수했다.

어휘 emerge 부상하다, 나타나다 successor 후계자
embark on ~에 착수하다 coexistence 공존 competition 경쟁
confrontational 대립적인

p.32

불변의 패턴 15 조동사와 조동사처럼 쓰이는 표현들 뒤에는 반드시 동사원형이 와야 한다.

기출문제 풀어보기   정답 ②

해설 ② **조동사 관련 표현 | 병치 구문** 조동사처럼 쓰이는 표현 would rather(차라리 ~하는 게 낫다) 뒤에는 동사원형이 와야 하므로 동사원형 enter가 올바르게 쓰였다. 또한, would rather A than B에서 비교 대상은 같은 구조끼리 연결되어야 하는데, than 앞의 명사구(in a year of economic expansion)가 'in a year of + 명사'의 형태이므로 than 뒤에도 in a year of economic contraction이 올바르게 쓰였다.

오답분석 ① **관계대명사** 선행사 population이 사람이고, 관계절 내에서 family income이 누구의 가족 소득인지를 나타내므로 목적격 관계대명사 which를 사람을 가리키는 소유격 관계대명사 whose로 고쳐야 한다.
③ **가짜 주어 구문 | to 부정사의 의미상 주어** 문맥상 '사람들은 신문을 집어 들기가 어렵다'라는 의미가 되어야 자연스러운데, that절이나 to 부정사구와 같이 긴 주어가 오면 가주어 it이 진주어인 that 절이나 to 부정사구를 대신해서 주어 자리에 쓰이므로 동사원형 pick을 to 부정사 to pick으로 고쳐야 한다. 또한, 문장의 주어(It)와 to 부정사(to pick up)의 행위 주체(people)가 다르면 to 부정사의 의미상 주어 'for + 명사'를 to 부정사 앞에 써야 하므로 명사절 접속사 that을 전치사 for로 고쳐야 한다.
④ **부사절 접속사 2: 양보** 문맥상 '비록 ~ 지속되고 있지만'이라는 의미가 되어야 자연스러운데, 두 개의 절을 연결할 수 있는 것은 접속사이므로 전치사 Despite를 부사절 접속사 Although로 고쳐야 한다.

해석 ① 빈곤율은 가족 소득이 절대 수준 이하로 떨어지는 인구의 비율이다.
② 당연히, 어떤 대학 졸업생이라도 경기 위축의 해보다는 경기 팽창의 해에 노동 인구에 들어가는 게 낫다.
③ 사람들은 경제에 대해 최근에 보고된 일부 통계 자료를 보지 않고는 신문을 집어 들기가 어렵다.
④ 비록 평균소득에서 성장이 지속되고 있지만, 빈곤율은 감소하지 않고 있다.

어휘 income 소득 absolute 절대의 labor force 노동 인구
expansion 팽창, 확대 contraction 위축, 수축 statistic 통계 자료
decline 감소하다

p.33

불변의 패턴 16 주장/제안/요구/명령 등의 동사가 목적어로 쓰인 that절에는 [should +] 동사원형이 와야 한다.

기출문제 풀어보기   정답 ②

해설 ② **조동사 should의 생략** 주절에 의무를 나타내는 동사 command가 오면 종속절에는 '(should +) 동사원형'이 와야 하므로, 종속절에 동사원형 cease가 올바르게 쓰였다.

오답분석 ① **능동태·수동태 구별** 주어(Several problems)와 동사가 '몇 가지 문제가 일어나게 되었다(생겼다)'라는 의미의 수동 관계이므로 능동태 have raised를 수동태 have been raised로 고쳐야 한다.
③ **시제 일치** 주절의 시제가 과거(had)이므로 종속절에는 과거시제가 쓰여야 한다. 따라서 미래 시제 will blow를 과거 시제 blew로 고쳐야 한다.
④ **능동태·수동태 구별** 주어(The seeds)와 동사가 '씨앗이 살아남다'라는 의미의 능동 관계이므로 수동태 are survived by를 능동태 survive로 고쳐야 한다.

어휘 raise 일으키다 due to ~ 때문에 command 명령하다
cease 중단하다 harsh 혹독한

p.34

불변의 패턴 17 현재/미래의 일은 「조동사 + 동사원형」으로, 과거 일에 대한 추측/후회는 「조동사 + have p.p.」로 써야 한다.

기출문제 풀어보기   정답 ④

해설 ④ **조동사 관련 표현** '뭔가 일이 있었음에 틀림없다'는 조동사 관련 표현 must have p.p.(~했었음에 틀림없다)를 사용하여 나타낼 수 있으므로, ②, ④번이 정답 후보인데, ②번은 '피터는 심각한 행동을 겪었음에 틀림없다'라는 의미이므로 정답이 될 수 없다. 따라서 주어진 문장을 Something must have happened to Peter to make him believe in such a way라고 표현한 ④번이 정답이다.

해석 ① 최근에 피터가 이상한 행동을 하고 있는 것은 확실하다.
② 피터는 심각한 행동을 겪었음에 틀림없다.
③ 피터는 그것을 실현시키기 위해 이상한 방식으로 행동한다.
④ 피터가 그렇게 행동하다니 뭔가 일이 있었음에 틀림없다.

어휘 certain 분명한, 확실한 recently 최근에 undergo 겪다
behavior 행동 behave 행동하다

p.35

불변의 패턴 18 반복되는 내용 대신 쓰는 do/be/have 동사는 그것이 대신하는 동사와 종류가 일치해야 한다.

기출문제 풀어보기   정답 ①

해설 (A) **조동사 do** 앞에 나온 일반동사(arrived)를 대신하는 do 동사는 자신이 속한 절의 주어와 수·시제가 일치해야 하므로, 과거 시제 did가 들어가야 적절하다.
(B) **지시대명사** 앞에 나온 단수 명사(the population)를 대신하면서 수식어(of ~ the south)의 꾸밈을 받을 수 있는 것은 지시대명사 that이므로, that이 들어가야 적절하다.

따라서, ① (A) did – (B) that이 정답이다.

[해석] 프랑스인들은 영국인들과 거의 같은 시기에 북아메리카에 도착했지만, 프랑스는 식민지화보다는 수익성이 있는 모피 무역에 더 관심이 있어서 프랑스인 정착민을 거의 보내지 않았다. 그 결과, 뉴프랑스의 인구는 남쪽의 영국 식민지 인구에 비해 적은 수준으로 유지되었다.

[어휘] profitable 수익성이 있는 fur 모피 trade 무역, 거래, 교역 colonization 식민지화 settler 정착민 colony 식민지

p.36

불변의 패턴 19 가정법 문장에서는 if절과 주절의 동사가 짝이 맞아야 한다.

기출문제 풀어보기
정답 ②

[해설] ② 가정법 과거 if절에 if가 생략된 가정법 과거 Were it not for (~이 없다면)가 왔으므로, 주절에도 가정법 과거를 만드는 '주어(all living ~ earth) + would/should/could/might + 동사원형(be)'의 형태인 all living creatures on earth would be extinct가 올바르게 쓰였다.

[오답분석] ① 타동사 동사 contact(연락하다)는 전치사(to) 없이 목적어(me)를 바로 취하는 타동사이므로 contact to me를 contact me로 고쳐야 한다.
③ 주격 관계절의 수 일치 관계절(who ~ offices) 내의 동사는 선행사(people)에 수 일치시켜야 하는데, 선행사 people이 복수 명사이므로 단수 동사 is를 복수 동사 are로 고쳐야 한다. 참고로, to 부정사 to continue는 동사 allow의 목적격 보어로 올바르게 쓰였다.
④ 비교급 문맥상 '그들이 그들의 실수를 설명하려 더 시도할수록, 그들의 이야기는 더 나쁘게 들렸다'라는 의미가 되어야 자연스러운데, '더 ~할수록 더 -하다'는 비교급 표현 'The + 비교급(more) + 주어(they) + 동사(attempted) ~, the + 비교급(worse) + 주어(their story) + 동사(sounded) -'의 형태로 나타낼 수 있으므로 최상급 표현 the worst를 비교급 표현 the worse로 고쳐야 한다.

[해석] ① 제가 지난주에 당신에게 드린 이메일 주소로 저에게 연락해 주세요.
② 만약 물이 없다면, 모든 지구상의 생물들은 멸종될 텐데.
③ 노트북 컴퓨터는 그들의 사무실에서 떨어져 있는 사람들이 일을 계속할 수 있게 한다.
④ 그들이 그들의 실수를 설명하려 더 시도할수록, 그들의 이야기는 더 나쁘게 들렸다.

[어휘] creature 생물 extinct 멸종된 attempt 시도하다

Section Test [불변의 패턴 13-19]
p. 38-39

1	②	2	③	3	④	4	①
5	①	6	④	7	⑤	8	①

1
정답 ②

[해설] ② 4형식 동사 that절을 목적어로 갖는 3형식 동사 mention 뒤에는 '사람(me)'이 혼자 올 수 없고 'to + 사람'(to me)의 형태로 와야 하므로 mentioned me that ~을 mention to me that ~으로 고쳐야 한다.

[오답분석] ① 5형식 동사 | 목적어 자리 동사 find(found)는 5형식 동사로 쓰일 때 'find(found) + 목적어 + 목적격 보어(exciting)'를 취하며 '~이 -라는 것을 알다'라는 의미를 나타내는데, to 부정사구 목적어가 목적격 보어와 함께 오면 진짜 목적어(to 부정사구)를 목적격 보어 뒤로 보내고 목적어가 있던 자리에 가짜 목적어 it을 써서 '가짜 목적어 it + 목적격 보어(exciting) + 진짜 목적어(to work here)'의 형태가 되어야 하므로 found it ~ to work here가 올바르게 쓰였다. 참고로, 감정을 나타내는 분사가 목적격 보어일 때 목적어가 감정의 원인인 경우 현재분사를 쓰고, 감정을 느끼는 대상인 경우 과거분사를 쓰는데, 목적어가 '이곳에서 일하는 것은 흥미롭다'라는 의미로 감정의 원인이므로 현재분사 exciting이 올바르게 쓰였다.
③ 5형식 동사 동사 want는 to 부정사를 목적격 보어로 취하는 5형식 동사이므로 want him to come이 올바르게 쓰였다.
④ 가정법 과거완료 | 부사 자리 '더 능숙하고 경험 많은 선생님이 있었다면'이라며 과거의 상황을 반대로 가정하고 있으므로 가정법 과거완료 would have treated가 올바르게 쓰였다. 참고로, 해당 문장은 if절이 생략된 상태이며, 문맥이나 상황에 가정하는 내용이 명백하게 드러나는 경우에는 가정법 문장에서 if절이 생략될 수 있다. 또한, 부사(otherwise)는 동사를 수식할 때 '동사 + 목적어'의 뒤에 올 수 있으므로, '동사 + 목적어'(treated him) 뒤에 부사 otherwise가 올바르게 쓰였다. (불변의 패턴 19)

[어휘] mention 언급하다 skillful 능숙한, 숙련된 experienced 경험 많은 treat 대하다, 다루다 otherwise 만약 그렇지 않았다면, 다른 상황에서는

2
정답 ③

[해설] ③ 수동태로 쓸 수 없는 동사 동사 result는 전치사 in과 함께 쓰여 '~을 초래하다'라는 의미로 쓰이는 자동사이므로 수동태로 쓸 수 없다. 따라서 수동태 has been resulted in을 능동태 has resulted in으로 고쳐야 한다. (불변의 패턴 14)

[오답분석] ① 가짜 주어 구문 해당 문장은 가주어 it이 길이가 긴 진짜 주어 to 부정사구(to imagine ~ forests) 대신 주어 자리에 쓰인 형태이므로, 진짜 주어 자리에 to 부정사구를 이끄는 to 부정사 to imagine이 올바르게 쓰였다.
② 숙어 표현 문맥상 '우리의 숲들을 당연히 여겨서는 안 된다'라는 의미가 되어야 자연스러우므로 숙어 표현 take ~ for granted (~을 당연히 여기다)를 완성하는 granted가 올바르게 쓰였다.
④ 현재분사 vs. 과거분사 분사 뒤에 목적어(wilderness regions)가 있고, 주절의 주어 deforestation과 분사구문이 '삼림벌채가 영향을 미친다'라는 의미의 능동 관계이므로, 현재분사 affecting이 올바르게 쓰였다.

[해석] 숲의 아름다움과 풍요로움이 없는 삶을 상상하는 것은 어려울 것이다. 그러나 과학자들은 우리가 우리의 숲들을 당연히 여겨서는 안 된다고 경고한다. 몇몇 추정치에 따르면, 삼림벌채는 세계 자연 삼림의 80퍼센트에 달하는 양의 손실을 초래했다. 최근 삼림벌채는 전 세계적인 문제이며, 태평양의 온대 강우림과 같은 야생 지역들에 영향을 미치고 있다.

[어휘] richness 풍요로움 take ~ for granted ~을 당연히 여기다 deforestation 삼림벌채 result in ~을 초래하다 wilderness 야생 지역 temperate rainforest 온대 강우림

3
정답 ④

[해설] ④ 조동사 관련 표현 조동사처럼 쓰이는 표현 may as well(~하는 편이 더 낫겠다) 뒤에는 동사원형이 와야 하므로 동사원형 hang이 올바르게 쓰였다. (불변의 패턴 15)

[오답분석] ① 원급 관련 표현 '인정을 받는 것보다는 성공을 하는 것이다'는 원급 관련 표현 not so much A as B(A라기보다는 B인)를 사용하여 나타낼 수 있으므로, not so much achieving success as receiving recognition을 not so much receiving recognition as achieving success로 고쳐야 한다.

② 우리말과 영작문의 의미상 불일치 '언제나 유용하지 않다'라는 의미를 나타내기 위해 '항상 유용한 것은 아니다'라는 의미의 not always useful을 never useful로 고쳐야 한다.

③ 우리말과 영작문의 의미상 불일치 '끝까지 너를 설득할 사람이다'라는 의미를 나타내기 위해 '설득할 가장 마지막 사람이다'라는 의미의 be the last person to persuade를 be the person to persuade you fully to go to the party와 같은 표현으로 고쳐야 한다.

[어휘] recognition 인정, 평가   concentration 집중력   persuade 설득하다

4
정답 ①

[해설] ① 기타 가정법 문맥상 '내 상상력을 더 일찍 활용했다면 좋았을 텐데'라며 과거 상황의 반대를 소망하고 있으므로, I wish I will을 I wish 가정법 과거완료 I wish I had used로 고쳐야 한다.

[오답분석] ② 상관접속사 문맥상 '특별한 것이 아니라 평범한 행위이다'라는 의미가 되어야 자연스러운데, 'A가 아니라 B'는 상관접속사 not A but B를 사용하여 나타낼 수 있으므로 not a special but an ordinary act가 올바르게 쓰였다.

③ 가정법 도치 주절에 가정법 과거완료를 만드는 might have been이 쓰였으므로, if절에도 if가 생략된 가정법 과거완료 구문 had he not found가 올바르게 쓰였다. 참고로, 가정법 문장의 if가 생략되면, 조동사(had)가 주어(he)보다 앞에 온다.

④ 조동사 should의 생략 문맥상 '모든 광고 캠페인의 용어를 주의 깊게 검토할 필요가 있다'라는 의미가 되어야 자연스럽고, 의무를 나타내는 형용사가 주절에 나오면 종속절에는 '(should) + 동사원형'이 와야 하므로 종속절에 be examined가 올바르게 쓰였다. (불변의 패턴 16)

[해석] ① 내 상상력을 더 일찍 활용했다면 좋았을 텐데.
② 호주에서는, 기부가 특별한 것이 아니라 평범한 행위이다.
③ 만약 Tom이 그의 아들을 찾지 못했다면 평생 그랬을 텐데.
④ 모든 광고 캠페인의 용어를 주의 깊게 검토할 필요가 있다.

[어휘] imagination 상상력   donate 기부하다   ordinary 평범한, 일반적인   act 행위   examine 검토하다, 살펴보다

5
정답 ①

[해설] ① 병치 구문 | 조동사 관련 표현 비교 구문 would rather A than B에서 비교 대상은 같은 품사끼리 연결되어야 하는데, 조동사처럼 쓰이는 표현 would rather 뒤에는 동사원형(relax)이 와야 하므로 than 뒤에도 동사원형이 와야 한다. 따라서 going을 동사원형 go로 고쳐야 한다. (불변의 패턴 15)

[오답분석] ② to 부정사를 취하는 동사 형용사 unwilling(꺼리는)은 to 부정사를 취하는 형용사이므로 unwilling 뒤에 to 부정사 to interfere가 올바르게 쓰였다.

③ 동명사 관련 표현 | 전치사 + 관계대명사 '과거의 일을 걱정해 봐야 소용없다'는 동명사 관련 표현 It's no use -ing(-해도 소용없다)로 나타낼 수 있으므로 It's no use worrying이 올바르게 쓰였다. 또한, 선행사 past events가 사물이고 관계절 내에서 전치사 over의 목적어 역할을 하므로 목적격 관계대명사 which가 올바르게 쓰였다. 참고로, 전치사(over) 뒤에 관계대명사 that은 올 수 없다.

④ 부사절 접속사 2: 기타 부사절 접속사 so ~ that(매우 ~해서 -하다)은 'so + 형용사/부사(often) + that + 주어(my secretary) + 동사(carries)'의 형태로 쓰이므로 so often that my secretary carries ~가 올바르게 쓰였다.

[어휘] unwilling 꺼리는   interfere 개입하다
it is no use -ing -해도 소용없다   spare 여분의, 한가한

6
정답 ④

[해설] ④ 수동태로 쓸 수 없는 동사 동사 appear는 목적어를 갖지 않는 자동사이므로 수동태로 쓸 수 없다. 따라서 수동태 was appeared를 능동태 appeared로 고쳐야 한다. (불변의 패턴 14)

[오답분석] ① 인칭대명사 대명사가 지시하는 것이 단수 취급하는 to 부정사구(To "win hands down")이므로 단수 소유대명사 its가 올바르게 쓰였다.

② 부사 자리 동사를 앞에서 수식하는 것은 부사이므로 동사 strikes 앞에 부사 typically이 올바르게 쓰였다.

③ 원형 부정사를 목적격 보어로 취하는 동사 사역동사 let은 목적격 보어로 동사원형을 취하는 5형식 동사이므로 목적격 보어 자리에 동사원형 go가 올바르게 쓰였다.

[해석] '쉽게 승리하다' 또는 '거의 노력하지 않고 또는 아무 노력 없이 승리하다'를 의미하는 'win hands down(쉽게 이기다)'은 그것의 기원이 경마에 있다. 접전의 사진 판정 경주에서, 기수는 보통 속도를 유지하거나 높이기 위해서 말을 채찍이나 고삐로 때린다. 말이 몇 마신 정도 앞서 승리가 확실시될 때, 기수는 보통 말을 때리는 것을 중단하거나, 고삐가 느슨해지도록 둔다. 사실상, 그는 그의 '손을 내려' 놓는다. 그 표현은 19세기 중반에 등장했다. 그 세기말에는 이것이 '전혀 어려움이 없다'라는 뜻을 의미하기 위해 경마 이외에서 사용되었다.

[어휘] win hands down 쉽게 이기다   origin 기원   close 접전의
photo-finish 사진 판정의   jockey 기수   bat 채찍   rein 고삐
length (경마의) 1마신(馬身)   cease 중단하다

7
정답 ⑤

[해설] ⑤ 조동사 관련 표현 | 부사 자리 부사절 접속사 before가 이끄는 절에 과거 시제 made가 나왔으므로 주절에는 특정 과거 시점 이전에 발생한 일을 나타내는 표현이 와야 한다. 문맥상 '우리가 제안을 하기 전에 이미 제안했었을지도 모른다'라는 의미가 되어야 자연스러운데, 조동사 may는 'may have p.p.'(~이었을지도 모른다)의 형태로 쓰여 과거에 대한 추측을 나타낼 수 있으므로 may have offered가 쓰인 ④, ⑤번이 정답 후보이다. 부사 already는 'have + p.p.' 사이나 뒤에 와야 하므로 ⑤ may have already offered가 정답이다. (불변의 패턴 17)

[해석] 우리가 제안을 하기 전에 한 경쟁 회사가 이미 톰에게 일자리를 제안했었을지도 모른다.

[어휘] offer 제안하다

8
정답 ①

[해설] ① 능동태·수동태 구별 주어(A week's holiday)가 동사 promise의 행위의 대상이므로 수동태 has been promised가 올바르게 쓰였다. (불변의 패턴 13)

[오답분석] ② 능동태·수동태 구별 주어(She)가 동사 destine의 행위의 대상이므로 능동태 destined를 수동태 was destined로 고쳐야 한다.

③ 비교급 문맥상 '작은 마을이 큰 도시보다 더 좋다'는 than 대신

to를 쓰는 비교 표현 preferable to(~보다 더 좋은)로 나타낼 수 있으므로 than을 to로 고쳐야 한다.

④ **목적어 자리** to 부정사구 목적어(to stay ahead)가 목적격 보어(increasingly challenging)와 함께 오면, 진짜 목적어인 to 부정사구를 목적격 보어 뒤로 보내고 목적어가 있던 자리에 가짜 목적어 it을 써야 하므로 finding ~ to stay ahead를 finding it ~ to stay ahead로 고쳐야 한다. 참고로, find는 '~이 -임을 깨닫다'라는 의미를 나타낼 때 목적어와 목적격 보어를 취하는 5형식 동사로 쓰인다.

해석 ① 일주일의 휴가가 모든 사무직 직원들에게 약속되었다.
② 그녀는 다른 이들을 위해 봉사하는 삶을 살도록 운명 지어졌다.
③ 작은 마을이 큰 도시보다 아이들을 키우기에는 더 좋은 것 같아 보인다.
④ 최고의 소프트웨어 회사들은 계속 앞서 있는 것이 점점 더 힘든 일임을 깨닫고 있다.

어휘 destine ~을 운명 짓다 serve (~을 위해) 봉사하다, 일하다
preferable 더 좋은, 선호되는 raise 키우다, 양육하다
stay ahead 앞서 있다

Section 3 준동사구

불변의 패턴 20 동명사/to 부정사의 능동형과 수동형을 구분해야 한다.

기출문제 풀어보기
정답 ③

해설 ③ **동명사의 형태** 동명사(promoting)의 의미상 주어인 him과 동명사가 '그가 승진이 되다'라는 의미의 수동 관계이므로 동명사의 능동형 promoting을 동명사의 수동형 being promoted로 고쳐야 한다.

오답분석 ① **재귀대명사의 쓰임** 재귀대명사는 주어나 목적어를 강조할 때 쓰이거나, 목적어가 지칭하는 대상이 주어와 동일할 때 쓰이는데, 제시된 문장에서 동사 adapt의 목적어 themselves가 지칭하는 대상이 주어 Human beings와 동일하므로, Human beings quickly adapt themselves ~가 올바르게 쓰였다.
② **to 부정사 관련 표현** '포기할 수밖에 없었다'는 to 부정사 관련 표현 'have no choice but + to 부정사'(~할 수밖에 없다)를 사용하여 나타낼 수 있으므로 had no choice but to give up이 올바르게 쓰였다.
④ **to 부정사의 역할 | 병치 구문** 해당 문장은 가주어 It이 길이가 긴 진짜 주어 to 부정사구(to assemble ~ toy car) 대신 주어 자리에 쓰인 형태이므로, 진짜 주어 자리에 to 부정사구를 이끄는 to 부정사 to assemble이 올바르게 쓰였다. 또한, 접속사(and)로 연결된 병치 구문에서는 같은 구조끼리 연결되어야 하는데, and 앞에 to 부정사(to assemble)가 왔으므로 and 뒤에도 to 부정사가 와야 한다. 병치 구문에서 나온 두 번째 to는 생략될 수 있으므로 (to) take apart가 올바르게 쓰였다.

어휘 adapt 적응시키다 give up 포기하다
prohibit A from B A가 B하는 것을 금하다 assemble 조립하다
take apart 분리하다

불변의 패턴 21 동사에 따라 다른 준동사가 목적어로 와야 한다.

기출문제 풀어보기
정답 ④

해설 ④ **동명사와 to 부정사 둘 다 목적어로 취하는 동사** 동사 prefer는 '~보다 -를 더 선호하다'라는 의미로 사용될 때 'prefer + to 부정사 + rather than + to 부정사' 또는 'prefer + 동명사 + to + 동명사'의 형태로 쓴다. 따라서 prefer to staying home than to going out을 prefer to stay home rather than (to) go out 또는 prefer staying home to going out으로 고쳐야 한다.

오답분석 ① **5형식 동사 | 목적어 자리** 동사 make는 5형식 동사로 쓰일 때 'make(made) + 목적어 + 목적격 보어(a rule)' 형태를 취하며, '~이 -하게 만들다'라는 의미를 나타낸다. '그에게 매달 두세 번 전화하는 것을' 규칙으로 만드는 것이므로, 목적어 자리에는 to 부정사구(to call ~ month)가 와야 한다. 그런데, to 부정사구 목적어가 목적격 보어와 함께 오면, 진짜 목적어를 목적격 보어 뒤로 보내고 목적어가 있던 자리에 가짜 목적어 it을 써야 하므로 I made it a rule to call ~ month가 올바르게 쓰였다.
② **정관사 the** '팔을 붙잡다'는 정관사 the와 함께 'by the + 신체 부위(arm)'의 형태로 나타낼 수 있으므로 by the arm이 올바르게 쓰였다.
③ **전치사 자리 | 기타 전치사** 전치사(Owing to) 뒤에는 명사 역할을 하는 것이 와야 하므로 전치사 Owing to(~로 인해) 뒤에 명사구 the heavy rain이 올바르게 쓰였다. 또한 '120cm 상승했다'를 나타내기 위해 '~만큼'이라는 의미를 나타내는 전치사 by가 올바르게 쓰였다.

어휘 grab 붙잡다 owing to ~로 인해, ~ 때문에

불변의 패턴 22 관용적으로 동명사와 to 부정사를 정해서 쓰는 표현을 구분해야 한다.

기출문제 풀어보기
정답 ④

해설 ④ **동명사 관련 표현** 문맥상 '나무를 두드린다고 고백했다'라는 의미가 되어야 자연스러운데, '~을 고백하다'는 관용적으로 동명사를 정해서 쓰는 표현인 'confess to -ing'로 나타낼 수 있으므로 동사 원형 knock을 동명사 knocking으로 고쳐야 한다.

오답분석 ① **현재분사 vs. 과거분사** 수식받는 명사 A survey와 분사가 '설문 조사가 수행되다'라는 의미의 수동 관계이므로 과거분사 conducted가 올바르게 쓰였다.
② **관계부사** 선행사 modern America가 장소를 나타내고, 관계사 뒤에 완전한 절(superstitions ~ a weak mind)이 왔으므로 장소를 나타내는 선행사와 함께 쓰이는 관계부사 where가 올바르게 쓰였다.
③ **분사구문의 형태** 문맥상 '다른 56퍼센트는 단지 낙관적으로 미신을 믿는다고 주장했고, 이것(다른 56퍼센트는 단지 낙관적으로 미신을 믿는다고 주장했다는 것)은 그들이 불운보다는 행운과 관련된 미신을 믿고자 한다는 것을 의미한다'라는 의미가 되어야 자연스러운데, 앞의 문장 전체와 동사가 '~을 의미한다'라는 의미의 능동 관계이므로 현재분사가 와야 한다. 따라서 현재분사 meaning이 올바르게 쓰였다.

Section 3 준동사구 **13**

해석 Market Facts 사의 연구부에 의해서 『American Demographics』 잡지를 위해 수행된 한 설문 조사는 몇몇 놀라운 결과를 발견했다. 미신은 약한 마음가짐이 지닌 신념에 불과하다고 여겨지는 현대 미국에서, 설문 조사된 사람의 44퍼센트가 그들이 여전히 미신을 믿는다는 것을 인정했다. 다른 56퍼센트는 단지 '낙관적으로 미신을 믿는다'고 주장했고, 이것은 그들이 불운과 관련된 것보다는 행운과 관련된 미신을 더 믿고자 한다는 것을 의미한다. 예를 들어, 자신이 그다지 미신을 믿지는 않는다고 말한 사람 중 12퍼센트는 행운을 빌며 나무를 두드린다고 고백했다. 그리고 9퍼센트는 행운을 빌며 길에서 1페니를 줍곤 한다고 고백했다. 믿지 않는 사람들 중 추가 9퍼센트는 또한 만약 그들이 네잎클로버를 발견한다면 행운을 빌며 그것을 주울 것이라고 말했다. 그리고 몇몇은 행운을 빌며 겨우살이 밑에서 키스하는 것을 여전히 믿었다.

어휘 conduct 수행하다 superstition 미신
superstitious 미신을 믿는, 미신적인 optimistically 낙관적으로
confess 고백하다 mistletoe (크리스마스 장식용) 겨우살이

p.45

불변의 패턴 23 분사의 의미상 주어가 분사가 나타내는 행위의 주체면 현재분사, 대상이면 과거분사가 와야 한다.

기출문제 풀어보기
정답 ②

해설 ② **현재분사 vs. 과거분사** 분사의 의미상 주어 a bridge는 분사가 나타내는 행위의 주체이므로, 과거분사 connected를 현재분사 connecting으로 고쳐야 한다.

오답 분석 ① **도치 구문: 부사구 도치 1** 부사 so가 '~도 마찬가지이다'라는 의미로 쓰여 문장 앞에 오면 주어와 동사가 도치되어 'so + 동사(was) + 주어(the number of the commuters)'의 어순이 되어야 하므로 주어 앞에 so was가 올바르게 쓰였다.
③ **가짜 주어 구문** to 부정사구(to build anything on it)와 같이 긴 주어가 오면 진짜 주어(to 부정사구)를 문장 맨 뒤로 보내고 가주어 it이 주어 자리에 대신해서 쓰이므로 it이 올바르게 쓰였다.
④ **분사구문의 관용 표현** 동시에 일어나는 상황은 'with + 목적어(hundreds of ships) + 분사'의 형태로 나타낼 수 있는데 목적어 hundreds of ships와 분사가 '수백 척의 배가 항해하다'라는 의미의 능동 관계이므로 현재분사 sailing이 올바르게 쓰였다.

해석 1860년대에 맨해튼과 브루클린의 인구가 급속히 증가했으며, 그들 사이의 통근자의 수도 마찬가지였다(증가했다). 수천 명의 사람들이 매일 이스트강을 가로질러 보트와 페리를 탔지만, 이러한 운송 수단의 형태는 불안정했고 나쁜 날씨로 인해 자주 중단되었다. 많은 뉴욕 시민들은 맨해튼과 브루클린을 직접 연결하는 다리를 갖고 싶어 했는데, 이는 그것이 그들의 통근을 더 빠르고 더 안전하게 만들 것이기 때문이었다. 불행하게도, 이스트강의 넓은 폭과 거친 조류 때문에 그 위에 어떤 것이든 짓는 것은 어려웠다. 또한 그것은 그 당시 매우 분주한 강이었는데, 수백 척의 배가 끊임없이 그 위를 항해 중이었다.

어휘 population 인구 rapidly 급속히 commuter 통근자
transport 운송 수단 unstable 불안정한 frequently 자주
width 폭, 너비 rough 거친 tide 조류, 조수 sail 항해하다

p.46

불변의 패턴 24 감정을 나타내는 분사가 수식 또는 보충 설명하는 대상이 감정을 일으키면 현재분사, 감정을 느끼면 과거분사를 써야 한다.

기출문제 풀어보기
정답 ①

해설 ① **5형식 동사의 수동태 | 현재분사 vs. 과거분사** 목적격 보어를 갖는 5형식 동사 make(made)가 수동태가 되는 경우 목적격 보어는 수동태 동사 뒤에 남아야 하는데, 감정을 나타내는 분사가 보충 설명하는 대상이 감정을 느끼는 대상(We)이므로 현재분사 touching을 과거분사 touched로 고쳐야 한다. 참고로, 이 문장은 동사 make(made) 대신 be 동사(were)를 쓰고, '~에 의해'라는 의미의 전치사 by를 써서 We were touched by his speech로 고치는 것이 가장 자연스럽다.

오답 분석 ② **기타 전치사 | 부정대명사 one** '비용을 차치하고'는 전치사 숙어 표현 apart from(~을 제외하고)을 사용하여 나타낼 수 있으므로 Apart from its cost가 올바르게 쓰였다. 또한 대명사가 지칭하는 명사(the plan)가 단수이므로 단수 부정대명사 one이 올바르게 쓰였다.
③ **분사구문의 형태** '뜨거운 차를 마시는 동안에'라는 의미를 만들기 위해 시간을 나타내는 부사절 역할을 하는 분사구문 while drinking hot tea가 올바르게 쓰였다. 참고로, 분사구문의 의미를 분명하게 하기 위해 부사절 접속사 while이 분사구문 앞에 쓰였다.
④ **5형식 동사** 사역동사 make(made)는 목적어와 목적격 보어가 수동 관계일 때 과거분사를 목적격 보어로 취하는 5형식 동사인데, 목적어 him과 목적격 보어가 '그가 적합했다(적합하게 되었다)'라는 의미의 수동 관계이므로 과거분사 suited가 올바르게 쓰였다.

어휘 apart from ~을 차치하고, ~을 제외하고 suit 적합하게 하다, 어울리게 하다

Section Test							p. 48-49
1	①	2	③	3	④	4	③
5	①	6	④	7	③	8	③

1
정답 ①

해설 ① **동명사 관련 표현** 문맥상 '너무 많은 사람이 한 곳에 있는 것에 익숙해지는 데 시간이 좀 걸렸다'라는 의미가 되어야 자연스러운데, '~에 익숙해지다'는 관용적으로 동명사를 정해서 쓰는 표현 'get used to -ing'의 형태로 나타낼 수 있으므로 get used to 뒤의 동사원형 have를 동명사 having으로 고쳐야 한다. (불변의 패턴 22)

오답 분석 ② **수량 표현 + 관계대명사** 문맥상 '그들(많은 사람들) 모두'라는 의미가 되어야 자연스러운데, 선행사(many people) 전체를 나타낼 때는 관계대명사 앞에 수량 표현을 써서 '수량 표현 + of + 관계대명사'의 형태로 쓸 수 있으므로, 관계대명사 whom 앞에 전체를 나타내는 수량 표현 all을 사용하여 all of whom이 올바르게 쓰였다. 참고로, 선행사가 사람이므로 사람을 나타내는 목적격 관계대명사 whom이 전치사 of 뒤에 올바르게 쓰였다.
③ **현재분사 vs. 과거분사** 수식받는 명사 18 million people과 분사가 '사람들이 퍼져 있다'라는 의미의 수동 관계이므로 과거분사 spread out이 올바르게 쓰였다. 참고로, '펼치다'라는 의미의 동사 spread는 현재형과 과거형, 과거분사형의 형태가 모두 spread로 같다.
④ **형용사 자리** 형용사 alone은 '~하나만으로도'라는 의미로 쓰일 때 명사를 뒤에서 수식하므로, alone이 the state of Massachusetts 뒤에 올바르게 쓰였다.

해석 자동차와 교통 체증 외에도, 그녀는 너무 많은 사람이 한 곳에 있고, 그들 모두가 너무 빠르게 움직이는 것에 익숙해지는 데 시간이 좀 걸렸다고 말했다. 그녀는 "호주에는 전국에 걸쳐 1,800명의 사람만이

퍼져 있어요"라고 말했다. "매사추세츠주에만 600만 명이 넘는 사람들이 있는 데 비해서요."

어휘 traffic jam 교통 체증

2
정답 ③

해설 ③ **to 부정사의 형태** 문맥상 '열대 우림 생태계의 과도한 개발이 그 붕괴의 원인이 된 것으로 보인다'라는 의미가 되어야 자연스러우므로 능동태인 ①, ③번이 정답 후보이다. 빈칸이 있는 문장의 동사는 현재 시제 동사 seems to(~인 것으로 보인다)인데, '~인 것으로 보인다'고 추측하는 시점은 현재이지만, '붕괴의 원인이 된 것', 즉 '추측하는 행위가 일어난 시점은 과거에 발생해서 현재까지 영향을 미치고 있는 것(마야인들이 열대 우림 생태계를 과도하게 개발한 것)이므로 빈칸에는 to 부정사의 완료형(to have p.p.)을 완성하는 have contributed to가 들어가야 한다. 따라서 ③번이 정답이다. (불변의 패턴 20)

해석 과잉인구가 핵심 역할을 했을지도 모르는데, 즉 물 부족뿐만 아니라 마야인들이 식량을 의존했던 열대 우림 생태계의 과도한 개발이 그 붕괴의 원인이 된 것으로 보인다.

어휘 overpopulation 과잉인구 role 역할 exploitation 개발, 이용
shortage 부족 collapse 붕괴 contribute to ~의 원인이 되다

3
정답 ④

해설 ④ **분사구문의 관용 표현** 동시에 일어나는 상황은 'with + 명사 + 분사'의 형태로 나타낼 수 있는데, 명사(one quarter of its population)가 분사가 나타내는 행위의 주체이므로 과거분사 lived를 현재분사 living으로 고쳐야 한다. (불변의 패턴 23)

오답분석 ① **분사구문의 형태** 주절의 주어(Jaisalmer)와 분사구문이 '자이살메르가 Golden City로 알려졌다'라는 의미의 수동 관계이므로 현재분사 Knowing을 과거분사 Known으로 올바르게 고쳤다.

② **분사구문의 형태** 문장 내에 이미 동사(rises)가 있으므로 동사 shelters를 명사(its 30-foot-high ~ fort)를 뒤에서 수식하는 분사로 고쳐야 하는데 수식받는 명사와 분사가 '성벽들과 요새가 보호한다'라는 의미의 능동 관계이므로 동사 shelters를 현재분사 sheltering으로 올바르게 고쳤다.

③ **부사절 접속사 2: 기타** 문맥상 '이곳의 삶은 거의 변하지 않아서 13세기의 당신 스스로를 상상하기 쉽다'라는 의미가 되어야 자연스러우므로, 부사절 접속사 so ~ that(매우 ~해서 -하다)을 사용해 관계대명사 which를 that으로 올바르게 고쳤다.

해석 Golden City로 알려진, 카이버 고개로 향하는 길목에 있는 이전의 캐러밴 중심지였던 자이살메르는 그곳의 30피트 높이의 성벽들과 중세 사암으로 된 요새가 사파이어색의 하늘로 치솟는 조각된 첨탑과 궁전들을 보호하며 모래 바다에 우뚝 솟아 있다. 그것의 아주 작고 구불구불한 길과 숨겨진 사원들 때문에, 자이살메르는 아라비안나이트에서 바로 나온 것 같이 생겼고, 이곳(자이살메르)의 삶은 거의 변하지 않아서 과거 13세기의 당신 스스로를 상상하기 쉽다. 이곳은 인구의 4분의 1이 성벽 안에 살고 있으면서 여전히 기능하고 있는 인도의 유일한 요새 도시이고, 이곳(자이살메르)은 (사람들이) 자주 다니는 길목에서 충분히 꽤 멀어서 관광업으로 인한 최악의 파괴를 모면할 수 있었다. 그 도시의 재산은 본래 그곳(그 도시)을 지나가는 낙타 캐러밴들에 부과되었던 상당한 통행료에서 나왔다.

어휘 caravan 캐러밴, 이동식 주택 medieval 중세의 fort 요새
shelter 보호하다 spire 첨탑 soar 우뚝 솟아 있다
winding 구불구불한 alter 변하다 beaten path 자주 다니는 길목
spare 모면하다 ravage 파괴 substantial 상당한 toll 통행료

4
정답 ③

해설 ③ **현재분사 vs. 과거분사** 분사의 의미상 주어(reports)가 분사가 나타내는 행위의 대상이므로 현재분사 requiring을 과거분사 required로 고쳐야 한다. (불변의 패턴 23)

오답분석 ① **현재분사 vs. 과거분사** 주절의 주어(The banks)와 분사구문이 '은행이 시작한다'라는 의미의 능동 관계이므로 현재분사 starting이 올바르게 쓰였다.

② **관계부사** 선행사 areas가 장소를 나타내고, 관계사 뒤에 완전한 절(a business ~ get)이 왔으므로 장소를 나타내는 선행사와 함께 쓰이는 관계부사 where가 올바르게 쓰였다. 참고로, it can get은 목적격 관계대명사 which/that이 생략된 관계절이며 선행사 service와 help를 수식한다.

④ **능동태·수동태 구별** 주어 a decision과 동사가 '결정이 내려지다(결정을 내리다)'라는 의미의 수동 관계이므로 수동태가 와야 하고, 수동태의 진행형은 'be being + p.p.'의 형태를 취하므로 과거분사 made 앞에 being이 올바르게 쓰였다.

해석 신생 기업이 법인이 되자마자 그것은 은행 계좌가 필요할 것이며, 임금대장 계좌의 필요성이 곧 뒤따를 것이다. 은행은 급여를 지불하고 관련 세금 회계 장부를 기록하는 서비스에서 매우 경쟁적이며, 심지어 가장 규모가 작은 기업들을 상대로 (서비스를) 시작한다. 이러한 것들은 한 기업이 그들이 받을 수 있는 최상의 서비스와 대부분 '무료인' 회계 관련 지원을 원하는 분야이다. 변화하는 지불 급여세 법률은, 특히 50개의 주 중 여러 곳에서 영업 인력이 운영될 예정일 경우, 뒤떨어지지 않도록 따라가야 하는 골칫거리이다. 그리고 요구되는 보고서들은 회사의 사무직의 부담이 된다. 그러한 서비스들은 대개 은행 직원에 의해 가장 잘 제공된다. 이 분야에 있는 은행들의 참고 자료는 ADP와 같은 급여 지불 대체 서비스와 비교되어야 하지만, 결정을 내릴 때는 장래의 그리고 장기적인 관계를 명심해야 한다.
*12번째 줄의 add는 오타이므로, 해석하지 않았습니다.

어휘 start-up 신생 기업 incorporate 법인으로 만들다, 설립하다
payroll 임금대장, 급여 대상자 명단
competitive 경쟁적인, 경쟁으로 결정되는 legislation 법률, 법률 제정
keep up with 뒤떨어지지 않도록 따라가다
administrative 사무의, 행정의 reference 참고 자료
alternative 대체의, 대체 가능한
keep in mind 명심하다, 잊지 않고 있다

5
정답 ①

해설 ① **현재분사 vs. 과거분사** 감정을 나타내는 동사(depress)의 경우 분사가 보충 설명하는 대상이 감정을 일으키면 현재분사를, 감정을 느끼면 과거분사를 써야 하는데, 문맥상 '그것(동물 보호소를 방문하는 것)이 우울하게 하다'라는 의미로 분사가 보충 설명하는 대상(it)이 '우울한' 감정을 일으키므로 과거분사 depressed를 현재분사 depressing으로 고쳐야 한다. (불변의 패턴 24)

오답분석 ② **관계부사** 선행사 streets가 장소를 나타내고, 관계사 뒤에 완전한 절(they're ~ the elements)이 왔으므로 장소를 나타내는 선행사와 함께 쓰이는 관계부사 where가 올바르게 쓰였다.

③ **능동태·수동태 구별** 동사(are found) 뒤에 목적어가 없고, 주어(Many lost pets)와 동사가 '많은 실종된 반려동물들은 발견된다'라는 의미의 수동 관계이므로 수동태 are found가 올바르게 쓰였다.

④ **형용사 자리** 문맥상 '입양할 수 있는 반려동물'이라는 의미가 되어야 자연스러우므로 명사를 수식할 수 있는 형용사 adoptable이 명사(pets) 앞에 올바르게 쓰였다.

해석 많은 사람들은 그것(동물 보호소를 방문하는 것)이 너무 슬프거나 우울하게 하기 때문에 동물 보호소를 방문하려고 하지 않는다. 너무나

많은 운이 좋은 동물들이 교통사고, 그리고 다른 동물이나 인간의 공격을 받을 위험이 있으며 악천후의 영향을 받기 쉬운 길거리에서의 위험한 생활에서 구조되었기 때문에 그들은 그렇게 낙담하지 않아야 한다. 마찬가지로 많은 실종된 반려동물들도 그들이 동물 보호소로 이동되었다는 이유만으로 마음이 산란해진 주인들에게 발견되고 되찾아진다. 가장 중요한 것은, 입양할 수 있는 반려동물들은 집을 찾으며, 아프고 위험에 처한 동물들은 인도적으로 고통을 덜게 된다.

어휘 refuse ~하려고 하지 않다 shelter 보호소, 피난처 at risk 위험이 있는
subject to ~의 영향을 받기 쉬운 elements 악천후
likewise 마찬가지로 reclaim 되찾다, 매립하다
distraught (근심 따위로) 마음이 산란해진
relieve ~을 덜게 하다, 편안하게 하다 suffering 고통, 괴로움

6
정답 ④

해설 ④ 현재분사 vs. 과거분사 현재분사(injuring) 뒤에 목적어가 없고, 분사의 의미상 주어 Millions of pedestrians가 분사가 나타내는 행위의 대상이므로, 현재분사 injuring을 be 동사(are) 뒤에서 수동태를 완성하는 과거분사 injured로 고쳐야 한다. (불변의 패턴 23)

오답 분석 ① 주어와 동사의 수 일치 주어 자리에 복수 명사 pedestrians가 왔으므로 복수 동사 lose가 올바르게 쓰였다.
② to 부정사의 역할 문맥상 '결국 돌아오지 않는다'라는 의미가 되어야 자연스러우므로 부정어 never 뒤에 결과를 나타내는 to 부정사 to return이 올바르게 쓰였다.
③ 원급 'as + 형용사/부사의 원급 + as'(~만큼 -한)에서 as ~ as 사이가 형용사 자리인지 부사 자리인지는 as, as를 지우고 구별할 수 있다. be 동사(is)의 보어 자리에는 형용사 역할을 하는 것이 와야 하므로 형용사 high가 올바르게 쓰였다.

해석 매년, 27만 명 이상의 보행자들은 전 세계의 도로에서 그들의 목숨을 잃는다. 많은 사람들은 그들이 어떤 날이든 그러곤 했듯이 그들의 집을 나서고 결국 돌아오지 않는다. 세계적으로, 보행자들은 도로 교통 사망자 수 전체의 22퍼센트를 구성하고, 일부 국가에서 이 비율은 도로 교통 사고사 전체의 3분의 2만큼이나 높다. 수백만 명의 보행자들은 치명상을 입지는 않으며, 그들 중 일부는 영구적인 장애가 남아 있다. 이러한 사고들은 경제적인 어려움뿐만 아니라 더 많은 고통과 슬픔의 원인이 된다.

어휘 pedestrian 보행자 constitute 구성하다 fatality 사망자, 치사율
proportion 비율 permanent 영구적인 grief 슬픔

7
정답 ③

해설 ③ 현재분사 vs. 과거분사 분사의 의미상 주어(an expanse of grassland)가 분사가 나타내는 행위의 주체이므로 과거분사 supported를 현재분사 supporting으로 고쳐야 한다. (불변의 패턴 23)

오답 분석 ① 부사절 접속사 2: 양보 | 도치 구문: 기타 도치 as가 '비록 ~이지만'이라는 의미의 양보를 나타내는 부사절 접속사로 쓰이고, 양보의 부사절 내의 보어(Strange)가 as 앞에 오는 경우 '보어 + as + 주어 + 동사'의 어순이 되어야 하므로, Strange as 뒤에 '주어(it) + 동사(may seem)'가 올바르게 쓰였다.
② 정관사 the 유일한 것을 나타내는 명사 앞에는 정관사 the가 와야 하므로 the Sahara(사하라 사막)가 올바르게 쓰였다.
④ 현재분사 vs. 과거분사 수식받는 명사(animal life)와 분사가 '동물의 생태와 관련되다'라는 의미의 수동 관계이므로 과거분사 associated with가 올바르게 쓰였다.

해석 이상하게 보일 수도 있지만, 사하라 사막은 한때 아프리카 평원과 관련된 동물의 생태를 지탱하는 넓게 트인 목초지였다.

어휘 expanse 넓게 트인 지역 grassland 목초지
be associated with ~와 관련되다 plain 평원

8
정답 ③

해설 ③ 동명사와 to 부정사 둘 다 목적어로 취하는 동사 동사 remember는 동명사나 to 부정사를 모두 목적어로 취할 수 있는 동사인데, '~한 것을 기억하다'라는 과거의 의미를 나타낼 때는 동명사를 목적어로 취한다. 문맥상 '본 것을 기억했다'라는 과거의 의미가 되어야 자연스러우므로, 동명사 ③ seeing이 정답이다. (불변의 패턴 21)

해석 형사가 그 사건에 대해 Steve를 심문했을 때, 그는 지나가는 검은 형태를 본 것을 기억했다. 하지만 그는 그것이 무엇이었는지 확신할 수 없었다.

어휘 detective 형사 interrogate 심문하다 figure 형태, 인물
pass by 지나가다

Section 4 품사

p.52

불변의 패턴 25 가산 명사와 불가산 명사의 쓰임을 구분해야 한다.

기출문제 풀어보기
정답 ②

해설 ② 불가산 명사 | 수량 표현 homework(숙제)는 불가산 명사이므로 가산 명사 앞에 오는 수량 표현 many를 불가산 명사 앞에 오는 수량 표현 much로 고쳐야 한다. 또한, 불가산 명사는 복수형으로 쓸 수 없으므로 many homeworks를 much homework로 고쳐야 한다.

오답 분석 ① 현재완료 시제 현재완료 시제와 자주 함께 쓰이는 표현 'yet'(아직)이 왔고, 문맥상 'Geroge는 아직 과제를 끝내지 못했다'라는 의미로 과거에 시작된 일이 현재까지 계속되고 있음을 표현하고 있으므로, 현재완료 시제 has not completed가 올바르게 쓰였다. 참고로, 부정문의 마지막에 와서 '~도 역시 아니다'라는 의미를 나타내는 부사 either가 올바르게 쓰였다.
③ 가정법 과거완료 문맥상 '더 많은 돈을 찾았다면, 그 신발을 살 수 있었을 것이다'라는 의미가 되어야 자연스러우므로 과거 상황을 반대로 가정하는 가정법 과거완료 'If + 주어 + had p.p., 주어 + could + have p.p.'(~했다면 -했을 텐데)의 형태를 사용하여 If he had taken ~, he could have bought ~가 올바르게 쓰였다.
④ 부사절 접속사 2: 기타 | 5형식 동사 문맥상 '방 안은 매우 조용해서 ~ 들을 수 있었다'라는 의미가 되어야 자연스러운데 '매우 ~해서 -하다'는 부사절 접속사 so ~ that으로 나타낼 수 있으므로 so quiet ~ that이 올바르게 쓰였다. 또한, 지각동사 hear는 목적격 보어로 현재분사를 취할 수 있는데, 목적어(the leaves)와 목적격 보어가 '나뭇잎이 떨어지다'라는 의미의 수동 관계이므로 수동태 being blown off가 올바르게 쓰였다. 참고로, 이 문장에서는 목적어의 동작의 진행(떨어지는)을 강조하기 위해 지각동사의 목적격 보어로 수동태 현재분사가 쓰였다

해석 ① George는 아직 과제를 끝내지 못했고, Mark도 마찬가지이다.
② 내 여동생은 너무 많은 숙제를 해야 했기 때문에 어젯밤에 혼란에 빠졌다.
③ 만약 그가 은행에서 더 많은 돈을 찾았다면, 그는 그 신발을 살 수 있었을 것이다.

④ 그 방 안은 매우 조용해서 나는 밖에서 바람에 나뭇잎이 나무에서 떨어지는 소리를 들을 수 있었다.

어휘 complete 끝내다, 완료하다   assignment 과제
upset 혼란에 빠진, 당황한

p.53

불변의 패턴 26 「the + 형용사/분사」(~한 사람들)가 주어면 복수 동사가 와야 한다.

기출문제 풀어보기   정답 ③

해설 ③ **정관사 the | 주어와 동사의 수 일치**   주어 자리에 '~한 사람들/것들'이라는 의미를 나타내며 복수 취급하는 'the + 형용사(undocumented)'가 왔으므로 단수 동사 does를 복수 동사 do로 고쳐야 한다.

오답분석 ① **명사절 접속사 3: 의문사**   불완전한 절(this ~ generally)을 이끌며 문장의 주어 역할을 할 수 있는 명사절 접속사 what이 올바르게 쓰였다. 참고로, 해당 문장은 가주어 it이 의문사 what이 이끄는 명사절을 대신해서 주어 자리에 쓰인 형태이다.
② **to 부정사의 역할**   문맥상 '신원을 보호하기 위해'라는 의미가 되어야 하므로 부사처럼 목적을 나타낼 수 있는 to 부정사 to protect가 올바르게 쓰였다.
④ **현재분사 vs. 과거분사**   분사구문의 주어 undocumented workers와 분사가 '밀입국 노동자들은 위조된 서류를 사용한다'라는 의미의 능동 관계이므로, 현재분사 using이 올바르게 쓰였다.
⑤ **전치사 + 관계대명사**   관계사 뒤에 완전한 절(they ~ taxes)이 왔으므로 '전치사 + 관계대명사' 형태가 올 수 있다. '전치사 + 관계대명사'에서 전치사는 선행사 또는 관계절의 동사에 따라 결정되는데, 문맥상 '그들은 개인 납세자 식별 번호를 사용하여 소득세를 지불한다'라는 의미가 되어야 자연스러우므로, 도구·수단을 나타내는 전치사 with(~을 사용하여)가 관계대명사 which 앞에 온 with which가 올바르게 쓰였다.

해석 이 글을 쓸 때는, 이민 감시 활동에 관한 이 행정부의 계획이 보다 일반적으로 무엇인지 여전히 불분명한 상태이다. 우리의 밀입국한 연구 협력자들의 신원을 보호하기 위해, 모든 이름은 지어낸 이름이다. 이러한 사실은 밀입국자들이 그들의 임금에 대한 세금을 내지 않는다는 일반적인 생각과는 반대이다. 오히려, 밀입국 노동자들은 위조된 서류를 사용하여 소득세로 매년 수십억 달러를 지불한다. 많은 밀입국 노동자들은 그들이 소득세를 지불하는 데 사용하는 합법적인 개인 납세자 식별 번호 또한 가지고 있다.

어휘 policing 감시 활동, 감찰   fictitious 지어낸, 허구의   identity 신원
undocumented 밀입국자인, 비자가 없는   collaborator 협력자
legitimate 합법적인

p.54

불변의 패턴 27 대명사는 그것이 가리키는 명사와 수 일치해야 한다.

기출문제 풀어보기   정답 ①

해설 ① **인칭대명사 | 능동태·수동태 구별**   대명사가 지시하는 명사(A horse)가 단수이므로 단수 소유격 대명사 its가 올바르게 쓰였다. 또

한, 주어 A horse와 동사가 '말에게 먹이가 주어지다'라는 의미의 수동 관계이므로 수동태 should be fed가 올바르게 쓰였다.

오답분석 ② **부사절 접속사 1: 시간 | 부사절의 형태**   문맥상 '내가 좁은 길을 걸어 내려가는 동안'이라는 의미가 되어야 자연스러운데, '~하는 동안'은 부사절 접속사 while을 사용하여 나타낼 수 있다. 이때 while이 이끄는 부사절은 '부사절 접속사 + 주어 + 동사'의 형태가 되어야 하므로 while walking down ~을 while I walked ~ 나 while I was walking down ~으로 고쳐야 한다.
③ **능동태·수동태 구별**   주어 She와 동사가 '그녀가 알려져 왔다'라는 의미의 수동 관계이므로 현재완료 시제의 능동태 has known을 수동태 has been known으로 고쳐야 한다.
④ **현재분사 vs. 과거분사 | 부사 자리**   수식받는 명사 a job과 분사가 '일이 행해지다'라는 의미의 수동 관계이므로 과거분사 done이 쓰였는데, 이때 과거분사(done)를 수식할 수 있는 것은 형용사(good)가 아닌 부사(well)이므로 good을 well로 고쳐야 한다.

해석 ① 말에게는 그것의 개별적인 욕구와 그것의 일의 특징에 따라 먹이가 주어져야 한다.
② 내 모자는 좁은 길을 걸어 내려가는 동안 바람에 날아갔다.
③ 그녀는 자신의 경력 내내 주로 정치 만화가로 알려져 왔다.
④ 심지어 어린아이들도 잘한 일에 대해 칭찬받는 것을 좋아한다.

어휘 feed 먹이를 주다   individual 개별적인, 각각의   nature 특징, 본성
blow off ~을 바람에 날리다   narrow 좁은   primarily 주로
compliment 칭찬하다

p.55

불변의 패턴 28 목적어가 주어와 다른 대상이면 목적격 대명사로, 동일한 대상이면 재귀대명사로 써야 한다.

기출문제 풀어보기   정답 ⑤

해설 ⑤ **재귀대명사**   재귀대명사는 강조하는 대상 바로 뒤에서 주어나 목적어를 강조할 때나 목적어가 주어와 동일한 대상일 때 쓰이는데, himself가 강조하는 대상이 없으며, to 부정사(to shoot)의 목적어로 쓰인 himself와 주어 his arms가 동일한 대상이 아니므로, 재귀대명사 himself를 목적격 대명사 him으로 고쳐야 한다.

오답분석 ① **최상급 관련 표현**   '가장 상을 많이 수여받은 운동선수들 중 한 명'은 최상급 관련 표현 'one of the + 최상급'(가장 ~한 -중 하나)의 형태를 사용하여 나타낼 수 있으므로 one of 뒤에 the most decorated athletes가 올바르게 쓰였다.
② **최상급**   '가장 나이 많은 개인 수영 선수'는 최상급 표현 'the + 최상급'(가장 ~한)의 형태를 사용하여 나타낼 수 있으므로 the oldest individual swimmer가 올바르게 쓰였다.
③ **현재분사 vs. 과거분사**   주절의 주어 펠프스와 분사구문이 '펠프스가 서 있으면 6피트 4인치다'라는 의미의 능동 관계이므로 현재분사 Standing이 올바르게 쓰였다.
④ **to 부정사를 취하는 동사**   동사 allow는 to 부정사를 목적격 보어로 취하는 5형식 동사이므로 목적격 보어 자리에 to 부정사 to create가 올바르게 쓰였다.

해석 마이클 펠프스는 역대 가장 상을 많이 수여받은 운동선수들 중 한 명이다. 다섯 개의 올림픽팀에서 자리를 차지한 최초의 올림픽 수영 선수이자 올림픽 금메달을 딴 가장 나이 많은 개인 수영 선수로서, 그는 '날아다니는 물고기'라는 별명을 얻었다. 수영 선수들은 일반보다 몸통이 길고 다리가 짧은 경향이 있다. 서 있으면 6피트 4인치로, 펠프스는 6피트 8인치인 사람의 몸통과 8인치 작은 사람의 다리를 가지고 있다. 이중 관절로 된 팔꿈치는 펠프스가 물속에서 아래쪽의 추

진력을 더 만들어 내는 것을 가능하게 한다. 그의 큰 손은 또한 페달과 같은 역할을 한다. 그의 매우 긴 양팔을 벌린 길이와 함께, 그의 팔은 그를 물살을 가로질러 가도록 하는 프로펠러와 같은 역할을 한다.

어휘 decorate 상을 수여하다, 꾸미다　earn a spot ~에서 자리를 차지하다
torso 몸통　thrust 추진력　wingspan 양팔을 벌린 길이, 날개폭

p.56

불변의 패턴 29 명사는 형용사가 수식하고, 명사 이외의 것은 부사가 수식해야 한다.

기출문제 풀어보기
정답 ②

해설 ② 혼동하기 쉬운 형용사와 부사　문맥상 '정당과 투표 제도와 같은 공식적인 절차'라는 의미가 되어야 자연스러우므로, 명사를 수식하기 위해 전치사 as와 함께 'such + 명사 + as'(~와 같은 명사)의 형태로 쓰이는 형용사 such가 와야 한다. 따라서 부사 so를 형용사 such로 고쳐야 한다.

오답분석 ① 상관접속사 | 병치 구문　문맥상 '단지 관행들의 집합이 아니라 문화이다'라는 의미가 되어야 자연스러운데 'A가 아니라 B'는 상관접속사 not A but B를 사용하여 나타낼 수 있고, 상관접속사로 연결된 병치 구문에서는 같은 구조끼리 연결되어야 하므로 but 앞뒤에 명사구 a set of practices와 a culture가 올바르게 쓰였다.
③ 상관접속사 | 병치 구문　문맥상 '공식적인 절차뿐만 아니라 시민들의 직감과 기대 속에서도'라는 의미가 되어야 자연스러운데, 'A뿐만 아니라 B도'는 상관 접속사 not only A but also B를 사용하여 나타낼 수 있다. 상관접속사로 연결된 병치 구문에서는 같은 구조끼리 연결되어야 하는데, but 앞에 전치사구(in ~ ballot)가 왔으므로 but 뒤에도 전치사구 in the instincts and expectations of citizens가 올바르게 쓰였다.
④ 지시대명사　지시형용사 that은 가산 단수 명사와 불가산 명사 앞에 쓰일 수 있으므로, 단수 명사 political culture 앞에 지시형용사 that이 올바르게 쓰였다.
⑤ 도치 구문: 기타 도치 | 조동사 do　부사 so가 '~도 마찬가지이다'라는 의미로 쓰여 문장 앞에 오면 주어와 동사가 도치되어 'so + (조)동사 + 주어'의 어순이 되어야 하고, 앞에 나온 일반동사(shape)가 반복되는 경우 이를 대신하여 do 동사를 쓸 수 있다. 이때 do 동사는 주어(the words and deeds of leaders)와 수일치해야 하므로 복수 동사 do가 올바르게 쓰였다.

해석 민주주의는 결국, 단지 관행들의 집합이 아니라 문화이다. 그것은 정당과 투표 제도와 같은 공식적인 절차뿐만 아니라 시민들의 직감과 기대 속에서도 산다. 일자리, 전쟁, 해외로부터의 경쟁인 객관적인 배경들이 그 정치적인 문화를 형성하지만, 지도자들의 말과 행동들도 그렇게 한다.

어휘 democracy 민주주의　party 정당　ballot 투표 제도　instinct 직감
objective 객관적인　circumstance 배경, 환경

p.57

불변의 패턴 30 단수 명사 앞에는 every, another, either/neither가 오고, 복수 명사 앞에는 all, other, both가 와야 한다.

기출문제 풀어보기
정답 ③

해설 ③ 부정대명사: another　부정형용사 another(또 다른)는 일반적으로 단수 가산 명사 앞에 오지만 특정한 숫자와 함께 오면 복수 명사 앞에 올 수 있으므로, another 뒤에 '수사 + 복수 명사'가 온 형태인 another 300 people이 올바르게 쓰였다.

오답분석 ① 현재완료 시제　현재완료 시제와 자주 함께 쓰이는 시간 표현 'over + 과거시간 표현'(over the past three weeks)이 왔으므로, 현재완료 시제가 쓰여야 한다. 현재완료 시제는 'have/has + p.p.'의 형태로 나타내므로 과거 시제 동사 fell을 과거분사 fallen으로 고쳐야 한다.
② 능동태·수동태 구별　동사 suspect 뒤에 목적어(that ~ mid-November)가 있고, 주어(experts)와 동사가 '전문가들이 추측하다'라는 의미의 능동 관계이므로 수동태 동사 are suspected를 능동태 동사 suspected로 고쳐야 한다.
④ 분사의 역할 | 현재분사 vs. 과거분사　주어(another 300 people), 동사(had), 목적어(the same disease)를 모두 갖춘 완전한 절에 또 다른 동사(begin)가 올 수 없고, 문맥상 '11월 중순에 발생한 같은 질병에 걸렸다'라는 의미가 되어야 자연스러우므로 동사 begin을 명사(the same disease)를 수식할 수 있는 분사 beginning으로 고쳐야 한다. 참고로, 수식받는 명사(the same disease)와 분사가 '같은 질병이 발생하다'라는 의미의 능동 관계이므로 현재분사 beginning이 쓰여야 한다.

해석 지난 3주 동안 주로 홍콩과 베트남에서 150명 이상의 사람들이 병에 걸렸다. 그리고 전문가들은 중국 광동 지방에 있는 300명이 더 11월 중순에 발생한 같은 질병에 걸렸다고 추측했다.

어휘 fall ill 병에 걸리다　suspect 추측하다　province 지방
begin 발생하다, 나타나다

p.58

불변의 패턴 31 강조 부사는 형용사나 부사를 앞에서 강조해야 한다.

기출문제 풀어보기
정답 ③

해설 ③ 강조 부사 | 기타 전치사　동사 frighten(겁먹게 하다)은 전치사 없이 목적어(her)를 바로 취하는 타동사인데, 부사 very는 보통 형용사나 부사를 앞에서 강조하므로 동사(frightening) 앞의 부사 very를 삭제해야 한다. 참고로 형용사 frightening(무서운)은 방향을 나타내는 전치사 for(~에게)나 to(~에게)와 함께 쓰여 '~에게 무섭다'라는 의미를 나타낼 수 있으므로 frightening for나 frightening to로 고쳐도 맞다.

오답분석 ① 전치사 3: 위치　문맥상 '난로 옆에 서 있었다'라는 의미가 되어야 자연스러운데, '난로 옆에'는 전치사 beside(~ 옆에)로 나타낼 수 있으므로 beside the stove가 올바르게 쓰였다.
② 최상급　문맥상 '발명된 것 중 가장 완벽한 복사기'라는 의미가 되어야 자연스러운데, '가장 ~한'은 최상급 표현 'the + 최상급'의 형태를 사용하여 나타낼 수 있으므로 the most perfect copier가 올바르게 쓰였다.
④ 명사절 접속사 1: that　동사 think(thought)의 목적어 자리에는 명사 역할을 하는 것이 와야 하므로 명사절 접속사 that이 이끄는 명사절(that he was an utter fool)이 올바르게 쓰였다.

해석 ① 못생기고, 오래되고, 노란 양철통 하나가 난로 옆에 서 있었다.
② 이것은 지금까지 발명된 것 중 가장 완벽한 복사기이다.

③ John은 그녀를 겁먹게 하고 있었다.
④ 그녀는 그가 완전한 바보라고 생각했다.

어휘 tin 양철 stove 난로 frighten 겁먹게 하다, 놀라게 하다 utter 완전한

p.59

불변의 패턴 **32** by/until, for/during 등의 혼동하기 쉬운 전치사의 쓰임을 구분해야 한다.

기출문제 풀어보기
정답 ③

해설 ③ **원급 관련 표현 | 타동사** 문맥상 '언급조차도 하지 않았다'가 되어야 자연스러운데, '~조차도 하지 않다'는 never[not] so much as를 사용하여 나타낼 수 있으므로 never so much as mentioned가 올바르게 쓰였다. 또한 mention은 타동사이므로 뒤에 전치사 없이 목적어 it이 올바르게 쓰였다.

오답 분석 ① **전치사 1: 시간** 시간 표현(six weeks) 앞에 와서 '얼마나 오래 지속되는가'를 나타내는 전치사는 for(~동안)이므로, 명사 앞에 와서 '언제 일어나는가'를 나타내는 전치사 during을 for로 고쳐야 한다.
② **능동태·수동태 구별** 주어(The whole family)와 동사가 '그 가족 전부가 고생하다'라는 의미의 능동 관계이므로 수동태 동사 is suffered를 능동태 동사 suffered로 고쳐야 한다.
④ **부사 자리** 형용사를 앞에서 수식할 수 있는 것은 부사이므로 형용사 dependent 앞의 형용사 financial을 부사 financially로 고쳐야 한다.

해석 ① 내 아버지는 6주 동안 입원해 계셨다.
② 그 가족 전부가 독감으로 고생했다.
③ 그녀는 그것에 대해 언급조차도 하지 않았다.
④ 그녀는 경제적으로 독립하고 싶어 한다.

어휘 suffer from ~으로 고생하다 independent 독립한

Section Test
p. 60-61

1	①	2	①	3	②	4	③
5	⑤	6	②	7	④	8	①

1
정답 ①
해설 ① **병치 구문** 접속사(and)로 연결된 병치 구문에서는 같은 품사끼리 연결되어야 하고, 이때 동사끼리 수·시제가 일치해야 하므로 현재 시제 동사 spend를 과거 시제 동사 spent로 고쳐야 한다.

오답 분석 ② **명사절 접속사 3: 의문사** 목적어가 없는 불완전한 절(I had done wrong)을 이끌며 전치사 out 뒤의 목적어 자리에 올 수 있는 명사절 접속사 what이 올바르게 쓰였다.
③ **재귀대명사** 동사(isolate)의 목적어가 문장의 주어(I)와 동일한 대상이므로 동사 isolate의 목적어 자리에 재귀대명사 myself가 올바르게 쓰였다. (불변의 패턴 28)
④ **부사절 접속사 2: 기타** 문맥상 '나는 버림받는 것이 너무 무서워서 ~하지 않을 것이다'라는 의미가 되어야 자연스러우므로 부사절 접속사 so ~ that(매우 ~해서 -하다)가 와야 한다. 따라서 부사절 접속사 that이 올바르게 쓰였다.

해석 나는 입양을 위해 내 친부모로부터 포기되었고, 내 인생의 첫 10년을 보육원에서 보냈다. 나는 나에게 뭔가 문제가 있다고 생각하며 몇 년을 보냈다. 만약 나의 부모님이 나를 원하지 않았다면, 누가 그러겠는가(원하겠는가)? 나는 내가 무엇을 잘못했고 왜 그렇게 많은 사람들

이 나를 쫓아 보냈는지 알아내려고 노력했다. 만약에 내가 그렇게 하면(친해지면) 그들이 나를 떠날지도 모르기 때문에 나는 지금 그 누구와도 친해지지 않는다. 나는 어렸을 때 살아남기 위해 나 자신을 감정적으로 고립시켜야 했고, 여전히 내가 어렸을 때 했던 가정을 가지고 행동한다. 나는 버림받는 것이 너무 무서워서 모험을 하지 않을 것이고 최소한의 위험도 감수하지 않을 것이다. 나는 지금 40살이지만, 아직 아이인 것처럼 느낀다.

어휘 release 포기하다, 방출하다 adoption 입양 orphanage 보육원
send away 쫓아 보내다 assumption 가정 deserted 버림받은
venture 모험하다

2
정답 ①
해설 ① **불가산 명사** 불가산 명사(water)는 부정관사(a/an)와 함께 쓰일 수 없으므로 in a hot water를 in hot water로 고쳐야 한다. 참고로, in hot water는 숙어 표현으로 '곤경에 처한'이라는 의미를 나타낸다. (불변의 패턴 25)

오답 분석 ② **현재분사 vs. 과거분사** 수식받는 명사(a study)와 분사가 '연구가 시사하다'라는 의미의 능동 관계이므로 현재분사 suggesting이 올바르게 쓰였다.
③ **전치사 4: of** 문맥상 '프로그램의 9분'이라는 의미가 되어야 자연스러운데, nine minutes가 that program의 부분·소속일 때 전치사 of를 사용하여 nine minutes of that program의 형태로 나타낼 수 있으므로 of that program이 올바르게 쓰였다.
④ **수량 표현** 전치사(in) 뒤에는 명사 역할을 하는 것이 와야 하는데, '수사 + 하이픈(-) + 단위 표현'은 가산 명사로 쓰일 수 있고, 이때 단위 표현은 복수형으로 쓰여야 하므로, 4-year-olds가 올바르게 쓰였다. 참고로, 단위 표현(year-old)이 명사를 수식하는 경우에는 단위 표현이 반드시 단수형이 되어야 한다.

해석 만화 캐릭터인 스폰지밥 네모바지는 그 프로그램의 단 9분을 시청하는 것만으로도 4세 아동들에게 단기 집중력과 학습 문제를 야기할 수 있다고 시사하는 연구로 인해 곤경에 처해 있다.

어휘 hot water 곤경, 어려움 suggest 시사하다

3
정답 ②
해설 ② **빈도 부사** 부정어 never는 이미 부정의 의미를 포함하는 빈도 부사 hardly(거의 ~ 않다)와 함께 쓰일 수 없으므로, 부정어 never를 부정문에서 강조의 의미를 나타낼 수 있는 부사 ever로 고쳐야 한다. (불변의 패턴 31)

오답 분석 ① **전치사 2: 기간** 문맥상 '수년 동안'이라는 의미가 되어야 자연스러우므로 '~ 동안'이라는 의미를 나타내는 전치사 over가 올바르게 쓰였다.
③ **수량 표현** 가산 복수 명사(policy issues) 앞에 쓰이는 수량 표현 a number of(많은)가 올바르게 쓰였다.
④ **관계대명사** 선행사 policy issues가 사물이고 관계절 내에서 동사 argue의 목적어 역할을 하므로 목적격 관계대명사 which가 올바르게 쓰였다.

해석 1961년에 독립 이후 수년 동안의 그의 생존은 실제 정책 선택에 대한 논의가 거의 공식적인 방식으로 일어나지 않았다는 사실을 바꾸지 않는다. 사실, 니에레레가 NEC(국가행정위원회)를 통해 논의해야 했던 많은 중요한 정책 안건들은 언제나 있어왔다

어휘 independence 독립 alter 바꾸다 discussion 논의
in a public manner 공식적인 방식으로 occur 일어나다
argue 논의하다

4
정답 ③

해설 ③ **정관사 the** to 부정사(to tend)의 목적어 자리에는 명사 역할을 하는 것이 와야 하는데, '~한 사람들'은 정관사 the를 사용하여 'the + 형용사'로 나타낼 수 있으므로, 형용사 sick and wounded를 the sick and the wounded로 고쳐야 한다. (불변의 패턴 26)

오답분석 ① **It - that 강조 구문 | 상관접속사** 사람·사물·시간·장소 등을 강조할 때 'It - that 강조 구문'(~한 것은 -이다)을 사용하여 'it + 동사(was) + 강조하는 말(not her ~ rudeness) + that절(that perplexed him)'의 형태로 나타낼 수 있고, '그녀의 거절이 아니라 그녀의 무례함'은 상관접속사 'not A but B'(A가 아니라 B)를 사용하여 나타낼 수 있으므로 It was not her refusal but her rudeness that ~이 올바르게 쓰였다.

② **조동사 관련 표현** '아무리 신중해도 지나치지 않다'는 조동사 관련 숙어 'cannot ~ too'(아무리 -해도 지나치지 않다)의 형태로 나타낼 수 있으므로 cannot be too careful이 올바르게 쓰였다.

④ **가짜 주어 구문** 가짜 주어 there 구문 'there + 동사 + 진짜 주어(a report)'에서 동사는 진짜 주어에 수 일치시켜야 하는데, 진짜 주어 자리에 단수 명사 a report가 왔으므로 단수 동사 is가 올바르게 쓰였다.

어휘 refusal 거절 rudeness 무례함 perplex 당황하게 하다
to make matters worse 설상가상으로 typhoon 태풍

5
정답 ⑤

해설 (A) **인칭대명사** 명사(creation) 앞에서 소유의 의미를 나타내기 위해서는 소유격 대명사가 와야 하는데, 대명사가 지시하는 명사(the Community of Democracies)가 단수이므로 단수 소유격 대명사 its가 들어가야 한다.

(B) **인칭대명사** 명사(first steps) 앞에서 소유의 의미를 나타내기 위해서는 소유격 대명사가 와야 하는데, 대명사가 지시하는 명사(countries)가 복수이고 3인칭이므로 3인칭 복수 소유격 대명사 their가 들어가야 한다.

따라서 ⑤ (A) its – (B) their가 정답이다. (불변의 패턴 27)

해석 그것의 창설 이래로, 민주주의 공동체는 민주 세계로의 그들의 첫걸음에 있는 국가들을 지원해서든지 혹은 문제와 딜레마를 겪고 있는 경험이 풍부한 민주주의 국가들을 도와서든지 민주적인 가치와 관습의 장려에 적극적으로 참여하는 것을 갈망했다. 그 공동체는 그것의 참여국과 협력 단체와 함께 일련의 계획과 방법을 제공하고 지원함으로써 이 임무를 실현한다.

어휘 creation 창설 aspire 갈망하다 engage in ~에 참여하다
promotion 장려, 촉진 democratic 민주적인 practice 관습
experienced 경험이 풍부한 democracy 민주주의 국가
realize 실현하다, 깨닫다 initiative 계획
mechanism 방법, 메커니즘 alongside ~와 함께
partner 협력 단체

6
정답 ②

해설 ② **재귀대명사** 재귀대명사는 강조하는 대상 바로 뒤에서 주어나 목적어를 강조할 때나 목적어가 주어와 동일한 대상일 때 쓰이는데, 제시된 문장에서 themselves가 강조하는 대상이 없으며, to 부정사(to show)의 목적어(their respect)와 주어(People)가 동일한 대상도 아니므로, show themselves their respect를 show their respect로 고쳐야 한다. (불변의 패턴 28)

오답분석 ① **병치 구문** 접속사(or)로 연결된 병치 구문에서는 같은 품사끼리 연결되어야 하는데, or 앞에 전치사 such as(~와 같은)의 목적어로 명사(gas, coal)가 나열되고 있으므로 or 뒤에도 명사 oil이 올바르게 쓰였다.

(우측 단)

③ **불가산명사 | 인칭대명사** diabetes(당뇨병)는 불가산 명사로 단수 취급하므로 단수 동사 is가 올바르게 쓰였고, 주절의 대명사가 지시하는 명사가 단수 취급하는 불가산 명사(diabetes)이므로 단수 대명사 it이 올바르게 쓰였다.

④ **현재분사 vs. 과거분사** 수식받는 명사(The rally)와 분사가 '집회가 예정되다'라는 의미의 수동 관계이므로 과거분사 scheduled가 올바르게 쓰였다.

어휘 emission 배출, 방사 fossil fuel 화석연료 diabetes 당뇨병
rally 집회, 대회 gathering 모임

7
정답 ④

해설 (A) **병치 구문** 접속사(and)로 연결된 병치 구문에서는 같은 품사끼리 연결되어야 하는데 and 앞에 형용사(false)가 왔으므로 and 뒤에도 형용사 역할을 하는 과거분사 perceived가 들어가야 한다.

(B) **부사 자리** 형용사(gifted)를 수식할 수 있는 것은 부사이므로 부사 differently가 들어가야 한다. (불변의 패턴 29)

(C) **지시대명사** 앞에 나온 복수 명사 talents를 대신하면서, 관계절(we have been given)의 꾸밈을 받을 수 있는 것은 지시대명사 those이므로, 빈칸에는 those가 들어가야 한다.

따라서 ④ (A) perceived – (B) differently – (C) those가 정답이다.

해석 자신 그리고 삶에서 우리의 운명에 대한 불만족들 중 일부는 실제 상황들에 근거하는데, 일부는 거짓이고 그저 진짜로 인식된 것이다. (거짓인데 진짜인 것처럼) 인식된 것(불만족)은 정리되고 버려져야 한다. 진짜인 것(불만족)은 바뀔 수 있거나 바뀔 수 없는 유형 중 하나로 나뉠 것이다. 만약 그것(불만족)이 후자(바뀔 수 없는 유형)에 속한다면, 우리는 그것을 받아들이려고 노력해야 한다. 만약 그것(불만족)이 전자(바뀔 수 있는 유형)에 속한다면, 그런 경우 우리는 대신 그것(불만족)을 제거하고 교환하거나 변경하기 위해 노력하는 대안이 있다. 우리 모두는 삶에서 고유한 목적을 가지며, 단지 다르게 타고난 재능일 뿐, 우리 모두는 타고난 재능이 있다. 이것은 주어진 한 가지, 다섯 가지, 또는 열 가지 재능이 공평한지 불공평한지에 대한 논쟁이 아니다. 이것은 우리가 우리의 재능으로 무엇을 했는지에 대한 것이다. 이것은 우리가 우리에게 주어진 그것들(재능)을 얼마나 잘 투자했는지에 대한 것이다. 만약 누군가가 그들의 삶이 불공평하다는 견해를 고수한다면, 그것은 정말 신에 반하여 모욕하는 것이다.

어휘 dissatisfaction 불만족 lot 운명 perceive 인식하다
sort out 정리하다, 처리하다 discard 버리다 fall into ~으로 나뉘다
strive 노력하다 alternative 대안 modify 변경하다
gifted 타고난 재능이 있는 hold on to ~을 고수하다 outlook 견해
offense 모욕

8
정답 ①

해설 ① **주어와 동사의 수 일치 | 수량 표현** 첫 번째 문장의 주어 자리에는 단수 취급하는 수량 표현인 'many a/an + 단수 명사(student)'가 왔으므로 빈칸에는 단수 동사 tries가 와야 하고, 두 번째 문장의 주어 자리에는 복수 취급하는 수량 표현인 'A number of + 복수 명사(people)'가 왔으므로 빈칸에는 복수 동사 were가 와야 한다. 또한, 세 번째 문장에는 단수 명사 앞에 와야 하는 수량 표현 every가 왔으므로 빈칸에는 단수 명사 book이 와야 한다. 따라서 ① tries – were – book이 정답이다. (불변의 패턴 30)

해석 • 많은 학생들이 시험에 합격하기 위해 노력한다.
• 교통사고가 있었기 때문에 많은 사람들이 직장에 늦었다.
• 나는 도서관의 모든 책을 읽지는 못했다.

어휘 a number of 많은

Section 5 접속사와 절

p.64

불변의 패턴 33 상관접속사의 and/but/(n)or 앞뒤로는 형태와 기능이 대등한 것끼리 나열되어야 한다.

기출문제 풀어보기   정답 ③

[해설] ③ **병치 구문 | 상관접속사** '서로를 응시하는 것에 있지 않고, 같은 방향을 함께 바라보는 것에 있다'는 상관접속사 'not A but B'(A가 아니라 B)를 사용하여 나타낼 수 있고, 상관접속사로 연결된 병치 구문에서는 같은 품사나 구조끼리 연결되어야 하는데 but 앞에 전치사구 in gazing at each other가 왔으므로 but 뒤에도 전치사구가 와야 한다. 따라서 동사구 looks outward를 전치사구 in looking outward로 고쳐야 한다. 참고로, 전치사구 병치 구문에서 전치사가 같을 경우 두 번째 나온 전치사는 생략될 수 있으므로 looking outward로 고쳐도 맞다.

[오답분석] ① **명사절 접속사 4: 복합관계대명사 | 주어와 동사의 수 일치** '어떤 것도 나에게는 괜찮아'라는 의미를 나타내고, 목적어가 없는 불완전한 절(you do)을 이끌며 동사(do)의 목적어 자리에 올 수 있는 목적격 복합관계대명사 Whatever가 올바르게 쓰였다. 또한, 명사절 주어는 단수 취급하므로 단수 동사 is가 올바르게 쓰였다.
② **도치 구문: 부사구 도치 1** 부정을 나타내는 부사(nor)가 강조되어 절의 맨 앞에 나오면 주어와 조동사가 도치되어 '조동사(did) + 주어(any of my inventions) + 동사(come)'의 어순이 되어야 하므로 nor did any ~ come이 올바르게 쓰였다.
④ **상관접속사 | 병치 구문** '가치가 없기 때문이 아니라, 매우 귀중하기 때문에'는 상관 접속사 'not A but B'(A가 아니라 B)를 사용하여 나타낼 수 있고, 상관접속사로 연결된 병치 구문에서는 같은 품사나 구조끼리 연결되어야 하는데 but 앞에 because가 이끄는 부사절(because they ~ worthless)이 왔으므로 but 뒤에도 부사절(because they ~ priceless)이 올바르게 쓰였다.

[어휘] by accident 우연히 invention 발명 consist in ~에 있다
gaze 응시하다 worthless 가치 없는 priceless 매우 귀중한

p.65

불변의 패턴 34 완전한 절과 불완전한 절 앞에 오는 명사절 접속사를 구분해야 한다.

기출문제 풀어보기   정답 ②

[해설] ② **명사절 접속사 4: 복합관계대명사** 복합관계대명사의 격은 복합관계대명사가 이끄는 명사절 내에서 그것의 역할에 따라 결정되는데, 주어가 없는 불완전한 절(completes the questionnaire)을 이끌며 동사(completes)의 주어 자리에 올 수 있는 것은 주격 복합관계대명사이므로 목적격 복합관계대명사 whomever를 주격 복합관계대명사 whoever로 고쳐야 한다.

[오답분석] ① **과거완료 시제 | 수동태로 쓸 수 없는 동사** '보증이 만료된' 것은 특정 과거 시점(수리는 무료가 아닌 시점)보다 이전에 일어난 일이고, 동사 expire는 '만료되다'라는 의미를 가질 때 목적어를 갖지 않는 자동사이므로 수동태로 쓰일 수 없다. 따라서, 과거완료 능동태 had expired가 올바르게 쓰였다.
③ **혼합 가정법** '지난달 내가 휴가를 요청했더라면 지금 하와이에

있을 텐데'는 과거의 상황을 반대로 가정했을 경우 그 결과가 현재에 영향을 미칠 때 쓰는 혼합 가정법을 사용하여 나타낼 수 있다. 혼합 가정법은 'If + 주어 + had p.p., 주어 + would/should/could/might + 동사원형'의 형태로 나타내므로 If I had asked ~, I would be in Hawaii now가 올바르게 쓰였다.
④ **과거 시제 | 숙어 표현** 과거 시제와 자주 함께 쓰이는 시간 표현 'last + 시간 표현'(last year)이 왔으므로, 과거 시제 passed away, became이 올바르게 쓰였다. 또한, '설상가상으로'라는 의미의 숙어 표현 what is worse의 과거형인 what was worse도 올바르게 쓰였다.

[어휘] warranty 보증, 품질 보증서 expire 만료되다, 끝나다
free of charge 무료의 questionnaire 설문지
pass away 돌아가시다, 사라지다 what is worse 설상가상으로

p.66

불변의 패턴 35 적절한 의미로 절과 절을 연결하는 부사절 접속사가 와야 한다.

기출문제 풀어보기   정답 ②

[해설] ② **부사절 접속사 2: 기타 | 혼동하기 쉬운 어순** 부사절 접속사 such ~ that(매우 ~해서 -하다)은 'such + 형용사/부사 + that + 주어(we) + 동사(watched)'의 형태로 쓰이고, such 뒤의 형용사가 명사를 수식할 때는 'such + a/an + 형용사(beautiful) + 명사(meteor storm)'의 어순으로 나타낼 수 있으므로 such a beautiful meteor storm that we watched가 올바르게 쓰였다.

[오답분석] ① **부사절 접속사 2: 양보** 문맥상 '부자일지라도'는 양보의 부사절 접속사 as(비록 ~이지만)를 사용하여 나타낼 수 있으므로, as if를 부사절 접속사 as로 고쳐야 한다. 참고로, 양보의 부사절 내의 보어가 강조되어 as 앞에 나오면 '(As +) 보어(Rich) + as + 주어(you) + 동사(may be)'의 어순으로 쓰인다.
③ **타동사** '학위가 없는 것이 그녀의 성공을 방해했다'의 의미를 나타내기 위해 동사 keep을 사용할 수 있는데, 동사 keep은 '~을 -으로부터 막다'의 의미를 나타내기 위해 목적어 뒤에 전치사 from을 써서 'keep + 목적어(her) + from'의 형태를 취하는 타동사이므로, kept her advancing을 kept her from advancing으로 고쳐야 한다.
④ **명사절 접속사 2: if와 whether** 명사절 접속사 if와 whether 모두 '~인지 아닌지'라는 의미이지만, if는 'if or not'의 형태로 쓰일 수 없고, if가 이끄는 명사절은 전치사 on의 목적어 자리에 올 수 없으므로 if를 whether로 고쳐야 한다.

[어휘] as if 마치 ~인 것처럼 sincere 진실한, 성실한
meteor storm 유성 폭풍 degree 학위 advance 성공을 돕다
death penalty 사형 (제도) abolish 폐지하다

p.67

불변의 패턴 36 명사 역할의 단어/구 앞에는 전치사가 오고, 절 앞에는 부사절 접속사가 와야 한다.

기출문제 풀어보기   정답 ③

[해설] ③ **전치사 4: 양보 | 전치사 자리** '모든 실수에도 불구하고'는 양보를 나타내는 전치사 despite를 사용해서 나타낼 수 있으므로 Despite all the mistakes로 나타낸 ③번이 정답이다. 접속 부사

nevertheless(그럼에도 불구하고)는 절을 이끌 수 없으므로 ④번은 정답이 될 수 없다.

해석 ① 그가 여전히 나를 신임했지만, 나는 모든 실수를 저질렀다.
② 내가 모든 실수를 저질렀고, 게다가 그는 여전히 나를 신임했다.
③ 내가 저지른 모든 실수에도 불구하고 그는 여전히 나를 신임했다.
④ 내가 저지른 모든 실수에도 불구하고 그는 여전히 나를 신임했다.

어휘 mistake 실수 trust 신뢰하다, 믿다

p.68

불변의 패턴 37 that만 쓸 수 있는 구문에 주의해야 한다.

기출문제 풀어보기   정답 ③

해설 ③ 부사절 접속사 2: 기타 부사절 접속사 so ~ that(매우 ~해서 -하다)은 'so + 형용사(serious)/부사 + that + 주어(it) + 동사(seemed)'의 형태로 쓰이므로 so serious that it seemed가 올바르게 쓰였다. 참고로, 부사절 접속사 as if(마치 ~인 것처럼)가 추측을 나타내는 조동사 might(~일지 모른다)와 함께 쓰여 '마치 일어날 것 같았다'라는 의미를 나타내며 as if ~ might break out이 올바르게 쓰였다.

오답분석 ① 원급 문맥상 '벌과 꽃만큼 친밀하게 연관되다'라는 의미가 되어야 자연스러운데, 두 대상의 동등함을 나타내는 원급 표현은 'as + 형용사/부사의 원급 + as'(~만큼 -한)를 사용하여 나타낼 수 있으므로 as intimately than을 as intimately as로 고쳐야 한다.
② 동사 자리 동사 자리에는 동사나 '조동사(would) + 동사원형'이 와야 하므로 명사 company(일행)를 동사 accompany(동행하다)로 고쳐야 한다. 참고로, 동명사(going)의 의미상 주어는 명사의 소유격 또는 소유격 대명사(my)를 써야 하나 비격식문에서는 목적격 대명사(me)를 쓸 수도 있으므로 me going이 올바르게 쓰였다.
④ 수량 표현 sugar(설탕)는 불가산 명사이므로 가산 명사 앞에 쓰일 수 있는 수량 표현 the number of(~의 수)를 불가산 명사 앞에 쓰일 수 있는 수량 표현 the amount of(~의 양)로 고쳐야 한다.

해석 ① 벌과 꽃만큼 친밀하게 연관되어 있는 생물은 거의 없다.
② 아버지는 그들이 머물고 있는 장소로 우리와 동행하려 하지 않으셨지만, 내가 가는 것을 고집하셨다.
③ 이라크의 상황은 매우 심각해 보여서 마치 제3차 세계대전이 언제라도 일어날 것 같았다.
④ 최근의 보고서에 따르면, 미국인들이 소비하는 설탕의 양은 매년 크게 다르지 않다.

어휘 intimately 친밀하게 insist 고집하다, 주장하다
break out 일어나다, 발발하다 significantly 크게

p.69

불변의 패턴 38 that은 명사절 접속사와 관계사로 모두 쓸 수 있지만, what은 선행사를 수식하는 관계사로 쓸 수 없다.

기출문제 풀어보기   정답 ②

해설 ② what vs. that 주어가 없는 불완전한 절(leads you to make right decisions)을 이끌면서 be 동사(is)의 보어 자리에 올 수 있는 것은 명사절 접속사 what이므로, 완전한 절을 이끄는 명사절 접속사

that을 불완전한 절을 이끄는 명사절 접속사 what으로 고쳐야 한다.

오답분석 ① 5형식 동사 | 보어 자리 동사 keep(~이 계속 -하게 하다)은 목적격 보어를 취하는 동사이다. 보어 자리에는 명사나 형용사 역할을 하는 것이 올 수 있으므로 목적격 보어 자리에 형용사 healthy가 올바르게 쓰였다.
③ 타동사 동사 prevent는 목적어 뒤에 전치사 from을 써서 'prevent + 목적어(him) + from'(~을 -으로부터 막다)의 형태를 취하는 타동사이므로 prevent him from이 올바르게 쓰였다.
④ 5형식 동사 동사 tell(told)은 '~에게 -하도록 이야기하다'라는 의미를 나타낼 때 to 부정사를 목적격 보어로 취하는 5형식 동사로 쓰이므로 to 부정사 to stop이 올바르게 쓰였다.

해석 ① 당신은 단지 많은 채소를 먹는 것이 당신을 완벽히 건강하게 유지시킬 것이라고 생각할지도 모른다.
② 학문적 지식이 항상 당신이 올바른 결정을 내리도록 이끄는 것은 아니다.
③ 다치는 것에 대한 두려움이 그가 무모한 행동을 하는 것을 막지는 않았다.
④ Julie의 의사는 그녀에게 너무 많은 가공식품을 먹는 것을 멈추라고 말했다.

어휘 reckless 무모한, 신중하지 못한 processed food 가공식품

p.70

불변의 패턴 39 선행사의 종류와 격에 맞는 관계사가 와야 한다.

기출문제 풀어보기   정답 ③

해설 ③ 관계대명사 선행사(the people)가 사람이고, 관계절 내에서 daughter가 누구의 딸인지 나타내므로, 주격 관계대명사 who를 사람을 가리키는 소유격 관계대명사 whose로 고쳐야 한다.

오답분석 ① to 부정사의 형태 to 부정사(to spend)의 부정형은 to 부정사 앞에 not을 붙이므로 not to spend가 올바르게 쓰였다.
② 과거 시제 | 수동태로 쓸 수 없는 동사 문장에 시간 표현 last month(지난달)가 왔고 문맥상 '지난달에 사라졌다'라는 과거의 동작을 표현하고 있으므로 과거 시제 disappeared가 올바르게 쓰였다. 또한, 동사 disappear는 '사라지다'라는 의미일 때 목적어를 취하지 않는 자동사이며 수동태로 쓸 수 없으므로 능동태로 올바르게 쓰였다.
④ 원급 문맥상 '본국에서 사는 것보다 두 배만큼 비쌌다'라는 의미가 되어야 자연스러운데, '두 배만큼 비쌌다'는 '배수사 + as + 원급 + as'의 형태로 나타낼 수 있으므로 twice as expensive as가 올바르게 쓰였다.

해석 ① 그 프로젝트에 너무 많은 시간을 들이지 않도록 계획해야 한다.
② 나의 강아지는 지난달에 사라졌고 그 이후로 보이지 않는다.
③ 내가 돌보던 딸을 가진 사람들이 이사를 가서 슬프다.
④ 나는 여행에서 책을 샀는데, 그것은 본국에서 사는 것보다 두 배만큼 비쌌다.

어휘 disappear 사라지다 expensive 비싼

p.71

불변의 패턴 40 불완전한 절 앞에는 관계대명사가 오고, 완전한 절 앞에는 관계부사 또는 「전치사 + 관계대명사」가 와야 한다.

정답 ④

해설 ④ **전치사 + 관계대명사** 관계사 뒤에 완전한 절(war is ~ by design)이 왔으므로 관계대명사 which를 '전치사 + 관계대명사' 형태로 고쳐야 하는데, '전치사 + 관계대명사'에서 전치사는 선행사 또는 관계절의 동사에 따라 결정된다. 문맥상 '국제사회에서 전쟁을 피하다'라는 의미가 되어야 자연스러우므로 관계대명사 which를 전치사 in(~에서)이 관계대명사 which 앞에 온 in which로 고쳐야 한다. 참고로, 관계대명사 which를 장소를 나타내는 관계부사 where로 고쳐도 맞다.

오답분석 ① **현재분사 vs. 과거분사** 수식받는 명사 any international organization과 분사가 '모든 국제기구가 만들어지다'라는 의미의 수동 관계이므로 과거분사 designed가 올바르게 쓰였다.

② **상관접속사 | 병치 구문** 문맥상 '말할 힘뿐만 아니라 행동할 힘도'라는 의미가 되어야 자연스러운데, 'A뿐만 아니라 B도'는 상관접속사 'not only[merely] A but also B'의 형태를 사용하여 나타낼 수 있다. 또한, 접속사로 연결된 병치 구문에서는 같은 구조끼리 연결되어야 하는데, not merely 뒤에 to 부정사 to talk가 쓰였으므로, but also 뒤에도 to 부정사 to act를 사용하여 but also to act가 올바르게 쓰였다.

③ **기타 전치사** 문맥상 '나는 이것을 ~ 중심 주제로서 생각한다'라는 의미가 되어야 자연스러운데, '~로서'는 전치사 as를 사용하여 나타낼 수 있으므로 전치사 as가 명사 the central theme 앞에 올바르게 쓰였다.

해석 나는 평화를 유지하기 위해 만들어진 모든 국제기구는 그저 말할 힘뿐만 아니라 행동할 힘도 있어야 한다고 생각한다. 확실히, 나는 이것을 우연이 아니라 계획적으로 전쟁을 피하는 국제 사회를 향한 모든 진전의 중심 주제로서 생각한다.

어휘 international 국제적인 organization 기구, 조직, 단체 merely 그저, 단지 act 행동하다 indeed 확실히, 정말 theme 주제 progress 진전, 진척 by design 계획적으로

Section Test

p. 72–73

1	①	2	②	3	③	4	①
5	①	6	③	7	②	8	③

1

정답 ①

해설 ① **전치사 4: 양보 | 전치사 자리** 문맥상 '부족한 실험실 데이터에도 불구하고'라는 의미가 되어야 자연스러운데, '~에도 불구하고'는 전치사 Despite를 사용하여 나타낼 수 있으므로 Despite가 올바르게 쓰였다. 또한, 전치사 뒤에는 명사 역할을 하는 것이 와야 하므로 전치사 Despite 뒤에 명사구 the inconsistent ~ regarding groupthink가 올바르게 쓰였다. (불변의 패턴 36)

오답분석 ② **수량 표현** 복수 명사 앞에 쓰이는 수량 표현 a series of(일련의)가 왔으므로 단수 명사 analysis를 복수 명사 analyses로 고쳐야 한다.

③ **능동태·수동태 구별 | 현재완료 시제** 주어 contradictory examples와 동사가 '모순되는 사례들이 간과되다'라는 의미의 수동 관계이므로 현재완료 능동태 have not overlook을 현재완료 수동태 have not been overlooked로 고쳐야 한다.

④ **관계부사와 관계대명사 비교** 선행사(cases)가 장소를 나타내고 관계사 뒤에 완전한 절(the antecedent conditions ~ by the model)이 왔으므로 불완전한 절을 이끄는 관계대명사 which를 완전한 절을 이끌며 장소를 나타내는 선행사와 함께 쓰이는 관계부사 where로 고쳐야 한다. 참고로 관계부사는 '전치사

+ 관계대명사'로 바꾸어 쓸 수 있는데, 문맥상 '사례들에서 선행 조건이 ~ 충분히 강했다'라는 의미가 되어야 자연스러우므로 전치사 in(~에서)이 관계대명사 which 앞에 온 in which로 고쳐도 맞다.

해석 집단 사고에 관한 일관되지 않고 상당히 부족한 실험실 데이터에도 불구하고, 그 이론은 설명적인 잠재력을 가지고 있다고 믿어져 왔다. 이러한 지속적인 확신 중 일부는 의심할 여지 없이 모델의 다양한 가설을 입증하기 위해 발전되어 온 일련의 창의적인 역사적 분석에서 비롯된다. 확실히, 우리는 몇 가지 이유로 그러한 역사적 분석에 주의해야 하는데, 왜냐하면 우리는 모순되는 사례들이 간과되지 않았다고 확신할 수 없기 때문이다. 그러나, 그러한 사례 연구는 선행 조건이 모델에 의해 필요하다고 여겨지는 조건을 만들 수 있을 만큼 충분히 강했던 사례들을 살펴볼 수 있는 장점이 있다.

어휘 inconsistent 일관되지 않는 fairly 상당히, 꽤 sparse 부족한, 희박한 laboratory 실험실 regarding ~에 관하여 explanatory 설명적인 undoubtedly 의심할 여지 없이 stem from ~에서 비롯되다 historical analysis 역사적 분석(과거의 자료를 이용하여 가격이나 추세를 분석하고 예측하는 것) substantiate 입증하다, ~을 구체화하다 hypothesis 가설, 가정 contradictory 모순되는 overlook 간과하다 case study 사례 연구 virtue 장점, 미덕 antecedent 선행하는, 전에 존재하는 condition 조건 deem 여기다, 간주하다

2

정답 ②

해설 ② **부사절 접속사 3: 복합관계대명사** 문맥상 '어떤 종류의 음료를 선택하든 상관없이'라는 의미가 되어야 자연스러운데, '어떤 종류의 음료를 선택하든'은 no matter which(어느 것을 ~하더라도) 또는 no matter what(무엇을 ~하더라도)으로 나타낼 수 있으므로, '아무리 ~하더라도'의 의미를 갖는 no matter how를 no matter which 또는 no matter what으로 고쳐야 한다. (불변의 패턴 35)

오답분석 ① **비교급 형태 | 병치 구문** 문맥상 '차를 마시는 사람들은 더 큰 보호를 누릴 수 있다'라는 의미가 되어야 자연스러운데 1음절 단어는 '원급 + er'의 형태로 비교급을 만들 수 있으므로 greater가 올바르게 쓰였다. 또한, 접속사(and)로 연결된 병치 구문에서는 같은 구조끼리 연결되어야 하는데, and 앞에 명사 disease와 cancer가 왔으므로 and 뒤에도 명사 stress가 올바르게 쓰였다.

③ **관계부사** 관계사 뒤에 완전한 절(we admire ~ desserts)이 왔고 문맥상 '그것이 우리가 감탄하는 이유이다'라는 의미가 되어야 자연스러우므로 관계부사 why가 올바르게 쓰였다. 참고로, 관계부사는 선행사의 종류에 따라 선택하는데, 관계부사 why는 선행사와 관계부사 둘 중 하나를 생략할 수 있으므로 선행사(the reason)가 생략된 형태이다.

④ **to 부정사의 역할 | 병치 구문** 문맥상 '전채 요리, 식사, 디저트와 차를 혼합하는 방법'이라는 의미가 되어야 자연스러우므로 형용사처럼 명사(ways)를 수식하는 to 부정사 to meld가 올바르게 쓰였다. 또한, 접속사(and)로 연결된 병치 구문에서는 같은 구조끼리 연결되어야 하는데, and 앞에 명사 appetizers와 meals가 왔으므로 and 뒤에도 명사 desserts가 올바르게 쓰였다.

해석 연구는 차를 마시는 사람들이 어떤 종류의 음료를 선택하든 상관없이 심장병, 암, 그리고 스트레스로부터 더 큰 보호를 누릴 수 있다는 것을 보여준다. 전문가들은 찻잎의 항산화제가 주요한 건강상의 이점을 준다고 말한다. 그것이 우리가 일부 창의적인 요리사들이 컵을 넘어 전채 요리, 식사, 그리고 디저트와 차를 혼합하는 맛있는 방법을 찾아낸 것에 감탄하는 이유이다.

어휘 protection 보호 cancer 암 brew (커피 등의) 뜨거운 음료 expert 전문가 antioxidant 항산화제, 산화 방지제 confer 주다, 수여하다 admire 감탄하다, 칭찬하다 meld 혼합하다 appetizer 전채

3

해설 ③ what vs. that 완전한 절(the superior team ~ success)을 이끌며 be 동사(is)의 보어 자리에 올 수 있는 것은 명사절 접속사 that이므로, 불완전한 절을 이끄는 명사절 접속사 what을 완전한 절을 이끄는 명사절 접속사 that으로 고쳐야 한다. (불변의 패턴 34)

오답 분석 ① 전치사 + 관계대명사 관계사 뒤에 완전한 절(the team ~ the contest)이 왔으므로 '전치사 + 관계대명사' 형태가 올 수 있다. '전치사 + 관계대명사'에서 전치사는 선행사 또는 관계절의 동사에 따라 결정되는데, 문맥상 '스포츠에서 승리할 것으로 예상되는 팀'이라는 의미가 되어야 자연스러우므로 전치사 in(~에서)이 관계대명사 which 앞에 온 in which가 올바르게 쓰였다.
② 현재분사 vs. 과거분사 수식받는 명사(the team)와 분사가 '팀이 승리할 것으로 예상되다'라는 의미의 수동 관계이므로, 과거분사 predicted가 올바르게 쓰였다.
④ 현재분사 vs. 과거분사 감정을 나타내는 분사(threatening)가 보충 설명하는 대상이 감정을 일으키는 주체인 경우 현재분사를 쓰고, 감정을 느끼는 대상인 경우 과거분사를 쓰는데, their opponents가 '그들의 상대 팀을 그들의 성공을 위협하는 것으로 인식하다'라는 의미로 감정을 일으키는 주체이므로 현재분사 threatening이 올바르게 쓰였다.

해석 스포츠에서의 뜻밖의 패배, 즉 승리할 것으로 예상되고 상대 팀보다 아마 우세할 것이라고 생각되는 팀이 예상외로 시합에서 지는 경우에 대한 한 가지 이유는, 더 우세한 팀이 그들의 상대 팀을 그들의 지속적인 성공을 위협하는 것으로 인식하지 않았을 수도 있다는 것이다.

어휘 upset 뜻밖의 패배 supposedly 아마 opponent 상대
surprisingly 예상외로 superior 더 우세한 perceive 인식하다

4

해설 (A) 주어와 동사의 수 일치 주어 자리에 단수 명사 The selection이 왔으므로 단수 동사 is가 들어가야 한다.
(B) to 부정사의 역할 문맥상 '대처하기 위해'라는 의미가 되어야 자연스러우므로 부사처럼 목적을 나타낼 수 있는 to 부정사 to meet이 들어가야 한다.
(C) 관계부사와 관계대명사 비교 관계사 뒤에 완전한 절(the possibility ~ requirements)이 왔으므로 관계대명사 which가 아닌 관계부사 where가 들어가야 한다. (불변의 패턴 40)
따라서 ① (A) is – (B) to meet – (C) where가 정답이다.

해석 모든 일이나 직무에 적합한 보호복의 선택은 보통 야기되는 위험에 대한 분석 또는 평가에 의해 좌우된다. 노출의 빈도와 유형에 더하여 착용자에게 예상되는 활동이 이 결정에 입력되는 전형적인 변수이다. 예를 들어, 소방관은 다양한 연소 물질에 노출된다. 따라서 특수한 여러 겹의 직물 조직이 야기되는 열 문제에 대처하기 위해 사용된다. 이것은 보통 상당히 무겁고 어떤 화재 상황에도 대비하여 근본적으로 최고 수준의 보호를 제공하는 보호 장비가 된다. 대조적으로, 돌발적인 화재의 가능성이 있는 지역에서 일해야 하는 산업 근로자는 매우 다른 일련의 위험 요소와 필요조건을 갖게 될 것이다. 많은 경우에, 면으로 된 작업복 위에 착용하는 방염 작업복은 충분히 위험에 대처할 수 있다.

어휘 appropriate 적합한 dictate ~을 좌우하다 assessment 평가
hazard 위험 (요소) present (문제 등을) 야기하다, 제시하다
frequency 빈도 exposure 노출 typical 전형적인
variable 변수 meet 대처하다, 만나다 protective 보호의, 방어적인
fairly 상당히, 꽤 flash fire 돌발적인 화재
flame-resistant 방염의, 내염성의(불에 잘 타지 않는)

5

해설 ① 주어와 동사의 수 일치 주어 자리에 단수 명사(The average size)가 왔으므로 복수 동사 have를 단수 동사 has로 고쳐야 한다. 참고로, 주어와 동사 사이의 수식어 거품(of humans)은 동사의 수 결정에 영향을 주지 않는다.

오답 분석 ② 과거완료 시제 문맥상 '내가 모든 대안을 따져 본' 것은 '내가 무엇을 할지 결정한' 특정 과거 시점보다 이전에 일어난 일이므로 과거완료 시제 had weighed가 올바르게 쓰였다.
③ 부사절 접속사 2: 기타 문맥상 '연주를 너무 잘해서 ~ 받았다'라는 의미가 되어야 자연스러운데 '매우 ~해서 -하다'는 부사절 접속사 so ~ that으로 나타낼 수 있으므로 so well that he received ~가 올바르게 쓰였다. (불변의 패턴 35)
④ 타동사 동사 address는 '~에 대해 고심하다'라는 의미로 쓰일 때 전치사 없이 바로 목적어(the problems)를 취하는 타동사이므로 addresses the problems가 올바르게 쓰였다.
⑤ 기타 전치사 동사 abide는 전치사 by와 함께 abide by(~을 준수하다)의 형태로 자주 쓰이므로 전치사 by가 올바르게 쓰였다.

해석 ① 인간의 평균적인 신장은 지난 백만 년 동안 계속 변화해 왔다.
② 내가 무엇을 할지 결정하기 전에, 나는 모든 대안을 따져 보았었다.
③ Tom은 연주를 너무 잘해서 청중들로부터 기립박수를 받았다.
④ 지방 정부는 그 주의 영양실조 문제에 대해 고심하고 있다.
⑤ 모든 회원은 클럽 규정을 준수하는 데 동의해야 한다.

어휘 fluctuate 계속 변화하다, 변동하다 weigh 따져 보다, 무게가 ~이다
standing ovation 기립박수 address (문제 등에 대해) 고심하다, 다루다
malnutrition 영양실조 abide by ~을 준수하다

6

해설 (A) 전치사 + 관계대명사 관계사 뒤에 완전한 절(later information ~ relevant)이 왔으므로 '전치사 + 관계대명사' 형태인 by which가 들어가야 한다. (불변의 패턴 40)
(B) 현재분사 vs. 과거분사 | 분사구문의 형태 주절의 주어(he)와 분사구문이 '그가 결론에 도달하다'라는 의미의 능동 관계이므로 현재분사를 써야 하는데, '결론에 도달'한 시점이 '그가 원형과 생각을 가진' 시점보다 이전이므로 분사구문의 완료형 Having reached가 들어가야 한다.
(C) what vs. that 명사(the impression)를 수식하기 위해 형용사 역할을 하는 관계절이 와야 하는데, 선행사(the impression)가 사물이고 관계절 내에서 동사 has formed의 목적어 역할을 하므로 명사절 접속사 what이 아닌 목적격 관계대명사 that이 들어가야 한다.
따라서 ③ (A) by which – (B) having reached – (C) that이 정답이다.

해석 첫인상 편향이란 우리의 첫인상이 이 사람에 대해 우리가 수집한 후속 정보가 처리되고, 기억되고, 적절하다고 보여지는 틀을 만든다는 것을 의미한다. 예를 들어, 수업 중인 Ann-Chinn을 관찰한 것을 기반으로, Loern은 그녀를 전형적인 아시아 여성으로 보고 그녀는 조용하고, 성실하며 내성적이라고 가정했을지도 모른다. 옳건 틀리건, 이러한 결론에 도달한 채, 그는 이제 Ann-Chinn의 행동을 이해하고 해석하는 데 있어 일련의 원형과 생각을 가진다. 시간이 흐르면서, 그는 그의 원형과 생각에 일치하는 행동을 그가 이미 그녀에 대해 만들어 놓은 인상에 맞춘다. 그녀가 그의 범퍼 스티커의 선택지에 대해 불신을 표현하는 것을 그가 알게 될 때, 그는 그의 그것이 기존 원형과 맞지 않기 때문에 단순히 그것을 무시하거나 그녀의 실제 본성에 대한 특이한 예외로 볼 것이다.

어휘 impression 인상 mold 틀 gather 수집하다 observe 관찰하다

stereotypical 전형적인 assume 가정하다
unassertive 내성적인 conclusion 결론 prototype 원형
construct 생각 interpret 해석하다 disbelief 불신
bumper sticker 범퍼 스티커(자동차 범퍼에 붙인 광고 스티커)
dismiss 무시하다 exception 예외 existing 기존의, 현존하는

7
정답 ②

해설 ② 부사절 접속사 2: 기타 문맥상 '의혹을 불러일으키지 않도록'이라는 의미가 되어야 자연스러운데, '~하지 않도록'은 부사절 접속사 lest를 사용하여 나타낼 수 있고, 접속사 lest가 이끄는 절의 동사는 '(should) + 동사원형(be)'의 형태를 취하므로 lest suspicion be aroused가 올바르게 쓰였다. (불변의 패턴 35)

오답분석 ① 전치사 자리 전치사(with) 뒤에는 명사 역할을 하는 것이 와야 하므로 동사 use를 동명사 using으로 바꿔야 한다.
③ 능동태·수동태 구별 동사(made) 뒤에 목적어 the shift가 있고, 문맥상 주어와 동사가 '또 다른 방법은 ~ 전환하는 것이다'라는 의미의 능동 관계이므로 과거분사 made를 동명사 making 또는 to 부정사 to make로 고쳐야 한다.
④ 수량 표현 | 형용사 자리 수량 표현 one of(~ 중 하나)는 복수 명사 앞에 오는 수량 표현이므로 단수 명사 cause를 복수 명사 causes로 고쳐야 한다. 또한, 명사(cause)를 수식하는 것은 형용사 역할을 하는 것이므로 명사 cause 앞의 동사 lead를 형용사 leading으로 고쳐야 한다.

해석 ① 그 신문은 개인의 목적을 위해 회사의 돈을 사용한 것으로 그녀를 고소했다.
② 그 수사는 의혹을 불러일으키지 않도록 최대한 조심스럽게 다루어져야 한다.
③ 그 과정의 속도를 높이는 또 다른 방법은 새로운 시스템으로 전환하는 것이다.
④ 화석연료를 태우는 것은 기후 변화의 주된 원인 중 하나이다.

어휘 charge 고소하다, 기소하다 investigation 수사, 조사
utmost 최대한의, 최고의 lest ~하지 않도록 suspicion 의혹, 의심
arouse 불러일으키다

8
정답 ③

해설 (A) 전치사 자리 'resort to'(~에 의지하다)에서 to는 전치사이고, 전치사 뒤에는 명사 역할을 하는 것이 와야 하므로 동사 원형 create가 아닌 동명사 creating을 써야 한다.
(B) 관계부사와 관계대명사 비교 관계사 뒤에 완전한 절(he ~ characters)이 왔으므로 관계대명사 which가 아닌 관계부사 where를 써야 한다. (불변의 패턴 40)
(C) 주어와 동사의 수 일치 주어 자리에 복수 명사 screen credits가 왔으므로 단수 동사 was가 아닌 복수 동사 were를 써야 한다. 참고로, 주어와 동사 사이의 수식어 거품(reading ~ Mel Blanc)은 동사의 수 결정에 영향을 주지 않는다.
따라서 ③ (A) creating – (B) where – (C) were가 정답이다.

해석 많은 업계의 전문가들에 의해 만화 목소리 연기의 창시자로 여겨지는 Mel Blanc는 1927년에 지역 라디오 쇼의 목소리 배우로서 그의 경력을 시작했다. 제작자들은 많은 배우들을 고용할 수 있는 자금을 가지고 있지 않아서 Mel Blanc는 필요에 따라 쇼를 위해 여러 가지 목소리와 등장인물들을 만들어내는 것에 의지했다. 그는 The Jack Benny Program의 고정 출연자가 되었는데, 이 프로그램에서 그는 인간, 동물, 그리고 엔진 조정이 필요한 자동차와 같은 생명이 없는 물체들 등의 많은 등장인물들에 대한 목소리를 제공했다. Porky Pig를 위해 그가 만들어낸 독특한 목소리는 Warner Bros에서의 그의 큰 성공에 연료를 공급했다. 머지않아 Blanc는 Hanna-Barbera Studios

의 등장인물뿐만 아니라 많은 스튜디오의 초대형 만화 스타들과 밀접한 관계를 맺게 되었다. 그의 가장 오래 진행한 목소리 연기는 약 52년간 Daffy Duck이라는 등장인물을 위해 한 것이었다. Blanc는 그의 작업을 매우 보호하려고 했으며 'Mel Blanc의 목소리 연기'라고 쓰인 스크린 크레딧이 항상 그의 계약 조건의 항목에 있었다.

어휘 expert 전문가 inventor 창시자 resort to ~에 의지하다
regular 고정 출연자 nonliving 생명이 없는 tune-up 엔진 조정
distinctive 독특한 breakout success 큰 성공
protective 보호하는 term 조건

Section 6 어순과 특수구문

p.76

불변의 패턴 41 간접 의문문은 「의문사 + 주어 + 동사」 순으로 와야 한다.

기출문제 풀어보기
정답 ④

해설 ④ 간접 의문문의 어순 전치사 to의 목적어 자리에 명사 역할을 하는 간접 의문문이 왔고, 의문문이 다른 문장 안에 포함된 간접 의문문은 '의문사(how much gray) + 주어(the color) + 동사(contains)'의 어순이 되어야 하므로 how much gray the color contains가 올바르게 쓰였다.

오답분석 ① 지시대명사 대명사가 지시하는 명사가 단수 명사 The traffic(교통)이므로 복수 지시대명사 those를 단수 지시대명사 that으로 고쳐야 한다.
② 현재 시제 시간을 나타내는 부사절(when ~ next week)에서는 미래를 나타내기 위해 미래 시제 대신 현재 시제를 사용하므로 미래진행 시제 will be lying을 현재 시제 lie로 고쳐야 한다. 참고로, 현재진행 시제 am lying으로 고쳐도 맞다.
③ 정관사 the 문맥상 '부유한 사람(부자)들만 그것을 먹었다'라는 의미가 되어야 자연스럽고, '부유한 사람들'은 'the +형용사'(~한 사람들/것들)를 사용하여 나타낼 수 있으므로 명사 wealth(부, 다량)를 형용사 wealthy(부유한)로 고쳐야 한다.

해석 ① 대도시의 교통은 소도시의 그것(교통)보다 더 붐빈다.
② 내가 다음 주에 해변에 누워있을 때 나는 너를 떠올릴 것이다.
③ 건포도는 한때 비싼 음식이어서, 부자들만 그것을 먹었다.
④ 색의 명도는 그 색이 얼마만큼 회색을 포함하고 있는지와 관련되어 있다.

어휘 raisin 건포도 intensity 명도, 강렬함 contain 포함하다

p.77

불변의 패턴 42 enough는 명사의 앞에 오거나, 형용사/부사의 뒤에 와야 한다.

기출문제 풀어보기
정답 ⑤

해설 ⑤ 혼동하기 쉬운 어순 부사 enough는 형용사(heavy)의 뒤에 와야 하므로, enough heavy를 heavy enough로 고쳐야 한다.

오답분석 ① 현재분사 vs. 과거분사 수식받는 명사 Water particles와 분사가 '물 입자가 이동되다'라는 의미의 수동 관계이므로 과거분사

carried to가 올바르게 쓰였다.

② 형용사 자리 | 부정관사 a(n) 명사(height)를 앞에서 수식하는 것은 형용사이므로 형용사 great이 명사 height 앞에 올바르게 쓰였다. 또한, 가산 단수 명사 height 앞에 부정관사 a가 올바르게 쓰였다.

③ 능동태·수동태 구별 주어 Water particles와 동사가 '물 입자가 위로 쓸려가다'라는 의미의 수동 관계이므로 수동태 are swept가 올바르게 쓰였다.

④ 병치 구문 | 부사 자리 접속사 and로 연결된 병치 구문에서는 같은 구조끼리 연결되어야 하는데, and 앞에 be 동사(are)와 함께 수동태를 완성하는 과거분사 swept가 쓰였으므로 and 뒤에도 과거분사 refrozen이 올바르게 쓰였다. 또한, 부사가 수동형 동사를 수식할 때 부사는 '조동사 + p.p.' 사이나 그 뒤에 오므로, 부사 repeatedly가 과거분사 refrozen 뒤에 올바르게 쓰였다.

[해석] 엄청난 높이로 이동하게 된 물 입자는 얼음 입자로 얼어붙고 우박처럼 떨어질 만큼 무거워질 때까지 위로 쓸려가고 반복적으로 다시 언다.

[어휘] particle 입자 height 높이 hail 우박

---

p.78

불변의 패턴 43 「타동사 + 부사」의 목적어가 대명사면 타동사와 부사 사이에 와야 한다.

기출문제 풀어보기

정답 ③

[해설] ③ 관계대명사 선행사(Children)가 사람이고, 관계절 내에서 experience가 누구의 경험인지를 나타내므로 주격 관계대명사 who를 사람을 가리키는 소유격 관계대명사 whose로 고쳐야 한다.

[오답분석] ① to 부정사의 역할 '의문을 제기하는 것을'이라는 의미를 표현하기 위해 명사처럼 동명사(Learning)의 목적어 자리에 올 수 있는 to 부정사구를 완성하는 pose questions가 올바르게 쓰였다.
② 주어와 동사의 수 일치 | 명사를 수식하는 여러 요소들의 어순 동명사 주어(Learning ~ satisfying)는 단수 취급하므로 단수 동사 is가 올바르게 쓰였다. 또한, 여러 품사가 함께 명사(experience)를 수식하는 경우 '관사(a) + 형용사(key social as well as intellectual) + 명사(experience)'의 어순이 되어야 하므로 a key social이 올바르게 쓰였다.
④ 동명사와 to 부정사 둘 다 목적어로 취하는 동사 동사 stop은 '~하는 것을 멈추다'라는 의미의 타동사로 쓰일 때 동명사를 목적어로 취하는데, 문맥상 '참여하는 것을 멈추다'라는 의미가 되어야 자연스러우므로 동명사 participating이 올바르게 쓰였다.
⑤ 혼동하기 쉬운 어순 '동사(think) + 부사(up)'로 이루어진 구동사는 목적어가 대명사(them)이면 '동사 + 대명사 + 부사'의 어순으로 쓰이므로 thinking them up이 올바르게 쓰였다. 참고로, 동사 stop 뒤에 동명사 thinking이 목적어로 쓰인 형태이다.

[해석] 의문을 제기하고 만족스러운 정보를 얻는 것을 배우는 것은 아동 발달에 있어 중요한 사회적 경험일 뿐만 아니라 지적 경험이다. 이 단계에서 성공적인 경험이 없는 아이들, 즉, 경험이 좌절되거나 그르쳐진 아이들은 학습 과정에 참여하는 것을 멈춘다. 그들은 그들의 의문을 표현하는 것을 멈추고, 결국 그것들(의문)을 생각해 내는 것을 멈출지도 모른다.

[어휘] pose (위협·문제 등을) 제기하다 satisfying 만족스러운 intellectual 지적인 pervert 그르치다, 왜곡하다 think up 생각해 내다

---

p.79

불변의 패턴 44 관용적으로 원급/비교급/최상급을 쓰는 표현들을 통째로 익혀두어야 한다.

기출문제 풀어보기

정답 ②

[해설] ② 비교급 형태로 최상급 의미를 만드는 표현 'nothing ~ 비교급 + than'(다른 어떤 -도 ~보다 더 ~하지 않다)의 형태를 사용하여 비교급 형태로 최상급 의미를 만들 수 있으므로 as를 than으로 고쳐야 한다.

[오답분석] ① to 부정사의 의미상 주어 문장의 주어(It)와 to 부정사의 행위 주체(we)가 달라 to 부정사의 의미상 주어가 필요한 경우 'for + 목적격 대명사'를 to 부정사 앞에 써야 하므로 for us가 to learn 앞에 올바르게 쓰였다.
③ 조동사 관련 표현 '아무리 조심해도 지나치지 않다'는 조동사 관련 숙어 표현 cannot ~ too(아무리 -해도 지나치지 않다)의 형태로 나타낼 수 있으므로 cannot be too careful이 올바르게 쓰였다.
④ 명사절 접속사 3: 의문사 동사(say)의 목적어가 없는 불완전한 절(others say)을 이끌며 문장의 목적어 자리에 올 수 있는 명사절 접속사 what이 올바르게 쓰였다.

[어휘] by no means 결코 ~이 아닌 precious 소중한

---

p.80

불변의 패턴 45 비교급 강조는 much/even/[by] far/still/a lot 등이 해야 한다.

기출문제 풀어보기

정답 ②

[해설] ② 비교급 강조 표현 | 비교급 문맥상 '전통적인 항공기보다 훨씬 더 작고 더 조작하기 쉬운'이라는 의미가 되어야 자연스러우므로 비교급 표현 '형용사/부사의 비교급 + than'으로 나타낼 수 있다. 비교급(smaller)을 강조하기 위해 비교급 표현 앞에 강조 표현 much가 올 수 있고, -able로 끝나는 3음절 이상의 형용사(maneuverable)는 'more + 원급'의 형태로 비교급을 나타내므로, much smaller and more maneuverable로 나타낸 ②번이 정답이다. 부사 very는 비교급을 강조하는 표현으로 쓸 수 없으므로, ①, ⑤번은 정답이 될 수 없다.

[해석] 이러한 이유로, 드론은 전통적인 항공기보다 훨씬 더 작고 더 조작하기 쉬울 수 있다.

[어휘] aircraft 항공기 maneuverable 조작하기 쉬운

---

p.81

불변의 패턴 46 동사가 주어 앞에 오는 도치 구문의 어순에 주의해야 한다.

기출문제 풀어보기

정답 ④

[해설] ④ 도치 구문: 기타 도치 부사 so가 '~역시 그렇다'라는 의미로 쓰여 절 앞에 오면 주어와 조동사가 도치되어 '조동사(did) + 주어(her son)'의 어순이 되어야 하므로 so did her son이 올바르게 쓰였다. 참고로, 동사 love는 to 부정사와 동명사를 모두 목적어로 취하는 동

사이므로 동명사를 목적어로 취한 loved playing이 올바르게 쓰였다.

[오답분석] ① **동명사 관련 표현** '답장을 ~ 받기를 고대한다'는 동명사 관련 표현 'look forward to -ing'(-을 고대하다)로 나타낼 수 있으므로 동사원형 receive를 동명사 receiving으로 고쳐야 한다.

② **혼동하기 쉬운 자동사와 타동사** '월급을 올리다'는 타동사 raise를 써서 나타낼 수 있으므로 자동사 rise를 타동사 raise(떠오르다)로 고쳐야 한다.

③ **동명사 관련 표현** '고려할 만했다'는 동명사 관련 표현 'be worth -ing'(-할 만하다)로 나타낼 수 있으므로 과거분사 considered를 동명사 considering으로 고쳐야 한다.

[어휘] look forward to ~을 고대하다   salary 월급

Section Test
p. 82–83

1	③	2	①	3	④	4	④
5	①	6	④	7	④	8	⑤

1
정답 ③

[해설] ③ **도치 구문: 부사구 도치 1** 부정을 나타내는 부사구(Never again)가 강조되어 문장 맨 앞에 나오면 주어와 조동사가 도치되어 '부사구(Never again) + 조동사(did) + 주어(lions) + 동사(cross)'의 어순이 되어야 하므로 lions crossed를 did lions cross로 고쳐야 한다. (불변의 패턴 46)

[오답분석] ① **현재분사 vs. 과거분사** 수식받는 명사(LED lights)와 분사가 'LED 조명이 작동되다'라는 의미의 수동 관계이므로 과거분사 powered가 올바르게 쓰였다.

② **관계대명사** 관계절이 콤마(,) 뒤에서 계속적 용법으로 쓰여 앞에 나온 선행사(the lights)에 대한 부가 설명을 하고, 선행사가 관계절 내에서 동사(appeared)의 주어 역할을 하고 있으므로 계속적 용법으로 쓰일 수 있는 주격 관계대명사 which가 올바르게 쓰였다.

④ **부정대명사: another** 문맥상 '인간들, 소들, 그리고 사자들은 마침내 서로 평화를 이룰 수 있었다'라는 의미가 되어야 자연스러운데, '서로'는 부정대명사 'one another'로 나타낼 수 있으므로 one another이 올바르게 쓰였다.

[해석] 많은 시행착오 끝에, Richard는 마침내 태양 전지판에 의해 충전된 오래된 자동차 배터리로 작동되는 번쩍이는 LED 조명 장치를 만들어 냈다. Richard는 울타리를 따라 조명들을 쭉 세웠다. 밤에 그 조명들은 마구간 바깥에서 보일 수 있었는데, 그것은 마치 사람들이 손전등을 들고 이리저리 움직이고 있는 것처럼 교대로 번쩍거렸다. 사자들은 Richard의 울타리를 두 번 다시 넘어오지 않았다. Richard는 그의 장치를 Lion Lights라고 불렀다. 이 간단하고 실용적인 장치는 사자들에게 아무런 해를 끼치지 않았고, 인간들, 소들, 그리고 사자들은 마침내 서로 평화를 이룰 수 있었다.

[어휘] trial and error 시행착오   flash 번쩍이다
power 작동시키다, 동력을 공급하다   charge 충전하다
solar panel 태양 전지판   set up ~를 세우다   fence 울타리
stable 마구간   take turns 교대하다   torch 손전등
cattle (집합적으로) 소   one another 서로

2
정답 ①

[해설] (A) **수동태로 쓸 수 없는 동사** 빈칸은 문장의 동사 자리이다. 동사 abound(풍부하다)는 목적어를 갖지 않는 자동사이므로 수동태로 쓸 수 없다. 따라서 능동태 동사 abound가 들어가야 한다.

(B) **간접 의문문의 어순** 명사절 뒤에 불완전한 절(complex ~ this system is)이 왔으므로, 빈칸은 의문문이 다른 문장 안에 포함된 간접 의문문 '의문사 + 주어(this system) + 동사(is)'의 형태를 이루는 의문사의 자리이다. 따라서 의문사 how가 들어가야 한다. (불변의 패턴 41)

(C) **현재분사 vs. 과거분사** 문장에 이미 동사(began)가 있으므로 빈칸은 명사 vibrations를 수식하는 분사의 자리이다. 문맥상 수식받는 명사 vibrations와 분사가 '진동이 고동치다(고동치는 진동)'이라는 의미의 능동 관계가 되어야 자연스러우므로 현재분사 throbbing이 들어가야 한다.

따라서 ① (A) abound - (B) how - (C) throbbing이 정답이다.

[해석] 코끼리들에 관한 일화들은 그들의 충성심과 집단 단결력의 예시들로 풍부하다. 이런 종류의 연대감을 유지하는 것은 좋은 의사소통 체계를 필요로 한다. 우리는 이제서야 이 체계가 얼마나 복잡하고 광범위한지를 이해하기 시작했다. 연구원 Katharine Payne은 포틀랜드의 워싱턴 파크 동물원을 방문한 후에 처음으로 코끼리 의사소통을 철저하게 조사하기 시작했다. 코끼리 우리에 서 있으면서, 그녀는 공기 중에 고동치는 진동들을 느끼기 시작했고, 잠시 후에 그것들이 코끼리들에게서 나오고 있었다는 것을 깨달았다. Katharine이 느끼고 나중에 나아가 연구한 것은 초저주파 음파라고 불리는 소리의 저주파 형태이다.

[어휘] anecdote 일화   loyalty 충성심   cohesion 단결력, 결합
togetherness 연대감   call for ~을 필요로 하다, 요구하다
appreciate 이해하다   far-reaching 광범위한
delve into ~을 철저하게 조사하다   infrasound 초저주파 음파
abound 풍부하다   throb 고동치다, 울리다

3
정답 ④

[해설] ④ **원급** '사람들이 생각했던 만큼 인색하지 않았다'는 두 대상의 동등함을 나타내는 원급 관련 표현 'not + so + 형용사의 원급 + as'(~만큼 -하지 않은)를 사용하여 나타낼 수 있으므로 비교급 stingier를 원급 stingy로 고쳐야 한다. (불변의 패턴 44)

[오답분석] ① **전치사 자리** 전치사(at) 뒤에는 명사 역할을 하는 것이 와야 하므로 전치사 at 뒤에 동명사 getting이 올바르게 쓰였다.

② **비교급 형태로 최상급 의미를 만드는 표현 | 지시대명사** '세계 어느 도시보다 심각하다'는 비교급 형태로 최상급 의미를 만드는 표현 '비교급(more serious) + than any other + 단수 명사(city)'(다른 어떤 -보다 더 ~한)의 형태를 사용하여 나타낼 수 있으므로 more serious than those in any other city가 올바르게 쓰였다. 또한, 지시대명사 those가 가리키는 명사가 복수 명사(The traffic jams)이므로 복수 지시대명사 those가 올바르게 쓰였다.

③ **주어와 동사의 수 일치** 동명사구 주어(Making eye contact)는 단수 취급하므로 단수 동사 is가 올바르게 쓰였다. 참고로, 해당 문장은 the person과 you 사이에 전치사 to의 목적어 역할을 하는 목적격 관계대명사 whom이 생략된 형태이다.

[어휘] get ~ across ~을 전달하다   turn out ~인 것으로 드러나다
stingy 인색한

4
정답 ④

[해설] ④ **도치 구문: 부사구 도치 1 | 현재완료 시제** 부정을 나타내는 부사구(Hardly)가 강조되어 문장 맨 앞에 나오면 주어와 조동사가 도치되어 '조동사(has) + 주어(the situation) + 동사'의 어순으로 쓰여야 하는데, 문맥상 '더 심각했던 적은 거의 없었다'라는 의미가 되어야 자연스러우므로 Hardly has the situation을 동사 자리에 현재완료 시제를 만드는 been을 쓴 Hardly has the situation been으로 고쳐야 한다. (불변의 패턴 46)

① **도치 구문: 기타 도치 | 주어와 동사의 수 일치** 분사 보어 (Attached)가 강조되어 문장 맨 앞에 나오면 주어와 동사가 도치 되어 '동사(is) + 주어(the document file)'의 어순이 되어야 하 므로 Attached is the document file이 올바르게 쓰였다. 또한, 주어 자리에 단수 명사 the document file이 왔으므로 단수 동 사 is가 올바르게 쓰였다.

② **도치 구문: 부사구 도치 1 | 혼동하기 쉬운 어순** 부정을 나타내 는 부사구(Never in ~ life)가 강조되어 문장 맨 앞에 나오면 주 어와 조동사가 도치되어 '조동사(have) + 주어(I) + 동사(seen)' 의 어순이 되어야 하므로, Never in my life have I seen이 올바 르게 쓰였다. 또한, '그렇게 아름다운 여성'은 'such + a/an + 형 용사(beautiful) + 명사(woman)'로 나타낼 수 있으므로 such a beautiful woman이 올바르게 쓰였다.

③ **가정법 도치** 문맥상 '혹시라도 ~ 필요하다면'이라는 의미로 가 능성의 희박한 미래를 가정하고 있으므로 'If + 주어 + should + 동사원형'의 형태인 가정법 미래가 쓰여야 하는데, 가정법 문장 에서 If가 생략되면 주어와 should가 도치되어 'Should + 주어 (you) + 동사원형(need)'의 어순이 되므로, Should you need 가 올바르게 쓰였다.

⑤ **to 부정사의 역할** '~ 삶을 살기 시작할 시간'은 형용사처럼 명 사를 수식할 수 있는 to 부정사를 사용하여 나타낼 수 있으므로 time to start living~이 올바르게 쓰였다. 참고로, 주어 자리에 쓰인 Now는 '지금'이라는 뜻의 명사이다.

① 당신이 요청한 문서 파일은 첨부되었습니다.
② 나의 삶에서 나는 결코 그렇게 아름다운 여성을 본 적이 없다.
③ 혹시라도 추가 정보가 필요하다면, 저에게 연락해 주세요.
④ 지금보다 상황이 더 심각했던 적은 거의 없었다.
⑤ 지금이 네가 항상 상상해 왔던 삶을 살기 시작할 시간이다.

attach 첨부하다 contact 연락하다

5
정답 ①

① **도치 구문: 부사구 도치 1** 부사 neither가 '~도 역시 -않다'라 는 의미로 쓰여 문장 앞에 오면 주어와 조동사가 도치되어 '부사 (neither) + 조동사(did) + 주어(I)'의 어순이 되어야 하므로 neither did I가 올바르게 쓰였다. (불변의 패턴 46)

② **전치사 + 관계대명사** 선행사 The sport가 사물이고 관계절 내에서 전치사 in의 목적어 역할을 하므로 목적격 관계대명사 which나 that이 올 수 있는데, 전치사 in 뒤에 관계대명사 that 은 올 수 없으므로 that을 which로 고치거나, 전치사 in을 관계절 맨 뒤로 보내 in that I am most interested를 that I am most interested in으로 고쳐야 한다.

③ **과거 시제** 역사적 사실을 표현할 때는 과거 시제를 사용하므 로 제1차 세계대전이 1914년에 발발했다는 사실을 나타내기 위 해 과거완료 시제 had broken out을 과거 시제 broke out으 로 고쳐야 한다.

④ **5형식 동사 | 목적어 자리** 동사 make는 5형식 동사로 쓰일 때 'make(have made) + 목적어 + 목적격 보어(difficult)' 형태를 취하며, '~이 -하게 만들다'라는 의미를 나타낸다. 문맥상 두 가 지 요소가 '과학자들을' 어렵게 만드는 것이 아니라 과학자들이 '지구상에 있는 종의 개수를 밝히는 것을' 어렵게 만드는 것이므 로, 목적어 자리에는 scientists(과학자들)가 아닌 to 부정사구 (to determine ~ Earth)가 와야 한다. 그런데, to 부정사구 목 적어가 목적격 보어와 함께 오면 진짜 목적어를 목적격 보어 뒤 로 보내고, 목적어가 있던 자리에 가짜 목적어 it을 써야 한다. to 부정사구의 의미상 주어는 'for + 명사'(for scientists)의 형태로 to 부정사 앞에 써야 하므로 have made scientists difficult to determine을 have made it difficult for scientists to

determine으로 고쳐야 한다.

① 그들의 그의 이야기를 믿지 않았고, 나 역시 그랬다.
② 내가 가장 관심 있는 스포츠는 축구이다.
③ Jamie는 그 책에서 제1차 세계대전이 1914년에 발발했다는 것 을 배웠다.
④ 두 가지 요소가 과학자들이 지구상에 있는 종의 개수를 밝히는 것 을 어렵게 만들었다.

break out 발발하다 factor 요소 determine 밝히다, 결정하다

6
정답 ④

④ **도치 구문: 부사구 도치 1** 부정을 나타내는 부사구(Under no circumstances)가 강조되어 문장 맨 앞에 나오면 주어와 조 동사가 도치되어 '부사구(Under no circumstances) + 조동사 (should) + 주어(you) + 동사(leave)'의 어순이 되어야 하므로, Under no circumstances you should not leave를 Under no circumstances should you leave로 고쳐야 한다. 참고로, Under no circumstances는 부정의 의미를 내포하고 있으므로 not과 같은 부정어와 함께 올 수 없다. (불변의 패턴 46)

① **동명사와 to 부정사 둘 다 목적어로 취하는 동사** 동사 regret은 동명사와 to 부정사를 모두 목적어로 취할 수 있는 동사인데, '~한 것을 후회하다'라는 과거의 의미를 나타낼 때는 동명사를 목적어 로 취하고, '일하지 않은 것'은 후회하는 시점보다 이전에 일어난 일이므로 동사 regret의 목적어로 동명사의 완료형 not having worked harder가 올바르게 쓰였다.

② **전치사 자리** 전치사구(of both ~ knowledge)는 수식어로 명 사(a man)를 수식할 수 있으므로 a man 뒤에 of ~ knowledge 가 올바르게 쓰였다.

③ **불가산 명사** 불가산 명사(Anger)는 부정관사(a/an)와 함께 쓰 일 수 없고, 단수 취급하므로 불가산 명사 Anger와 단수 동사 is 가 올바르게 쓰였다.

regret 후회하다 normal 정상적인 circumstance 상황

7
정답 ④

④ **도치 구문: 부사구 도치 1 | 과거 시제** '꿈에도 생각지 않았다'는 부정을 나타내는 부사 little(거의 ~않다)을 써서 '거의 생각하지 못 했다'라는 의미로 나타낼 수 있다. 부정을 나타내는 부사(little)가 강 조되어 문장 맨 앞에 나오면 주어와 조동사가 도치되어 '조동사 + 주 어 + 동사'의 어순이 되어야 하는데, 특정 과거 시점을 나타내는 시간 표현(thirty years ago)이 왔으므로, 현재 시제 조동사 does를 과 거 시제 조동사 did로 고쳐야 한다. 따라서 little does he dream을 little did he dream으로 고쳐야 한다. (불변의 패턴 46)

① **5형식 동사** 사역동사 have(had)는 목적격 보어로 동사원형이 나 과거분사를 취하는데, 목적어와 목적격 보어가 능동 관계일 때 동사원형이, 수동 관계일 때 과거분사가 와야 한다. 목적어 his political enemies와 목적격 보어가 '그의 정적들을 투옥시키다 (그의 정적들이 투옥되다)'라는 의미의 수동 관계이므로 had의 목적격 보어 자리에 과거분사 imprisoned가 올바르게 쓰였다.

② **부사절 접속사 1: 조건** '경제적 자유가 없다면'은 부사절 접속 사 unless(만약 ~아니라면)로 나타낼 수 있으므로 unless가 올 바르게 쓰였다.

③ **동명사 관련 표현** '당신과 거래할 수 있기를 바란다'는 동명사 관련 표현 'look forward to -ing'(-을 고대하다)의 형태를 사용 하여 나타낼 수 있으므로 I look forward to doing business 가 올바르게 쓰였다.

imprison 투옥하다 liberty 자유 look forward to -을 바라다, 기대하다

8 정답 ⑤

[해설] ⑤ **비교급 강조 표현** 비교급(easier)을 강조하여 '훨씬'이라는 의미를 나타내며 비교급 표현 앞에 올 수 있는 강조 부사 much가 올바르게 쓰였다. 참고로, 가주어 it이 쓰인 문장에서 진짜 주어인 to 부정사의 의미상 주어는 'for + (대)명사'(for him)의 형태로 to 부정사 앞에 와야 하므로 to express 앞에 for him이 올바르게 쓰였다. (불변의 패턴 45)

[오답분석] ① **관계대명사** 선행사(the alternatives)가 사물이고 문맥상 관계절 내에서 동사(had been offered)의 주어 역할을 하며, 선행사 the alternatives와 관계절의 동사가 '대안이 제안되다'라는 의미의 수동 관계이므로 관계절 내에 수동태 동사 had been offered가 쓰였다. 하지만 주격 관계절에서 '주격 관계대명사(that/which) + be 동사(had been)'는 함께 생략될 수 있으므로 the alternatives had been offered를 the alternative offered로 고치거나 주격 관계대명사(that/which)를 삽입하여 the alternative that/which had been offered로 고쳐야 한다. 참고로, 해당 문장은 명사 the alternatives를 뒤에서 수식하는 분사 형태를 써서 the alternatives being offered ~로도 고칠 수 있다.

② **가정법 과거완료** '침략하지 않았다면 ~ 일어나지 않았을 것이다'는 과거 상황을 반대로 가정하는 가정법 과거완료로 나타낼 수 있는데, if절에 가정법 과거완료 'If + 주어 + had p.p.' 형태인 If Hitler hadn't invaded가 왔으므로 주절에도 가정법 과거완료를 만드는 '주어 + would/should/could/might + have p.p.' 형태가 와야 한다. 따라서 might not take place를 might not have taken place로 고쳐야 한다.

③ **자동사** 동사 wait는 전치사(for) 없이 목적어(the shadow)를 취할 수 없는 자동사이므로 waited the shadow를 waited for the shadow로 고쳐야 한다.

④ **가산 명사 | 전치사 2: 기간** 가산 명사(accountant)는 단수일 때 관사와 함께 쓰여야 하므로 '정해지지 않은 하나'를 나타내는 부정관사(a/an)를 써서 accountant를 an accountant로 고쳐야 한다. 또한, '~ 동안'이라는 의미로 숫자를 포함한 시간 표현(5 years) 앞에 와서 '얼마나 오래 지속되는가'를 나타내는 전치사는 for이므로, 명사 앞에 와서 '언제 일어나는가'를 나타내는 전치사 during을 for로 고쳐야 한다.

[어휘] strongly 굳게, 튼튼하게 alternative 대안, 선택 가능한 것
invade 침략하다, 침입하다 take place 일어나다, 개최되다
shadow 그림자 reappear 다시 나타나다
accountant 회계사, 회계원 express 표현하다

독해

Section 1 신유형

p.88

불변의 패턴 01 이메일의 형식은 정해져 있다.

대표 기출 예제

정답 ①

끊어읽기 해석

To: cbsclients@callbank.com
수신: cbsclients@callbank.com

From: callbanks@calmail.com
발신: callbanks@calmail.com

Date: May 7, 2024
날짜: 2024년 5월 7일

Subject: Important notice
제목: 중요 공지

Dear Valued Clients,
친애하는 고객 여러분께

In today's world, / cybercrime poses a serious threat / to your security.
오늘날의 세상에서 / 사이버 범죄는 심각한 위협을 가하고 있습니다 / 여러분의 보안에

As your trusted partner, / we want to help you / protect your personal and business information.
여러분의 신뢰할 수 있는 파트너로서 / 저희는 여러분에게 도움을 드리고 싶습니다 / 여러분의 개인 정보와 기업 정보를 보호하는 데

Here are five easy ways / to safeguard yourself / from cyber threats:
다섯 가지 쉬운 방법이 있습니다 / 스스로를 보호하는 / 사이버 위협으로부터

1. Use strong passwords / and / change them / frequently.
1. 강력한 비밀번호를 사용하세요 / 그리고 / 그것을 변경하세요 / 자주

2. Keep your software and devices / up to date.
2. 여러분의 소프트웨어와 장치를 유지하세요 / 최신 상태로

3. Be wary / of suspicious emails, links, or telephone calls / that pressure you / to act quickly / or / give out sensitive information.
3. 조심하세요 / 의심스러운 이메일, 링크, 또는 전화 통화를 / 여러분에게 압력을 가하는 / 신속하게 행동하도록 / 또는 / 민감한 정보를 제공하도록

4. Enable Two Factor authentication / and / use it whenever possible.
4. 이중 인증을 활성화하세요 / 그리고 / 가능할 때마다 그것을 사용하세요

When contacting California Bank & Savings, / you will be asked / to use a One Time Passcode (OTP) / to verify your identity.
California Bank & Savings에 연락할 때 / 여러분은 요청받게 될 것입니다 / 일회용 비밀번호(OTP)를 사용하도록 / 여러분의 신원 확인을 위해

5. Back up your data / regularly.
5. 데이터를 백업하세요 / 정기적으로

Visit our Security Center / to learn more / about how you can stay safe / online.
저희 보안 센터에 방문하세요 / 더 알아보기 위해 / 여러분이 어떻게 안전하게 지낼 수 있는지에 대해 / 온라인에서

Remember, / cybersecurity is a team effort.
기억하십시오 / 사이버 보안은 팀의 노력이라는 점을

By working together, / we can build a safer online environment / for ourselves and the world.
함께 협력함으로써 / 우리는 더 안전한 온라인 환경을 구축할 수 있습니다 / 우리 자신과 세상을 위한

Sincerely,
California Bank & Savings
California Bank & Savings 드림

해석 수신: cbsclients@calbank.com
발신: calbanks@calmail.com
날짜: 2024년 5월 7일
제목: 중요 공지

친애하는 고객 여러분께,

오늘날의 세상에서, 사이버 범죄는 여러분의 보안에 심각한 위협을 가하고 있습니다. 여러분의 신뢰할 수 있는 파트너로서, 저희는 여러분의 개인 정보와 기업 정보를 보호하는 데 도움을 드리고 싶습니다. 사이버 위협으로부터 스스로를 보호하는 다섯 가지 쉬운 방법이 있습니다:

1. 강력한 비밀번호를 사용하고 그것을 자주 변경하세요.
2. 소프트웨어와 장치를 최신 상태로 유지하세요.
3. 신속하게 행동하거나 민감한 정보를 제공하도록 압력을 가하는 의심스러운 이메일, 링크, 또는 전화 통화를 조심하세요.
4. 이중 인증을 활성화하고 가능할 때마다 사용하세요. California Bank & Savings에 연락할 때, 여러분은 신원 확인을 위해 일회용 비밀번호(OTP)를 사용하도록 요청받게 될 것입니다.
5. 데이터를 정기적으로 백업하세요.

저희 보안 센터에 방문하여 어떻게 온라인에서 안전하게 지낼 수 있는지에 대해 더 알아보세요. 사이버 보안은 팀의 노력이라는 점을 기억하세요. 함께 협력함으로써, 우리는 우리 자신과 세상을 위한 더 안전한 온라인 환경을 구축할 수 있습니다.

California Bank & Savings 드림

① 고객에게 사이버 위협으로부터 스스로를 안전하게 지키는 방법을 알려주기 위해
② 고객에게 소프트웨어 및 장치를 업데이트하는 방법을 알려주기 위해
③ 고객에게 비밀번호를 더욱 강력하게 만드는 방법을 알려주기 위해
④ 고객에게 OTP를 보호하는 방법을 알려주기 위해

어휘 notice 공지, 알림 client 고객, 의뢰인 cybercrime 사이버 범죄 security 보안 safeguard 보호하다 threat 위협 frequently 자주 up to date 최신의 wary 조심하는, 경계하는 suspicious 의심스러운 sensitive 민감한, 예민한 two factor authentication 이중 인증 identity 신원 cybersecurity 사이버 보안 inform 알려주다, 알리다

기출문제 풀어보기

정답 ③

끊어읽기 해석

To: reserve@metropolitan.com
수신: reserve@metropolitan.com

From: BruceTaylor@westcity.com
발신: BruceTaylor@westcity.com

Date: June 22, 2024
날짜: 2024년 6월 22일

Subject: Venue facilities
제목: 행사장 시설

Dear Sir,
담당자분께,

I am writing / to ask for information / about Metropolitan Conference Center.
저는 씁니다 / 정보를 요청하기 위해 / 메트로폴리탄 컨퍼런스 센터에 대한

We are looking for a venue / for a three-day conference / in September / this year.
저희는 장소를 찾고 있습니다 / 3일간의 컨퍼런스를 위한 / 9월에 있을 / 올해

We need to have enough room / for over 200 delegates / in your main conference room, / and / we would also like three small conference rooms / for meetings.
저희는 충분한 공간이 필요합니다 / 200명 이상의 대표자들을 위한 / 주 회의실에 / 그리고 / 세 개의 작은 회의실도 필요합니다 / 회의용으로

Each conference room needs / wi-fi as well.
각 회의실은 필요합니다 / wi-fi도

We need to have coffee available / mid-morning and mid-afternoon, / and / we would also like to book your restaurant / for lunch / on all three days.
저희는 커피가 필요합니다 / 오전과 오후 중반에 / 그리고 / 귀사의 식당을 예약하고 싶습니다 / 점심 식사를 위해 / 3일 모두

In addition, / could you please let me know / if there are any local hotels / with discount rates / for Metropolitan clients or large groups?
또한 / 알려주실 수 있나요 / 현지 호텔이 있는지 / 할인율이 있는 / 메트로폴리탄 고객이나 대규모 그룹을 위한

We will need accommodations / for over 100 delegates / each night.
저희는 숙박시설이 필요합니다 / 100명 이상의 대표자를 위한 / 매일 밤

I look forward to hearing from you.
답장 기다리겠습니다

Best regards,
Bruce Taylor, Event Manager
행사 기획자 Bruce Taylor 드림

해석 수신: reserve@metropolitan.com
발신: BruceTaylor@westcity.com
날짜: 2024년 6월 22일
제목: 행사장 시설

담당자분께,

저는 메트로폴리탄 컨퍼런스 센터에 대한 정보를 요청하기 위해 글을 씁니다.

저희는 올해 9월에 있을 3일간의 컨퍼런스를 위한 장소를 찾고 있습니다. 주 회의실에 200명 이상의 대표자들을 위한 충분한 공간이 필요하며, 회의용으로 세 개의 작은 회의실도 필요합니다. 각 회의실에는 wi-fi도 필요합니다. 오전과 오후 중반에 커피가 필요하며, 3일 모두 점심 식사를 위해 귀사의 식당을 예약하고 싶습니다.

또한, 메트로폴리탄 고객이나 대규모 그룹을 위한 할인율이 있는 현지 호텔이 있는지 알려주실 수 있나요? 매일 밤 100명 이상의 대표자를 위한 숙박시설이 필요합니다.

답장 기다리겠습니다.

행사 기획자 Bruce Taylor 드림

해설 이메일 형식의 지문은 보통 지문의 중간에 세부사항이 언급된다. 지문 중간에서 3일 모두 점심 식사를 위해 식당을 예약하고 싶다고 했으므로 '③ 3일간의 저녁 식사를 위한 식당 예약이 필요하다'는 지문의 내용과 일치하지 않는다.

어휘 venue 행사장, 장소 facility 시설, 설비 delegate 대표자, 사절
conference room 회의실 book 예약하다 discount 할인
client 고객 accommodation 숙박시설, 수용

p.89

불변의 패턴 02 안내문의 제목/요지는 지문 처음에서, 세부 내용은 소제목 중심으로 찾는다.

대표 기출 예제   정답 Q1 ②, Q2 ③

끊어읽기 해석

We're pleased / to announce / the upcoming City Harbour Festival, an annual event / that brings our diverse community together / to celebrate our shared heritage, culture, and local talent.
우리는 기쁩니다 / 발표하게 되어 / 다가오는 연례 행사인 City Harbour 축제를 / 다양한 지역사회를 함께 모으는 / 우리의 공유 유산, 문화, 그리고 지역 인재를 기념하기 위해

Mark your calendars / and / join us for an exciting weekend!
여러분의 달력에 표시하세요 / 그리고 / 신나는 주말을 우리와 함께 보내세요

Details
세부사항

• Dates: Friday, June 16 — Sunday, June 18
날짜: 6월 16일 금요일 — 6월 18일 일요일

• Times: 10 : 00 a.m. — 8 : 00 p.m. (Friday & Saturday)
시간: 오전 10시 — 오후 8시 (금요일과 토요일)

10 : 00 a.m. — 6 : 00 p.m. (Sunday)
오전 10시 — 오후 6시 (일요일)

• Location: City Harbour Park, Main Street, and surrounding areas
장소: City Harbour 공원, 중심가, 그리고 주변 지역

Highlights 주요 행사

• Live Performances 실시간 공연

Enjoy a variety of live music, dance, and theatrical performances / on multiple stages / throughout the festival grounds.
다양한 라이브 음악, 춤, 연극 공연을 즐겨보세요 / 여러 무대에서 / 축제장 곳곳의

• Food Trucks 푸드 트럭

Have a feast / with a wide selection of food trucks / offering diverse and delicious cuisines, / as well as free sample tastings.
잔치를 벌여보세요 / 각종 푸드 트럭과 함께 / 다양하고 맛있는 요리를 제공하는 / 무료 시식뿐만 아니라

For the full schedule of events and activities, / please visit our website at www.cityharbourfestival.org / or / contact the Festival Office at (552) 234-5678.
전체 행사 일정 및 활동에 관해서는 / 당사 웹사이트 www.cityharbourfestival.org를 방문하세요 / 또는 / 축제 사무실 (552) 234-5678번으로 문의하세요

해석   [A]
우리는 공유 유산, 문화, 그리고 지역 인재를 기념하기 위해 다양한 지역사회를 함께 모으는 다가오는 연례 행사인 City Harbour 축제를 발표하게 되어 기쁩니다. 여러분의 달력에 표시하고 신나는 주말을 우리와 함께 보내세요!

세부 사항
• 날짜: 6월 16일 금요일 - 6월 18일 일요일
• 시간: 오전 10시 - 오후 8시 (금요일과 토요일)
         오전 10시 - 오후 6시 (일요일)

• 장소: City Harbour 공원, 중심가, 그리고 주변 지역

주요 행사

• 실시간 공연
  축제장 곳곳의 여러 무대에서 다양한 라이브 음악, 춤, 연극 공연을 즐겨보세요.

• 푸드 트럭
  다양하고 맛있는 요리와 무료 시식을 제공하는 각종 푸드 트럭과 함께 잔치를 벌여보세요.

전체 행사 일정 및 활동에 관해서는, 당사 웹사이트 www.cityharbourfestival.org를 방문하거나 축제 사무실 (552) 234-5678번으로 문의하시기 바랍니다.

Q1
① 여러분의 지역사회를 위한 안전 규제를 마련하세요
② 우리의 활기찬 지역사회 행사를 기념하세요
③ 여러분의 신나는 해양 체험을 계획해 보세요
④ 우리 도시의 유산을 재현해 보세요

어휘 | upcoming 다가오는 annual 연례의 diverse 다양한
shared heritage 공유 유산 local talent 지역 인재
surrounding 주변의 theatrical 연극의 multiple 여러, 다수의
feast 잔치, 축제 cuisine 요리 regulation 규제, 규정
vibrant 활기찬 maritime 해양의, 바다의
recreate 재현하다, 재창조하다

기출문제 풀어보기

정답 Q1 ①, Q2 ③

끊어읽기 해석

> As a close neighbor, / you will want to learn / how to save your lake.
> 가까운 이웃으로서 / 여러분은 알고 싶을 것입니다 / 호수를 구하는 방법을
>
> While it isn't dead yet, / Lake Dimmesdale is heading toward this end.
> 아직 죽지는 않았지만 / Dimmesdale 호수는 그 끝을 향해 가고 있습니다
>
> So / pay your respects / to this beautiful body of water / while it is still alive.
> 그러니 / 경의를 표하세요 / 이 아름다운 수역에 / 이곳이 아직 살아 있는 동안
>
> Some dedicated people are working / to save it / now.
> 몇몇 헌신적인 사람들은 노력하고 있습니다 / 그것을 구하기 위해 / 지금
>
> They are having a special meeting / to tell you about it.
> 그들은 특별한 회의를 개최합니다 / 그것에 대해 여러분들에게 이야기해주기 위해
>
> Come learn / what is being done / and / how you can help.
> 오셔서 알아보세요 / 무슨 일이 일어나고 있는지 / 그리고 / 여러분이 어떻게 도울 수 있는지
>
> This affects / your property value as well.
> 이것은 영향을 미칩니다 / 여러분의 부동산 가치에도
>
> Who wants to live / near a dead lake?
> 누가 살고 싶어 할까요 / 죽은 호수 근처에
>
> Sponsored by Central State Regional Planning Council
> 중앙 주 지역 계획 위원회 주관
>
> · Location: Green City Park Opposite Southern State College
> 장소: Southern State 대학 맞은편 Green City 공원
>
> (in case of rain: College Library Room 203)
> 우천 시: 대학 도서관 203호
>
> · Date: Saturday, July 6, 2024
> 날짜: 2024년 7월 6일 토요일
>
> · Time: 2:00 p.m.
> 시간: 오후 2시

For any questions about the meeting, / please visit our website at www.planningcouncilsavelake.org / or / contact our office at (432) 345-6789.
회의에 대해 질문이 있는 경우 / 당사 웹사이트 www.planningcouncilsavelake.org를 방문하십시오 / 또는 / 당사 사무실 (432) 345-6789로 연락주십시오

해석 | 가까운 이웃으로서, 여러분은 호수를 구하는 방법을 알고 싶을 것입니다.

아직 죽지는 않았지만, Dimmesdale 호수는 그 끝을 향해 가고 있습니다. 그러니 이곳이 아직 살아 있는 동안 이 아름다운 수역에 경의를 표하세요.

몇몇 헌신적인 사람들은 지금 그것(호수)을 구하기 위해 노력하고 있습니다. 그들은 그것에 대해 여러분들에게 이야기해주기 위해 특별한 회의를 개최합니다. 오셔서 무슨 일이 일어나고 있는지, 그리고 여러분이 어떻게 도울 수 있는지 알아보세요. 이것은 여러분의 부동산 가치에도 영향을 미칩니다.

누가 죽은 호수 근처에 살고 싶어 할까요?

중앙 주 지역 계획 위원회 주관

· 장소: Southern State 대학 맞은편 Green City 공원
  (우천 시: 대학 도서관 203호)
· 날짜: 2024년 7월 6일 토요일
· 시간: 오후 2시

회의에 대해 질문이 있는 경우, 당사 웹사이트 www.planningcouncilsavelake.org를 방문하시거나 당사 사무실 (432) 345-6789로 연락주십시오.

Q1
① Dimmesdale 호수가 죽어가고 있다
② 호수의 아름다움에 대한 찬사
③ Dimmesdale 호수의 문화적 가치
④ 호수가 대학에 갖는 의미

해설 | Q1 안내문의 제목은 지문 처음에서 찾을 수 있는데, 두 번째 줄에서 아직 죽지는 않았지만, Dimmesdale 호수는 그 끝을 향해 가고 있다고 했으므로, '① Dimmesdale 호수가 죽어가고 있다'가 이 글의 제목이다.

Q2 회의 장소가 언급된 지문의 'Location(장소)' 주변 내용에서 우천 시에는 대학 도서관 203호에서 회의가 열린다고 했으므로, '③ 우천 시에는 대학의 구내식당에서 회의가 열린다'는 것은 지문의 내용과 일치하지 않는다.

어휘 | dedicated 헌신적인, 전념하는 property 부동산, 재산
sponsor 주관하다, 후원하다 regional 지역의 council 위원회
opposite 맞은편의, 다른 편의 significance 의미, 중요성

p.90

불변의 패턴 03 웹페이지의 정답은 글에 나온 정보가 일부 변형된 것이다.

대표 기출 예제

정답 ④

끊어읽기 해석

> Use the new Enter-K app / for your customs declaration.
> 새로운 Enter-K 앱을 사용해 보세요 / 세관 신고를 위해
>
> Use the new Enter-K app / upon your arrival / at the airport.
> 새로운 Enter-K 앱을 사용해 보세요 / 도착하자마자 / 공항에

One notable feature / offered by Enter-K / is the Advance Declaration, / which allows travellers the option / to submit their customs declaration / in advance, / enabling them to save time / at all our international airports.
한 가지 주목할 만한 기능은 / Enter-K가 제공하는 / '사전 신고'입니다 / 이는 여행자들에게 방안을 제공합니다 / 세관 신고서를 제출할 수 있는 / 사전에 / 그들이 시간을 절약할 수 있게 해줍니다 / 우리의 모든 국제 공항에서

As part of the ongoing Traveller Modernization initiative, / Enter-K will continue to introduce / additional border-related features / in the future, / further improving / the overall border experience.
현재 진행 중인 '여행자 현대화' 계획의 일환으로 / Enter-K는 지속적으로 도입할 것입니다 / 추가적인 국경 관련 기능을 / 앞으로도 / 더욱 향상시킬 것입니다 / 전반적인 국경 경험을

Simply download the latest version of the app / from the online store / before your arrival.
그냥 간단히 최신 버전의 앱을 다운로드하세요 / 온라인 스토어에서 / 도착하기 전에

There is also a web version of the app / for those who are not comfortable / using mobile devices.
웹 버전의 앱도 있습니다 / 불편한 사람들을 위한 / 모바일 기기 사용이

해석 세관 신고를 위해 새로운 Enter-K 앱을 사용해 보세요.

공항에 도착하자마자 새로운 Enter-K 앱을 사용해 보세요. Enter-K가 제공하는 한 가지 주목할 만한 기능은 '사전 신고'인데, 이는 여행자들이 사전에 세관 신고서를 제출할 수 있는 방안을 제공하여 우리의 모든 국제 공항에서 시간을 절약할 수 있게 해줍니다. 현재 진행 중인 '여행자 현대화' 계획의 일환으로, Enter-K는 앞으로도 추가적인 국경 관련 기능을 지속적으로 도입하여 전반적인 국경 경험을 더욱 향상시킬 것입니다. 도착하기 전에 그냥 간단히 온라인 스토어에서 최신 버전의 앱을 다운로드하세요. 모바일 기기 사용이 불편한 사람들을 위한 웹 버전의 앱도 있습니다.

① 이것은 여행자들이 사전에 세관 신고를 할 수 있게 한다.
② 추후에 더 많은 기능이 추가될 예정이다.
③ 여행자들은 온라인 스토어에서 다운로드할 수 있다.
④ 이것은 개인 모바일 기기에서만 작동한다.

어휘 customs declaration 세관 신고 notable 주목할 만한 feature 기능
submit 제출하다 in advance 사전에, 미리 enable 할 수 있게 하다
ongoing 진행 중인 modernization 현대화
initiative (특정한 문제 해결·목적 달성을 위한 새로운) 계획
border 국경, 경계 latest 최신의

기출문제 풀어보기
정답 ④

끊어읽기 해석

Office of the Labor Commissioner (OLC) Responsibilities
노동 위원회(OLC)의 책무
The OLC is the principal labor regulatory agency / for the state.
OLC는 주요 노동 규제 기관입니다 / 국가의
The OLC is responsible for ensuring / that minimum wage, prevailing wage, and overtime / are paid to employees, / and / that employee break and lunch periods / are provided.
OLC는 보장하는 것을 담당하고 있습니다 / 최저 임금, 통상 임금, 초과 근무 수당이 / 근로자들에게 지급되도록 / 그리고 / 근로자 휴식 및 점심시간이 / 제공되도록
②In addition, / the OLC has authority / over the employment / of minors.
또한 / OLC는 권한을 갖습니다 / 고용에 대한 / 미성년자의
It is the vision and mission / of this office / to resolve labor-related problems / in an efficient, professional, and effective manner.

비전이자 사명입니다 / 이 위원회의 / 노동과 관련된 문제를 해결하는 것이 / 효율적이고, 전문적이며, 효과적인 방식으로
This includes educating employers and employees / regarding their rights and responsibilities / under the law.
여기에는 고용주와 근로자를 교육하는 것이 포함됩니다 / 그들의 권리와 책임에 대해 / 법에 따른
①The OLC takes enforcement action / when necessary / to ensure / that workers are treated fairly / and / compensated for all time worked.
OLC는 강제 조치를 취합니다 / 필요할 경우 / 보장하기 위해 / 근로자들이 공정한 대우를 받을 수 있도록 / 그리고 / 전체 근무 시간에 대해 보상받을 수 있도록

해석 노동 위원회(OLC)의 책무

OLC는 국가의 주요 노동 규제 기관입니다. OLC는 근로자들에게 최저 임금, 통상 임금, 초과 근무 수당이 지급되고, 근로자 휴식 및 점심시간이 제공되도록 보장하는 것을 담당하고 있습니다. 또한, OLC는 미성년자 고용에 대한 권한을 갖습니다. 효율적이고, 전문적이며, 효과적인 방식으로 노동과 관련된 문제를 해결하는 것이 이 위원회의 비전이자 사명입니다. 여기에는 법에 따른 권리와 책임에 대해 고용주와 근로자를 교육하는 것이 포함됩니다. OLC는 근로자들이 공정한 대우를 받고 전체 근무 시간에 대해 보상받을 수 있도록 보장하기 위해 필요한 경우 강제 조치를 취합니다.

① 근로자들이 세금을 올바르게 납부하는 것을 보장한다.
② 성인 근로자의 고용에 대해서만 권한을 갖는다.
③ 고용주의 사업 기회를 촉진한다.
④ 근로자가 부당하게 대우받은 경우에 조치를 취한다.

해설 지문 마지막에서 근로자들이 공정한 대우를 받도록 보장하기 위해 필요한 경우 강제 조치를 취한다고 했으므로, 이 내용을 일부 변형시켜 표현한 '④ 근로자가 부당하게 대우받은 경우에 조치를 취한다'는 지문의 내용과 일치한다.

오답분석 ① 근로자들이 세금을 올바르게 납부하는 것을 보장한다는 것에 대해서는 언급되지 않았다.
② 세 번째 문장에서 OLC는 미성년자 고용에 대한 권한을 갖는다고 했으므로 지문의 내용과 다르다.
③ 고용주의 사업 기회를 촉진한다는 것에 대해서는 언급되지 않았다.

어휘 labor 노동 commissioner 위원 responsibility 책무, 책임
principal 주요한 regulatory 규제의 agency 기관 ensure 보장하다
minimum wage 최저 임금 prevailing wage 통상 임금
overtime 초과 근무 수당 authority 권한 minor 미성년자
resolve 해결하다 enforcement 강제, 시행 compensate 보상하다

p.91

불변의 패턴 04 유의어 문제는 밑줄 친 어휘의 앞뒤 문맥에서 유의어를 찾을 수 있는 단서가 제공된다.

대표 기출 예제
정답 ④

끊어읽기 해석

Agricultural Marketing Office
농업 마케팅부
Mission 임무
We administer programs / that create / domestic and international marketing opportunities / for national producers / of food, fiber, and specialty crops.

우리는 프로그램을 운영합니다 / 창출하는 / 국내외 마케팅 기회를 / 국내 생산자를 위한 / 식품, 섬유 및 특수작물의

We also provide / the agriculture industry / with valuable services / to ensure the quality and availability / of wholesome food / for consumers / across the country and around the world.

우리는 또한 제공합니다 / 농업 산업에 / 가치 있는 서비스를 / 품질과 가용성을 보장하기 위해 / 건강에 좋은 식품의 / 소비자를 위한 / 전국 및 전 세계의

Vision 비전

We facilitate the strategic marketing / of national agricultural products / in domestic and international markets / while ensuring fair trading practices / and / promoting a competitive and efficient marketplace / to the benefit / of producers, traders, and consumers / of national food, fiber, and specialty crops.

우리는 전략적 마케팅을 활성화합니다 / 국내 농산물의 / 국내외 시장에서 / 공정한 거래 관행을 보장하는 동시에 / 그래서 / 경쟁력 있고 효율적인 시장을 촉진하는 / 이익이 되도록 / 생산자, 거래자, 그리고 소비자에게 / 국내 식품, 섬유 및 특수작물의

Core Values 핵심 가치

· Honesty & Integrity: We expect and require / complete honesty and integrity / in all we do.

정직성과 진실성: 우리는 기대하고 요구합니다 / 완전한 정직성과 진실성을 / 우리가 하는 모든 일에서

· Independence & Objectivity: We act independently and objectively / to create trust / in our programs and services.

독립성과 객관성: 우리는 독립적이고 객관적으로 행동합니다 / 신뢰를 구축하기 위해 / 우리의 프로그램과 서비스에 대한

해석 농업 마케팅부

임무

우리는 식품, 섬유 및 특수작물의 국내 생산자를 위한 국내외 마케팅 기회를 창출하는 프로그램을 운영합니다. 또한 전국 및 전 세계 소비자를 위한 건강에 좋은 식품의 품질과 가용성을 보장하기 위해 농업 산업에 가치 있는 서비스를 제공합니다.

비전

우리는 국내외 시장에서 국내 농산물의 전략적 마케팅을 활성화하는 동시에 공정한 거래 관행을 보장해서 국내 식품, 섬유 및 특수작물의 생산자, 거래자, 그리고 소비자에게 이익이 되도록 경쟁력 있고 효율적인 시장을 촉진합니다.

핵심 가치

· 정직성과 진실성: 우리는 우리가 하는 모든 일에서 완전한 정직성과 진실성을 기대하고 요구합니다.
· 독립성과 객관성: 우리는 우리의 프로그램과 서비스에 대한 신뢰를 구축하기 위해 독립적이고 객관적으로 행동합니다.

① 자유로운
② 상호 간의
③ 수익성이 있는
④ 공정한

어휘 agricultural 농업의 mission 임무, 사명 administer 운영하다, 관리하다
domestic 국내의 national 국내의 fiber 섬유
specialty crop 특수작물 availability 가용성, 이용 가능성
wholesome 건강에 좋은 facilitate 활성화하다, 촉진하다
trading 거래 practice 관행 competitive 경쟁력 있는
trader 거래자, 상인 core 핵심적인, 가장 중요한 integrity 진실성
objectivity 객관성 mutual 상호 간의 profitable 수익성이 있는, 유익한
impartial 공정한

끊어읽기 해석

To: Clifton District Office
수신: Clifton 구청

From: Rachael Beasley
발신: Rachael Beasley

Date: June 7
날짜: 6월 7일

Subject: Excessive Noise in the Neighborhood
제목: 동네의 과도한 소음

To whom it may concern,
관계자분께

I hope this email finds you well.
이 이메일이 당신에게 잘 전달되기를 바랍니다

I am writing / to express my concern and frustration / regarding the excessive noise levels / in our neighborhood, / specifically / coming from the new sports field.
저는 글을 씁니다 / 우려와 불만을 표현하기 위해 / 과도한 소음 수준에 대한 / 우리 동네의 / 특히 / 새로운 스포츠 경기장에서 나오는

As a resident of Clifton district, / I have always appreciated / the peace of our community.
Clifton 지역의 주민으로서 / 저는 항상 감사하게 생각해 왔습니다 / 우리 지역사회의 평화를

However, / the ongoing noise disturbances / have significantly impacted / my family's well-being / and / our overall quality of life.
하지만 / 계속되는 소음 방해는 / 큰 영향을 끼쳤습니다 / 우리 가족의 행복에 / 그리고 / 우리의 전반적인 삶의 질에

The sources of the noise / include / crowds cheering, players shouting, whistles, and ball impacts.
소음의 원인은 / 포함합니다 / 군중의 환호, 선수들의 고함, 호각, 그리고 공 부딪힘을

I kindly request / that you look into this matter / and / take appropriate steps / to address the noise disturbances.
저는 요청드립니다 / 당신이 이 문제를 조사하시기를 / 그리고 / 적절한 조치를 취해주시기를 / 소음 방해를 해결하기 위한

Thank you for your attention to this matter, / and / I appreciate your prompt response / to help restore the tranquility / in our neighborhood.
이 문제에 관심을 가져 주셔서 감사드립니다 / 그리고 / 신속한 응답에 감사합니다 / 평온을 되찾는 데 도움이 될 수 있는 / 우리 동네의

Sincerely,
Rachael Beasley
Rachael Beasley 드림

해석 수신: Clifton 구청
발신: Rachael Beasley
날짜: 6월 7일
제목: 동네의 과도한 소음

관계자분께,

이 이메일이 당신에게 잘 전달되기를 바랍니다. 저는 우리 동네, 특히 새로운 스포츠 경기장에서 나오는 과도한 소음 수준에 대한 우려와 불만을 표현하기 위해 이메일을 씁니다.

Clifton 지역의 주민으로서, 저는 항상 우리 지역사회의 평화를 감사하게 생각해 왔습니다. 하지만, 계속되는 소음 방해는 우리 가족의 행복과 우리의 전반적인 삶의 질에 큰 영향을 끼쳤습니다. 소음의 원인으로는 군중의 환호, 선수들의 고함, 호각, 그리고 공 부딪힘 등이 있습니다.

이 문제를 조사하여 소음 방해를 해결하기 위한 적절한 조치를 취

해주시기를 요청드립니다. 이 문제에 관심을 가져 주셔서 감사드리며, 우리 동네의 평온을 되찾는 데 도움이 될 수 있는 신속한 응답에 감사합니다.

Rachael Beasley 드림

① 움직임
② 조치
③ 단계
④ 계단

[해설] 밑줄 친 steps(조치)를 포함한 문장에서 이 문제를 조사해줄 것을 요청한다고 했고, 뒷문장에서 우리 동네의 평온을 되찾는 데 도움이 될 수 있는 신속한 응답에 감사하다고 했으므로 steps는 '조치'라는 뜻으로 사용된 것을 알 수 있다. 따라서 '조치'라는 뜻을 가진 action의 복수형인 '② actions'가 정답이다.

[어휘] district 행정구, 지역 excessive 과도한 frustration 불만, 좌절 appreciate ~을 감사하게 생각하다 ongoing 계속되는 disturbance 방해 source 원인, 근원 appropriate 적절한 address 해결하다 prompt 신속한 restore 되찾다, 회복하다 tranquility 평온, 고요

Section Test
p. 92-95

1	③	2	②	3	②	4	③
5	③	6	②	7	④	8	②
9	②	10	④	11	②		

1
정답 ③

끊어읽기 해석

The David Williams Library and Museum is open / 7 days a week, / from 9:00 a.m. to 5:00 p.m. (NOV–MAR) / and / 9:00 a.m. to 6:00 p.m. (APR–OCT).
David Williams 도서관 및 박물관은 운영합니다 / 일주일에 7일 / 오전 9시부터 오후 5시까지(11월-3월) / 그리고 / 오전 9시부터 오후 6시까지(4월-10월)

Online tickets may be purchased / at the link below.
온라인 입장권은 구매하실 수 있습니다 / 아래 링크에서

You will receive an email confirmation / after making a purchase / (be sure to check your SPAM folder).
여러분은 이메일 확인서를 받게 될 것입니다 / 구매 후에 / (스팸 폴더를 반드시 확인하세요)

Bring this confirmation / —printed or on smart device— / as proof of purchase.
이 확인서를 가져오세요 / 인쇄하거나 스마트 기기에 저장한 / 구매 증명서로

· **Online tickets:** buy.davidwilliams.com/events
온라인 입장권: buy.davidwilliams.com/events

The David Williams Library and Museum and the Home of David Williams (operated by the National Heritage Service) offer / separate $10.00 adult admission tickets.
David Williams 도서관 및 박물관, David Williams의 생가(국가문화유산청에서 운영)는 제공합니다 / 별도의 성인 입장권을 10달러에

Tickets for tours of the Home / may be purchased / on-site / during normal business hours.
생가 투어 입장권은 / 구매하실 수 있습니다 / 현장에서 / 정규 영업시간 동안

· **CLOSED:** Thanksgiving, Christmas and New Year's Day
휴무: 추수감사절, 크리스마스, 새해 첫날

There is no charge / for conducting research / in the David Williams Library research room.

비용이 들지 않습니다 / 연구를 수행하는 데 / David Williams 도서관 연구실에서

For additional information, / call 1 (800) 333-7777.
추가 사항은 / 1 (800) 333-7777로 전화하세요

[해석] David Williams 도서관 및 박물관은 일주일에 7일, 오전 9시부터 오후 5시까지(11월-3월) 그리고 오전 9시부터 오후 6시까지(4월-10월) 운영합니다. 온라인 입장권은 아래 링크에서 구매하실 수 있습니다. 구매 후 이메일 확인서를 받게 될 것입니다. (스팸 폴더를 반드시 확인하세요.) 인쇄하거나 스마트 기기에 저장한 이 확인서를 구매 증명서로 가져오세요.

· 온라인 입장권: buy.davidwilliams.com/events
David Williams 도서관 및 박물관, David Williams의 생가(국가문화유산청에서 운영)는 별도의 성인 입장권을 10달러에 제공합니다. 생가 투어 입장권은 정규 영업시간 동안 현장에서 구매하실 수 있습니다.

· 휴무: 추수감사절, 크리스마스, 새해 첫날
David Williams 도서관 연구실에서 연구를 수행하는 데는 비용이 들지 않습니다.

추가 사항은 1 (800) 333-7777로 전화하시면 됩니다.

① 12월에 도서관과 박물관은 오후 5시에 닫는다.
② 방문객들은 생가 투어 입장권을 현장에서 구매할 수 있다.
③ David Williams의 생가는 일 년 내내 연다.
④ 도서관 연구실에서는 무료로 연구를 할 수 있다.

[해설] 안내문의 세부 내용은 소제목을 중심으로 찾을 수 있는데, 소제목 'CLOSED(휴무)' 주변의 내용에서 추수감사절, 크리스마스, 새해 첫날은 휴무라고 했으므로, '③ David Williams의 생가는 일 년 내내 연다'는 것은 지문의 내용과 일치하지 않는다. (불변의 패턴 02)

[어휘] confirmation 확인서 proof 증명(서) operate 운영하다 heritage 문화유산 separate 별도의 admission 입장 on-site 현장의 business hour 영업시간, 업무시간 conduct 수행하다, 실시하다 additional 추가의

2
정답 ②

끊어읽기 해석

Animal Health Emergencies
동물 건강 비상사태
Preparedness for animal disease outbreaks / has been a top priority / for the Board of Animal Health (BOAH) / for decades.
동물 질병 발생에 대한 대비는 / 최우선 과제였습니다 / 동물보건위원회(BOAH)의 / 수십 년 동안

A highly contagious animal disease event / may have economically devastating effects / as well as public health or food safety and security consequences.
전염성이 강한 동물 질병 사건은 / 경제적으로도 파괴적인 영향을 미칠 수 있습니다 / 공중 보건이나 식품 안전 및 보안 결과뿐만 아니라

Foreign Animal Diseases
외래 동물 질병

A foreign animal disease (FAD) is a disease / that is not currently found / in the country, / and / could cause significant illness or death / in animals / or / cause extensive economic harm / by eliminating / trading opportunities / with other countries and states.
외래 동물 질병(FAD)은 질병입니다 / 현재 발견되지 않는 / 국내에서 / 그리고 / 심각한 병이나 사망을 초래할 수 있습니다 / 동물에게 / 또는 / 대규모의 경제적 피해를 야기할 수 있습니다 / 박탈함으로써 / 거래 기회를 / 다른 국가 및 주와의

Several BOAH veterinarians / who are trained in diagnosing FADs / are available 24 hours a day / to investigate suspected cases of a FAD.

BOAH의 여러 수의사들이 / FAD 진단 훈련을 받은 / 하루 24시간 이용 가능합니다 / FAD 의심 사례를 조사하는 것에

An investigation is triggered / when report of animals with clinical signs indicative of a FAD is received / or / when diagnostic laboratory identifies a suspicious test result.

조사가 일어납니다 / FAD를 나타내는 임상 징후가 있는 동물에 대한 보고가 접수될 때 / 또는 / 진단 실험실에서 의심스러운 실험 결과를 확인할 때

해석 동물 건강 비상사태

동물 질병 발생에 대한 대비는 수십 년 동안 동물보건위원회(BOAH)의 최우선 과제였습니다. 전염성이 강한 동물 질병 사건은 공중 보건이나 식품 안전 및 보안 결과뿐만 아니라 경제적으로도 파괴적인 영향을 미칠 수 있습니다.

외래 동물 질병

외래 동물 질병(FAD)은 현재 국내에서 발견되지 않는 질병이며, 동물에게 심각한 병이나 사망을 초래하거나 다른 국가 및 주와의 거래 기회를 박탈함으로써 대규모의 경제적 피해를 야기할 수 있는 질병입니다.

FAD 진단 훈련을 받은 BOAH의 여러 수의사들을 하루 24시간 FAD 의심 사례를 조사하는 것에 이용 가능합니다. FAD를 나타내는 임상 징후가 있는 동물에 대한 보고가 접수되거나 진단 실험실에서 의심스러운 실험 결과를 확인할 때 조사가 일어납니다.

① BOAH는 FAD를 위한 수의사 훈련에 중점을 둔다.
② BOAH의 주요 목표는 동물 질병 유행에 대응하는 것이다.
③ BOAH는 국제 무역 기회를 적극적으로 홍보한다.
④ BOAH는 FAD의 원인에 대한 실험실 연구를 주도하는 것을 목표로 한다.

해설 안내문의 요지는 지문 처음에서 찾을 수 있는데, 지문 처음에서 동물 질병 발생에 대한 대비는 수십 년 동안 동물보건위원회(BOAH)의 최우선 과제였다고 했으므로, '② BOAH의 주요 목표는 동물 질병 유행에 대응하는 것이다'가 이 글의 요지이다. (불변의 패턴 02)

어휘 preparedness 대비 outbreak 발생, 출현 contagious 전염성의
devasting 파괴적인, 강력한 extensive 대규모의, 광범위한
eliminate 박탈하다, 없애다 veterinarian 수의사
diagnose 진단하다, 규명하다 investigate 조사하다
suspected 의심이 가는 clinical 임상의 suspicious 의심스러운
epidemic 유행, 유행병

3 정답 ②

끊어읽기 해석

NORTHEASTERN WILDLIFE EXPOSITION (NEWE)
북동부 야생동물 박람회(NEWE)
Admission ticket for Saturday, March 30th, 2024
2024년 3월 30일 토요일 입장권
· Price: $ 40.00 가격: 40 달러
· Opening hours: 10:00 a.m. – 6:00 p.m.
　운영 시간: 오전 10시 ~ 오후 6시
①Kids 10 and under are free.
10세 이하의 어린이는 무료입니다
②Entry to shows and lectures are first-come, first-served.
공연 및 강의 입장은 선착순입니다
③All venues open / rain or shine.
모든 행사장은 문을 엽니다 / 비가 오든 날이 개든 (상관없이)
March 20th is the last day / to buy tickets online / for the 2024

Northeastern Wildlife Exposition.
3월 20일은 마지막 날입니다 / 입장권을 온라인에서 구매할 수 있는 / 2024 북동부 야생동물 박람회의

Please note: / Purchasing NEWE tickets in advance / is the best way / to guarantee entry / into all exhibits.
참고: / NEWE 입장권을 미리 구매하는 것이 / 가장 좋은 방법입니다 / 입장을 보장하는 / 모든 전시회의

④NEWE organizers may discontinue in-person ticket sales / should any venue reach capacity.
NEWE 주최 측은 현장 입장권 판매를 중단할 수 있습니다 / 행사장 수용 인원에 도달할 경우

해석 북동부 야생동물 박람회(NEWE)

2024년 3월 30일 토요일 입장권
· 가격: 40 달러
· 운영 시간: 오전 10시 ~ 오후 6시

10세 이하의 어린이는 무료입니다. 공연 및 강의 입장은 선착순입니다. 모든 행사장은 비가 오든 날이 개든 (상관없이) 문을 엽니다.

3월 20일은 2024 북동부 야생동물 박람회 입장권을 온라인에서 구매할 수 있는 마지막 날입니다.

참고: NEWE 입장권을 미리 구매하는 것이 모든 전시회 입장을 보장하는 가장 좋은 방법입니다. NEWE 주최 측은 행사장 수용 인원에 도달할 경우 현장 입장권 판매를 중단할 수 있습니다.

해설 지문 중간에서 공연 및 강의 입장은 선착순(first-come, first-served)이라고 했으므로, '② 공연과 강연의 입장은 선착순이다'는 지문의 내용과 일치한다. (불변의 패턴 03)

오답분석
① 첫 번째 문장에서 10세 이하의 어린이는 무료라고 했으므로 지문의 내용과 다르다.
③ 세 번째 문장에서 모든 행사장은 비가 오든 날이 개든 (상관없이) 문을 연다고 했으므로 지문의 내용과 다르다.
④ 마지막 문장에서 NEWE 주최측이 행사장 수용 인원에 도달할 경우 현장 입장권 판매를 중단할 수 있다고 언급한 내용을 통해 현장에서도 입장권을 판매한다는 것을 알 수 있으므로 지문의 내용과 다르다.

어휘 wildlife 야생동물 exposition 박람회
first-come, first-served 선착순의
venue (콘서트·스포츠 경기·회담 등의) 장소
rain or shine 비가 오든 날이 개든, 어떤 일이 있더라도
guarantee 보장하다 discontinue 중단하다 capacity 수용력, 용량

4~5 정답 4 ③, 5 ③

끊어읽기 해석

To: Devon Department of Community Development
수신: Devon 지역사회 개발 부서
From: Lisa Westmoreland
발신: Lisa Westmoreland
Date: September 15
날짜: 9월 15일
Subject: Success of Youth Program
제목: 청소년 프로그램의 성과
Greetings,
안녕하세요
I trust this message finds you well.
저는 이 메시지가 당신께 잘 전달되기를 바랍니다
I am emailing you / about the creation / of the incredible new community service program / for youths in Devon.

저는 이메일을 보냅니다 / 개발에 관해 / 훌륭한 새 지역사회 봉사 프로그램의 / Devon 시의 청소년들을 위한

This program has had such a positive impact / on our community and children, / teaching them about responsibility / and helping them build essential life skills.

이 프로그램은 매우 긍정적인 영향을 미쳐왔습니다 / 우리 지역사회와 아이들에게 / 그들에게 책임감을 가르치면서 / 그리고 그들이 필수적인 삶의 기술을 형성하는 데 도움을 주면서

The kids have been able to participate / in a wide variety of community service projects / through the program, / which has helped them all / with personal growth.

아이들은 참여할 수 있었습니다 / 다양한 지역사회 봉사 프로젝트에 / 이 프로그램을 통해 / 이것은 그들 모두에게 도움이 되었습니다 / 개인적인 성장에

As a parent, / I'm overjoyed / by these developments.

부모로서 / 저는 매우 기쁩니다 / 이러한 성장이

I just wanted to show my appreciation / for the push / to get the youth of our community more involved / in local activities / through the program.

저는 그저 감사를 표하고 싶었습니다 / 그 노력에 / 우리 지역사회의 청소년들이 더 많이 참여하도록 하기 위한 / 지역 활동에 / 이 프로그램을 통해

We all depend on you / and / thank you for your continued efforts / to make life better / for the citizens of Devon.

우리 모두는 당신을 신뢰하고 있습니다 / 그리고 / 당신의 지속적인 노력에 감사합니다 / 삶을 더 낫게 만들기 위한 / Devon 시민들의

Sincerely,

Lisa Westmoreland

Lisa Westmoreland 드림

해설 수신: Devon 지역사회 개발 부서

발신: Lisa Westmoreland

날짜: 9월 15일

제목: 청소년 프로그램의 성과

안녕하세요,

저는 이 메시지가 당신께 잘 전달되기를 바랍니다. 저는 Devon 시의 청소년들을 위한 훌륭한 새 지역사회 봉사 프로그램의 개발에 관해 이메일을 보냅니다. 이 프로그램은 아이들에게 책임감을 가르치고 그들이 필수적인 삶의 기술을 형성하는 데 도움을 주면서 우리 지역사회와 아이들에게 매우 긍정적인 영향을 미쳐왔습니다.

아이들은 이 프로그램을 통해 다양한 지역사회 봉사 프로젝트에 참여할 수 있었고, 이것은 그들 모두의 개인적인 성장에 도움이 되었습니다. 부모로서, 저는 이러한 성장이 매우 기쁩니다.

저는 그저 우리 지역사회의 청소년들이 이 프로그램을 통해 지역 활동에 더 많이 참여하도록 하기 위한 그 노력에 대해 감사를 표하고 싶었습니다. 우리 모두는 당신을 신뢰하고 있고, Devon 시민들의 삶을 더 낫게 만들기 위한 당신의 지속적인 노력에 감사합니다.

Lisa Westmoreland 드림

4
① 교육 프로그램을 조정할 것을 제안하려고
② 지역 프로그램의 신규 프로젝트가 계속되는 것에 대해 항의하려고
③ 지역사회 봉사 프로그램을 만든 것에 대해 감사를 표하려고
④ 아이들이 지역사회 프로그램에 참여할 수 있는 방법에 대해 문의하려고

5
① 연습
② 진보
③ 노력
④ 비상사태

해설 4 이메일은 보통 지문 앞 부분에 목적이 언급되고 지문 마지막에서 결론을 강조하는데, 지문 앞부분에서 지역사회 봉사 프로그램이 지역사회와 아이들에게 매우 긍정적인 영향을 미쳐왔다고 했고, 지문 마지막에서 지역사회의 청소년들이 이 프로그램을 통해 지역 활동에 더 많이 참여하도록 하기 위한 노력에 대해 감사를 표하고 싶었다고 했으므로, '③ 지역사회 봉사 프로그램을 만든 것에 대해 감사를 표하려고'가 이 글의 목적이다. (불변의 패턴 01)

5 밑줄 친 push(노력)를 포함한 앞뒤 문맥에서 유의어를 찾을 수 있는 단서를 파악해야 한다. 밑줄이 포함된 문장 앞부분에서 감사를 표하고 싶었다고 했고, 뒷부분에서 지역 활동에 우리 지역사회의 청소년들이 더 많이 참여하도록 하기 위한 프로그램이라고 언급하고 있으므로, push는 '노력'이라는 의미로 사용된 것을 알 수 있다. 따라서 '노력'이라는 의미의 '③ drive'가 정답이다. (불변의 패턴 04)

어휘 youth 청소년, 젊음 incredible 훌륭한, 놀라운 build 형성하다
essential 필수적인 overjoy 매우 기쁘게 하다 appreciation 감사
push 노력, 추진 depend on ~을 신뢰하다, 의지하다 adjustment 조정
protest 항의하다, 반대하다 continuation 계속, 지속 drive 노력, 추진력

6   정답 ②

끊어읽기 해석

Information about the Road Guard App

'도로 경비' 앱에 대한 정보

②The Road Guard app is a comprehensive solution / dedicated to addressing inconveniences / on highways and national roads.

'도로 경비' 앱은 종합 해결책입니다 / 불편 사항을 해결하는 데 사용되는 / 고속도로와 국도의

Functioning as an integrated application, / it efficiently helps manage / a range of issues / such as roadkill, falling rocks, poor road facilities, and potholes.

통합된 애플리케이션으로 기능하며 / 그것은 관리하는 것을 효율적으로 돕습니다 / 다양한 문제를 / 차에 치여 죽은 동물, 낙석, 불량한 도로 시설, 그리고 포트홀과 같은

①The user-friendly interface / allows individuals to register complaints / with photos and location details, / connecting quickly / with relevant authorities.

사용자 친화적인 인터페이스는 / 사람들이 불만 사항을 등록할 수 있도록 합니다 / 사진 및 위치 정보와 함께 / 신속하게 연결해 줍니다 / 관련 당국과

With a focus on rapid road maintenance, / the app ensures prompt resolution / of reported problems.

신속한 도로 유지 관리에 초점을 맞추어 / 이 앱은 신속한 해결을 보장합니다 / 신고된 문제의

③In addition, / the app provides / real-time updates / to users / on the status / of their reported inconveniences, / fostering transparency / and / keeping them informed / throughout the resolution process.

또한 / 이 앱은 제공합니다 / 실시간 업데이트를 / 사용자에게 / 현황에 대한 / 그들의 신고된 불편 사항의 / 투명성을 높입니다 / 그리고 / 그들에게 정보를 제공합니다 / 해결 과정 전반에 걸쳐

④Downloadable on both Android and iOS, the Road Guard app / exemplifies excellence / in road inconvenience resolution, / enhancing safety / and / maintaining efficient road infrastructure.

안드로이드와 iOS 모두에서 다운로드할 수 있는 '도로 경비' 앱은 / 우수성을 보여줍니다 / 도로 불편 해결의 / 안전을 강화하며 / 그리고 / 효율적인 도로 인프라를 유지하며

해설 '도로 경비' 앱에 대한 정보

'도로 경비' 앱은 고속도로와 국도의 불편 사항을 해결하는 데 사용되는 종합 해결책입니다. 통합된 애플리케이션으로 기능하며 차에 치여 죽은 동물, 낙석, 불량한 도로 시설, 포트홀과 같은 다양한 문제를

관리하는 것을 효율적으로 돕습니다. 사용자 친화적인 인터페이스는 사람들이 사진 및 위치 정보와 함께 불만 사항을 등록할 수 있도록 하고, 그들을 관련 당국과 신속하게 연결해 줍니다. 신속한 도로 유지 관리에 초점을 맞춘 이 앱은 신고된 문제의 신속한 해결을 보장합니다. 또한, 이 앱은 사용자에게 신고된 불편 사항의 현황에 대한 실시간 업데이트를 제공하여 투명성을 높이고 해결 과정 전반에 걸쳐 그들에게 정보를 제공합니다. 안드로이드와 iOS 모두에서 다운로드할 수 있는 '도로 경비' 앱은 안전을 강화하고 효율적인 도로 인프라를 유지하며 도로 불편 해결의 우수성을 보여줍니다.

① 지방도로의 차량 흐름을 관리하는 데 도움을 준다.
② 사용자가 도로 관계자와 쉽게 연결될 수 있게 한다.
③ 주요 고속도로의 사고 정보를 제공한다.
④ 안드로이드에서만 다운로드할 수 있다.

해설 지문 중간에서 사용자 친화적인 인터페이스는 사람들을 관련 당국과 신속하게 연결해 준다고 했으므로, 이 내용을 일부 변형시켜서 표현한 '② 사용자가 도로 관계자와 쉽게 연결될 수 있게 한다'는 지문의 내용과 일치한다. (불변의 패턴 03)

오답 분석 ① 첫 번째 문장에서 고속도로와 국도의 불편 사항을 해결하는 데 사용되는 종합 해결책이라고는 했으나 지방도로의 차량 흐름을 관리하는 데 도움을 주는 것에 대해서는 언급되지 않았다.
③ 다섯 번째 문장에서 신고된 불편 사항의 현황에 대한 실시간 업데이트를 제공한다고 했으나 주요 고속도로의 사고 정보를 제공하는지에 대해서는 언급되지 않았다.
④ 마지막 문장에서 안드로이드와 iOS 모두에서 다운로드할 수 있다고 했으므로 지문의 내용과 다르다.

어휘 comprehensive 종합적인, 포괄적인 solution 해결책, 해법
dedicated 특정한 목적으로 사용되는 address 해결하다
inconvenience 불편 사항 highway 고속도로 national road 국도
function 기능하다 integrate 통합하다
pothole 포트홀 (도로 등의 팬 구멍)
interface 인터페이스 (사물과 사물 사이 또는 사물과 인간 사이 소통을 위해 만들어진 물리적 매개체나 프로토콜) register 등록하다
complaint 불만 사항 relevant 관련있는 authorities 당국, 관계자
maintenance 유지 관리 prompt 신속한 resolution 해결
real-time 실시간의 status 현황, 상태
transparency 투명성, 투명도 exemplify 보여주다
infrastructure 인프라, 사회 기반 시설

7~8

정답 7 ④, 8 ②

끊어읽기 해석

To: Arlington Civic Center 수신: Arlington 시민 회관
From: Brady Walters 발신: Brady Walters
Date: November 25 날짜: 11월 25일
Subject: New Online Meeting Feature
제목: 새로운 온라인 회의 기능
Dear Civic Center staff,
시민 회관 직원분들께
I'm reaching out / to share my thoughts / on the recent addition / of the online attendance option / for town hall meetings.
저는 연락드립니다 / 제 생각을 공유하기 위해 / 최근 추가된 것에 대한 / 온라인 참석 선택지가 / 주민 회의에
As a resident / balancing work and childcare, / the convenience of tuning in to these gatherings online / is incredibly beneficial.
주민으로서 / 일과 육아의 균형을 유지하는 / 이러한 모임을 온라인으로 시청할 수 있는 편리함은 / 매우 도움이 됩니다
This feature allows me to stay informed / about essential matters / despite not being able to go to the meetings.

이 기능은 제가 잘 아는 채로 있도록 해줍니다 / 중요한 문제에 대해 / 제가 회의에 갈 수 없음에도 불구하고
For instance, / I now have important details / about upcoming construction projects / in the area / and / the local elections schedule.
예를 들어 / 저는 이제 중요한 세부내용을 알고 있습니다 / 예정된 건설 사업의 / 이 지역에서 / 그리고 / 지방 선거 일정의
This helps me coordinate various aspects / of my life / more effectively.
이것은 제가 다양한 측면을 조정하는 데 도움을 줍니다 / 제 삶의 / 더욱 효과적으로
I want to express my appreciation / for giving residents the option / to attend town hall sessions / virtually.
저는 감사함을 표현하고 싶습니다 / 주민들에게 선택지를 준 것에 대해 / 주민 회의를 참석할 수 있는 / 가상으로
I think it will encourage residents / to become more involved / in community affairs.
저는 이것이 주민들을 장려할 것이라고 생각합니다 / 더 참여하도록 / 지역사회 문제에
Best wishes,
Brady Walters
Brady Walters 드림

해석 수신: Arlington 시민 회관
발신: Brady Walters
날짜: 11월 25일
제목: 새로운 온라인 회의 기능
시민 회관 직원분들께,

최근 주민 회의에 온라인 참석 선택지가 추가된 것에 대한 생각을 공유하기 위해 연락드립니다.

일과 육아의 균형을 유지하는 주민으로서, 이러한 모임을 온라인으로 시청할 수 있는 편리함은 매우 도움이 됩니다. 이 기능은 제가 회의에 갈 수 없음에도 불구하고 중요한 문제에 대해 잘 아는 채로 있도록 해줍니다. 예를 들어, 저는 이제 이 지역에서 예정된 건설 사업과 지방 선거 일정의 중요한 세부내용을 알고 있습니다. 이것은 제가 제 삶의 다양한 측면을 더욱 효과적으로 조정하는 데 도움을 줍니다. 저는 주민들에게 주민 회의를 가상으로 참석할 수 있는 선택지를 준 것에 대해 감사함을 표현하고 싶습니다. 저는 이것이 주민들이 지역사회 문제에 더 참여하도록 장려할 것이라고 생각합니다.

Brady Walters 드림

7
① 선거 일정에 대한 추가 정보를 요청하려고
② 다가오는 지역사회 모임에 대해 알리려고
③ 건설 사업 완료가 지연되는 것에 대해 불평하려고
④ 주민 회의에 온라인으로 참석할 수 있게 된 것에 대해 감사를 표하려고

8
① 성과
② 회의
③ 연속물
④ 수업

해설 7 이메일은 보통 지문 처음에 목적이 언급되고 지문 마지막에서 결론을 강조하는데, 지문 처음에서 최근 주민 회의에 온라인 참석 선택지가 추가된 것에 대해 연락한다고 했고, 지문 마지막에서 주민 회의를 가상으로 참석할 수 있는 선택지를 준 것에 대해 감사함을 표현하고 싶다고 하고 있으므로, '④ 주민 회의에 온라인으로 참석할 수 있게 된 것에 대해 감사를 표하려고'가 이 글의 목적이다. (불변의 패턴 01)
8 sessions(회의)를 포함한 구절 'I want to express my

appreciation for giving residents the option to attend town hall sessions virtually'에서 주민들에게 가상으로 참석할 수 있는 선택지를 준 것에 대해 감사함을 표현하고 싶다고 했으므로 sessions는 '회의'라는 뜻으로 사용되었다는 것을 알 수 있다. 따라서 '회의'라는 뜻을 가진 assembly의 복수형인 ② assemblies가 정답이다. (불변의 패턴 04)

9~10

정답 9 ②, 10 ④

끊어읽기 해석

Bellview High School is hosting / its first ever "Short Film Showcase."
Bellview 고등학교는 개최합니다 / 첫 '단편 영화 공개 행사'를

This competition is a great opportunity / for students / to express their creativity / with their very own films!
이 대회는 좋은 기회입니다 / 학생들에게 / 그들의 창의력을 표현할 수 있는 / 자신만의 영화로

How to Participate
참여 방법

①1) Make a movie / that's five minutes long / using any device / (including a phone).
1) 영화를 만드세요 / 5분 길이의 / 아무 기기를 사용하여 / (핸드폰 포함)

②2) Email your movie / to bellviewsc@bhs.edu / by 5:00 p.m. on October 6.
2) 영화를 이메일로 보내세요 / bellviewsc@bhs.edu로 / 10월 6일 오후 5시까지

3) Attend the award ceremony and showcase of all student films / on October 9.
3) 시상식 및 모든 학생 영화의 공개 행사에 참석하세요 / 10월 9일에

③※ Films will be judged / by faculty.
영화는 심사됩니다 / 교직원에 의해

Awards will be given / to the top three films.
상이 수여됩니다 / 상위 세 개 영화에

Additional Information
추가 정보

- ④No more than four students / may work on one film / together.
네 명 이하의 학생들이 / 하나의 영화를 작업할 수 있습니다 / 함께

- Winners will receive / movie theater gift cards.
수상자는 받을 것입니다 / 영화관 기프트 카드를

해설 [A]
Bellview 고등학교는 첫 '단편 영화 공개 행사'를 개최합니다. 이 대회는 학생들이 자신만의 영화로 창의력을 표현할 수 있는 좋은 기회입니다!

참여 방법
1) 아무 기기(핸드폰 포함)를 사용하여 5분 길이의 영화를 만드세요.
2) 영화를 10월 6일 오후 5시까지 bellviewsc@bhs.edu 로 이메일로 보내세요.
3) 10월 9일에 시상식 및 모든 학생 영화의 공개 행사에 참석하세요.
※ 영화는 교직원에 의해 심사됩니다. 상위 세 개 영화에 상이 수여됩니다.

추가 정보
- 네 명 이하의 학생들이 하나의 영화를 함께 작업할 수 있습니다.
- 수상자에게는 영화관 기프트 카드가 증정됩니다.

9
① Bellview 영화관 견학에 참여하세요
② 영화 제작 대회에 참가하세요
③ 코미디 영화의 밤에 참석하세요
④ Bellview 미술 대회에서 창의력을 발휘하세요

해설 9 안내문의 제목은 지문 처음에서 찾을 수 있는데, 지문 처음에서 Bellview 고등학교는 첫 '단편 영화 공개 행사'를 개최한다고 하며 이 대회는 자신만의 영화로 창의력을 표현할 수 있는 좋은 기회라고 했으므로, '② 영화 제작 대회에 참가하세요'가 이 글의 제목이다. (불변의 패턴 02)

10 안내문의 세부 내용은 소제목을 중심으로 찾을 수 있는데, 소제목 Additional Information 주변의 내용에서 네 명 이하의 학생들이 하나의 영화를 함께 작업할 수 있다고 했으므로, '④ 최대 네 명의 학생들이 함께 영화를 만들 수 있다'는 것은 지문의 내용과 일치한다. (불변의 패턴 02)

오답 분석 10
① 지문 중간의 '참여 방법'의 1번에서 5분 길이의 영화를 만들라고 언급되었다.
② 지문 중간의 '참여 방법'의 2번에서 영화를 이메일로 보내라고 언급되었다.
③ 지문 중간의 '참여 방법' 하단에서 영화는 교직원에 의해 심사된다고 언급되었다.

11

정답 ②

끊어읽기 해석

How Noise Scan Works
'노이즈 스캔'이 작동하는 방법

①Noise Scan is a free service / that provides rental noise meters / for measuring floor noise / in housing complexes.
'노이즈 스캔'은 무료 서비스입니다 / 소음 측정기 대여를 제공하는 / 층간소음 측정을 위한 / 주택 단지의

②Its aim / is to help settle disputes / concerning noise between floors / by offering data / to housing management entities / and / floor noise management committees.
이것의 목적은 / 분쟁 해결에 도움을 주는 것입니다 / 층간소음에 관한 / 자료를 제공해 줌으로써 / 주택 관리 주체에 / 그리고 / 층간소음 관리 위원회에

To utilize the service, / interested parties / must submit the necessary documents / through the application portal / on the Noise Scan website.
서비스를 이용하기 위해서 / 이해관계자들은 / 필요한 서류를 제출해야 합니다 / 신청 포털을 통해 / '노이즈 스캔' 웹사이트의

Noise measuring instruments / are then dispatched / based on the order of applications.
소음 측정기는 / 그러고 나면 발송됩니다 / 신청 순서에 따라

③The rental period / lasts one month / from the delivery date, / with the option for two extensions / at most.
대여 기간은 / 1개월입니다 / 배송일로부터 / 2회까지 연장이 가능합니다 / 최대

For inquiries, / please see the Noise Scan website / or / contact us at 032-590-4000.

문의를 위해서는 / '노이즈 스캔' 웹사이트를 참고하세요 / 또는 / 032-590-4000번으로 연락해 주세요

해석 '노이즈 스캔'이 작동하는 방법

'노이즈 스캔'은 주택 단지의 층간소음 측정을 위한 소음 측정기 대여를 제공하는 무료 서비스입니다. 이것의 목적은 주택 관리 주체와 층간소음 관리 위원회에 자료를 제공해 줌으로써 층간소음에 관한 분쟁 해결에 도움을 주는 것입니다. 서비스를 이용하기 위해서, 이해관계자들은 '노이즈 스캔' 웹사이트의 신청 포털을 통해 필요한 서류를 제출해야 합니다. 그리고 나면 소음 측정기는 신청 순서에 따라 발송됩니다. 대여 기간은 배송일로부터 1개월이며, 최대 2회까지 연장이 가능합니다. 문의는 '노이즈 스캔' 웹사이트를 참고하거나 032-590-4000번으로 연락해 주세요.

① 개인을 위한 임대 주택을 찾아준다.
② 층간소음과 관련된 분쟁을 해결하는 데 도움을 준다.
③ 다양한 애플리케이션을 가진 기기를 제공한다.
④ 대여 기간은 배송일로부터 2개월이다.

해설 ②번의 키워드인 disputes(분쟁)가 그대로 언급된 지문 주변의 내용에서 '노이즈 스캔'의 목적은 주택 관리 주체와 층간소음 관리 위원회에 자료를 제공해 줌으로써 층간소음과 관련된 분쟁 해결에 도움을 주는 것이라고 했으므로, 이 내용을 일부 변형한 '② 층간소음과 관련된 분쟁을 해결하는 데 도움을 준다'는 것은 지문의 내용과 일치한다.

(불변의 패턴 03)

오답 분석
① 개인을 위한 임대 주택을 찾아주는 것은 지문의 내용과 관련이 없다.
③ 첫 번째 문장에서 층간소음 측정을 위한 소음 측정기를 대여해준다고 했으나, 기기에 다양한 애플리케이션이 있는지에 대해서는 언급되지 않았다.
④ 다섯 번째 문장에서 대여 기간은 배송일로부터 1개월이라고 했으므로 지문의 내용과 다르다.

어휘 rental 대여, 임대 measure 측정하다 floor noise 층간소음 complex 단지, 복합체 settle 해결하다 dispute 분쟁, 논쟁 concerning ~에 관한 offer 제공하다 entity 주체, 독립체 committee 위원회 utilize 이용하다 interested party 이해관계자 dispatch 발송하다 extension 연장 at most 최대, 많아야 inquiry 문의

Section 2 전체 내용 파악 유형

p.98

불변의 패턴 05 주제·제목·요지·목적은 처음과 마지막 두세 문장에서 제시된다.

대표 기출 예제

정답 ③

끊어읽기 해석

Every organization has resources / that it can use / to perform its mission.
모든 조직은 자원이 있다 / 사용할 수 있는 / 그것의 임무를 수행하는 데
How well your organization does its job / is partly a function of / how many of those resources you have, / but mostly / it is a function of / how well you use the resources you have, / such as people and money.
당신의 조직이 임무를 얼마나 잘 수행하는가는 / 부분적으로는 ~에 달려 있다 / 당신이 얼마나 많은 자원을 가지고 있느냐 / 하지만 대부분은 / ~에 달려 있다 / 당신이 가진 자원을 얼마나 잘 사용하느냐 / 인력과 돈과 같은
You as the organization's leader / can always make the use of those resources / more efficient and effective, / provided that / you have control of / the organization's personnel and agenda, / a condition / that does not occur automatically.
조직의 리더로서 당신이 / 항상 이러한 자원을 사용할 수 있다 / 더 효율적이고 효과적으로 / ~한 경우에 / 당신이 ~를 통제하는 / 조직의 인력과 의제를 / 조건인 / 자동으로 발생하지 않는
By managing your people and your money carefully, / by treating the most important things as the most important, / by making good decisions, / and by solving the problems / that you encounter, / you can get the most out of / what you have available to you.
당신의 직원과 돈을 신중하게 관리함으로써 / 가장 중요한 문제를 가장 중요한 것으로 취급함으로써 / 올바른 결정을 내림으로써 / 그리고 문제들을 해결함으로써 / 당신이 직면한 / 당신은 최대한 활용할 수 있다 / 당신이 이용할 수 있는 것을

해석 모든 조직은 그것의 임무를 수행하는 데 사용할 수 있는 자원이 있다. 당신의 조직이 임무를 얼마나 잘 수행하는가는 부분적으로는 당신이 얼마나 많은 자원을 가지고 있느냐에 달려 있지만, 대부분은 당신이 가진 인력과 돈과 같은 자원을 얼마나 잘 사용하느냐에 달려 있다. 조직의 리더로서 당신이 자동으로 발생하지 않는 조건인 조직의 인력과 의제를 통제할 수 있는 경우에, 당신은 항상 이러한 자원을 더 효율적이고 효과적으로 사용할 수 있다. 당신의 직원과 돈을 신중하게 관리하고, 가장 중요한 것을 가장 중요한 것으로 취급하고, 올바른 결정을 내리고, 직면한 문제들을 해결함으로써, 당신은 당신이 이용할 수 있는 것을 최대한 활용할 수 있다.

① 조직 내 자원의 교환
② 외부 통제를 설정하는 리더의 능력
③ 자원을 최대한 활용하기: 리더의 방법
④ 조직의 기술적 역량: 성공의 장벽

어휘 organization 조직 resource 자원 mission 임무 partly 부분적으로 personnel 인력, 직원 agenda 의제, 안건 condition 조건 automatically 자동으로 encounter 직면하다, 마주치다 external 외부의 technical 기술적인, 기술의 capacity 역량, 능력

기출문제 풀어보기

정답 ③

끊어읽기 해석

Maps are imperfect projections / of a three-dimensional globe / onto a two-dimensional surface.
지도는 불완전하게 투사하는 것이다 / 3차원의 지구를 / 2차원의 표면에
Similarly, / a mapmaker superimposes / his own point of view / upon the world he is visualizing.
비슷하게 / 지도 제작자는 겹쳐 놓는다 / 그 자신의 관점을 / 자신이 시각화하고 있는 세계에
What he presents / may seemingly appear objective, / but / it is to a considerable extent / a product of his own cultural and political proclivities / —and even of his imagination.
그가 제시하는 것은 / 겉보기에는 객관적으로 보일지도 모른다 / 하지만 / 그것은 상당한 정도는 / 그 자신의 문화적, 정치적 성향의 산물이다 / 그리고 심지어 그의 상상력의 (산물이다)
The cartographer's projection / of the outer world / is therefore dependent / on his own inner psychological state / as his maps are based / on an "act of seeing" / rather than on "what was seen."
지도 제작자의 투사는 / 외부 세계에 대한 / 그러므로 의존한다 / 그 자신의 내면 심리 상태에 / 그의 지도가 기초하기 때문에 / '보는 행위'에 / '보였던 것'보다

Geographical maps reflect / perceptions of space / that are socially conditioned, / and / they are basically mental.
지리적 지도는 반영한다 / 공간에 대한 인식을 / 사회적으로 조정된 / 그리고 / 그것들은 기본적으로 관념적이다

They are "mediators" / between a person's inner world and the physical world, / and / they "construct" the world / rather than "reproduce" it.
그것들은 '매개자'이다 / 한 사람의 내면 세계와 물리적 세계 사이의 / 그리고 / 그것들은 세계를 '건설'한다 / 그것을 '재생산'하기보다는

People tend to see / what they describe, / rather than vice versa.
사람들은 보는 경향이 있다 / 그들이 묘사하는 것을 / 반대의 경우보다는

Conceptual categories, / such as continents or oceans, / emanate from the cartographer's intellect / and are then applied to his maps / just as constellations are formulated / to provide a systematic vision / of the skies.
개념상의 범주들은 / 대륙이나 해양과 같은 / 지도 제작자의 지성에서 나온 것이다 / 그리고 그의 지도에 적용된다 / 마치 별자리들이 형성된 것처럼 / 체계적인 시각을 제공하기 위해 / 하늘의

해석 지도는 2차원의 표면에 3차원의 지구를 불완전하게 투사하는 것이다. 비슷하게, 지도 제작자는 자신이 시각화하고 있는 세계에 자신의 관점을 겹쳐 놓는다. 그가 제시하는 것은 겉보기에는 객관적으로 보일지도 모르지만, 상당한 정도는 그 자신의 문화적, 정치적 성향과 심지어 그의 상상력의 산물이다. 그러므로 지도 제작자의 외부 세계에 대한 투사는 그의 지도가 '보였던 것'보다 '보는 행위'에 기초하기 때문에 그 자신의 내면 심리 상태에 의존한다. 지리적 지도는 사회적으로 조정된 공간에 대한 인식을 반영하고, 그것들은 기본적으로 관념적이다. 그것들은 한 사람의 내면 세계와 물리적 세계 사이의 '매개자'이고, 그것들은 세계를 '재생산'하기보다는 '건설'한다. 사람들은 반대의 경우(그들이 묘사하는 것을 보지 않는 경우)보다는 그들이 묘사하는 것을 보는 경향이 있다. 대륙이나 해양과 같은 개념상의 범주들은 지도 제작자의 지성에서 나온 것이고, 마치 별자리들이 하늘의 체계적인 시각을 제공하기 위해 형성된 것처럼 그의 지도에 적용된다.

해설 지문 처음에서 지도 제작자는 자신이 시각화하고 있는 세계에 자신의 관점을 겹쳐 놓는다고 하며 지도 제작자가 제시하는 상당한 정도는 그 자신의 문화적, 정치적 성향과 심지어 그의 상상력의 산물이라고 설명하고 있으므로, '③ 지도는 제작자의 문화적·정치적 성향과 상상력의 산물이다'가 이 글의 요지이다.

어휘 imperfect 불완전한 projection 투사, 전망 dimensional 차원의
globe 지구, 세계 superimpose 겹쳐 놓다, 포개놓다
point of view 관점 visualize 시각화하다 objective 객관적인
considerable 상당한 extent 정도, 범위 proclivity 성향, 기질
cartographer 지도 제작자 state 상태 geographical 지리적인
perception 인식, 지각 condition 조정하다, 조절하다
mediator 매개자, 중재인 construct 건설하다, 구성하다
reproduce 재생산하다 vice versa 반대로, 반대의 경우도 마찬가지
conceptual 개념상의, 개념적인 continent 대륙
emanate 나오다, 발산하다 intellect 지성 constellation 별자리
formulate 형성하다, 만들어내다 systematic 체계적인

불변의 패턴 06 자주 출제되는 오답의 유형은 정해져 있다.

대표 기출 예제 정답 ④

끊어읽기 해석

It seems incredible / that one man could be responsible for / opening our eyes / to an entire culture, / but until British archaeologist Arthur Evans successfully excavated / the ruins of the palace of Knossos / on the island of Crete, / the great Minoan culture of the Mediterranean / was more legend than fact.
믿을 수 없는 것처럼 보인다 / 한 사람이 책임을 질 수 있다는 것은 / 우리의 눈을 뜨게 하는 / 전체 문화에 대해 / 하지만 영국의 고고학자 Arthur Evans가 성공적으로 발굴하기 전까지 / 크노소스 궁전의 유적을 / 크레타섬에 있는 / 지중해의 위대한 미노아 문화는 / 사실이라기보다는 더 전설이었다

Indeed / its most famed resident / was a creature of mythology: / the half-man, half-bull Minotaur, / said to have lived / under the palace of mythical King Minos.
실제로 / 그곳의 가장 유명한 거주자는 / 신화 속의 생명체였다 / 반은 인간이고 반은 황소인 미노타우로스는 / 살았다고 한다 / 신화 속 미노스 왕의 궁전 아래에서

But / as Evans proved, / this realm was no myth.
그러나 / Evans가 증명했듯이 / 이 왕국은 신화가 아니었다

In a series of excavations / in the early years of the 20th century, / Evans found a trove of artifacts / from the Minoan age, / which reached its height from 1900 to 1450 B.C.: / jewelry, / carvings, / pottery, / altars shaped like bull's horns, / and wall paintings / showing Minoan life.
일련의 발굴에서 / 20세기 초의 / Evans는 유물 발굴품을 발견했다 / 미노아 시대의 / 기원전 1900년에서 1450년 사이에 절정에 달했던 / 보석 / 조각품 / 도자기 / 황소 뿔 모양의 제단 / 그리고 벽화를 / 미노아의 삶을 보여주는

해석 한 사람이 전체 문화에 대해 우리의 눈을 뜨게 하는 책임을 질 수 있다는 것은 믿을 수 없는 것처럼 보이지만, 영국의 고고학자 Arthur Evans가 크레타섬에 있는 크노소스 궁전의 유적을 성공적으로 발굴하기 전까지 지중해의 위대한 미노아 문화는 사실이라기보다는 더 전설이었다. 실제로 그곳의 가장 유명한 거주자는 신화 속의 생명체였다. 반은 인간이고 반은 황소인 미노타우로스는 신화 속 미노스 왕의 궁전 아래에서 살았다고 한다. 그러나 Evans가 증명했듯이, 이 왕국은 신화가 아니었다. 20세기 초의 일련의 발굴에서, Evans는 기원전 1900년에서 1450년 사이에 절정에 달했던 미노아 시대의 유물 발굴품인 보석, 조각품, 도자기, 황소 뿔 모양의 제단, 그리고 미노아의 삶을 보여주는 벽화를 발견했다.

① 미노스 왕의 성공적인 발굴
② 미노아 시대의 유물 감상
③ 크레타섬에 있는 궁전의 웅장함
④ 미노아 문화를 현실의 영역으로 끌어들이기

어휘 archaeologist 고고학자 excavate ~을 발굴하다 ruin 유적
Mediterranean 지중해의 indeed 실제로, 정말로 famed 유명한
mythology 신화 bull 황소 realm 왕국, 영역
trove 발굴품, 귀중한 수집품 artifact 유물 carving 조각품
pottery 도자기 altar 제단 horn 뿔 appreciate 감상하다
magnificence 웅장함

끊어읽기 해석

We are living in perhaps the most exciting times / in all of human history.
우리는 아마도 가장 흥미로운 시기에 살고 있다 / 인류 역사상

The technological advances / we are witnessing today / are giving birth to / new industries / that are producing / devices, systems, and services / that were once only reflected / in the realm of science fiction and fantasy.
기술 발전은 / 오늘날 우리가 목격하고 있는 / 탄생시키고 있다 / 새로운 산업을 / 생산하는 / 기기, 시스템, 그리고 서비스를 / 한때 반영되었던 / 공상 과학과 판타지의 영역에만

Industries are being completely restructured / to become better, faster, stronger, and safer.
산업은 완전히 재구성되고 있다 / 더 좋고, 더 빠르고, 더 강하고, 더 안전해지기 위해

You no longer have to settle for something / that is "close enough," / because customization is reaching levels / that provide you with / exactly what you want or need.
당신은 더 이상 무언가에 만족할 필요가 없다 / '충분히 가까운' 맞춤화는 수준에 도달하고 있기 때문에 / 당신에게 제공하는 / 당신이 원하거나 필요로 하는 것을 정확하게

We are on the verge of / releasing the potential of / genetic enhancement, nanotechnology, and other technologies / that will lead to curing many diseases / and / maybe even slowing the aging process itself.
우리는 직전에 있다 / 잠재력을 공개하기 / 유전자 향상, 나노 기술 및 기타 기술의 / 많은 질병을 치료하도록 이끌 / 그리고 / 심지어 어쩌면 노화 과정 자체를 늦추도록 (이끌)

Such advances are due to discoveries / in separate fields / to produce these wonders.
그러한 발전은 발견에 기인한다 / 별개의 분야에서의 / 이러한 경이로움을 만들어내는

In the not so distant future, / incredible visions of imagination / such as robotic surgeons / that keep us healthy, / self-driving trucks / that deliver our goods, / and / virtual worlds / that entertain us / after a long day / will be commonplace.
그리 머지않은 미래에 / 놀라운 상상의 모습이 / 로봇 외과 의사와 같은 / 우리를 계속 건강하게 해주는 / 자율 주행 트럭(과 같은) / 우리의 상품을 배달하는 / 그리고 / 가상 세계(와 같은) / 우리를 즐겁게 해주는 / 긴 하루 끝에 / 흔해질 것이다

If ever there were a time / that we were about to capture perfection, / it is now — and the momentum is only increasing.
때가 있었다면 / 우리가 완벽함을 정확히 포착하려고 했던 / 그것은 바로 지금이다 / 그리고 그 기세는 점점 더 커지기만 할 뿐이다

해석 우리는 아마도 인류 역사상 가장 흥미로운 시기에 살고 있다. 오늘날 우리가 목격하고 있는 기술 발전은 한때 공상 과학과 판타지의 영역에만 반영되었던 기기, 시스템, 그리고 서비스를 생산하는 새로운 산업을 탄생시키고 있다. 산업은 더 좋고, 더 빠르고, 더 강하고, 더 안전해지기 위해 완전히 재구성되고 있다. 맞춤화는 당신이 원하거나 필요로 하는 것을 정확하게 제공하는 수준에 도달하고 있기 때문에 당신은 더 이상 '충분히 가까운' 것에 만족할 필요가 없다. 우리는 많은 질병을 치료하고 심지어 어쩌면 노화 과정 자체를 늦추도록 이끌 유전자 향상, 나노 기술 및 기타 기술의 잠재력을 공개하기 직전에 있다. 그러한 발전은 이러한 경이로움을 만들어내는 별개의 분야에서의 발견에 기인한다. 그리 머지않은 미래에, 우리를 계속 건강하게 해주는 로봇 외과 의사, 우리의 상품을 배달하는 자율 주행 트럭, 그리고 긴 하루 끝에 우리를 즐겁게 해주는 가상 세계와 같은 놀라운 상상의 모습이 흔해질 것이다. 우리가 완벽함을 정확히 포착하려고 했던 때가 있었다면, 그것은 바로 지금이고, 그 기세는 점점 더 커지기만 할 뿐이다.

① 전례 없는 기술 발전의 시대
② 현대 산업의 불완전한 해결책과의 분투
③ 기술 진보에 대한 역사적 관점
④ 현대 산업의 정체된 상태

해설 지문 전반에 걸쳐 산업은 더 좋고, 더 빠르고, 더 강하고, 더 안전해지기 위해 완전히 재구성되고 있고, 우리가 완벽함을 정확히 포착하려고 했던 때가 있었다면 그것은 바로 지금이라고 설명하고 있다. 따라서 '① 전례 없는 기술 발전의 시대'가 이 글의 제목이다.

오답분석
② 현대 산업의 불완전한 해결책에 대해서는 언급되지 않았다.
③ 기술 진보에 대한 역사적 관점에 대해서는 언급되지 않았다.
④ 두 번째 문장에서 산업은 더 좋고, 더 빠르고, 더 강하고, 더 안전해지기 위해 완전히 재구성되고 있다고 설명하고, 마지막 문장에서 기세는 점점 더 커지기만 할 뿐이라고 하고 있으므로 '현대 산업의 정체된 상태'는 지문의 내용과 반대이다.

어휘 reflect 반영하다, 나타내다 realm 영역 science fiction 공상 과학 restructure 재구성하다 settle for ~에 만족하다 customization 맞춤화, 주문에 따라 만듦 on the verge of ~하기 직전에 genetic 유전자의, 유전(학)의 enhancement 향상, 증대 nanotechnology 나노 기술 vision 모습 surgeon 외과 의사 commonplace 흔한 capture 정확히 포착하다, 포획하다 momentum 기세, 추진력 era 시대 unprecedented 전례 없는 imperfect 불완전한 perspective 관점 stagnant 정체된 contemporary 현대의, 동시대의

p.100

불변의 패턴 07 요약문은 글의 핵심 내용을 간추린 요지이다.

대표 기출 예제

끊어읽기 해석

In the absence of facial cues or touch / during pandemic, / there is a greater need / to focus on other aspects of conversation, / including more emphasis on tone and inflection, / slowing the speed, / and increasing loudness / without sounding annoying.
얼굴을 사용하는 신호나 접촉이 없어서 / 팬데믹 중에는 / 필요성이 더욱 크다 / 대화의 다른 측면들에 집중할 / 어조와 억양을 더 강조하는 것을 포함하여 / 속도를 낮추는 것 / 음량을 높이는 것 / 성가시게 들리지 않게

Many nuances of the spoken word / are easily missed / without facial expression, / so eye contact will assume / an even greater importance.
구어의 많은 뉘앙스는 / 놓치기 쉬워서 / 얼굴 표정이 없으면 / 눈맞춤이 나타낼 것이다 / 더욱 큰 중요성을

Some hospital workers / have developed innovative ways / to try to solve this problem.
일부 병원 근로자들은 / 혁신적인 방법을 개발했다 / 이 문제를 해결하려고 시도하기 위해

One of nurse specialists was deeply concerned / that her chronically sick young patients / could not see her face, / so she printed off a variety of face stickers / to get children to point towards.
전문 간호사들 중 한 명은 깊은 관심을 가졌다 / 그녀의 만성적으로 아픈 어린 환자들이 / 그녀의 얼굴을 볼 수 없다는 것에 / 그래서 그녀는 다양한 얼굴 스티커를 인쇄했다 / 아이들이 가리키게 하기 위해

Some hospitals / now also provide their patients / with 'face-sheets' / that permit easier identification / of staff members, / and it is always useful / to reintroduce yourself and colleagues / to patients / when wearing masks.
일부 병원들은 / 오늘날 또한 환자들에게 제공한다 / '페이스 시트'를 / 더 쉬운 신원 확인을 가능하게 하는 / 직원의 / 그리고 그것은 항상 유용하다 /

당신 자신과 동료들을 다시 소개하는 데 / 환자들에게 / 마스크를 착용하고 있을 때

해석 팬데믹 중에는 얼굴을 사용하는 신호(표정)나 접촉이 없어서, 어조와 억양을 더 강조하는 것, 속도를 낮추는 것, 성가시게 들리지 않게 음량을 높이는 것을 포함하여 대화의 다른 측면들에 집중할 필요성이 더욱 크다. 구어의 많은 뉘앙스는 얼굴 표정이 없으면 놓치기 쉬워서, 눈맞춤이 더욱 큰 중요성을 나타낼 것이다. 일부 병원 근로자들은 이 문제를 해결하려고 시도하기 위해 혁신적인 방법을 개발했다. 전문 간호사들 중 한 명은 그녀의 만성적으로 아픈 어린 환자들이 그녀의 얼굴을 볼 수 없다는 것에 깊은 관심을 가졌고, 그래서 그녀는 아이들이 가리키게 하기 위해 다양한 얼굴 스티커를 인쇄했다. 오늘날 일부 병원들은 또한 환자들에게 직원의 더 쉬운 신원 확인을 가능하게 하는 '페이스 시트'를 제공하고 있는데, 그것은 마스크를 착용하고 있을 때 환자들에게 당신 자신과 동료들을 다시 소개하는 데 항상 유용하다.

일부 병원과 근로자들은 팬데믹 중에 환자들과의 대화를 (B) 보완하기 위한 (A) 대안적인 방법들을 찾고 있다.

      (A)   (B)
① 대안적인 — 보완하다
② 성가신   — 분석하다
③ 효과적인 — 방해하다
④ 방해하는 — 개선하다

어휘 in the absence of ~이 없어서, ~이 없을 때 cue 신호, 단서
inflection 억양, 굴절 assume (특질 등을) 나타내다, 추정하다
chronically 만성적으로 permit 가능하게 하다
identification 신원 확인, 인지 alternative 대안적인
complement 보완하다 bothering 성가신 analyze 분석하다
hinder 방해하다 disturb 방해하다, 불안하게 하다

기출문제 풀어보기

정답 ①

끊어읽기 해석

"Most of bird identification / is based on a sort of subjective impression / —the way a bird moves / and little instantaneous appearances / at different angles / and sequences of different appearances, / and as it turns its head / and as it flies / and as it turns around, / you see sequences of different shapes and angles," / Sibley says, "All that combines to create a unique impression of a bird / that can't really be taken apart and described in words.
"대부분의 조류 식별은 / 일종의 주관적인 인상에 근거한다 / 새가 움직이는 방식 / 그리고 찰나의 순간적인 모습들 / 서로 다른 각도에서 본 / 그리고 연속적인 서로 다른 모습들 / 그리고 그들이 머리를 돌릴 때 / 그리고 그들이 날아다닐 때 / 그리고 그들이 방향을 바꿀 때 / 당신은 연속적인 서로 다른 모양과 각도를 보게 된다" / ~라고 Sibley는 말한다. "그 모든 것이 결합되어 새에 대한 독특한 인상을 만든다 / 사실상 분리될 수 없고 말로 설명될 수 없는

When it comes down to being in the fieldland / looking at a bird, / you don't take time / to analyze it and say / it shows this, this, and this; / therefore it must be this species.
요컨대 들판에 있을 때 / 새를 바라보며 / 당신은 시간이 걸리지 않는다 / 그것을 분석하고 말하는 데 / 이것은 이것, 이것, 그리고 이것을 나타낸다고 / 그러므로 이것은 이러한 종(種)임에 틀림없다고

It's more natural and instinctive.
이것이 더 자연스럽고 본능적이다.

After a lot of practice, / you look at the bird, / and it triggers little switches / in your brain.
많은 연습 이후 / 당신이 새를 본다 / 그리고 그것은 작은 스위치를 작동시

킨다 / 당신의 뇌에 있는
It looks right. // You know what it is / at a glance."
그것이 맞다 // 당신은 그것이 무엇인지 안다 / 한눈에"

해석 "대부분의 조류 식별은 새가 움직이는 방식, 서로 다른 각도에서 본 찰나의 순간적인 모습들, 그리고 연속적인 서로 다른 모습들과 같은 일종의 주관적인 느낌에 근거한다. 그리고 그들이 머리를 돌려서 날아다니며 방향을 바꿀 때, 당신은 연속적인 서로 다른 모양과 각도를 보게 된다"라고 Sibley는 말한다. "그 모든 것이 결합되어 새에 대한, 사실상 분리될 수 없고 말로 설명될 수도 없는, 독특한 인상을 만든다. 요컨대 새를 바라보며 들판에 있을 때, 당신은 그것을 분석하고 이것은 이것, 이것, 그리고 이것을 나타내므로 이것은 이러한 종(種)임에 틀림없다라고 말하는 데 시간이 걸리지 않는다. 이것이 더 자연스럽고 본능적이다. 많은 연습 이후, 당신이 새를 보면 그것은 당신의 뇌에 있는 작은 스위치를 작동시킨다. 그것이 맞다. 당신은 한눈에 그것이 무엇인지 알 것이다."

Sibley에 따르면, 조류 식별은 (B) 개별적인 분석보다는 (A) 본능적인 느낌에 근거한다.

---

① 본능적인 느낌 - 개별적인 분석
② 객관적인 연구 - 주관적인 판단
③ 신체적 외모 - 행동적 특성
④ 밀접한 관찰 - 원거리 관찰

해설 지문 처음에서 Sibley는 조류 식별이 일종의 주관적인 느낌에 근거한다고 설명한다. 이어서 그는 새의 서로 다른 모습들은 결합되어, 사실상 분리될 수 없고 말로 설명될 수도 없는 독특한 인상을 만들고, 많은 연습 이후에 우리가 새를 보면 한눈에 무엇인지 알 것이라고 설명하고 있으므로, 조류 식별은 개별적인 분석보다는 본능적인 느낌에 근거한다는 것이 글의 요지이다. 따라서 (A)와 (B)에는 ① instinctive impression(본능적인 느낌) - discrete analysis(개별적인 분석)가 들어가야 적절하다.

어휘 identification 식별 subjective 주관적인 instantaneous 순간적인
come down to 요컨대 ~이 되다 instinctive 본능적인
trigger (장치를) 작동시키다 at a glance 한눈에 discrete 개별적인

p.101

불변의 패턴 08 핵심 단어를 다르게 표현한 단어가 요약문의 빈칸에 들어갈 정답이다.

대표 기출 예제

정답 ①

끊어읽기 해석

In India, / approximately 360 million people / —one-third of the population— / live in or very close to the forests.
인도에서는 / 약 3억 6천만 명이 / 인구의 3분의 1인 / 숲속이나 숲과 매우 가까이에 살고 있다

More than half of these people / live below the official poverty line, / and consequently / they depend crucially / on the resources / they obtain from the forests.
이러한 사람들 중 절반 이상이 / 공식적인 빈곤선 이하에서 살고 있다 / 그리고 그 결과 / 그들은 결정적으로 의존한다 / 자원에 / 그들이 숲에서 얻는

The Indian government now runs / programs aimed at improving their lot / by involving them / in the commercial management of their forests, / in this way / allowing them to continue / to obtain the food and materials / they need, / but at the same time / to sell forest produce.
인도 정부는 현재 운영한다 / 그들 지역의 가치를 높이는 것을 목적으로 하

는 프로그램을 / 그들을 참여시킴으로써 / 숲의 상업적 관리에 / 이 방식으로 / 그들이 계속 ~하는 것을 가능하게 한다 / 필요한 식량과 재료를 얻는 것을 / 그들이 필요한 / 그러나 동시에 / 임산물을 판매하는 것을

If the programs succeed, / forest dwellers will be more prosperous, / but they will be able to preserve / their traditional way of life and culture, / and the forest will be managed sustainably, / so the wildlife is not depleted.

만약 그 프로그램이 성공하면 / 숲에 사는 사람들은 더 부유해질 것이다 / 하지만 그들은 보존할 수 있을 것이다 / 그들의 전통적인 생활양식과 문화를 / 그리고 숲이 지속 가능하게 관리되어서 / 야생동물은 대폭 감소하지 않을 것이다

해석 인도에서는, 인구의 3분의 1인 약 3억 6천만 명이 숲속이나 숲과 매우 가까이에 살고 있다. 이러한 사람들 중 절반 이상이 공식적인 빈곤선 이하에서 살고 있고, 그 결과 그들은 그들이 숲에서 얻는 자원에 결정적으로 의존한다. 인도 정부는 현재 그들을 숲의 상업적 관리에 참여시킴으로써 그들 지역의 가치를 높이는 것을 목적으로 하는 프로그램을 운영하는데, 이 방식으로 그들이 필요한 식량과 재료를 계속 얻게 하면서 동시에 임산물을 판매하는 것을 가능하게 한다. 만약 그 프로그램이 성공하면, 숲에 사는 사람들은 더 부유해지겠지만, 그들은 그들의 전통적인 생활양식과 문화를 보존할 수 있을 것이고, 숲이 지속 가능하게 관리되어서, 야생동물은 대폭 감소하지 않을 것이다.

⇒ 인도 정부는 숲을 (B) 파괴하는 것 없이 숲 근처에 사는 가난한 사람들의 삶을 (A) 개선하려 하고 있다.

	(A)	(B)
①	개선하다	파괴하는 것
②	통제하다	보존하는 것
③	개선하다	제한하는 것
④	통제하다	확대하는 것

어휘 poverty line 빈곤선(빈곤의 여부를 구분하는 최저 수입) obtain 얻다
aim at ~을 목적으로 하다 lot 지역, 다량 forest produce 임산물
dweller ~에 사는 사람, 거주자 prosperous 부유한 preserve 보존하다
sustainably 지속 가능하게 deplete 대폭 감소시키다, 고갈시키다
ruin 파괴하다, 망치다 enlarge 확대하다

기출문제 풀어보기

정답 ②

끊어읽기 해석

The myth of the taste map, / which claims that different sections of the tongue are responsible / for specific tastes, / is incorrect, / according to modern science.

맛 지도의 신화는 / 혀의 서로 다른 부분이 책임이 있다고 주장하는 / 특정한 맛에 / 부정확하다 / 현대 과학에 따르면

The taste map originated from the experiments / of German scientist David Hänig / in the early 1900s, / which found that the tongue is most sensitive to tastes / along the edges / and not so much at the center.

맛 지도는 실험에서 비롯되었다 / 독일 과학자 David Hänig의 / 1900년대 초에 / 그것은 혀가 맛에 가장 민감하다는 것을 발견했다 / 가장자리를 따라서 / 가장 중심은 별로 그렇지 않고

However, / this has been misinterpreted / over the years / to claim that / sweet is at the front of the tongue, / bitter is at the back, / and salty and sour are at the sides.

그러나, / 이것은 잘못 해석되어 왔다 / 수년간 / ~라고 주장하는 것으로 / 단맛이 혀의 앞쪽에 있고, / 쓴맛이 뒤쪽에 있으며, / 짠맛과 신맛이 양쪽에 있다고

In reality, / different tastes are sensed / by taste buds / all over the tongue.

실제로는, / 다양한 맛이 감지된다 / 미뢰에 의해 / 혀 전체에 있는

Taste buds work together / to make us crave or dislike certain foods, / based on our long-term learning and association.

미뢰는 함께 작용한다 / 우리가 특정 음식을 간절히 원하거나 싫어하도록 만들기 위해 / 우리의 오랜 학습과 연상에 근거하여

For example, / our ancestors needed fruit / for nutrients and easy calories, / so we are naturally drawn to sweet tastes, / while bitterness in some plants / serves as a warning of toxicity.

예를 들어, / 우리의 조상들은 과일을 필요로 했다 / 영양소와 쉽게 얻을 수 있는 칼로리를 위해 / 그래서 우리는 자연스럽게 달콤한 맛에 끌린다 / 반면, 어떤 식물의 쓴맛은 / 독성에 대한 경고로 작용한다

Of course, / different species in the animal kingdom / also have unique taste abilities: / carnivores do not eat fruit / and therefore do not crave sugar / like humans do.

물론, / 동물계의 다른 종들도 / 독특한 맛 능력을 가지고 있는데, / 육식동물들은 과일을 먹지 않는다 / 그렇기 때문에 설탕을 갈망하지 않는다 / 사람들이 그러는 것처럼

해석 현대 과학에 따르면, 혀의 서로 다른 부분이 특정한 맛에 책임이 있다고 주장하는 맛 지도의 신화는 부정확하다. 맛 지도는 1900년대 초 독일 과학자 David Hänig의 실험에서 비롯되었는데, 그것은 혀가 가장자리를 따라서 가장 맛에 민감하고 중심은 별로 그렇지(민감하지) 않다는 것을 발견했다. 그러나, 이것은 단맛이 혀의 앞쪽에 있고, 쓴맛이 뒤쪽에 있으며, 짠맛과 신맛이 양쪽에 있다고 주장하는 것으로 수년간 잘못 해석되어 왔다. 실제로는, 다양한 맛이 혀 전체에 있는 미뢰에 의해 감지된다. 미뢰는 우리의 오랜 학습과 연상에 근거하여 우리가 특정 음식을 간절히 원하거나 싫어하도록 만들기 위해 함께 작용한다. 예를 들어, 우리의 조상들은 영양소와 쉽게 얻을 수 있는 칼로리를 위해 과일을 필요로 했기 때문에, 우리는 자연스럽게 달콤한 맛에 끌리는 반면, 어떤 식물의 쓴맛은 독성에 대한 경고로 작용한다. 물론, 동물계의 다른 종들도 독특한 맛 능력을 가지고 있는데, 육식동물들은 과일을 먹지 않기 때문에 사람들이 그러는(갈망하는) 것처럼 설탕을 갈망하지 않는다.

> 혀의 서로 다른 부분이 특정한 맛에 책임이 있다는 주장은 현대 과학에 의해 (A) 거짓인 것으로 입증되었고, 맛 선호도는 (B) 진화론적인 역사의 영향을 받는다.

	(A)	(B)
①	옳은 …	진화론적인
②	거짓인 …	진화론적인
③	거짓인 …	심리학적인
④	옳은 …	심리학적인

해설 지문 처음에서 현대 과학에 따르면 혀의 서로 다른 부분이 특정한 맛에 책임이 있다는 주장은 부정확하다고 하고, 지문 중간에서 실제로는 다양한 맛이 혀 전체의 미뢰에 의해 감지되는데 이것은 우리의 오랜 학습과 연상에 근거하여 우리가 특정 음식을 원하거나 싫어하도록 만들기 위해 함께 작용한다고 했으므로, 빈칸 (A)에는 지문의 incorrect(부정확한)를 다르게 표현한 false(거짓인)가, (B)에는 지문의 our long-term learning and association(우리의 오랜 학습과 연상)을 다르게 표현한 evolutionary(진화론적인)가 들어가야 한다. 따라서 ② false(거짓인) - evolutionary(진화론적인)가 정답이다.

어휘 myth 신화 claim 주장하다 tongue 혀 originate 비롯되다, 유래하다
misinterpret 잘못 해석하다 bitter 쓴 sour 신
crave 간절히 원하다, 갈망하다 association 연상, 연관성
nutrient 영양소 carnivore 육식동물 preference 선호도
evolutionary 진화론적인 psychological 심리학적인

불변의 패턴 **09** 인물의 심경이나 글의 분위기는 간접적으로 표현된다.

대표 기출 예제

정답 ②

끊어읽기 해석

It's three in the morning, / and / we are making our way / from southern to northern Utah, / when the weather changes / from the dry chill of the desert / to the freezing gales / of an alpine winter.
지금은 새벽 세 시이다 / 그리고 / 우리는 가고 있다 / 유타 남부에서 북부로 / 날씨가 바뀔 때 / 사막의 메마른 쌀쌀함에서 / 얼어붙는 강풍으로 / 고산 겨울의

Ice claims the road.
얼음이 도로를 차지한다

Snowflakes flick / against the windshield / like tiny insects, / a few at first, / then so many the road disappears.
눈송이가 튄다 / 앞 유리에 / 작은 곤충들처럼 / 처음에는 조금 / 그리고 나서 너무 많아서 도로가 사라진다

We push forward / into the heart of the storm.
우리는 전진한다 / 폭풍의 중심부로

The van skids and jerks.
밴은 미끄러지고 홱 움직인다

The wind is furious, / the view out the window pure white.
바람은 맹렬하고 / 창밖의 풍경은 순백이다

Richard pulls over.
Richard는 차를 세운다

He says / we can't go any further.
그는 말한다 / 우리가 더 이상 갈 수 없다고

Dad takes the wheel, / Richard moves / to the passenger seat, / and / Mother lies next to me / and / Audrey on the mattress.
아빠가 운전대를 잡는다 / Richard는 이동한다 / 조수석으로 / 그리고 / 엄마는 내 옆에 누워 있다 / 그리고 / Audrey는 매트리스 위에 있다

Dad pulls onto the highway / and / accelerates, / rapidly, / as if to make a point, / until he has doubled / Richard's speed.
아빠가 고속도로로 차를 몬다 / 그리고 / 가속한다 / 빠르게 / 마치 주장을 입증하려는 듯 / 두 배가 될 때까지 / Richard의 속도의

"Shouldn't we drive slower?" // Mother asks.
"우리 더 천천히 운전해야 하지 않을까요?" // 엄마가 물어본다

Dad grins. // "I'm not driving faster than / our angels can fly."
아빠가 웃는다 // "나는 더 빨리 운전하지 않고 있어요 / 우리 천사들이 날 수 있는 것보다"

The van is still accelerating. // To fifty, / then to sixty.
밴은 여전히 가속하고 있다 // 50까지 / 그다음에는 60까지

Richard sits tensely, / his hand clutching the armrest, / his knuckles bleaching / each time the tires slip.
Richard는 긴장한 채로 앉아 있다 / 그의 손은 팔걸이를 움켜쥐고 / 그의 손가락 마디가 하얗게 변한다 / 타이어가 미끄러질 때마다

Mother lies on her side, / her face next to mine, / taking small sips of air / each time the van fishtails / then / holding her breath / as Dad corrects / and / it snakes back into the lane.
엄마는 옆으로 누워 있다 / 내 얼굴 옆에 / 그리고 공기를 조금씩 들이킨다 / 밴의 뒷부분이 좌우로 미끄러질 때마다 / 그리고 / 숨을 참는다 / 아빠가 바로 잡을 때 / 그리고 / 차가 차선으로 다시 구불구불 들어올 때

She is so rigid, / I think she might shatter.
그녀는 너무 경직되어 있다 / 나는 그녀가 산산이 부서질 수도 있다고 생각한다

My body tenses with hers; / together we brace a hundred times / for impact.
내 몸은 그녀와 함께 긴장한다 / 우리는 함께 백 번의 준비를 한다 / 충격에 대해

해석 지금은 새벽 세 시이고, 날씨가 사막의 메마른 쌀쌀함에서 고산 겨울의 얼어붙는 강풍으로 바뀔 때, 유타 남부에서 북부로 가고 있다. 얼음이 도로를 차지한다. 눈송이가 작은 곤충들처럼 앞 유리에 튀는데, 처음에는 조금 그리고 나서 너무 많아서 도로가 사라진다. 우리는 폭풍의 중심부로 전진한다. 밴은 미끄러지고 홱 움직인다. 바람은 맹렬하고, 창밖의 풍경은 순백이다. Richard는 차를 세운다. 그는 우리가 더 이상 갈 수 없다고 말한다. 아빠가 운전대를 잡고, Richard는 조수석으로 이동하고, 엄마는 내 옆에 누워있고, Audrey는 매트리스 위에 있다. 아빠가 고속도로로 차를 몰고, 마치 주장을 입증하려는 듯, Richard의 속도의 두 배가 될 때까지 빠르게 가속한다. "우리 더 천천히 운전해야 하지 않을까요?"라고 엄마가 물어본다. 아빠가 웃는다. "나는 우리 천사들이 날 수 있는 것보다 더 빨리 운전하지 않고 있어요." 밴은 여전히 가속하고 있다. 50까지, 그다음에는 60까지. Richard는 긴장한 채로 앉아 팔걸이를 손으로 움켜쥐고, 타이어가 미끄러질 때마다 손가락 마디가 하얗게 변한다. 엄마는 내 얼굴 옆에 옆으로 누워 밴의 뒷부분이 좌우로 미끄러질 때마다 공기를 조금씩 들이켜고, 아빠가 바로 잡아 차가 차선으로 다시 구불구불 들어오는 동안 숨을 참는다. 그녀는 너무 경직되어 있어서 나는 엄마가 산산이 부서질 수도 있다고 생각한다. 내 몸은 그녀와 함께 긴장하고, 우리는 함께 충격에 대해 백 번의 준비를 한다.

① 신이 나고 아주 흥분한
② 불안하고 두려운
③ 신중하지만 안정된
④ 편안하고 느긋한

어휘 chill 쌀쌀함, 냉기　alpine 고산의　flick 튀기다　windshield 앞 유리　insect 곤충　furious 맹렬한, 사나운　pull over 차를 세우다　accelerate 가속하다　grin 웃다　tensely 긴장한 채로　clutch 움켜쥐다　armrest 팔걸이　knuckle 손가락 마디　bleach 하얗게 되다　slip 미끄러지다　lane 차선　rigid 경직된　shatter 산산이 부서지다　tense 긴장하다　brace 준비하다　impact 충격

기출문제 풀어보기

정답 ①

끊어읽기 해석

In the blazing midday sun, / the yellow egg-shaped rock stood out / from a pile of recently unearthed gravel.
타는 듯이 더운 정오의 태양 아래에 / 노란 달걀 모양의 돌이 튀어나왔다 / 최근에 파내진 자갈 더미에서

Out of curiosity, / sixteen-year-old miner Komba Johnbull picked it up / and fingered its flat, pyramidal planes.
호기심에 / 16살의 광부 Komba Johnbull은 그것을 집어 들었다 / 그리고 그것의 납작하고 피라미드 같은 면을 손가락으로 만졌다

Johnbull had never seen a diamond before, / but he knew enough / to understand / that even a big find / would be no larger than his thumbnail.
Johnbull은 이전에 다이아몬드를 본 적이 없었다 / 그러나 그는 ~할 정도의 상식은 있었다 / 알 정도로 / 엄청난 발견이라도 / 그의 엄지손톱보다 더 크지 않을 것이라고

Still, / the rock was unusual enough / to merit a second opinion.
그런데도 / 그 돌은 충분히 특이했다 / 다른 의견의 가치가 있을 정도로

Sheepishly, / he brought it over / to one of the more experienced miners / working the muddy gash / deep in the jungle.
소심하게 / 그는 그것을 가지고 왔다 / 더 경험이 많은 광부들 중 한 명에게 / 진흙투성이의 갈라진 틈을 작업하고 있는 / 정글 깊숙한 곳에서

The pit boss's eyes widened / when he saw the stone.
현장 감독의 눈이 커졌다 / 그가 그 돌을 보자

"Put it in your pocket," / he whispered. // "Keep digging."
"그것을 네 주머니에 넣어라" / 그가 속삭였다 // "땅 파는 것을 계속해라"

The older miner warned / that it could be dangerous / if anyone thought / they had found something big.
나이가 더 많은 광부는 경고했다 / 위험할 수 있다는 것을 / 누군가가 생각한다면 / 그들이 엄청난 무언가를 발견했다고

So Johnbull kept shoveling gravel / until nightfall, / pausing occasionally / to grip the heavy stone / in his fist.
그래서 Johnbull은 자갈을 삽질하는 것을 계속했다 / 해 질 녘까지 / 가끔씩 멈추면서 / 그 무거운 돌을 움켜잡기 위해 / 그의 손에

Could it be?
이것이 그것일까?

해석 타는 듯이 더운 정오의 태양 아래에, 최근에 파내진 자갈 더미에서 노란 달걀 모양의 돌이 튀어나왔다. 호기심에, 16살의 광부 Komba Johnbull은 그것을 집어 들고 그것의 납작하고 피라미드 같은 면을 손가락으로 만졌다. Johnbull은 이전에 다이아몬드를 본 적이 없으나, 그는 엄청난 발견이라도 그의 엄지손톱보다 더 크지 않을 것이라고 알 정도의 상식은 있었다. 그런데도, 그 돌은 다른 의견의 가치가 있을 정도로 충분히 특이했다. 소심하게, 그는 정말 깊숙한 곳에서 진흙투성이의 갈라진 틈을 작업하고 있는 더 경험이 많은 광부들 중 한 명에게 그것을 가지고 왔다. 그 돌을 보자 현장 감독의 눈이 커졌다. "그것을 네 주머니에 넣어라" 그가 속삭였다. "땅 파는 것을 계속해라." 나이가 더 많은 광부는 누군가가 그들이 엄청난 무언가를 발견했다고 생각한다면 위험할 수 있다는 것을 경고했다. 그래서 Johnbull은 그의 손에 그 무거운 돌(다이아몬드)을 움켜잡기 위해 가끔씩 멈추면서 해 질 녘까지 자갈을 삽질하는 것을 계속했다. 이것이 그것(다이아몬드)일까?

① 흥분하고 신이 난
② 고통스럽고 괴로워하는
③ 오만하고 확신하는
④ 무심하고 무관심한

해설 지문 전반에 걸쳐 어린 광부가 자갈 더미에서 특이한 돌을 발견했는데, 그 돌을 보고 놀란 다른 광부의 조언에 따라 발견한 것을 비밀로 하고 해 질 녘까지 삽질을 계속하며 그것이 다이아몬드일지 자문했다는 일화를 소개하고 있으므로, '① 흥분하고 신이 난'이 글에 나타난 화자의 심경으로 적절하다.

어휘 blazing 타는 듯이 더운 stand out 튀어나오다 unearth 파내다
gravel 자갈 miner 광부 finger 손가락으로 만지다 plane (평평한) 면
merit 가치가 있다 sheepishly 소심하게 pit boss 현장 감독
shovel 삽질하다 grip 움켜잡다 distressed 괴로워하는
arrogant 오만한 detached 무심한 indifferent 무관심한

p.103

불변의 패턴 **10** 심경 변화의 단서는 처음과 마지막 한두 문장에 있다.

대표 기출 예제

정답 ②

끊어읽기 해석

I was always mad / at Charles / even though I couldn't ever put my finger on exactly / what he was doing / to make me angry.
나는 항상 화가 나 있었다 / Charles에게 / 비록 나는 정확히 지적할 수는 없었지만 / 그가 무엇을 하고 있는지 / 나를 화나게 하기 위해

Charles was just one / of those people / who rubbed me the wrong way.
Charles는 그저 하나였다 / 그런 사람들 중에 / 나를 불쾌하게 만들었던

Yet, / I was constantly upset.
그러나 / 나는 끊임없이 화가 나 있었다

When we began looking at anger / in this class, / I thought, / "What's my primary feeling / about Charles?"
우리가 분노를 보기 시작했을 때 / 이 수업에서 / 나는 ~라고 생각했다 / '나의 주된 감정은 무엇일까 / Charles에 대한?'

I almost hate to admit / what I found out / because it makes me look / like I'm a lot more insecure / than I feel I really am, / but my primary feeling was fear.
나는 거의 인정하기 싫었다 / 내가 발견한 것을 / 그것이 내가 보이게 만들기 때문에 / 내가 훨씬 더 불안한 것처럼 / 내가 실제로 그렇다고 느끼는 것보다 / 하지만 나의 주된 감정은 두려움이었다

I was afraid / that Charles / with his brilliance and sharp tongue / was going to make me look stupid / in front of the other students.
나는 두려웠다 / Charles가 / 그의 뛰어난 두뇌와 독설로 / 나를 멍청해 보이게 만들까 봐 / 다른 학생들 앞에서

Last week / I asked him / to stay after class / and I just told him / how threatened I get / when he pins me down / on some minor point.
지난주에 / 나는 그에게 요청했다 / 수업이 끝나고 남아달라고 / 그리고 나는 그에게 말했다 / 내가 얼마나 위협을 느끼게 되는지를 / 그가 나를 꼼짝 못 하게 할 때 / 사소한 문제로

He was kind of stunned, / and said / he wasn't trying to make me look bad, / that he was really trying to score brownie points / with me.
그는 약간 놀랐다 / 그리고 말했다 / 그는 나를 나빠 보이게 만들려고 했던 것이 아니라 / 사실은 점수를 따려고 했었다고 / 나에게

We ended up laughing / about it / and I'm not threatened / by him / anymore.
우리는 결국 웃게 되었다 / 그것에 대해 / 그리고 나는 위협을 느끼지 않는다 / 그에게서 / 더 이상

When he forgets / and pins me down / now, / I just laugh and say, / "Hey, / that's another brownie point for you."
그가 잊어버릴 때 / 그리고 나를 꼼짝 하게 할 때 / 이제는 / 나는 그냥 웃으면서 ~라고 말한다 / "이봐 / 그건 너한테 또 다른 점수야"

해석 나는 비록 Charles가 나를 화나게 하기 위해 무엇을 하고 있는지 정확히 지적할 수는 없었지만, 나는 항상 Charles에게 화가 나 있었다. Charles는 그저 나를 불쾌하게 만들었던 그런 사람들 중에 하나였다. 그러나 나는 끊임없이 화가 나 있었다. 우리가 이 수업에서 분노를 보기 시작했을 때 나는 'Charles에 대한 나의 주된 감정은 무엇일까?'라고 생각했다. 나는 그것이 내가 실제로 그렇다고 느끼는 것보다 내가 훨씬 더 불안한 것처럼 보이게 만들기 때문에 내가 발견한 것을 거의 인정하기 싫었지만, 나의 주된 감정은 두려움이었다. 나는 Charles가 그의 뛰어난 두뇌와 독설로 나를 다른 학생들 앞에서 멍청해 보이게 만들까 봐 두려웠다. 지난주에 나는 그에게 수업이 끝나고 남아달라고 요청했고, 나는 그에게 그가 사소한 문제로 나를 꼼짝 못 하게 할 때 내가 얼마나 위협을 느끼게 되는지를 말했다. 그는 약간 놀랐고, 그는 나를 나빠 보이게 만들려고 했던 것이 아니라, 사실은 나에게 점수를 따려고 했었다고 말했다. 우리는 결국 그것에 대해 웃게 되었고, 나는 그에게서 더 이상 위협을 느끼지 않는다. 이제는 그가 잊어버리고 나를 꼼짝 못하게 할 때, 나는 그냥 웃으면서 "이봐, 그건 너한테 또 다른 점수야."라고 말한다.

① 안심한 → 짜증 난
② 불편한 → 안심한
③ 평화로운 → 부러워하는
④ 무서운 → 무관심한

어휘 put one's finger on ~을 정확히 지적하다
rub ~ the wrong way ~를 불쾌하게 만들다 primary 주된, 기본적인
sharp tongue 독설 pin down ~을 꼼짝 못 하게 하다
score 점수를 따다

기출문제 풀어보기

정답 ④

끊어읽기 해석

I cannot believe / what I am seeing: / plants, and trees everywhere.
나는 믿을 수 없다 / 내가 보고 있는 것을 / 곳곳에 있는 식물들과 나무들을

The scents are sweet / and the air is pure and clean.
그 향기는 달콤하다 / 그리고 공기는 맑고 깨끗하다

I like the silence / that greets me / as I arrive at hotel.
나는 고요함이 좋다 / 나를 반기는 / 내가 호텔에 도착할 때

Upstairs, / my heart is all aflutter / at finding I have a good room, / with a good-enough balcony view / of the distant water.
위층에서 / 내 심장은 매우 들떴다 / 내가 좋은 방을 가졌다는 것을 발견하고 / 충분히 좋은 발코니 경관을 가진 / 멀리 떨어져 있는 호수의

I take out clean clothes, / shower, / and, camera in hand, / head downstairs / to ask the attendant / where I can find Moreno gardens.
나는 깨끗한 옷을 꺼내 / 샤워를 하고 / 그리고 카메라를 손에 든 채 / 아래층으로 내려갔다 / 종업원에게 묻기 위해서 / 내가 모레노 정원을 어디에서 찾을 수 있는지

The man at the desk looks puzzled / and says / he's never heard of the Moreno gardens.
데스크의 남자는 어리둥절해 보인다 / 그리고 말한다 / 그가 모레노 정원을 들어본 적이 없다고

He steps into the back office / and comes out / accompanied by a woman.
그는 뒤의 사무실로 들어간다 / 그리고 나온다 / 여자와 동행해서

She has never heard of / the Moreno gardens, / either.
그녀는 들어본 적이 없었다 / 모레노 정원을 / 마찬가지로

My second question, / regarding the house painted by Monet, / brings me no closer to the truth.
나의 두 번째 질문은 / 모네에 의해 칠해진 한 집에 관한 / 나를 보다 진실에 가깝게 해주지 않았다

Neither has heard / of such a house. // It makes my shoulders droop.
그 둘 중 누구도 들어본 적이 없었다 / 그러한 집에 대해 // 이는 내 어깨를 쳐지게 만들었다.

해석 나는 내가 보고 있는 곳곳에 있는 식물들과 나무들을 믿을 수 없다. 그 향기는 달콤하고 공기는 맑고 깨끗하다. 나는 내가 호텔에 도착할 때 나를 반기는 고요함이 좋다. 위층에서, 내가 멀리 떨어져 있는 호수의 충분히 좋은 발코니 경관을 가진 좋은 방을 가졌다는 것을 발견하고 내 심장은 매우 들떴다. 나는 깨끗한 옷을 꺼내 샤워를 하고, 카메라를 손에 든 채 내가 모레노 정원을 어디에서 찾을 수 있는지 종업원에게 묻기 위해서 아래층으로 내려갔다. 데스크의 남자는 어리둥절해 보였고, 모레노 정원을 들어본 적이 없다고 말한다. 그는 뒤의 사무실로 들어가 여자와 동행해서 나온다. 그녀도 마찬가지로 모레노 정원을 들어본 적이 없었다. 모네에 의해 칠해진 한 집에 관한 나의 두 번째 질문은 나를 보다 진실에 가깝게 해주지 않았다. 그 둘 중 누구도 그러한 집에 대해 들어본 적이 없었다. 이는 내 어깨를 쳐지게 만들었다.

① 지루한 → 기대하는   ② 걱정하는 → 기쁜
③ 슬픈 → 안도하는   ④ 흥분한 → 실망한

해설 지문 처음에서 I(나)는 만족스러운 호텔에 도착하여 곳곳의 식물들과 나무들, 그 향기와 분위기, 좋은 경관에 기뻐하다가 지문 중간에서 모레노 정원을 들어 본 적이 없다는 두 종업원의 말과 그들이 모네에 의해 칠해진 집에 대해서도 들어본 적이 없다는 말을 듣고 어깨가 쳐졌다고(실망했다고) 말하고 있다. 따라서 '④ 흥분한 → 실망한'이 지문에서 I(나)가 느꼈을 심경 변화로 적절하다.

어휘 aflutter 들떠서, 흥분하여 attendant 종업원

Section Test

p. 104-107

1	③	2	②	3	②	4	④
5	③	6	④	7	②	8	④

1

정답 ③

끊어읽기 해석

In recent years / Latin America has made huge strides / in exploiting / its incredible wind, solar, geothermal and biofuel energy resources.
최근 몇 년 동안 / 라틴 아메리카는 큰 진전을 이루었다 / 개발하는 데 / 엄청난 풍력, 태양열, 지열 및 바이오 연료 에너지 자원을

Latin America's electricity sector / has already begun to gradually decrease / its dependence on oil.
라틴 아메리카의 전력 부문은 / 이미 점차 낮추기 시작했다 / 그것의 석유에 대한 의존을

Latin America is expected to / almost double its electricity output / between 2015 and 2040.
라틴 아메리카는 예상된다 / 그것의 전력 생산량을 거의 두 배로 늘릴 것으로 / 2015년에서 2040년 사이에

Practically / none of Latin America's new large-scale power plants / will be oil-fueled, / which opens up the field / for different technologies.
사실상 / 라틴 아메리카의 새로운 대규모 발전소 중 어떤 것도 / 석유를 연료로 사용하지 않을 것이다 / 이는 장을 열어준다 / 다른 기술들을 위한

Countries in Central America and the Caribbean, / which traditionally imported oil, / were the first to move away / from oil-based power plants, / after suffering a decade of high and volatile prices / at the start of the century.
중앙아메리카와 카리브해 국가들은 / 전통적으로 석유를 수입했던 / 가장 먼저 벗어났다 / 석유 기반 발전소에서 / 10년 동안 높고 변동성이 큰 가격을 겪은 후에 / 금세기 초에

해석 최근 몇 년 동안 라틴 아메리카는 엄청난 풍력, 태양열, 지열 및 바이오 연료 에너지 자원을 개발하는 데 큰 진전을 이루었다. 라틴 아메리카의 전력 부문은 이미 석유에 대한 의존을 점차 낮추기 시작했다. 라틴 아메리카는 2015년에서 2040년 사이에 전력 생산량을 거의 두 배로 늘릴 것으로 예상된다. 사실상 라틴 아메리카의 새로운 대규모 발전소 중 어떤 것도 석유를 연료로 사용하지 않을 것이고, 이는 다른 기술들을 위한 장을 열어준다. 전통적으로 석유를 수입했던 중앙아메리카와 카리브해 국가들은 금세기 초에 10년 동안 높고 변동성이 큰 가격을 겪은 후에 석유 기반 발전소에서 가장 먼저 벗어났다.

① 라틴 아메리카에서의 석유 산업 호황
② 라틴 아메리카에서의 전력 사업 감소
③ 라틴 아메리카에서의 재생 가능 에너지 발전
④ 라틴 아메리카에서의 석유 기반 자원의 적극적인 개발

해설 지문 처음에서 라틴 아메리카는 풍력 등의 에너지 자원을 개발하는 데 큰 진전을 이루었으며, 이미 석유에 대한 의존도를 점차 낮추기 시작했다고 하고, 이어서 지문 중간에서 2015년에서 2040년 사이에 전력 생산량을 거의 두 배로 늘릴 것으로 예상된다고 설명하고 있다. 따라서 '③ 라틴 아메리카에서의 재생 가능 에너지 발전'이 이 글의 주제이다. (불변의 패턴 05)

어휘 stride 진전, 발전 exploit 개발하다, 활용하다 geothermal 지열의
biofuel 바이오 연료 sector 부문, 분야 gradually 점차, 점진적으로
output 생산량, 출력 practically 사실상, 실제로 power plant 발전소
import 수입하다 volatile 변동성이 큰, 변덕스러운
renewable 재생 가능한 aggressive 적극적인, 공격적인

끊어읽기 해석

> The assumption that politics and administration could be separated / was ultimately disregarded / as utopian.
> 정치와 행정이 분리될 수 있다는 가정은 / 결국 무시되었다 / 비현실적이라고
>
> Wilson and Goodnow's idea / of apolitical public administration / proved unrealistic.
> Wilson과 Goodnow의 생각은 / 정파와 관련되지 않은 공공 행정에 대한 / 비현실적인 것으로 판명되었다
>
> A more realistic view / —the so-called "politics school" — is that politics is very much a part of administration.
> 더 현실적인 견해는 / 소위 '정치 학파'라고 불리는 / 정치가 행정의 일부라는 것이다
>
> The politics school maintains / that in a pluralistic political system / in which many diverse groups have a voice, / public administrators with considerable knowledge / play key roles.
> 정치 학파는 주장한다 / 다원적 정치 체제에서 / 다양한 집단이 목소리를 내는 / 상당한 지식을 갖춘 공공 행정가가 / 핵심적 역할을 한다고
>
> Legislation, / for instance, / is written by public administrators / as much as by legislators.
> 법령은 / 예를 들어 / 공공 행정가에 의해 작성된다 / 입법자 못지않게
>
> The public bureaucracy / is as capable of engendering support for its interests / as any other participant / in the political process, / and / public administrators / are as likely as any to be part of a policymaking partnership.
> 공공 관료는 / 자신의 이익에 대한 지원을 발생시킬 수 있다 / 다른 어떤 참여자와 마찬가지로 / 정치 과정의 / 그리고 / 공공 행정가는 / 정책 입안 파트너십의 일부가 될 가능성이 크다
>
> Furthermore, / laws are interpreted / by public administrators / in their execution, / which includes many and often unforeseen scenarios.
> 게다가 / 법률은 해석된다 / 공공 행정가에 의해 / 그것들이 집행될 때 / 여기에는 많은 그리고 종종 예기치 않은 시나리오가 포함된다

해석 정치와 행정이 분리될 수 있다는 가정은 결국 비현실적이라고 무시되었다. 정파와 관련되지 않은 공공 행정에 대한 Wilson과 Goodnow의 생각은 비현실적인 것으로 판명되었다. 소위 '정치 학파'라고 불리는 더 현실적인 견해는 정치가 행정의 일부라는 것이다. 정치 학파는 다양한 집단이 목소리를 내는 다원적 정치 체제에서 상당한 지식을 갖춘 공공 행정가가 핵심적 역할을 한다고 주장한다. 예를 들어, 법령은 입법자 못지않게 공공 행정가에 의해 작성된다. 공공 관료는 정치 과정의 다른 어떤 참여자와 마찬가지로 자신의 이익에 대한 지원을 발생시킬 수 있고, 공공 행정가는 정책 입안 파트너십의 일부가 될 가능성이 크다. 게다가, 법률은 집행될 때 공공 행정가에 의해 해석되는데, 여기에는 많은 그리고 종종 예기치 않은 시나리오가 포함된다.

① 정치에서 예측 불가능한 상황에 대처하는 방법
② 공공 행정가의 정치 체제에 대한 놀라운 영향력
③ 정치와 행정을 분리하려는 반복적인 시도
④ 정치와 행정은 분리될 수 없다는 견해의 허점

해설 지문 처음에서 정치는 행정의 일부라는 것이 현실적인 견해이며 법령은 입법자 못지않게 공공 행정가에 의해 작성된다고 하고, 지문 전반에 걸쳐 이를 예시를 들어 설명하고 있다. 따라서, '② 공공 행정가의 정치 체제에 대한 놀라운 영향력'이 이 글의 제목이다. (불변의 패턴 05)

어휘 assumption 가정, 추정 politics 정치 administration 행정, 정부
ultimately 결국, 마침내 disregard 무시하다
utopian 비현실적인; 이상적인 apolitical 어떤 정파[정당]에 관련되지 않은
prove 판명하다, 증명하다 so-called 소위 pluralistic 다원적인
considerable 상당한 legislation 법령, 입법
legislator 입법자, 법률 제정자 bureaucracy 관료, 관료제
engender ~을 발생시키다, 일으키다 policymaking 정책 입안

execution 집행, 실행 unforeseen 예기치 않은, 의외의
cope with ~에 대처하다 unpredictable 예측 불가능한
repetitive 반복적인 attempt 시도 loophole 허점, 빠져나갈 구멍
inseparable 분리할 수 없는

끊어읽기 해석

> Social dominance / refers to situations / in which an individual or a group / controls or dictates / others' behavior / primarily / in competitive situations.
> 사회적 지배는 / 상황을 나타낸다 / 개체나 집단이 / 통제하거나 지시하는 / 다른 개체들의 행동을 / 주로 / 경쟁 상황에서
>
> Generally, / an individual or group / is said to be dominant / when "a prediction is being made / about the course of / future interactions / or / the outcome of competitive situations".
> 일반적으로 / 개체나 집단은 / 지배적이라고 한다 / '예측이 이루어지고 있을' 때 / 과정에 대한 / 미래의 상호작용 / 또는 / 경쟁 상황의 결과에 대한'
>
> Criteria for assessing and assigning / dominance relationships / can vary / from one situation to another.
> 평가하고 지정하는 기준은 / 지배 관계를 / 다를 수 있다 / 상황마다
>
> It is difficult / to summarize / available data / briefly, / but / generally / it has been found / that dominant individuals, / when compared to subordinate individuals, / often have more freedom of movement, / have priority of access to food, / gain higher-quality resting spots, / enjoy favorable grooming relationships, / occupy more protected parts of a group, / obtain higher-quality mates, / command and regulate the attention / of other group members, / and / show greater resistance / to stress and disease.
> 어렵다 / 요약하기는 / 이용 가능한 자료를 / 간략하게 / 하지만 / 일반적으로 / 밝혀졌다 / 지배적인 개체는 / 하위 개체와 비교했을 때 / 종종 이동에 대한 더 많은 자유를 가지고 / 음식에 대한 접근의 우선권을 가지며 / 더 높은 수준의 휴식 공간을 얻고 / 유리한 몸단장 관계를 누리고 / 집단에서 더 많이 보호받는 부분을 차지하고 / 더 높은 지위의 짝을 얻고 / 주의를 끌고 규제하며 / 다른 집단 구성원들의 / 그리고 / 더 큰 저항을 보인다 / 스트레스와 질병에
>
> Despite assertions / that suggest otherwise, / it really is not clear / how powerful the relationship is / between an individual's dominance status / and / its lifetime reproductive success.
> 주장에도 불구하고 / 그렇지 않다고 시사하는 / 실제로 명확하지 않다 / 관계가 얼마나 강력한지는 / 개체의 우세 상태 사이의 / 그리고 / 평생 번식 성공의

해석 사회적 지배는 주로 경쟁 상황에서 개체나 집단이 다른 개체들의 행동을 통제하거나 지시하는 상황을 나타낸다. 일반적으로, 개체나 집단은 '미래의 상호 작용 과정이나 경쟁 상황의 결과에 대한 예측이 이루어지고 있을' 때 지배적이라고 한다. 지배 관계를 평가하고 지정하는 기준은 상황마다 다를 수 있다. 이용 가능한 자료를 간략하게 요약하기는 어렵지만, 일반적으로 지배적인 개체는 하위 개체와 비교했을 때, 종종 이동에 대한 더 많은 자유를 가지고, 음식에 대한 접근의 우선권을 가지며, 더 높은 수준의 휴식 공간을 얻고, 유리한 몸단장 관계를 누리고, 집단에서 더 많이 보호받는 부분을 차지하고, 더 높은 지위의 짝을 얻고, 다른 집단 구성원들의 주의를 끌고 규제하며, 스트레스와 질병에 대한 더 큰 저항을 보이는 것으로 밝혀졌다. 그렇지 않다고 시사하는 주장에도 불구하고, 개체의 우세 상태와 평생 번식 성공 사이의 관계가 얼마나 강력한지는 실제로 명확하지 않다.

해설 요약문이 선택지에 그대로 제시된 형태이므로, 핵심 내용을 한 문장으로 표현한 것을 찾아야 한다. 지문 중간에서 지배 관계를 평가하고 지정하는 기준은 상황마다 다를 수 있다고 하고, 지문 마지막에서 개체의 우세 상태와 평생 번식 성공 사이의 관계가 얼마나 강력한지는 실제로 명확하지 않다고 설명하고 있으므로, '② 개체의 우세 상태와

평생 번식 성공 사이의 관계는 다면적이며 명확하게 정립되어 있다고 할 수는 없다'가 이 글에서 설명된 사회적 지배력과 번식 성공 사이의 관계를 가장 잘 요약한 것으로 적절하다. (불변의 패턴 07)

다고 해서 그것을 원래대로 만들 수는 없다고 설명하고 있고, 지문 마지막에서 전기는 현재의 인격에 의해 무질서한 삶에 부과되는 허구, 제작물, 질서 있는 과거라고 설명하고 있으므로, '④ 전기(傳記)는 무결(無缺)하지 않은 작가에 의해서 기록된 일종의 픽션이다'가 이 글의 요지이다. (불변의 패턴 05)

4
정답 ④

끊어읽기 해석

The naive listener might assume / a life story / to be a truthful, factual account / of the storyteller's life.
순진한 청자는 가정할지도 모른다 / 전기를 / 진실되고 사실적인 설명으로 / 작가의 삶에 대한

The assumption is / that the storyteller has only to penetrate the fog / of the past / and / that once a life is honestly remembered, / it can be sincerely recounted.
그 가정은 / 작가는 안개를 뚫고 나가기만 하면 된다는 것이다 / 과거의 / 그리고 / 일단 삶이 정직하게 기억되면 / 그것은 진심으로 이야기될 수 있다는 것이다

But / the more sophisticated listener understands / that no matter how sincere the attempt, / remembering the past cannot render it / as it was, / not only because memory is selective / but because the life storyteller is a different person now / than he or she was ten or thirty years ago; / and / he or she may not be able to, / or even want to, / imagine that he or she was different then.
그러나 / 더 정교한 청자는 이해한다 / 시도가 아무리 진실되더라도 / 과거를 기억하는 것이 그것을 만들 수 없다 / 원래대로 / 기억이 선택적일 뿐만 아니라 / 전기 작가가 지금은 다른 사람이기 때문에 / 그나 그녀가 10년이나 30년 전보다 / 그리고 / 그나 그녀는 할 수 없을지도 모른다 / 또는 하지 않고 싶을지도 모른다 / 그나 그녀가 그때는 달랐다고 상상하는 것을

The problem of how much a person may change / without losing his or her identity / is the greatest difficulty / facing the life storyteller, / whose chief concern, / after all, / is to affirm his or her identity / and / account for it.
한 사람이 얼마나 많이 변할 수 있는가의 문제는 / 그나 그녀의 정체성을 잃지 않고 / 가장 큰 어려움이다 / 전기 작가가 직면하는 / 그들의 주된 관심사가 / 결국 / 그나 그녀의 정체성을 확인하는 것인 / 그리고 / 그것을 설명하는 것인

So / life storytelling is a fiction, a making, an ordered past / imposed by a present personality / on a disordered life.
따라서 / 전기는 허구, 제작물, 질서 있는 과거이다 / 현재의 인격에 의해 부과되는 / 무질서한 삶

해석 순진한 청자는 전기를 작가의 삶에 대한 진실되고 사실적인 설명으로 가정할지도 모른다. 그 가정은 작가는 과거의 안개를 뚫고 나가기만 하면 되고 일단 삶이 정직하게 기억되면, 그것은 진심으로 이야기될 수 있다는 것이다. 그러나 시도가 아무리 진실되더라도, 기억이 선택적일 뿐만 아니라 전기 작가가 지금은 10년이나 30년 전과는 다른 사람이기 때문에, 그리고 그나 그녀는 자신이 그때는 달랐다는 것을 상상할 수 없거나, 상상하고 싶지 않기 때문에 과거를 기억한다고 해서 그것을 원래대로 만들 수는 없다는 것을 더 정교한 청자는 이해한다. 그나 그녀의 정체성을 잃지 않고 한 사람이 얼마나 많이 변할 수 있는가의 문제는 결국 자신의 정체성을 확인하고 그것을 설명하는 것이 주된 관심사인 전기 작가가 직면하는 가장 큰 어려움이다. 따라서 전기는 현재의 인격에 의해 무질서한 삶에 부과되는 허구, 제작물, 질서 있는 과거이다.

해설 지문 중간에서 기억은 선택적일 뿐만 아니라 작가가 과거를 기억한

5
정답 ③

끊어읽기 해석

The feeling of being loved / and the biological response it stimulates / is triggered by nonverbal cues: / the tone in a voice, the expression on a face, or the touch that feels just right.
사랑을 받고 있다는 느낌은 / 그리고 그것이 촉진시키는 생물학적 반응은 / 비언어적인 신호에 의해 촉발된다 / 바로 목소리의 어조, 얼굴의 표정, 또는 딱 알맞은 느낌의 접촉이다

Nonverbal cues—rather than spoken words— / make us feel / that the person we are with is / interested in, understands, and values us.
비언어적인 신호는 구어적인 말보다 / 우리가 느끼게 한다 / 우리와 함께 있는 사람이 / 우리에게 관심을 갖고, 이해하고, 중시하고 있다고

When we're with them, / we feel safe.
우리가 그들과 함께 있을 때, / 우리는 안전하다고 느낀다

We even see / the power of nonverbal cues / in the wild.
우리는 심지어 본다 / 비언어적인 신호의 힘을 / 야생에서

After evading the chase of predators, / animals often nuzzle each other / as a means of stress relief.
포식자의 추적을 피한 후에, / 동물들은 종종 서로 코를 비빈다 / 스트레스 해소의 수단으로

This bodily contact / provides / reassurance of safety / and relieves stress.
이 신체상의 접촉은 / 제공한다 / 안전에 대한 확신을 / 그리고 스트레스를 완화한다

해석 사랑을 받고 있다는 느낌과 그것이 촉진시키는 생물학적 반응은 비언어적인 신호에 의해 촉발된다. 바로 목소리의 어조, 얼굴의 표정, 또는 딱 알맞은 느낌의 접촉이다. 비언어적인 신호는 구어적인 말보다 우리가 함께 있는 사람이 우리에게 관심을 갖고, 이해하고, 중시하고 있다는 것을 느끼게 한다. 우리가 그들과 함께 있을 때, 우리는 안전하다고 느낀다. 우리는 심지어 야생에서 비언어적인 신호의 힘을 본다. 포식자의 추적을 피한 후에, 동물들은 종종 스트레스 해소의 수단으로 서로 코를 비빈다. 이 신체상의 접촉은 안전에 대한 확신을 제공하고 스트레스를 완화한다.

① 야생 동물들은 어떻게 생각하고 느끼는가?
② 효과적으로 의사소통하는 것은 성공의 비결이다
③ 비언어적 의사소통은 말보다 더 중요하다
④ 언어적 단서: 감정을 표현하는 주요 도구

해설 지문 처음에서 비언어적인 신호는 사랑을 받고 있다는 느낌과 그것이 촉진시키는 생물학적 반응을 촉발하며, 구어적인 말보다 우리가 함께 있는 사람이 우리에게 관심을 갖고, 이해하고, 중시하고 있다는 것을 느끼게 한다고 설명하고 있다. 따라서 '③ 비언어적 의사소통은 말보다 더 중요하다'가 이 글의 제목이다. (불변의 패턴 05)

6

정답 ④

끊어읽기 해석

Passive House is a standard / and / an advanced method / of designing buildings / using the precision of building physics / to ensure / comfortable conditions / and / to deeply reduce / energy costs.
'패시브 하우스'는 표준이다 / 그리고 / 진보된 방법이다 / 건물을 설계하는 / 건물 물리학의 정밀함을 사용하여 / 보장하기 위해 / 쾌적한 환경을 / 그리고 / 크게 절감하기 위해 / 에너지 비용을

It removes all guesswork / from the design process.
이는 모든 어림짐작을 제거한다 / 설계 과정에서

It does / what national building regulations / have tried to do.
이는 수행한다 / 국가의 건축 규제가 / 하려고 시도했던 것을

Passive House methods don't affect "buildability", / yet / they close the gap / between design and performance / and / deliver a much higher standard / of comfort and efficiency / than government regulations, / with all their good intentions, / have managed to achieve.
'패시브 하우스' 방법은 '시공성'에 영향을 미치지 않는다 / 하지만 / 그것들은 격차를 줄인다 / 디자인과 성능 사이의 / 그리고 / 훨씬 높은 수준을 제공한다 / 쾌적함과 효율성의 / 정부 규제보다 / 그들의 좋은 의도로 / 간신히 달성하려고 했던

When we use Passive House methods, / we learn / how to use insulation / and / freely available daylight, / in the most sensible way / and / in the right amounts / for both comfort and energy efficiency.
우리가 '패시브 하우스' 방법을 사용할 때 / 우리는 배운다 / 단열재를 사용하는 방법을 / 그리고 / 자유롭게 이용할 수 있는 햇빛을 (사용하는 방법을) / 가장 합리적인 방법으로 / 그리고 / 적절한 양으로 / 쾌적함과 에너지 효율성 모두에

This is, / I believe, / fundamental to good design, / and / is the next step / we have to make / in the evolution / of our dwellings and places of work.
이것이 ~이다 / 내가 믿는 / 좋은 디자인의 기본 / 그리고 / 다음 단계이다 / 우리가 해야 할 / 변화에서 / 우리의 거주지와 일터의

The improvements / that are within our grasp / are potentially transformative / for mankind and the planet.
개선 사항은 / 우리가 이해할 수 있는 / 잠재적으로 변화시킨다 / 인류와 지구를

해석 '패시브 하우스'는 쾌적한 환경을 보장하고 에너지 비용을 크게 절감하기 위해 건물 물리학의 정밀함을 사용하여 건물을 설계하는 표준이자 진보된 방법이다. 이는 설계 과정에서 모든 어림짐작을 제거한다. 이는 국가의 건축 규제가 하려고 시도했던 것을 수행한다. '패시브 하우스' 방법은 '시공성'에 영향을 미치지 않지만, 디자인과 성능 사이의 격차를 줄이고 정부 규제가 좋은 의도로 간신히 달성하려고 했던 것보다 훨씬 높은 수준의 쾌적함과 효율성을 제공한다. 우리가 '패시브 하우스' 방법을 사용할 때, 우리는 단열재와 자유롭게 이용할 수 있는 햇빛을 가장 합리적인 방법으로, 그리고 쾌적함과 에너지 효율성 모두에 적절한 양으로 사용하는 방법을 배운다. 이것이 내가 믿는 좋은 디자인의 기본이며, 우리의 주거지와 일터의 변화에서 우리가 해야 할 다음 단계이다. 우리가 이해할 수 있는 개선 사항은 잠재적으로 인류와 지구를 변화시킨다.

> '패시브 하우스'는 쾌적함과 에너지 효율성을 보장하기 위해 정밀한 건축 물리학을 활용하여 전통적인 규정을 (A) 뛰어넘고 (B) 지속 가능한 설계를 위한 변화시키는 잠재력을 제공한다.

	(A)	(B)
①	지속하는	지속 가능한
②	지속하는	유지할 수 없는
③	뛰어넘는	유지할 수 없는
④	뛰어넘는	지속 가능한

해설 지문 중간에서 '패시브 하우스' 방법은 정부 규제가 좋은 의도로 간신히 달성하려고 했던 것보다 훨씬 높은 수준의 쾌적함과 효율성을 제공한다고 했고, '패시브 하우스' 방법을 사용할 때, 단열재와 자유롭게 이용할 수 있는 햇빛을 가장 합리적인 방법으로, 그리고 쾌적함과 에너지 효율성 모두에 적절한 양으로 사용하는 방법을 배운다고 했으므로, '패시브 하우스'는 쾌적함과 에너지 효율성을 보장하기 위해 정밀한 건축 물리학을 활용하여 전통적인 규정을 뛰어넘고 지속 가능한 설계를 위한 변화시키는 잠재력을 제공한다는 것이 글의 요지이다. 따라서 ④ surpassing(뛰어넘는) – sustainable(지속 가능한)이 들어가야 적절하다. (불변의 패턴 07)

어휘 Passive House 패시브 하우스(첨단 단열공법을 이용하여 에너지의 낭비를 최소화한 건축물) standard 표준, 기준 precision 정밀함, 꼼꼼함 physics 물리학 ensure 보장하다 guesswork 어림짐작 regulation 규제, 규정 buildability 시공성 intention 의도 insulation 단열재 daylight 햇빛, 일광 sensible 합리적인, 현명한 fundamental 기본, 핵심 evolution 변화, 진화 dwelling 거주, 주거 grasp 이해, 확실한 파악 mankind 인류, 인간 persist 지속하다, 계속하다 sustainable 지속 가능한 surpass 뛰어넘다, 능가하다

7

정답 ②

끊어읽기 해석

Our whole tribe was poverty-stricken.
우리 부족 전체는 가난에 시달렸다

Every branch / of the Garoghlanian family / was living / in the most amazing and comical poverty / in the world.
모든 일가는 / Garoghlanian 가문의 / 살고 있었다 / 가장 놀랍고 우스꽝스러운 가난 속에서 / 세상에서

Nobody could understand / where we ever got money / enough to keep us / with food in our bellies.
아무도 이해할 수 없었다 / 우리가 도대체 어디에서 돈을 구했는지 / 우리가 유지하기에 충분한 / 우리의 뱃속에 음식을 지닌 채로

Most important of all, though, / we were famous for our honesty.
하지만 무엇보다도 가장 중요한 것은 / 우리가 우리의 정직함으로 유명했다는 것이다

We had been famous for honesty / for something like eleven centuries, / even when we had been the wealthiest family / in what we liked to think was the world.
우리는 정직함으로 유명했었다 / 약 11세기 동안 / 우리가 가장 부유한 가문이었을 때조차 / 우리가 세상이었다고 생각하고 싶었던 곳에서

We put pride first, / honest next, / and after that / we believed in right and wrong.
우리는 자부심을 가장 중시한다 / 다음으로 정직함을 / 그리고 그다음에 / 우리는 옳고 그름을 믿었다

None of us / would take advantage of anybody / in the world.
우리들 중 그 아무도 / 누군가를 이용하지 못했을 것이다 / 이 세상에서

해석 우리 부족 전체는 가난에 시달렸다. Garoghlanian 가문의 모든 일가는 세상에서 가장 놀랍고 우스꽝스러운 가난 속에서 살고 있었다. 우리의 뱃속에 음식을 지닌 채로 유지하기에 충분한 돈을 우리가 도대체 어디서 구했는지 아무도 이해할 수 없었다. 하지만 무엇보다도 가장 중요한 것은 우리가 우리의 정직함으로 유명했다는 것이다. 약 11세기 동안 우리는 우리(자체)가 세상이었다고 생각하고 싶었던 곳에서 가장 부유한 가문이었을 때조차 정직함으로 유명했었다. 우리는 자부심을 가장 중시하고, 다음으로 정직함을 (우선시하고), 그다음으로 우리는 옳고 그름을 믿었다. 우리들 중 그 아무도 이 세상에서 누군가를 이용하지 못했을 것이다.

① 평화롭고 차분한
② 만족해하고 자랑스러워하는
③ 겁에 질리고 무서워하는

④ 경악하고 깜짝 놀란

목적이다. (불변의 패턴 05)

해설 지문 전반에 걸쳐 화자는 자신의 부족이 가난했지만 정직함으로 유명했다고 하고 있고 지문 뒷부분에서 화자의 부족은 자부심과 정직함을 중시하며 옳고 그름을 믿으며, 세상에서 자신들은 그 누구도 이용하지 못했을 것이라고 했으므로, '② 만족해하고 자랑스러워하는'이 화자의 심경으로 적절하다. (불변의 패턴 09)

어휘 branch 일가, 가족 comical 우스꽝스러운 put A first A를 가장 중시하다
take advantage of ~을 이용하다 horrified 겁에 질린
astonished 깜짝 놀란

8
정답 ④
끊어읽기 해석

> Dear Charles,
> 친애하는 Charles씨에게
> It was a pleasure / having lunch with you / yesterday.
> 즐거웠습니다 / 당신과의 점심 식사는 / 어제
> I am very interested / in the new household product / you mentioned / and how I might work with you develop it.
> 저는 많은 관심이 있습니다 / 새 가정용품에 / 당신이 언급했던 / 그리고 어떻게 당신과 함께 작업하여 그것을 개발시킬지에
> I have seen / nothing like it / advertised in any of the trade journals, / so it may be an original, one-of-a-kind product.
> 저는 본 적이 없습니다 / 그것과 같은 것이 / 어떤 업계 잡지에서도 광고된 것을 / 그래서 그것은 독창적이고 특별한 제품일 것입니다
> If so, / you will want to move fast / to register it / to protect your intellectual property rights / in it.
> 만약 그렇다면 / 당신은 빨리 조치를 취하길 원할 것입니다 / 그것을 등록하고자 / 당신의 지적 재산권을 보호하기 위해 / 그것에 있는
> Let me know / if you want to pursue this / and I will have our patent associate contact you / with a proposal.
> 저에게 알려주십시오 / 이것을 실행할 의향이 있다면 / 그러면 제가 우리의 특허 담당 동료가 당신에게 연락을 드리도록 하겠습니다 / 제안서를 가지고
> Let's get together again soon.
> 곧 다시 만납시다
> Until then,
> 그때까지
> Frank
> Frank 드림

해석 친애하는 Charles씨에게,

어제 당신과의 점심 식사는 즐거웠습니다. 저는 당신이 언급했던 새 가정용품과 어떻게 당신과 함께 작업하여 그것을 개발시킬지에 많은 관심이 있습니다. 저는 어떤 업계 잡지에서도 그것과 같은 것이 광고된 것을 본 적이 없기 때문에, 그것은 독창적이고 특별한 제품일 것입니다. 만약 그렇다면, 당신은 그것에 있는 당신의 지적 재산권을 보호하기 위해 그것을 등록하고자 빨리 조치를 취하길 원할 것입니다. 이것을 실행할 의향이 있다면 저에게 알려주시고, 그러면 제가 우리의 특허 담당 동료가 제안서를 가지고 당신에게 연락을 드리도록 하겠습니다.

곧 다시 만납시다.

그때까지,
Frank 드림

해설 지문 처음에서 Charles가 언급했던 새 가정용품을 어떻게 개발시킬지에 많은 관심이 있다고 한 뒤 지문 중간에서 새 가정용품의 지적 재산권을 보호하기 위해 빨리 조치를 취하길 원할 것이라고 하며 이것을 실행할 의향이 있다면 자신에게 알려달라고 이야기하고 있다. 따라서 '④ 새로 개발한 가정용품의 특허 등록을 제안하려고'가 이 글의

어휘 household product 가정용품 trade 업계 journal 잡지, 신문
original 독창적인 one-of-a-kind 특별한, 독특한 register 등록하다
intellectual property right 지적 재산권 pursue 실행하다
patent 특허, 특허권 associate 동료, 공동 경영자

Section 3 세부 내용 파악 유형

p.110

> **불변의 패턴 11** 내용 일치·불일치 파악 문제의 선택지는 글의 순서대로 나온다.

대표 기출 예제
정답 ③

끊어읽기 해석

> ①Glass Beach was created by accident.
> Glass Beach는 우연히 만들어졌다
> Beginning in 1906, / people were permitted to throw away their garbage / in the ocean near the city.
> 1906년부터, / 사람들은 쓰레기를 버리는 것이 허용되었다 / 도시 근처의 바다에
> People threw away glass bottles, appliances, and even cars.
> 사람들은 유리병, 가전제품, 심지어 자동차까지 버렸다
> ②In 1967, / the local government / made it illegal / to throw away trash in the water.
> 1967년에, / 지방 정부는 / 불법으로 만들었다 / 쓰레기를 물에 버리는 것을
> ③After this, / there were many cleanup efforts / to recycle the metal and the other non-biodegradable waste.
> 이후, / 많은 정화 노력이 있었다 / 금속과 다른 비(非)생분해성 폐기물을 재활용하기 위한
> However, / most of the glass / had already been broken into tiny pieces.
> 하지만, / 대부분의 유리는 / 이미 아주 작은 조각들로 깨져 있었다
> ④The glass was too difficult to remove, / so it was left in the water.
> 그 유리는 제거하기가 너무 어려웠다 / 그래서 물속에 남겨졌다
> Over time, / the pounding waves / caused the rough pieces of glass to become smooth.
> 시간이 지나면서, / 파도의 타격이 / 거친 유리조각들을 매끄러워지게 만들었다
> ⑤These green, white, and brown pieces of smooth glass / began washing up on shore, / creating Glass Beach.
> 이 녹색, 흰색, 그리고 갈색의 매끄러운 유리조각들이 / 해안가로 씻겨 내려오기 시작했다 / 그리고 Glass Beach를 만들었다

해석 Glass Beach는 우연히 만들어졌다. 1906년부터, 사람들은 도시 근처의 바다에 쓰레기를 버리는 것이 허용되었다. 사람들은 유리병, 가전제품, 심지어 자동차까지 버렸다. 1967년에, 지방 정부는 쓰레기를 물에 버리는 것을 불법으로 만들었다. 이후, 금속과 다른 비(非)생분해성 폐기물을 재활용하기 위한 많은 정화 노력이 있었다. 하지만, 대부분의 유리는 이미 아주 작은 조각들로 깨져 있었다. 그 유리는 제거하기가 너무 어려워서, 물속에 남겨졌다. 시간이 지나면서, 파도의 타격이 거친 유리조각들을 매끄러워지게 만들었다. 이 녹색, 흰색, 그리고 갈색의 매끄러운 유리조각들이 해안가로 씻겨 내려오기 시작했고, Glass Beach를 만들었다.

기출문제 풀어보기

정답 ④

끊어읽기 해석

According to the historians, / neckties date back to 1660.
역사가들에 따르면 / 넥타이의 역사는 1660년까지 거슬러 올라간다

In that year, / a group of soldiers from Croatia / visited Paris.
그 해에 / 크로아티아에서 온 한 무리의 군인들이 / 파리를 방문했다

These soldiers were war heroes / whom King Louis XIV admired very much.
이 군인들은 전쟁 영웅들이었다 / 루이 14세가 매우 존경했던

Impressed with the colored scarves / that they wore around their necks, / the king decided to honor the Croats / by creating a military regiment / called the Royal Cravattes.
색깔이 있는 스카프에 감명을 받아서 / 그들이 목에 둘렀던 / 그 왕은 크로아티아인들을 기리기로 결정했다 / 군사 연대를 창설하여 / Royal Cravattes라고 불리는

The word *cravat* / comes from the word *Croat*.
'크라바트'라는 단어는 / Croat라는 단어에서 왔다

All the soldiers in this regiment / wore colorful scarves or cravats / around their necks.
이 연대의 모든 군인들은 / 다채로운 스카프나 크라바트를 둘렀다 / 그들의 목에

This new style of neckwear / traveled to England.
이 새로운 스타일의 넥웨어는 / 영국으로 전파되었다

Soon / all upper class men were wearing cravats.
곧 / 모든 상류층 남성들이 크라바트를 맸다

Some cravats were quite extreme.
어떤 크라바트는 상당히 지나쳤다

At times, / they were so high / that a man could not move his head / without turning his whole body.
때때로 / 그것들은 너무 높아서 / 머리를 움직일 수 없었다 / 그의 전신을 돌리지 않고는

The cravats were made of many different materials / from plaid to lace, / which made them suitable / for any occasion.
크라바트는 다양한 재료들로 만들어졌다 / 격자무늬 천부터 레이스까지 / 이는 그것들을 적합하게 만들었다 / 어떤 경우에도

해석 역사가들에 따르면, 넥타이의 역사는 1660년까지 거슬러 올라간다. 그 해에, 크로아티아에서 온 한 무리의 군인들이 파리를 방문했다. 이 군인들은 루이 14세가 매우 존경했던 전쟁 영웅들이었다. 그들이 목에 둘렀던 색깔이 있는 스카프에 감명을 받은 왕은 Royal Cravattes라고 불리는 군사 연대를 창설하여 크로아티아인들을 기리기로 결정했다. '크라바트'라는 단어는 Croat라는 단어에서 왔다. 이 연대의 모든 군인들은 목에 다채로운 스카프나 크라바트를 둘렀다. 이 새로운 스타일의 넥웨어는 영국으로 전파되었다. 곧 모든 상류층 남성들이 크라바트를 맸다. 어떤 크라바트는 상당히 지나쳤다. 때때로, 그것들은 너무 높아서 전신을 돌리지 않고는 머리를 움직일 수 없었다. 크라바트는 격자무늬 천부터 레이스까지 다양한 재료들로 만들어졌고, 이는 그것들을 어떤 경우에도 적합하게 만들었다.

① 1660년에 한 무리의 크로아티아 군인들이 파리를 방문했다.
② Royal Cravattes는 스카프를 맨 크로아티아 군인들을 기리기 위해 창설되었다.
③ 일부 크라바트는 머리를 자유롭게 움직이기에 너무 불편했다.
④ 크라바트를 만드는 데 사용된 재료는 제한적이었다.

해설 ④번의 키워드인 'The materials(재료들)'가 그대로 언급된 지문 주변의 내용에서 크라바트는 격자무늬 천부터 레이스까지 다양한 재료들(many different materials)로 만들어졌다고 했으므로 '④ 크라

바트를 만드는 데 사용된 재료는 제한적이었다'는 지문의 내용과 일치하지 않는다.

p.111

불변의 패턴 12 내용 일치·불일치 파악 문제의 선택지는 글에 나온 정보가 일부 변형된 것이다.

대표 기출 예제

정답 ①

끊어읽기 해석

Despite such losses, / Germany as a country is rich, / but a recent study from the European Central Bank suggests / that the typical German household is not.
그러한 손실에도 불구하고, / 한 국가로서의 독일은 부유하다 / 하지만 유럽 중앙은행의 최근 연구는 시사한다 / 일반적인 독일 가구는 그렇지 않다는 것을

Astonishingly, / the median household's net assets, / at €51,400, / are less than / those of the typical Italian, Spanish or even Greek household.
놀랍게도, / 중위 가구의 순자산은 / 51,400유로로, / ~보다 더 적다 / 일반적인 이탈리아, 스페인, 또는 심지어 그리스 가구의 그것들(순자산)보다

These figures need / careful interpretation.
이 수치들은 필요하다 / 신중한 해석이

Households in Germany are / smaller than in those countries, / and their average is / dragged down by the east, / where 20 years ago / no one had any assets to speak of.
독일의 가구들은 / 그 나라들(이탈리아, 스페인, 그리스)보다 더 작다 / 그리고 그들의 평균은 / 동부에 의해 끌어내려진다 / 이곳은 20년 전에 / 아무도 말할 자산이 없었다

Moreover, / the figures do not include / pension promises.
게다가, / 그 수치는 포함하지 않는다 / 연금 보장을

But / the main reason / for the poor showing is / that far fewer people than in other European countries / own their homes.
하지만 / 주된 이유는 / 나쁜 성과의 / 다른 유럽 국가들보다 훨씬 더 적은 사람들이 / 집을 소유하고 있기 때문이다

Most households rent, / and the housing stock is / owned by a relatively small number of people, / so Germany ends up with / the most unequal distribution of household wealth / in the euro zone.
대부분의 가구가 임대한다 / 그리고 주택 재고는 / 상대적으로 적은 수의 사람들이 소유한다 / 따라서 독일은 결국 ~가 되었다 / 가계 부(富)의 분배가 가장 불평등한 국가가 / 유로존에서

해석 그러한 손실에도 불구하고, 한 국가로서의 독일은 부유하지만, 유럽 중앙은행의 최근 연구는 일반적인 독일 가구는 그렇지 않다는 것을 시사한다. 놀랍게도, 중위 가구의 순자산은 51,400유로로, 일반적인 이탈리아, 스페인, 또는 심지어 그리스 가구의 그것들(순자산)보다 더 적다. 이 수치들은 신중한 해석이 필요하다. 독일의 가구들은 그 나라들(이탈리아, 스페인, 그리스)보다 더 작고, 그들의 평균은 동부에 의해 끌어내려지는데, 이곳은 20년 전에 아무도 말할 만한 자산이 없었다. 게다가, 그 수치는 연금 보장을 포함하지 않는다. 하지만 나쁜 성과의 주된 이유는 다른 유럽 국가들보다 훨씬 더 적은 사람들이 집을 소유하기 때문이다. 대부분의 가구가 임대하고, 주택 재고는 상대

적으로 적은 수의 사람들이 소유하고 있기 때문에, 독일은 결국 유로존(유로화를 통화로 사용하는 유럽 연합 국가들)에서 가계 부(富)의 분배가 가장 불평등한 국가가 되었다.

기출문제 풀어보기

정답 ④

끊어읽기 해석

①Around 1700 / there were, / by some accounts, / more than 2,000 London coffeehouses, / occupying more premises / and paying more rent / than any other trade.
약 1700년경에 / ~가 있었다 / 일부 기록에 따르면, / 2,000개 이상의 런던 커피하우스가 / 더 많은 부지를 차지하는 / 그리고 더 많은 임대료를 지불하는 / 다른 어떤 업종보다도

②They came to be known / as penny universities, / because / for that price / one could purchase a cup of coffee / and sit for hours / listening to extraordinary conversations.
그것들은 알려지게 되었다 / 페니 대학으로 / 왜냐하면 / 그 가격에 / 커피 한 잔을 구매할 수 있었다 / 그리고 몇 시간 동안 앉아 있을 수 있었다 / 엄청난 대화를 들으면서

Each coffeehouse / specialized in a different type of clientele.
각 커피하우스는 / 서로 다른 유형의 고객을 전문으로 했다

In one, / physicians could be consulted.
한 곳에서는, / 의사와 상담할 수 있었다

③Others served / Protestants, Puritans, Catholics, Jews, literati, merchants, traders, Whigs, Tories, army officers, actors, lawyers, or clergy.
다른 곳에서는 주문을 받았다 / 신교도, 청교도, 가톨릭교도, 유대인, 지식인, 상인, 무역업자, 휘그당원, 토리당원, 육군 장교, 배우, 법조인, 또는 성직자의

④The coffeehouses provided / England's first egalitarian meeting place, / where a man chatted with his tablemates / whether he knew them or not.
그 커피하우스는 제공했다 / 영국 최초의 평등주의적 만남의 장소를 / 그곳에서 함께 식사하는 사람들과 대화를 나누었다 / 그들을 알든 모르든

해석 1700년경에, 일부 기록에 따르면, 2,000개 이상의 런던 커피하우스가 있었으며, 다른 어떤 업종보다도 더 많은 부지를 차지하고 더 많은 임대료를 지불했다. 그것들은 페니 대학으로 알려지게 되었는데, 그 가격에 커피 한 잔을 구매하고 엄청난 대화를 들으면서 몇 시간 동안 앉아 있을 수 있었기 때문이다. 각 커피하우스는 서로 다른 유형의 고객을 전문으로 했다. 한 곳에서는 의사와 상담할 수 있었다. 다른 곳에서는 신교도, 청교도, 가톨릭교도, 유대인, 지식인, 상인, 무역업자, 휘그당원, 토리당원, 육군 장교, 배우, 법조인, 또는 성직자의 주문을 받았다. 그 커피하우스는 영국 최초의 평등주의적 만남의 장소를 제공했으며, 그곳에서 함께 식사하는 사람들과 알든 모르든 대화를 나눴다.
① 커피하우스의 수는 다른 어떤 사업의 수보다도 적었다.
② 고객들은 커피하우스에서 한 시간 이상 머무를 수 없었다.
③ 종교인들은 대화를 나누기 위해 커피하우스에서 만나지 않았다.
④ 커피하우스에서는 심지어 알지 못하는 사람들과도 대화를 나눌 수 있었다.

해설 지문 마지막에서 커피하우스에서 함께 식사하는 사람들과 알든 모르든 대화를 나눴다고 했으므로, '④ 커피하우스에서는 심지어 알지 못하는 사람들과도 대화를 나눌 수 있었다'는 지문의 내용과 일치한다.

오답 분석 ① 첫 번째 문장에서 커피하우스는 다른 어떤 업종보다도 더 많은 부

지를 차지하고 더 많은 임대료를 지불했다고 했으므로 지문의 내용과 일치하지 않는다.
② 두 번째 문장에서 커피하우스는 커피 한잔을 구매하고 엄청난 대화를 듣는 동안 몇 시간 동안 앉아 있을 수 있었다고 했으므로 지문의 내용과 일치하지 않는다.
③ 다섯 번째 문장에서 커피하우스에서는 신교도, 청교도, 가톨릭교도, 유대인 등의 사람들에게 주문을 받았다고 했으므로 지문의 내용과 일치하지 않는다.

p.112

불변의 패턴 13 밑줄이 있는 문장은 주제문을 바꿔 말한 것이다.

대표 기출 예제

정답 ②

끊어읽기 해석

Ideas or theories about human nature / have a unique place / in the sciences.
인간 본성에 대한 생각이나 이론은 / 독특한 위치를 차지한다 / 과학에서

We don't have to worry / that the cosmos will be changed / by our theories / about the cosmos.
우리는 걱정할 필요가 없다 / 우주가 바뀔 것이라고 / 우리의 이론에 의해 / 우주에 대한

The planets really don't care / what we think / or / how we theorize / about them.
행성들은 상관하지 않는다 / 우리가 무엇을 생각하는지 / 또는 / 우리가 어떻게 이론을 세우는지를 / 그것들에 대해

But / we do have to worry / that human nature will be changed / by our theories / of human nature.
하지만 / 우리는 걱정해야만 한다 / 인간 본성이 바뀔 것이라는 점을 / 우리의 이론에 의해 / 인간 본성에 대한

Forty years ago, / the distinguished anthropologist said / that human beings are "unfinished animals."
40년 전에 / 저명한 인류학자가 말했다 / 인간은 '미완성의 동물'이라고

What he meant is / that it is human nature / to have a human nature / that is very much the product of the society / that surrounds us.
그가 의미한 것은 / 인간 본성이라는 것이다 / 인간 본성을 갖는 것이 / 사회의 산물인 / 우리를 둘러싸고 있는

That human nature is more created / than discovered.
인간 본성은 창조된 것이다 / 발견되었다기보다는

We "design" human nature, / by designing the institutions / within which people live.
우리는 인간 본성을 '설계한다' / 사회 제도를 설계함으로써 / 사람들이 살고 있는

So / we must ask ourselves / just what kind of a human nature / we want to help design.
그러므로 / 우리는 자문해야 한다 / 어떤 종류의 인간 본성을 / 우리가 설계하는 것을 돕고자 하는지

해석 인간 본성에 대한 생각이나 이론은 과학에서 독특한 위치를 차지한다. 우리는 우주에 대한 우리의 이론에 의해 우주가 바뀔 것이라고 걱정할 필요가 없다. 행성들은 우리가 그것들에 대해 무엇을 생각하는

지, 또는 그것들에 대해 어떻게 이론을 세우는지를 상관하지 않는다. 하지만 우리는 인간 본성에 대한 우리의 이론에 의해 인간 본성이 바뀔 것이라는 점은 걱정해야만 한다. 40년 전에, 저명한 인류학자가 인간은 '미완성의 동물'이라고 말했다. 그가 의미한 것은 우리를 둘러싸고 있는 사회의 산물인 인간 본성을 갖는 것이 인간 본성이라는 것이다. 인간 본성은 발견되었다기보다는 창조된 것이다. 우리는 사람들이 살고 있는 사회 제도를 설계함으로써 인간 본성을 '설계한다'. 그러므로 우리는 우리가 어떤 종류의 인간 본성을 설계하는 것을 돕고자 하는지 자문해야 한다.

① 불완전한 발달 단계에 갇혀 있는
② 생물학에 의해 고정된 것이 아니라 사회에 의해 형성된
③ 환경적 맥락으로부터 유례없이 자유로운
④ 동물적인 면과 정신적인 면을 겸비하여 태어난

기출문제 풀어보기   정답 ④

끊어읽기 해석

If the writing is solid and good, / the mood and temper of the writer / will eventually be revealed / and not at the expense of the work.
만약 글이 기초가 탄탄하고 좋으면 / 작가의 분위기와 성향은 / 결국 드러날 것이다 / 그리고 그 작품을 훼손시키지 않으면서

Therefore, / to achieve style, / begin by affecting none / —that is, draw the reader's attention / to the sense and substance of the writing.
그러므로 / 문체를 획득하기 위해서는 / 아무 것에도 영향을 주지 않는 것으로 시작해라 / 즉, 독자의 관심을 끌어라 / 글의 느낌과 요지로

A careful and honest writer / does not need to worry / about style.
세심하고 솔직한 작가는 / 걱정할 필요가 없다 / 문체에 대해

As you become proficient / in the use of language, / your style will emerge, / because you yourself will emerge, / and when this happens / you will find it increasingly easy / to break through the barriers / that separate you / from other minds / and at last, make you stand / in the middle of the writing.
당신이 능숙해짐에 따라 / 언어 사용에 / 당신의 문체가 드러날 것이다 / 당신 자신이 드러날 것이기 때문에 / 그리고 이것이 발생할 때 / 당신은 갈수록 더 쉽다는 것을 알게 될 것이다 / 장벽들을 돌파하는 것이 / 당신을 분리하는 / 다른 (사람들의) 마음으로부터 / 그리고 마침내 당신을 서게 만드는 것이 / 글의 한가운데에

Fortunately, / the act of composition, or creation, / disciplines the mind; / writing is one way / to go about thinking, / and the practice and habit of writing / drains the mind.
다행히도 / 작문이나 창작의 행위는 / 마음을 단련시킨다 / 글쓰기는 한 가지 방법이다 / 생각을 시작하는 / 그리고 글쓰기의 연습과 습관은 / 생각을 비운다

해석 만약 글이 기초가 탄탄하고 좋으면, 작가의 분위기와 성향은 그 작품을 훼손시키지 않으면서 결국 드러날 것이다. 그러므로, 문체를 획득하기 위해서는 아무것에도 영향을 주지 않는 것으로 시작해라. 즉, 글의 느낌과 요지로 독자의 관심을 끌어라. 세심하고 솔직한 작가는 문체에 대해 걱정할 필요가 없다. 당신이 언어 사용에 능숙해짐에 따라, 당신 자신이 드러날 것이기 때문에 문체가 드러날 것이고, 이것(문체가 드러나는 것)이 발생할 때 당신은 다른 (사람들의) 마음으로부터 당신을 분리하는 장벽들을 돌파하고, 마침내 당신을 글의 한가운데에 서게 만드는 것이 갈수록 더 쉽다는 것을 알게 될 것이다. 다행히도, 작문이나 창작의 행위는 마음을 단련시킨다. 글쓰기는 생각을 시

작하는 한 가지 방법이고, 글쓰기의 연습과 습관은 생각을 비운다.

① 마음을 치유하는 것
② 감성적이도록 돕는 것
③ 그 또는 그녀의 호기심을 만족시키는 것
④ 스스로를 배경에 두는 것

해설 이 글의 주제는 작가가 언어 사용에 능숙해짐에 따라 문체도 드러나는데, 이것이 작가가 다른 사람들의 마음으로부터 자신을 분리하는 장벽들을 돌파하고 글의 한가운데에 서게 만든다는 것이므로, 작가가 솔직하게 스스로를 드러내서 글의 한가운데에 서는 것과 비슷한 맥락인 '④ 스스로를 배경에 두는 것'이 밑줄 친 drains the mind(생각을 비운다)의 의미로 가장 적절하다.

p.113

불변의 패턴 14 여러 개의 밑줄 중 가리키는 대상이 다른 하나가 정답이다.

대표 기출 예제   정답 ③

끊어읽기 해석

Dracula ants get their name / for the way / they sometimes drink / the blood of their own young.
드라큘라 개미는 이름을 얻는다 / 방법으로 인해 / 그들이 때때로 마시는 / 자기 새끼의 피를

But / this week, / ① the insects have earned / a new claim to fame.
하지만 / 이번 주에 / ① 이 곤충들은 얻었다 / 새로운 유명한 이유를

Dracula ants of the species *Mystrium camillae* / can snap their jaws / together / so fast, / you could fit / 5,000 strikes / into the time / it takes us to blink an eye.
'Mystrium camillae'종의 드라큘라 개미는 / 그들의 턱을 꽉 물 수 있다 / 함께 붙도록 / 아주 빠르게 / 당신은 들어맞게 할 수 있다 / 5,000번의 타격을 / 시간에 / 우리가 눈을 깜빡이는 데 걸리는

This means / ② the blood-suckers wield / the fastest known movement / in nature, / according to a study / published this week / in the journal *Royal Society Open Science*.
이것은 의미한다 / ② 그 흡혈 동물들이 행사한다는 것을 / 가장 빠르다고 알려진 움직임을 / 자연에서 / 한 연구에 따르면 / 이번 주에 발표된 / 『Royal Society Open Science』지에서

Interestingly, / the ants produce / their record-breaking snaps / simply by pressing their jaws together / so hard / that ③ they bend.
흥미롭게도 / 그 개미들은 만들어 낸다 / 그들의 기록적인 꽉 물기를 / 단순히 그들의 턱을 함께 누름으로써 / 매우 세게 / ③ 그것들이 구부러지도록

This stores energy / in one of the jaws, / like a spring, / until it slides past the other and lashes out / with extraordinary speed and force / —reaching a maximum velocity / of over 200 miles per hour.
이것은 에너지를 저장한다 / 한쪽 턱에 / 용수철처럼 / 다른 쪽 턱을 미끄러지듯이 지나쳐 강타할 때까지 / 놀라운 속도와 힘으로 / 최대 속도에 도달하면서 / 시속 200마일이 넘는

It's kind of like what happens / when you snap your fingers, / only 1,000 times faster.

이것은 일어나는 일과 비슷하다 / 당신이 손가락을 탁 소리가 나도록 재빨리 움직일 때 / 단지 1,000배 더 빠르게

Dracula ants are secretive predators / as ④ they prefer to hunt / under the leaf litter or in subterranean tunnels.
드라큘라 개미는 비밀스러운 포식자들이다 / ④ 그들은 사냥하는 것을 선호하기 때문에 / 낙엽이나 지하 터널 안에서

해석 드라큘라 개미는 그들이 때때로 자기 새끼의 피를 마시는 방법으로 인해 이름을 얻는다. 하지만 이번 주에, ① 이 곤충들은 새로운 유명한 이유를 얻었다. 'Mystrium camillae'종의 드라큘라 개미는 아주 빠르게 그들의 턱을 함께 붙도록 꽉 물 수 있어서, 당신은 5,000번의 타격을 우리가 눈을 깜빡이는 데 걸리는 시간에 들어맞게 할 수 있다. 이번 주에 『Royal Society Open Science』지에서 발표된 한 연구에 따르면, 이것은 ② 그 흡혈 동물들이 자연에서 가장 빠르다고 알려진 움직임을 행사한다는 것을 의미한다. 흥미롭게도, 그 개미들은 ③ 그것들(턱이)이 구부러지도록 단순히 그들의 턱을 함께 매우 세게 누름으로써 그들의 기록적인 꽉 물기를 만들어 낸다. 이것은 다른 쪽 턱을 미끄러지듯이 지나쳐 놀라운 속도와 힘으로 강타할 때까지 시속 200마일이 넘는 최대 속도에 도달하면서 용수철처럼 한쪽 턱에 에너지를 저장한다. 이것은 일종의 당신이 손가락을 탁 소리가 나도록 재빨리 움직일 때 일어나는 일과 비슷한데, 단지 1,000배 더 빠른 것이다. ④ 그들은 낙엽이나 지하 터널 안에서 사냥하는 것을 선호하기 때문에 드라큘라 개미는 비밀스러운 포식자들이다.

어휘 earn 얻다 claim to fame 유명한 이유
snap 꽉 물다, 탁 소리가 나도록 재빨리 움직이다; 꽉 물기 jaw 턱
blink (눈을) 깜빡이다 blood-sucker 흡혈 동물 wield 행사하다
record-breaking 기록적인 store 저장하다 spring 용수철
slide 미끄러지듯이 움직이다 lash out 강타하다
extraordinary 놀라운, 대단한 maximum 최대의 velocity 속도
secretive 비밀스러운 predator 포식자 subterranean 지하의

기출문제 풀어보기
정답 ④

끊어읽기 해석

Alexander loved sport, / and riding more than anything.
Alexander는 스포츠를 좋아했다 / 그리고 다른 무엇보다도 승마를

No one rode better / than he.
아무도 말을 더 잘 타지 못했다 / 그보다

His father once bought a beautiful horse / that no one could tame.
그의 아버지는 언젠가 아름다운 말 한 마리를 사주었다 / 아무도 길들일 수 없었던

His name was Bucephalus.
그의 이름은 Bucephalus였다

Whenever anyone tried to mount ① him / they were thrown off.
누군가가 ① 그에게 올라타려고 할 때마다 / 그들은 떨어뜨려졌다

But Alexander worked out / why ② he did it: / the horse was afraid of / his own shadow.
그러나 Alexander는 알아냈다 / 왜 ② 그가 그것을 했는지를 / 말은 무서워했다 / 자신의 그림자를

So Alexander turned the horse's head / towards the sun / so that he couldn't see ③ his shadow / on the ground.
그래서 Alexander는 말의 머리를 돌렸다 / 해를 향해 / 그래서 그가 ③ 그의 그림자를 볼 수 없도록 했다 / 지면에 있는

Stroking him gently, / ④ he swung himself / onto his back / and rode round / to the applause / of the whole court.
그를 부드럽게 쓰다듬으면서 / ④ 그는 자신을 휙 들어 올렸다 / 그의 등으로 / 그리고 말을 타고 돌았다 / 박수갈채를 받으며 / 경기장 전체의

해석 Alexander는 스포츠를 좋아했고, 다른 무엇보다도 승마를 좋아했다. 아무도 그(가 말을 타는 것)보다 말을 더 잘 타지 못했다. 그의 아버

지는 언젠가 아무도 길들일 수 없었던 아름다운 말 한 마리를 사주었다. 그(말)의 이름은 Bucephalus였다. 누군가가 ① 그(말)에게 올라타려고 할 때마다 그들(올라타려고 한 누군가)은 떨어뜨려졌다. 그러나 Alexander는 왜 ② 그(말)가 그것(사람들이 올라탈 때마다 그들을 떨어뜨리는 것)을 했는지를 알아냈다. 말은 자신의 그림자를 무서워했다. 그래서 Alexander는 해를 향해 말의 머리를 돌려서 그(말)가 지면에 있는 ③ 그(말)의 그림자를 볼 수 없도록 했다. 그(말)를 부드럽게 쓰다듬으면서, ④ 그는 자신을 그(말)의 등으로 휙 들어 올려서 (휙 올라타서) 경기장 전체의 박수갈채를 받으며 말을 타고 돌았다.

해설 ①, ②, ③번은 모두 말(Bucephalus)을 지칭하지만, ④번은 말을 탄 Alexander를 지칭하므로, ④번이 정답이다.

어휘 tame 길들이다 mount 올라타다 throw off 떨어뜨리다, 떨쳐버리다
work out (답을) 알아내다 stroke 쓰다듬다 swing 휙 들어 올리다
to the applause 박수갈채를 받으며

Section Test
p. 114~117

1	③	2	②	3	①	4	④
5	④	6	④	7	④	8	②

1
정답 ③

끊어읽기 해석

The tragedies of the Greek dramatist Sophocles / have come to be regarded / as the high point of classical Greek drama.
그리스 극작가 소포클레스의 비극은 / 여겨지게 되었다 / 그리스 고전극의 정점으로

Sadly, / only seven of the 123 tragedies / he wrote / have survived, / but of these / perhaps the finest is Oedipus the King.
안타깝게도 / 123편의 비극 중 단지 7편만이 / 그가 쓴 / 살아남았다 / 하지만 그중에서 / 아마도 가장 훌륭한 것은 『오이디푸스 왕』일 것이다

The play was one of three / written by Sophocles / about Oedipus, / the mythical king of Thebes / (the others being Antigone and Oedipus at Colonus), / known collectively as / the Theban plays.
이 연극은 세 편 중 하나였다 / 소포클레스에 의해 쓰인 / 오이디푸스에 대해 / 테베의 신화 속 왕인 / (다른 것들은 『안티고네』와 『콜로노스의 오이디푸스』이다) / 집합적으로 알려져 있다 / 테베 연극으로

Sophocles conceived each of these / as a separate entity, / and / they were written and produced / several years apart / and / out of chronological order.
소포클레스는 이들 각각을 생각했다 / 별도의 실체로 / 그리고 / 그것들은 집필되고 제작되었다 / 몇 년 간격을 두고 / 그리고 / 연대순에서 벗어나서

Oedipus the King follows / the established formal structure / and / it is regarded / as the best example of classical Athenian tragedy.
『오이디푸스 왕』은 따른다 / 확립된 형식적 구조를 / 그리고 / 그것은 여겨진다 / 고전 아테네 비극의 가장 좋은 예로

해석 그리스 극작가 소포클레스의 비극은 그리스 고전극의 정점으로 여겨지게 되었다. 안타깝게도, 그가 쓴 123편의 비극 중 단지 7편만이 살아남았는데, 그중에서 아마도 가장 훌륭한 것은 『오이디푸스 왕』일 것이다. 이 연극은 소포클레스가 테베의 신화 속 왕인 오이디푸스에 대해 쓴 세 편(다른 것들은 『안티고네』와 『콜로노스의 오이디푸스』이다) 중 하나였고, 이는 집합적으로 테베 연극으로 알려져 있다. 소포클레스는 이들 각각을 별도의 실체로 생각했고, 그것들은 몇 년 간격을 두고 연대순에서 벗어나서 집필되고 제작되었다. 『오이디푸스 왕』은 확립된 형식적 구조를 따르며 고전 아테네 비극의 가장 좋은 예로 여겨진다.

① 소포클레스는 총 123편의 비극을 썼다.
② 『안티고네』도 오이디푸스 왕에 관한 것이다.

③ 테베 연극은 시간 순서대로 만들어졌다.
④ 『오이디푸스 왕』은 고전적인 아테네 비극을 대표한다.

해설 지문 마지막에서 테베 연극들은 몇 년 간격을 두고 연대순에서 벗어나서 집필되고 제작되었다고 했으므로 이 내용을 일부 변형한 '③ 테베 연극은 시간 순서대로 만들어졌다'는 지문의 내용과 일치하지 않는다. (불변의 패턴 12)

어휘 tragedy 비극 dramatist 극작가 high point 정점
mythical 신화 속에 나오는, 가공의 collectively 집합적으로, 전체적으로
conceive 생각하다, 여기다 separate 별도의, 개별적인 entity 실체, 존재
out of ~에서 벗어나 chronological 연대순의
establish 확립하다, 설립하다 formal 형식적인, 정식의 structure 구조

2
정답 ②
끊어읽기 해석

Duke Kahanamoku, born August 26, 1890, near Waikiki, Hawaii, / was a Hawaiian surfer and swimmer / who won three Olympic gold medals / for the United States / and / who for several years / was considered / the greatest freestyle swimmer / in the world.
1890년 8월 26일에 하와이 와이키키 근처에서 태어난 Duke Kahanamoku는 / 하와이의 서퍼이자 수영 선수였다 / 올림픽 금메달 세 개를 획득한 / 미국을 대표해 / 그리고 / 수년 동안 / 여겨진 / 가장 위대한 자유형 수영 선수로 / 세계에서

He was perhaps most widely known / for developing the flutter kick, / which largely replaces / the scissors kick.
그는 아마도 가장 널리 알려져 있을 것이다 / 플러터 킥을 개발한 것으로 / 주로 대체하는 / 시저스 킥을

Kahanamoku set three universally recognized world records / in the 100-yard freestyle / between July 5, 1913, and September 5, 1917.
Kahanamoku는 세계적으로 인정되는 세 개의 세계 기록을 세웠다 / 100야드 자유형에서 / 1913년 7월 5일과 1917년 9월 5일 사이에

In the 100-yard freestyle / Kahanamoku was U.S. indoor champion / in 1913, / and / outdoor titleholder / in 1916-17 and 1920.
100야드 자유형에서 / Kahanamoku는 미국 실내 챔피언이었다 / 1913년에 / 그리고 / 실외 타이틀 보유자였다 / 1916-17년과 1920년에

At the Olympic Games in Stockholm / in 1912, / he won the 100-metre freestyle event, / and / he repeated that triumph / at the 1920 Olympics in Antwerp, Belgium, / where he also was a member of the victorious U.S. team / in the 800-metre relay race.
스톡홀름 올림픽에서 / 1912년에 / 그는 100미터 자유형 경기에서 우승했다 / 그리고 / 그는 그 승리를 거듭했다 / 1920년 벨기에 앤트워프 올림픽에서 / 그곳에서 그는 우승한 미국 팀의 일원이기도 했다 / 800미터 계주에서

Kahanamoku also excelled at surfing, / and / he became viewed / as one of the icons / of the sport.
Kahanamoku는 서핑에도 뛰어났다 / 그리고 / 그는 여겨지게 되었다 / 우상 중 하나로 / 그 스포츠의

Intermittently from the mid-1920s, / Kahanamoku was a motion-picture actor.
1920년 중반부터 간헐적으로 / Kahanamoku는 영화배우였다

From 1932 to 1961 / he was sheriff / of the city and county of Honolulu.
1932년부터 1961년까지 / 그는 보안관이었다 / 호놀룰루시와 자치주의

He served in the salaried office / of official greeter / of famous personages / for the state of Hawaii / from 1961 until his death.
그는 유급 사무실에서 근무했다 / 공식적으로 맞이하는 / 유명 인사들을 / 하와이주의 / 1961년부터 사망할 때까지

해석 1890년 8월 26일에 하와이 와이키키 근처에서 태어난 Duke Kahanamoku는 미국을 대표해 올림픽 금메달 세 개를 획득하고 수년 동안 세계에서 가장 위대한 자유형 수영 선수로 여겨진 하와이의 서퍼이자 수영 선수였다. 그는 아마도 주로 시저스 킥을 대체하는 플러터 킥을 개발한 것으로 가장 널리 알려져 있을 것이다. Kahanamoku는 1913년 7월 5일과 1917년 9월 5일 사이에 100야드 자유형에서 세계적으로 인정되는 세 개의 세계 기록을 세웠다. 100야드 자유형에서 Kahanamoku는 1913년에 미국 실내 챔피언이었고, 1916-17년과 1920년에 실외 타이틀 보유자였다. 1912년 스톡홀름 올림픽에서, 그는 100미터 자유형 경기에서 우승했고, 1920년 벨기에 앤트워프 올림픽에서도 그 승리를 거듭했으며, 그곳에서 그는 800미터 계주에서 우승한 미국 팀의 일원이기도 했다. Kahanamoku는 서핑에도 뛰어났고, 그는 그 스포츠의 우상 중 하나로 여겨지게 되었다. 1920년 중반부터 간헐적으로 Kahanamoku는 영화배우였다. 1932년부터 1961년까지 그는 호놀룰루시와 자치주의 보안관이었다. 그는 1961년부터 사망할 때까지 하와이주의 유명 인사들을 공식적으로 맞이하는 유급 사무실에서 근무했다.

해설 ②번의 키워드인 플러터 킥(the flutter kick)과 시저스 킥(the scissors kick)이 그대로 언급된 지문 주변의 내용에서 Duke Kahanamoku는 시저스 킥을 대체하는 플러터 킥을 개발한 것으로 가장 널리 알려져 있을 것이라고 했으므로 '② 그는 플러터 킥을 대체하는 시저스 킥을 개발한 것으로 널리 알려져 있다'는 지문의 내용과 일치하지 않는다. (불변의 패턴 11)

어휘 freestyle (수영·레슬링 등에서) 자유형 largely 주로, 대부분은
replace 대체하다 triumph 승리 excel 뛰어나다, 두드러지다
motion-picture 영화 salaried 유급의, 월급을 받는 official 공식적인
greeter 맞이하는 사람 personage 인사, 명사

3
정답 ①
끊어읽기 해석

Life is full of its ups and downs.
인생은 기복으로 가득 차 있다

One day, / you may feel like / you have it all figured out.
어느 날 / 당신은 느낄지도 모른다 / 당신이 모든 것을 다 이해했다고

Then, / in a moment's notice, / you've been thrown a curve ball.
그런 다음 / 곧바로 / 당신에게 변화구가 던져졌다

You're not alone / in these feelings.
당신만 있는 것이 아니다 / 이러한 감정 속에

Everyone has to face / their own set of challenges.
모든 사람은 직면해야 한다 / 자신만의 어려움에

Learning / how to overcome challenges / will help you / stay centered / and / remain calm / under pressure.
배우는 것은 / 어려움을 극복하는 방법을 / 당신에게 도움이 될 것이다 / 중심을 유지하는 데 / 그리고 / 침착함을 유지하는 데 / 압박감 속에서도

Everyone has their own preferences / for how to face a challenge / in life.
모든 사람은 자신만의 선호가 있다 / 어려움에 직면하는 방법에 대해 / 인생에서

However, / there are a few good tips and tricks / to follow / when the going gets tough.
그러나 / 몇 가지 좋은 팁과 요령이 있다 / 따라야 할 / 상황이 어려워질 때

There's no need / to feel ashamed / for asking for help.
필요가 없다 / 부끄러워할 / 도움을 요청하는 것을

Whether you choose to rely on / a loved one, a stranger, a mentor, or a friend, / there are people / who want to help you succeed.
당신이 의존하기를 선택하든 간에 / 사랑하는 사람, 낯선 사람, 멘토, 또는 친구에게 / 사람들이 있다 / 당신이 성공하는 것을 돕고 싶어 하는

You have to be open / and / willing to accept support.
당신은 개방적이어야 한다 / 그리고 / 기꺼이 지원을 받아들여야 한다

People who come to your aid / truly do care about you.
당신을 도우러 오는 사람들은 / 진심으로 당신에게 마음을 쓰고 있다

Be open to receiving help / when you need it.
도움을 받을 수 있도록 열려 있어라 / 당신이 도움이 필요할 때

[해석] 인생은 기복으로 가득 차 있다. 어느 날, 당신은 모든 것을 다 이해했다고 느낄지도 모른다. 그런 다음, 곧바로, 당신에게 변화구가 던져졌다. 이러한 감정 속에 당신만 있는 것이 아니다. 모든 사람은 자신만의 어려움에 직면해야 한다. 어려움을 극복하는 방법을 배우는 것은 당신이 중심을 유지하고 압박감 속에서도 침착함을 유지하는 데 도움이 될 것이다. 모든 사람은 인생에서 어려움에 직면하는 방법에 대해 자신만의 선호가 있다. 그러나, 상황이 어려워질 때 따라야 할 몇 가지 좋은 팁과 요령이 있다. 도움을 요청하는 것을 부끄러워할 필요가 없다. 당신이 사랑하는 사람, 낯선 사람, 멘토, 또는 친구에게 의존하기를 선택하든 간에, 당신이 성공하는 것을 돕고 싶어 하는 사람들이 있다. 당신은 개방적이어야 하고 기꺼이 지원을 받아들여야 한다. 당신을 도우러 오는 사람들은 진심으로 당신에게 마음을 쓰고 있다. 도움이 필요할 때 도움을 받을 수 있도록 열려 있어라.

[해설] 이 글의 주제는 어느 날 당신은 모든 것을 다 이해했다고 모르지만 모든 사람은 자신만의 어려움에 직면해야 한다는 것이므로, '① 어려운 상황에 직면하다'가 밑줄 친 you've been thrown a curve ball(당신에게 변화구가 던져졌다)의 의미로 가장 적절하다. (불변의 패턴 13)

[어휘] ups and downs 기복, 오르내림 figure out 이해하다, 알아내다 curve ball 변화구, 책략 overcome 극복하다, 이겨내다

4 정답 ④

끊어읽기 해석

Are you getting enough choline?
당신은 콜린을 충분히 섭취하고 있는가

Chances are, / this nutrient isn't even on your radar.
아마도, / 이 영양소는 당신의 관심사에도 없을 것이다

It's time / choline gets the attention / it deserves.
이제는 ~할 때이다 / 콜린이 주목을 받을 / 마땅히 받아야 할

A shocking 90 percent of Americans / aren't getting enough choline, / according to a recent study.
충격적인 90퍼센트의 미국인들이 / 콜린을 충분히 섭취하지 않고 있다 / 최근의 연구에 따르면

Choline is essential to health / at all ages and stages, / and is especially critical / for brain development.
콜린은 건강에 필수적이다 / 모든 연령과 단계에서 / 그리고 특히 중요하다 / 뇌 발달에

Why aren't we getting enough?
우리는 왜 충분히 섭취하지 않는가

Choline is found / in many different foods / but in small amounts.
콜린은 발견된다 / 많은 다양한 음식에서 / 하지만 소량이다

Plus, / the foods that are rich in choline / aren't the most popular: / think liver, egg yolks and lima beans.
게다가, / 콜린이 풍부한 음식은 / 가장 인기 있는 것이 아니다 / 간, 달걀노른자, 그리고 리마콩을 생각해 보라

Taylor Wallace, who worked on a recent analysis of choline intake in the United States, says, / "There isn't enough awareness about choline / even among health-care professionals / because our government hasn't reviewed the data / or set policies around choline / since the late '90s."
미국에서의 콜린 섭취에 대한 최근의 분석을 진행한 Taylor Wallace는 말

한다 / "콜린에 대한 인식이 충분하지 않다 / 심지어 의료 전문가들 사이에서도 / 우리 정부가 자료를 검토하지 않았기 때문에 / 또는 콜린에 대한 정책을 수립하지 않거나 / 90년대 후반 이후로"

[해석] 당신은 콜린을 충분히 섭취하고 있는가? 아마도, 이 영양소는 당신의 관심사에도 없을 것이다. 이제는 콜린이 마땅히 받아야 할 주목을 받을 때이다. 최근의 연구에 따르면, 충격적인 90퍼센트의 미국인들이 콜린을 충분히 섭취하지 않고 있다. 콜린은 모든 연령과 단계에서 건강에 필수적이며, 특히 뇌 발달에 중요하다. 우리는 왜 충분히 섭취하지 않는가? 콜린은 많은 다양한 음식에서 발견되지만, 소량이다. 게다가, 콜린이 풍부한 음식은 가장 인기 있는 것이 아니다. 간, 달걀노른자, 그리고 리마콩을 생각해 보라. 미국에서의 콜린 섭취에 대한 최근의 분석을 진행한 Taylor Wallace는 "우리 정부가 90년대 후반 이후로 콜린에 대한 자료를 검토하거나 정책을 수립하지 않았기 때문에 심지어 의료 전문가들 사이에서도 콜린에 대한 인식이 충분하지 않다"고 말한다.

① 대다수의 미국인들은 콜린을 충분히 섭취하지 못하고 있다.
② 콜린은 뇌 발달에 필요한 필수적인 영양소이다.
③ 간과 리마콩과 같은 음식은 콜린의 좋은 공급원이다.
④ 미국에서는 90년대 후반부터 콜린의 중요성이 강조되어 왔다.

[해설] 지문 마지막에서 Taylor Wallace는 미국 정부가 90년대 후반 이후로 콜린에 대한 자료를 검토하거나 정책을 수립하지 않았기 때문에 심지어 의료 전문가들 사이에서도 콜린에 대한 인식이 충분하지 않다고 말한다고 했으므로 이 내용을 일부 변형한 '④ 미국에서는 90년대 후반부터 콜린의 중요성이 강조되어 왔다'는 지문의 내용과 일치하지 않는다. (불변의 패턴 12)

[어휘] choline 콜린(비타민 B 복합체의 하나) nutrient 영양소 radar 관심사, 탐지기 essential 필수적인 critical 중요한 liver 간 yolk 노른자 analysis 분석 intake 섭취 awareness 인식

5 정답 ④

끊어읽기 해석

The traditional way / of making maple syrup / is interesting.
전통적인 방법은 / 단풍나무시럽을 만드는 / 흥미롭다

A sugar maple tree produces a watery sap each spring, / when there is still lots of snow on the ground.
사탕단풍나무는 매년 봄에 물기를 머금은 수액을 생산한다 / 그때 땅에는 여전히 많은 눈이 있다

To take the sap / out of the sugar maple tree, / a farmer makes a slit / in the bark / with a special knife, / and puts a "tap" on the tree.
수액을 얻기 위해 / 사탕단풍나무에서 / 농부는 기다란 구멍을 낸다 / 나무 껍질에 / 특수한 칼로 / 그리고 나무에 '꼭지'를 끼운다

Then the farmer hangs a bucket from the tap, / and the sap drips into it.
그리고 나서 농부는 꼭지에 양동이를 매단다 / 그리고 수액은 그 안으로 떨어진다

That sap is collected and boiled / until a sweet syrup remains / —forty gallons of sugar maple tree "water" make / one gallon of syrup.
그 수액은 수집되어 끓여진다 / 달콤한 시럽이 남을 때까지 / 40갤론의 사탕단풍나무 '물'이 만든다 / 1갤론의 시럽을

That's a lot of buckets, a lot of steam, and a lot of work.
그것은 많은 양동이, 많은 열기, 그리고 많은 일이다

Even so, / most of maple syrup producers are family farmers / who collect the buckets by hand / and boil the sap into syrup themselves.
그럼에도 불구하고, / 대부분의 단풍나무시럽 생산자들은 가족 농부들이다 / 양동이를 직접 수거하고 / 수액을 시럽으로 직접 끓이는

그는 Igor의 행동을 받아들였다 / 적절한 조치를 요구하는 사태로 / 그리고 은행을 설득했다 / 그(Ali)에게 필요한 돈을 빌려주도록

Ali's introduction to the business world has certainly been a baptism of fire, / but I'm sure / he will be really successful / on his own.
Ali의 재계로의 입문은 분명 힘든 시작이었다 / 하지만 나는 확신한다 / 그가 정말 성공할 것이라고 / 혼자 힘으로

[해석] 단풍나무시럽을 만드는 전통적인 방법은 흥미롭다. 사탕단풍나무는 매년 봄에 물기를 머금은 수액을 생산하는데, 그때 땅에는 여전히 많은 눈이 있다. 사탕단풍나무에서 수액을 얻기 위해, 농부는 특수한 칼로 나무껍질에 기다란 구멍을 내고, 나무에 '꼭지'를 끼운다. 그러고 나서 농부는 꼭지에 양동이를 매달고, 수액은 그 안으로 떨어진다. 그 수액은 수집되어 달콤한 시럽이 남을 때까지 끓여지는데, 40갤런의 사탕단풍나무 '물'이 1갤런의 시럽을 만든다. 그것은 많은 양동이, 많은 열기, 그리고 많은 일이다. 그럼에도 불구하고, 대부분의 단풍나무시럽 생산자들은 양동이를 직접 수거하고 수액을 시럽으로 직접 끓이는 가족 농부들이다.

[해설] 지문 마지막에서 대부분의 단풍나무시럽 생산자들은 양동이를 직접 수거하고 수액을 시럽으로 직접 끓이는 가족 농부들이라고 했으므로, '④ 단풍나무시럽을 만들기 위해 기계로 수액 통을 수거한다'는 지문의 내용과 일치하지 않는다. (불변의 패턴 11)

[어휘] traditional 전통적인 watery 물기를 머금은 sap 수액 slit 기다란 구멍, 틈 bark 나무껍질 tap 꼭지 bucket 양동이 steam 열기

6
정답 ④

끊어읽기 해석

When Ali graduated, / he decided / he didn't want to join the ranks of commuters / struggling to work every day.
Ali가 졸업했을 때 / 그는 결심했다 / 그가 통근자들의 대열에 합류하고 싶지 않다고 / 매일 일하기 위해 고군분투하는

He wanted to set up his own online gift-ordering business / so that he could work from home.
그는 자신만의 온라인 선물주문 사업을 차리기를 원했다 / 그래서 그가 집에서 일할 수 있도록

He knew / it was a risk / but felt / he would have at least a fighting chance of success.
그는 알았다 / 그것이 모험이라는 것을 / 하지만 생각했다 / 그가 적어도 성공할 가능성이 있을 것이라고

Initially, / he and a college friend planned / to start the business together.
처음에 / 그와 대학 친구는 ~할 계획이었다 / 함께 그 사업을 시작할

Ali had the idea / and Igor, his friend, had the money / to invest in the company.
Ali가 아이디어를 냈다 / 그리고 그의 친구인 Igor는 돈이 있었다 / 회사에 투자할

But then just weeks before the launch, / Igor dropped a bombshell: / he said he no longer wanted / to be part of Ali's plans.
하지만 (사업) 개시 몇 주 전에 / Igor는 폭탄선언을 했다 / 그는 더 이상 원하지 않는다고 말했다 / Ali의 계획에 참여하는 것을

Despite Ali's attempts / to persuade him / to hang fire on his decision, / Igor said he was no longer prepared / to take the risk / and was going to beat a retreat / before it was too late.
Ali의 시도에도 불구하고 / 그(Igor)를 설득하려는 / 그(Igor)가 (Ali의 사업에 더 이상 참여하지 않으려는) 그의 결정을 미루도록 / Igor는 그가 더 이상 준비가 되지 않았다고 말했다 / 위험을 감수할 / 그리고 철수할 것이라고 / 너무 늦기 전에

However, / two weeks later Igor stole a march on Ali / by launching his own online gift-ordering company.
그러나, / 2주 후에 Igor는 Ali에게 선수를 쳤다 / 자신의 온라인 선물주문 회사를 차려서

Ali was shell-shocked / by this betrayal, / but he soon came out fighting.
Ali는 어쩔 줄을 몰랐다 / 이 배신에 / 그러나 그는 강하게 반응했다

He took Igor's behaviour / as a call to arms / and has persuaded a bank / to lend him the money he needs.

[해석] Ali가 졸업했을 때, 그는 매일 일하기 위해 고군분투하는 통근자들의 대열에 합류하고 싶지 않다고 결심했다. 그는 자신만의 온라인 선물주문 사업을 차려서 그가 집에서 일할 수 있기를 원했다. 그는 그것이 모험이라는 것을 알았지만 적어도 성공할 가능성이 있을 것이라고 생각했다. 처음에, 그와 대학 친구는 함께 그 사업을 시작할 계획이었다. Ali가 아이디어를 냈고, 그의 친구인 Igor는 회사에 투자할 돈이 있었다. 하지만 (사업) 개시 몇 주 전에, Igor는 폭탄선언을 했는데, 그는 더 이상 Ali의 계획에 참여하고 싶지 않다고 말했다. 그(Igor)가 (Ali의 사업에 더 이상 참여하지 않으려는) 그의 결정을 미루도록 설득하려는 Ali의 시도에도 불구하고, Igor는 더 이상 위험을 감수할 준비가 되지 않았고 너무 늦기 전에 철수할 것이라고 말했다. 그러나, 2주 후에 Igor는 자신의 온라인 선물주문 회사를 차려서 Ali에게 선수를 쳤다. Ali는 이 배신에 어쩔 줄을 몰랐지만, 강하게 반응했다. 그는 Igor의 행동을 적절한 조치를 요구하는 사태로 받아들였고 그(Ali)에게 필요한 돈을 빌려주도록 은행을 설득했다. Ali의 재계로의 입문은 분명 힘든 시작이었지만, 나는 그가 혼자 힘으로 정말 성공할 것이라고 확신한다.

[해설] 지문 마지막에서 Ali가 Igor의 배신에 어쩔 줄을 몰랐지만, 이러한 Igor의 행동을 적절한 조치를 요구하는 사태로 받아들여 그(Ali)에게 필요한 돈을 빌려주도록 은행을 설득했다고 했으므로, 이 내용을 일부 변형한 '④ Ali는 은행을 설득하여 Igor에게 돈을 빌려주게 했다'는 지문의 내용과 일치하지 않는다. (불변의 패턴 12)

[어휘] rank 대열, 줄 commuter 통근자 risk 모험, 위험 launch 개시; 발사하다 drop a bombshell 폭탄선언을 하다 hang fire (행동을) 미루다 steal a march on ~에게 선수를 치다 shell-shocked 어쩔 줄을 모르는 betrayal 배신 come out fighting 강하게 반응하다 a call to arms 적절한 조치를 요구하는 사태 lend 빌려주다, 대출해 주다 introduction 입문, 도입 baptism of fire 힘든 시작, 첫 경험

7
정답 ④

끊어읽기 해석

①The most notorious case / of imported labor / is of course the Atlantic slave trade, / which brought as many as ten million enslaved Africans / to the New World / to work the plantations.
가장 악명 높은 사례는 / 수입 노동의 / 당연히 대서양 노예무역이다 / 이것은 천만 명이나 되는 노예가 된 아프리카인들을 데려왔다 / 아메리카 대륙으로 / 대규모 농장들을 운영하기 위해

②③But although the Europeans may have practiced slavery / on the largest scale, / they were by no means the only people / to bring slaves / into their communities: / earlier, / the ancient Egyptians used slave labor / to build their pyramids, / early Arab explorers were often also slave traders, / and Arabic slavery continued / into the twentieth century / and indeed still continues / in a few places.
하지만 비록 유럽인들이 노예제도를 행했을지도 모르지만 / 가장 큰 규모로 / 그들은 결코 유일한 사람들이 아니었다 / 노예들을 데려온 / 그들의 지역 사회로 / 앞서 / 고대 이집트인들은 강제 노동자들을 이용했다 / 그들의 피라미드를 짓기 위해 / 초창기의 아랍 탐험가들 또한 보통 노예 무역상이었다 / 그리고 아랍의 노예제도는 계속되었다 / 20세기까지 / 그리고 사실 여전히 계속된다 / 몇몇 지역에서

④In the Americas / some native tribes enslaved members of

other tribes, / and slavery was also an institution / in many African nations, / especially before the colonial period.
아메리카 대륙에서 / 일부 원주민들은 다른 부족의 구성원들을 노예로 만들었다 / 그리고 노예제도는 또한 하나의 관습이었다 / 많은 아프리카 국가들에서 / 특히 식민지 시대 이전에

해석 수입 노동의 가장 악명 높은 사례는 당연히 대서양 노예무역이고, 이것은 대규모 농장을 운영하기 위해 아메리카 대륙으로 천만 명이나 되는 노예가 된 아프리카인들을 데려왔다. 하지만 비록 유럽인들이 가장 큰 규모로 노예제도를 행했을지도 모르지만, 그들은 결코 노예들을 그들의 지역 사회로 데려온 유일한 사람들이 아니었다. 앞서, 고대 이집트인들은 그들의 피라미드를 짓기 위해 강제 노동자들을 이용했고, 초창기의 아랍 탐험가들 또한 보통 노예 무역상들이었으며, 아랍의 노예제도는 20세기까지 지속되었고 사실 몇몇 지역에서는 여전히 계속된다. 아메리카 대륙에서 일부 원주민들은 다른 부족의 구성원들을 노예로 만들었고, 특히 식민지 시대 이전에 노예제도는 또한 많은 아프리카 국가에서 하나의 관습이었다.

① 아프리카인 노동자들은 자발적으로 아메리카 대륙으로 이주했다.
② 유럽인들은 강제 노동자들을 이용한 최초의 사람들이었다.
③ 아랍의 노예제도는 어떠한 형태로도 더 이상 존재하지 않는다.
④ 노예제도는 심지어 아프리카 대륙에서도 존재했다.

해설 지문 마지막에서 식민지 시대 이전에 노예제도는 많은 아프리카 국가들에서 하나의 관습이었다고 했으므로, '④ 노예제도는 심지어 아프리카 대륙에서도 존재했다'는 지문의 내용과 일치한다. (불변의 패턴 11)

오답분석 ① 첫 번째 문장에서 아프리카 노예들이 아메리카 대륙으로 이동한 것은 대서양 노예무역의 영향이라고 했으므로 지문의 내용과 다르다.
② 두 번째 문장에서 유럽인들은 결코 노예들을 그들의 사회로 데려온 유일한 사람들이 아니라고 했고, 앞서 고대 이집트인들과 아랍 탐험가들도 강제 노동자들을 이용했다는 내용이 있으므로 지문의 내용과 다르다.
③ 세 번째 문장에서 아랍의 노예제도는 몇몇 지역에서 여전히 계속된다고 했으므로 지문의 내용과 다르다.

어휘 notorious 악명 높은 import 수입하다 enslave 노예로 만들다
the New World 아메리카 대륙 plantation 대규모 농장
practice 행하다 by no means 결코 ~이 아닌 institution 관습
colonial period 식민지 시대 voluntarily 자발적으로

8 정답 ②

끊어읽기 해석

SPREAD THE LOVE
사랑을 나눠주세요
Fight Hunger / During the Peanut Butter Drive
굶주림과 싸워보아요 / 땅콩버터 운동 동안에
Make a contribution / to our community / by helping local families / who need a little assistance.
공헌하세요 / 우리 지역 사회에 / 지역의 가정들을 도움으로써 / 약간의 도움을 필요로 하는
We are kicking off / our 4th annual area-wide peanut butter drive / to benefit children, families and seniors / who face hunger / in Northeast Louisiana.
저희는 시작합니다 / 우리의 네 번째 연간 광역 땅콩버터 운동을 / 아이들, 가족들과 고령자들에게 도움이 되기 위해 / 굶주림에 직면한 / 루이지애나 주 북동쪽의
Peanut butter is a much needed staple / at Food Banks / as it is a protein-packed food / that kids and adults love.
땅콩버터는 매우 필요한 주식입니다 / 푸드 뱅크에서 / 그것이 단백질로 가득 찬 식품이기 때문에 / 아이들과 어른들이 좋아하는

Please donate peanut butter / in plastic jars / or funds to the Monroe Food Bank / by Friday, March 29th at 4:00 pm.
땅콩버터를 기부해 주세요 / 플라스틱병에 담긴 / 또는 Monroe 푸드 뱅크에 기금을 / 3월 29일 금요일 오후 4시까지
Donations of peanut butter / can be dropped off / at the food bank's distribution center / located at 4600 Central Avenue in Monroe / on Monday through Friday, / 8:00 am to 4:00 pm.
땅콩버터 기증품은 / 전달될 수 있습니다 / 푸드 뱅크의 배급 센터에 / Monroe에 있는 4600 Central Avenue에 위치한 / 월요일부터 금요일까지 / 오전 8시에서 오후 4시까지
Monetary donations can be made here / or by calling 427-418-4581.
금전적인 기부는 이곳에서 이루어질 수 있습니다 / 또는 427-418-4581로 전화함으로써
For other drop-off locations, / visit our website / at https://www.foodbanknela.org
다른 전달 장소들에 대해서는 / 우리 웹사이트를 방문하세요 / https://www.foodbanknela.org

해석 사랑을 나눠주세요
땅콩버터 운동 동안에 굶주림과 싸워보아요
약간의 도움을 필요로 하는 지역의 가정들을 도움으로써 우리 지역 사회에 공헌하세요. 저희는 루이지애나주 북동쪽의 굶주림에 직면한 아이들, 가족들과 고령자들에게 도움이 되기 위한 우리의 네 번째 연간 광역 땅콩버터 운동을 시작합니다. 땅콩버터는 푸드 뱅크에서 매우 필요한 주식인데, 그것(땅콩버터)이 아이들과 어른들이 좋아하는 단백질로 가득 찬 식품이기 때문입니다. 3월 29일 금요일 오후 4시까지 플라스틱병에 담긴 땅콩버터나 기금을 Monroe 푸드 뱅크에 기부해 주세요. 땅콩버터 기증품은 월요일부터 금요일 오전 8시에서 오후 4시까지 Monroe에 있는 4600 Central Avenue에 위치한 푸드 뱅크의 배급 센터에서 전달될 수 있습니다. 금전적인 기부는 이곳(푸드 뱅크)에서 또는 427-418-4581로 전화함으로써 이루어질 수 있습니다. 다른 전달 장소들에 대해서는 우리 웹사이트(인) https://www.foodbanknela.org를 방문하세요.

해설 지문 중간에서 땅콩버터의 기부는 월요일부터 금요일까지 받는다고 했으므로, 이 내용을 일부 변형한 '② 토요일과 일요일에도 땅콩버터를 기부할 수 있다'는 지문의 내용과 일치하지 않는다. (불변의 패턴 12)

어휘 make a contribution 공헌하다, 기부하다 assistance 도움
kick off 시작하다 benefit 도움이 되다 staple 주식, 기본 식료품
packed ~이 가득 찬 drop off 전달하다, 갖다 놓다
distribution 배급, 유통 monetary 금전적인

Section 4 추론 유형

p.120

불변의 패턴 **15** 글의 초반부에 나온 빈칸 문장은 주제문이다.

대표 기출 예제 정답 ②

끊어읽기 해석

Persuasion shows up / in almost every walk of life.
설득은 나타난다 / 삶의 거의 모든 직업에서
Nearly every major politician / hires / media consultants and political experts / to provide advice / on how to appeal / to the public.
거의 모든 주요 정치인들은 / 고용한다 / 미디어 컨설턴트와 정치 전문가를 / 조언을 제공하기 위해 / 어떻게 호소할 것인지에 대해 / 대중들에게

Virtually every major business and special-interest group / has hired a lobbyist / to take its concerns to Congress / or / to state and local governments.

거의 모든 주요 사업체와 특수 이익 단체들은 / 로비스트를 고용해 왔다 / 그들의 우려 사항을 의회에 전달하기 위해 / 또는 / 주정부 및 지방정부에

In nearly every community, / activists try to persuade / their fellow citizens / on important policy issues.

거의 모든 지역사회에서 / 활동가들은 설득하려고 노력한다 / 그들의 동료 시민들을 / 중요한 정책 문제에 대해

The workplace, too, has always been fertile ground / for office politics and persuasion.

직장 또한 항상 비옥한 땅이었다 / 사내 정치와 설득을 위한

One study estimates / that general managers spend upwards of 80% of their time / in verbal communication / —most of it with the intent / of persuading their fellow employees.

한 연구는 추정한다 / 일반 관리자들은 그들의 시간의 80% 이상을 소비한다고 / 언어적 의사소통에 / 대부분은 의도를 가지고 있다 / 그들의 동료 직원들을 설득하려는

With the advent of the photocopying machine, / a whole new medium for office persuasion was invented / —the photocopied memo.

복사기의 출현으로 / 설득을 위한 완전히 새로운 매체가 발명되었다 / 즉 복사된 메모이다

The Pentagon alone / copies / an average of 350,000 pages / a day, / the equivalent of 1,000 novels.

국방부에서만 / 복사한다 / 평균 35만 페이지를 / 하루에 / 이것은 소설 1,000권에 해당한다

해석 설득은 삶의 거의 모든 직업에서 나타난다. 거의 모든 주요 정치인들은 미디어 컨설턴트와 정치 전문가를 고용하여 대중들에게 어떻게 호소할 것인지에 대한 조언을 제공하도록 한다. 거의 모든 주요 사업체와 특수 이익 단체들은 의회나 주정부 및 지방정부에 그들의 우려 사항을 전달하기 위해 로비스트를 고용해 왔다. 거의 모든 지역사회에서, 활동가들은 중요한 정책 문제에 대해 그들의 동료 시민들을 설득하려고 노력한다. 직장 또한 항상 사내 정치와 설득을 위한 비옥한 땅이었다. 한 연구는 일반 관리자들은 그들의 시간의 80% 이상을 언어적 의사소통에 소비한다고 추정하는데, 대부분은 그들의 동료 직원들을 설득하려는 의도를 가지고 있다. 복사기의 출현으로 사내 설득을 위한 완전히 새로운 매체, 즉 복사된 메모가 발명되었다. 국방부에서만 하루에 평균 35만 페이지를 복사하는데, 이것은 소설 1,000권에 해당한다.

① 사업가들은 뛰어난 설득 기술을 지녀야 한다.
② 설득은 삶의 거의 모든 직업에서 나타난다.
③ 당신은 수많은 광고판과 포스터를 만나게 될 것이다.
④ 대중 매체 캠페인은 정부에 유용하다.

어휘 politician 정치인 hire 고용하다 appeal 호소하다
virtually 거의, 사실상 lobbyist 로비스트(특정 압력 단체의 이익을 위해 입법에 영향을 줄 목적으로 정당이나 의원을 상대로 활동하는 전문가)
congress 의회 activist 활동가 persuade 설득하다 fellow 동료
citizen 시민 fertile 비옥한 estimate 추정하다 upwards 이상의
intent 의도 advent 출현, 도래 photocopy 복사하다
pentagon 국방부, 펜타곤(미국 국방부 건물) equivalent 해당하는, 맞먹는
walk of life 직업, 사회적 계급 encounter 만나다, 마주치다
countless 수많은 billboard 광고판, 게시판 mass media 대중 매체

끊어읽기 해석

As global temperatures rise, / so do sea levels, / threatening coastal communities / around the world.

지구 기온이 상승함에 따라 / 해수면도 상승하여 / 해안 지역 사회를 위협하고 있다 / 전 세계의

Surprisingly, even small organisms like oysters <u>can come to our defense</u>.

놀랍게도, 굴과 같은 작은 유기체들도 <u>우리의 방어물이 될 수 있다</u>

Oysters are keystone species with ripple effects / on the health of their ecosystems and its inhabitants.

굴은 파급효과가 있는 중심종이다 / 그것들의 생태계와 그것의 서식 동물들의 건강에

Just one adult oyster can filter / up to fifty gallons of water / in a single day, / making waterways cleaner.

성체 굴 한 마리만으로도 여과할 수 있다 / 최대 50갤런의 물을 / 하루에 / 수로를 더 깨끗하게 만든다

Healthy oyster reefs also provide a home / for hundreds of other marine organisms, / promoting biodiversity and ecosystem balance.

건강한 굴 암초는 또한 집을 제공한다 / 수백 개의 다른 해양 생물들에게 / 생물 다양성과 생태계 균형을 촉진하면서

As rising sea levels lead to pervasive flooding, / oyster reefs act as walls / to buffer storms / and protect against further coastal erosion.

해수면 상승이 만연하는 홍수로 이어질 때 / 굴 암초는 벽의 역할을 한다 / 폭풍을 완충하고 / 추가적인 해안 침식으로부터 보호하는

해석 지구 기온이 상승함에 따라 해수면도 상승하여 전 세계 해안 지역 사회를 위협하고 있다. 놀랍게도, 굴과 같은 작은 유기체들도 우리의 방어물이 될 수 있다. 굴은 생태계와 서식 동물들의 건강에 파급효과가 있는 중심종이다. 성체 굴 한 마리만으로도 하루에 최대 50갤런의 물을 여과할 수 있고, 이는 수로를 더 깨끗하게 만든다. 건강한 굴 암초는 또한 생물 다양성과 생태계 균형을 촉진하면서 수백 개의 다른 해양 생물들에게 집을 제공한다. 해수면 상승이 만연하는 홍수로 이어질 때, 굴 암초는 폭풍을 완충하고 추가적인 해안 침식으로부터 보호하는 벽의 역할을 한다.

① 우리의 방어물이 될 수 있다
② 비상식량이 될 수 있다
③ 미세 플라스틱에 의해 오염될지도 모른다
④ 지역 주민들의 수입을 증가시킬 수 있다

해설 글의 초반부에 빈칸이 나왔으므로 이어지는 글의 내용을 종합하여 주제가 무엇인지를 파악해야 한다. 지문 처음에 지구 기온이 상승함에 따라 해수면도 상승하여 전 세계 해안 지역 사회를 위협하고 있다는 내용이 있고, 빈칸 뒤 문장에서 굴이 생태계와 서식 동물들의 건강에 파급효과가 있는 중심종이라고 하면서 지문 전반에 걸쳐 굴이 생태계 파괴와 자연 재해로부터 생태계를 보호하는 역할을 한다고 설명하고 있으므로, 빈칸에는 굴과 같은 작은 유기체들도 '① 우리의 방어물이 될 수 있다'는 내용이 들어가야 한다.

어휘 temperature 기온, 온도 threaten 위협하다 coastal 해안의
oyster 굴 keystone 중심, 중추 inhabitant 서식 동물, 주민
filter 여과하다, 거르다 reef 암초 promote 촉진하다
biodiversity 생물 다양성 pervasive 만연한, 퍼지는 buffer 완충하다
erosion 침식

불변의 패턴 16 글의 중반부에 나온 빈칸 문장은 보통 주제문을 뒷받침하는 구체적인 설명이나 예시이다.

대표 기출 예제

정답 ③

끊어읽기 해석

Usually / you will find / that each scene / in a fictional narrative film / uses an establishing shot; / that is / a shot that gives the setting / in which the scene is to take place / and / enables the viewer / to establish the spatial relationships / between characters / involved in the scene.
보통 / 당신은 발견할 것이다 / 각 장면이 / 이야기 영화의 / 설정 샷을 사용한다는 것을 / 그것은 / 배경을 제공하는 샷이다 / 장면이 발생할 / 그리고 / 시청자가 ~할 수 있도록 해주는 / 공간적 관계를 확립하도록 / 등장인물들 사이의 / 장면과 관련된

But, / although this is what might be known / as the Hollywood standard / and / was certainly the expected norm / throughout the period of Classical Hollywood, / the practice of using an establishing shot / has not always been followed / by filmmakers.
그러나 / 이것이 알려져 있을 수도 있는 것이지만 / 할리우드의 표준이라고 / 그리고 / 확실히 기대되는 표준이었지만 / 고전 할리우드 시대 내내 / 설정 샷을 사용하는 관행이 / 항상 따라졌던 것은 아니다 / 영화 제작자들에 의해

By omitting an establishing shot / the viewer is put in the position / of struggling to make sense of the relationship / between the characters shown.
설정 샷을 생략함으로써 / 시청자는 위치에 놓이게 된다 / 관계를 이해하기 위해 고군분투하는 / 보여지는 등장인물들 사이의

We are effectively disorientated / and / this will be part / of what the filmmakers are attempting to achieve; / as well as perhaps defying the expected filmic norm / and / thereby challenging any presumption / that there are certain correct (and therefore, certain incorrect) ways / of making films.
우리는 사실상 방향감각을 상실한다 / 그리고 / 이것은 일부일 것이다 / 영화 제작자들이 성취하려고 시도하는 것의 / 또한 아마도 기대되는 영화적 표준을 거부한다 / 그리고 / 어떤 가정에도 도전할 수도 있다 / 특정한 정확한 (따라서, 특정한 잘못된) 방법이 있다는 / 영화를 만드는

해석 보통 당신은 허구적인 이야기 영화의 각 장면이 설정 샷을 사용한다는 것을 발견할 것이다. 그것은 장면이 발생할 배경을 제공하고 시청자가 장면과 관련된 등장인물들 사이의 공간적 관계를 확립할 수 있도록 해주는 샷이다. 그러나, 이것이 할리우드의 표준이라고 알려져 있을 수도 있는 것이고 고전 할리우드 시대 내내 확실히 기대되는 표준이었지만, 설정 샷을 사용하는 관행이 영화 제작자들에 의해 항상 따라졌던 것은 아니다. 설정 샷을 생략함으로써 시청자는 보여지는 등장인물들 사이의 관계를 이해하기 위해 고군분투하는 위치에 놓이게 된다. 우리는 사실상 방향감각을 상실하고 이것은 영화 제작자들이 성취하려고 시도하는 것의 일부일 것이다. 또한, 아마도 기대되는 영화적 표준을 거부하고 영화를 만드는 특정한 정확한 (따라서, 특정한 잘못된) 방법이 있다는 어떤 가정에도 도전할 수도 있다.

① 과소평가함
② 유발함
③ 생략함
④ 유지함
⑤ 통제함

어휘 fictional 허구의, 소설적인 narrative 이야기
establishing shot 설정 샷(다음 사건이나 장면의 배경을 설정하는 장면)
spatial 공간적인 standard 표준 norm 표준, 규범
disoriented 방향 감각을 상실한, 혼란에 빠진 attempt 시도
defy 거부하다 presumption 가정, 추정 omit 생략하다, 제외하다

기출문제 풀어보기

정답 ③

끊어읽기 해석

How many different ways / do you get information?
얼마나 많은 다른 방법으로 / 당신은 정보를 얻는가?

Some people might have six different kinds of communications / to answer / —text messages, voice mails, paper documents, regular mail, blog posts, messages on different online services.
일부 사람들은 여섯 가지 다른 종류의 통신 수단을 가질지도 모른다 / 응답해야 할 / 문자 메시지, 음성 메일, 종이 문서, 일반 메일, 블로그 게시물, 서로 다른 온라인 서비스의 메시지 등의

Each of these is a type of in-box, / and each must be processed / on a continuous basis.
각 항목은 받은 편지함 유형이다 / 그리고 각각은 처리되어야 한다 / 지속적으로

It's an endless process, / but it doesn't have to be exhausting or stressful.
그것은 끝이 없는 과정이다 / 그러나 피곤하거나 스트레스를 받을 필요는 없다

Getting your information management down / to a more manageable level / and into a productive zone / starts by minimizing the number of in-boxes you have.
당신의 정보 관리를 낮추는 것은 / 보다 관리하기 쉬운 수준으로 / 그리고 생산적인 영역으로 가져오는 것은 / 당신이 가진 받은 편지함의 수를 최소화하는 것부터 시작한다

Every place you have to go / to check your messages / or to read your incoming information / is an in-box, / and the more you have, / the harder it is to manage everything.
당신이 가야 하는 모든 곳은 / 메시지를 확인하기 위해 / 또는 들어오는 정보를 읽기 위해 / 받은 편지함이다 / 그리고 그것을 더 많이 가질수록 / 모든 것을 관리하기가 더 어렵다

Cut the number of in-boxes you have / down to the smallest number possible / for you still to function in the ways you need to.
당신이 가진 받은 편지함의 수를 / 가능한 한 최소로 줄여라 / 당신이 필요한 방식으로 계속 기능할 수 있도록

해석 당신은 얼마나 많은 다른 방법으로 정보를 얻는가? 일부 사람들은 문자 메시지, 음성 메일, 종이 문서, 일반 메일, 블로그 게시물, 서로 다른 온라인 서비스의 메시지 등 응답해야 할 여섯 가지 다른 종류의 통신 수단을 가질지도 모른다. 각 항목은 받은 편지함 유형이며, 각각은 지속적으로 처리되어야 한다. 그것은 끝이 없는 과정이지만, 피곤해하거나 스트레스를 받을 필요는 없다. 당신의 정보 관리를 보다 관리하기 쉬운 수준으로 낮추고 생산적인 영역으로 가져오는 것은 당신이 가진 받은 편지함의 수를 최소화하는 것부터 시작한다. 메시지를 확인하거나 들어오는 정보를 읽기 위해 당신이 가야 하는 모든 곳은 받은 편지함이며, 그것을 더 많이 가질수록 모든 것을 관리하기가 더 어렵다. 당신이 필요한 방식으로 계속 기능할 수 있도록 당신이 가진 받은 편지함의 수를 가능한 한 최소로 줄여라.

① 한 번에 여러 목표를 설정하는 것
② 들어오는 정보에 스스로 몰두하는 것
③ 당신이 가진 받은 편지함의 수를 최소화하는 것
④ 당신이 열정을 가지고 있는 정보를 선택하는 것

해설 글의 중반부에 빈칸이 나왔으므로 주제문에 대한 구체적인 설명이 어떻게 들어가야 하는지 확인해야 한다. 맨 마지막 문장에서 당신이 가진 받은 편지함의 수를 가능한 한 최소로 줄이라고 했으므로, 지문 전반에 걸쳐 받은 편지함의 수를 줄이는 것과 관련된 내용이 구체적으로 설명되어야 하는 것을 알 수 있다. 빈칸 뒤 문장에서 메시지를 확인하거나 들어오는 정보를 읽기 위해 당신이 가야 하는 모든 곳은 받은 편지함이며, 그것을 더 많이 가질수록 모든 것을 관리하기가 더 어렵다고 설명하고 있다. 따라서 빈칸에는 당신의 정보 관리를 보다

관리하기 쉬운 수준으로 낮추고 생산적인 영역으로 가져오는 것은
'③ 당신이 가진 받은 편지함의 수를 최소화하는 것'부터 시작한다는
내용이 들어가야 한다.

어휘 document 문서 in-box 받은 편지함, 수신함 process 처리하다; 과정
continuous 지속적인 exhausting 피곤하게 하는 management 관리
productive 생산적인 immerse 몰두시키다

④ 의사소통 능력이 매우 요구된다

어휘 note 유의하다 medium 매개체 devote 할애하다, 헌신하다
engage in ~에 참여하다 meaningful 의미 있는 extended 확장된
readily 쉽게 parallel play 병행 놀이(유아가 같은 종류의 장난감을 사용하면
서 나란히 앉아 놀이를 하나, 실제로 장난감을 함께 나누면서 놀이하는 것이 아니라
각각 독립적으로 하는 놀이) content 만족하는 occasionally 가끔, 때때로

p.122

불변의 패턴 17 글의 후반부에 나온 빈칸 문장은 주제문을 재
진술하는 문장이다.

기출문제 풀어보기 정답 ④

끊어읽기 해석

대표 기출 예제 정답 ①

끊어읽기 해석

It is important to note / that for adults, / social interaction
mainly occurs / through the medium of language.
유의하는 것이 중요하다 / 성인의 경우 / 사회적 상호작용은 주로 발생한다 /
언어라는 매개체를 통해

Few native-speaker adults / are willing to devote time / to
interacting with someone / who does not speak the language, /
with the result / that the adult foreigner will have little opportunity
/ to engage in meaningful and extended language exchanges.
원어민인 성인은 거의 없다 / 기꺼이 시간을 할애하려는 / 누군가와 상호작
용을 하는 데 / 해당 언어를 구사하지 못하는 / 그 결과 / 성인 외국인은 기
회가 거의 없게 될 것이다 / 의미 있고 확장된 언어 교환에 참여할

In contrast, / the young child is often readily accepted / by
other children, / and even adults.
대조적으로 / 어린아이는 종종 쉽게 받아들여진다 / 다른 아이들에게 / 그
리고 심지어 어른들에게도

For young children, / language is not as essential / to social
interaction.
어린아이들에게 / 언어는 그만큼 필수적인 것은 아니다 / 사회적 상호작
용에서

So-called 'parallel play', / for example, / is common / among
young children.
소위 '병행 놀이'는 / 예를 들어 / 흔하다 / 어린아이들 사이에서

They can be content / just to sit in each other's company /
speaking only occasionally / and / playing on their own.
그들은 만족할 수 있다 / 서로의 친구와 앉아서 / 가끔만 이야기하는 것으로 /
그리고 / 혼자 노는 것만으로도

Adults rarely find themselves in situations / where language
does not play a crucial role / in social interaction.
성인들은 상황에 처하는 경우가 거의 없다 / 언어가 중요한 역할을 하지 않
는 / 사회적 상호작용에서

해석 성인의 경우, 사회적 상호작용은 주로 언어라는 매개체를 통해 발생
한다는 점에 유의하는 것이 중요하다. 해당 언어를 구사하지 못하는
사람과 상호작용을 하는데 기꺼이 시간을 할애하려는 원어민인 성인
은 거의 없으며, 그 결과 성인 외국인은 의미 있고 확장된 언어 교환
에 참여할 기회가 거의 없게 될 것이다. 대조적으로, 어린아이는 종종
다른 아이들, 그리고 심지어 어른들에게도 쉽게 받아들여진다. 어린
아이들에게, 언어는 사회적 상호작용에서 그만큼 필수적인 것은 아
니다. 예를 들어, 소위 '병행 놀이'는 어린아이들 사이에서 흔하다. 그
들은 가끔만 서로의 친구와 앉아서 이야기하고 혼자 노는 것만으로
도 만족할 수 있다. 성인들은 언어가 사회적 상호작용에서 중요한 역
할을 하지 않는 상황에 처하는 경우가 거의 없다.

① 언어가 사회적 상호작용에서 중요한 역할을 하지 않는다
② 그들의 의견은 그들의 동료들에게 쉽게 받아들여진다
③ 그들은 다른 언어를 말하도록 요청받는다

Scientists have long known / that higher air temperatures / are
contributing / to the surface melting / on Greenland's ice sheet.
과학자들은 오래전부터 알고 있었다 / 더 높은 기온이 / 원인이 되고 있다는
것을 / 표면이 녹는 것의 / 그린란드 대륙 빙하의

But / a new study / has found another threat / that has begun
attacking / the ice / from below: / Warm ocean water / moving
underneath the vast glaciers / is causing them to melt / even
more quickly.
그러나 / 새로운 연구는 / 또 다른 위협을 발견했는데 / 공격하기 시작한 /
얼음을 / 아래에서 / 따뜻한 해수가 / 그 거대한 빙하 아래에서 움직이는 /
그것들(빙하)을 녹게 하고 있다 / 훨씬 더 빠르게

The findings / were published / in the journal Nature Geoscience
/ by researchers / who studied / one of the many "ice tongues"
/ of the Nioghalvfjerdsfjorden Glacier / in northeast Greenland.
이 연구 결과는 / 발표되었다 / 「Nature Geoscience」지에서 / 연구원들
에 의해 / 연구한 / 여러 '빙설' 중 하나를 / Nioghalvfjerdsfjorden 빙하
의 / 그린란드 북동부에 있는

An ice tongue / is a strip of ice / that floats on the water /
without breaking off / from the ice / on land.
빙설은 / 길고 가느다란 얼음 조각이다 / 물 위에 떠 있는 / 분리되지 않은
채 / 얼음으로부터 / 육지의

The massive one / these scientists studied / is nearly 50 miles
long.
그 거대한 것(빙설)은 / 이 과학자들이 연구한 / 길이가 거의 50마일이다

The survey / revealed an underwater current / more than a mile
wide / where warm water from the Atlantic Ocean / is able to
flow / directly towards the glacier, / bringing large amounts of
heat into contact / with the ice / and accelerating the glacier's
melting.
이 조사는 / 수중 해류를 밝혀냈고 / 폭이 1마일 이상인 / 대서양에서 온 따
뜻한 물이 / 흐를 수 있는 / 빙하를 향해 직접 / 다량의 열을 접촉시킨다 /
얼음과 / 그리고 빙하가 녹는 것을 가속화한다

해석 과학자들은 더 높은 기온이 그린란드 대륙 빙하의 표면이 녹는 것의
원인이 되고 있다는 것을 오래전부터 알고 있었다. 그러나 새로운 연
구는 얼음을 아래에서 공격하기 시작한 또 다른 위협을 발견했는데,
그 거대한 빙하 아래에서 움직이는 따뜻한 해수가 그것들(빙하)을 훨
씬 더 빠르게 녹게 하고 있다. 이 연구 결과는 그린란드 북동부에 있
는 Nioghalvfjerdsfjorden 빙하의 여러 '빙설' 중 하나를 연구한 연구
원들에 의해 「Nature Geoscience」지에서 발표되었다. 빙설은 육지
의 얼음으로부터 분리되지 않은 채 물 위에 떠 있는 길고 가느다란 얼
음 조각이다. 이 과학자들이 연구한 그 거대한 것(빙설)은 길이가 거
의 50마일이다. 이 조사는 대서양에서 온 따뜻한 물이 빙하를 향해
직접 흐를 수 있는 폭이 1마일 이상인 수중 해류를 밝혀냈는데, 이는
다량의 열을 얼음과 접촉시켜 빙하가 녹는 것을 가속화한다.

① 분리시키는
② 지연시키는
③ 막는
④ 가속화하는

해설 글의 후반부에 빈칸이 나왔으므로 주제문이 어떻게 재진술되어야 하
는지 확인해야 한다. 지문 중간에서 새로운 연구가 그린란드 대륙 빙

하 아래에서 움직이는 따뜻한 해수가 빙하를 훨씬 더 빠르게 녹게 하고 있다고 했고, 지문 마지막에서 대서양에서 온 따뜻한 물이 빙하를 향해 직접 흐를 수 있는 폭이 1마일 이상인 수중 해류가 밝혀졌다고 했으므로, 빈칸에는 수중 해류가 다량의 열을 얼음과 접촉시켜 빙하가 녹는 것을 '④ 가속화한다'는 주제를 재진술한 내용이 들어가야 한다.

p.123

불변의 패턴 18 빈칸이 두 개 있는 경우, 보통 글의 주제문이나 중심 소재와 관련된 키워드가 정답이다.

대표 기출 예제   정답 ①

끊어읽기 해석

When an organism is alive, / it takes in carbon dioxide / from the air around it.
유기체가 살아있을 때 / 그것은 이산화탄소를 흡수한다 / 그것 주변의 공기로부터

Most of that carbon dioxide / is made of carbon-12, / but a tiny portion consists of carbon-14.
그 이산화탄소의 대부분은 / 탄소 12로 이루어져 있다 / 하지만 아주 적은 부분은 탄소 14로 구성되어 있다

So the living organism always contains / a very small amount of radioactive carbon, carbon-14.
따라서 살아있는 유기체는 항상 포함한다 / 매우 적은 양의 방사성 탄소인 탄소 14를

A detector next to the living organism / would record radiation / given off by the carbon-14 / in the organism.
살아있는 유기체 옆의 탐지기는 / 방사능을 기록한다 / 탄소 14에 의해 방출된 / 그 유기체 안의

When the organism dies, / it no longer takes / in carbon dioxide.
그 유기체가 죽으면 / 그것은 더 이상 흡수하지 않는다 / 이산화탄소를

No new carbon-14 is added, / and the old carbon-14 slowly decays / into nitrogen.
어떠한 새로운 탄소 14도 추가되지 않는다 / 그리고 기존의 탄소 14는 천천히 붕괴된다 / 질소로

The amount of carbon-14 slowly (A) decreases / as time goes on.
탄소 14의 양은 천천히 (A) 감소한다 / 시간이 지나면서

Over time, / less and less radiation from carbon-14 / is produced.
시간이 흐르면서 / 탄소 14로부터 점점 더 적은 방사능이 / 생산된다

The amount of carbon-14 radiation / detected for an organism / is a measure, / therefore, / of how long the organism has been (B) dead.
탄소 14의 방사능의 양이 / 유기체에서 감지되는 / 척도이다 / 따라서 / 그 유기체가 얼마나 오랫동안 (B) 죽어있었는지에 대한

This method / of determining the age of an organism / is called carbon-14 dating.
이러한 방식은 / 유기체의 연대를 결정하는 / 탄소 14 연대 측정법이라고 불린다

The decay of carbon-14 / allows archaeologists to find / the age of once-living materials.
탄소 14의 붕괴는 / 고고학자들이 알아내도록 한다 / 한때 살아있던 물질들의 연대를

Measuring the amount of radiation remaining / indicates the approximate age.
남아있는 방사능의 양을 측정하는 것은 / 대략적인 연대를 알려준다

해석 | 유기체가 살아있을 때, 그것은 주변의 공기로부터 이산화탄소를 흡수한다. 그 이산화탄소의 대부분은 탄소 12로 이루어져 있지만, 아주 적은 부분은 탄소 14로 구성되어 있다. 따라서 살아있는 유기체는 항상 매우 적은 양의 방사성 탄소인 탄소 14를 포함한다. 살아있는 유기체 옆의 탐지기는 그 유기체 안의 탄소 14에 의해 방출된 방사능을 기록한다. 그 유기체가 죽으면 그것은 더 이상 이산화탄소를 흡수하지 않는다. 어떠한 새로운 탄소 14도 추가되지 않고, 기존의 탄소 14는 질소로 천천히 붕괴된다. 시간이 지나면서 탄소 14의 양은 천천히 (A) 감소한다. 시간이 흐르면서, 탄소 14로부터 점점 더 적은 방사능이 생산된다. 따라서, 유기체에서 감지되는 탄소 14의 방사능의 양이 그 유기체가 얼마나 오랫동안 (B) 죽어 있었는지에 대한 척도이다. 유기체의 연대를 결정하는 이러한 방식은 탄소 14 연대 측정법이라고 불린다. 탄소 14의 붕괴는 고고학자들이 한때 살아있던 물질들의 연대를 알아내도록 한다. 남아있는 방사능의 양을 측정하는 것은 대략적인 연대를 알려준다.

	(A)	(B)
①	감소하다	죽은
②	증가하다	살아있는
③	감소하다	생산적인
④	증가하다	활동하지 않는

기출문제 풀어보기   정답 ⑤

끊어읽기 해석

Over the past four decades / a fundamental shift has been occurring / in the world economy.
지난 40년간 / 근본적인 변화가 일어나고 있다 / 세계 경제에

We have been moving away / from a world / in which national economies were relatively self-contained entities, / (A) isolated from each other / by barriers to cross-border trade and investment; / by distance, time zones, and language; / and by national differences / in government regulation, culture, and business systems.
우리는 멀어지고 있다 / 세계에서 / 국가 경제가 상대적으로 자립적인 주체였던 / 서로 (A) 고립되어 / 국경 간 무역과 투자에 대한 장벽으로 인해 / 거리, 시간대, 그리고 언어로 인해 / 그리고 국가적 차이로 인해 / 정부의 규제, 문화, 그리고 비즈니스 시스템의

We are moving toward a world / in which barriers to cross-border trade and investment are (B) declining; / perceived distance is shrinking / due to advances in transportation and telecommunications technology; / material culture is starting to look similar / the world over; / and national economies are merging / into an interdependent, integrated global economic system.
우리는 세계로 나아가고 있다 / 국경 간 무역과 투자의 장벽이 (B) 낮아지고 / 인식되는 거리가 줄어들고 / 교통과 원격 통신 기술의 발전으로 인해 / 물질문화가 비슷해 보이기 시작한다 / 전 세계적으로 / 그리고 국가 경제가 융합되는 / 상호 의존적이고 통합적인 세계 경제 체계로

The process / by which this transformation is occurring is / commonly referred to as globalization.
과정은 / 이러한 변화가 일어나는 / 흔히 세계화라고 불린다

지난 40년간 세계 경제에 근본적인 변화가 일어나고 있다. 우리는 국경 간 무역과 투자에 대한 장벽으로 인해, 거리, 시간대, 그리고 언어로 인해, 그리고 정부의 규제, 문화, 그리고 비즈니스 시스템의 국가적 차이로 인해 서로 (A) 고립되어 국가 경제가 상대적으로 자립적인 주체였던 세계에서 멀어지고 있다. 우리는 국경 간 무역과 투자의 장벽이 (B) 낮아지고, 교통과 원격 통신 기술의 발전으로 인해 인식되는 거리가 줄어들고, 물질문화가 전 세계적으로 비슷해 보이기 시작하고, 국가 경제가 상호 의존적이고 통합적인 세계 경제 체제로 융합되는 세계로 나아가고 있다. 이러한 변화가 일어나는 과정은 흔히 세계화라고 불린다.

	(A)	(B)
①	~에 도입되는	충족시키는
②	~을 돌보는	확대되는
③	~와 통합되는	감소하는
④	~을 사로잡는	단호한
⑤	~로부터 고립되는	낮아지는

해설 빈칸이 두 개 있으므로 글의 주제문이나 중심 소재와 관련된 키워드가 무엇인지 확인해야 한다. 지문 전반에 걸쳐 국가 경제가 상호 의존적이고 통합적인 세계 경제 체제로 융합되는 세계화에 대해 설명하고 있다. (A) 빈칸 뒷부분에서 국경 간 무역과 투자에 대한 장벽, 거리, 시간대, 그리고 언어와 같은 장벽들에 대해 설명하고 있으므로, (A)에는 우리는 서로 '고립되어(isolated from)' 국가 경제가 상대적으로 자립적인 주체였던 세계에서 멀어지고 있다는 내용이 들어가야 한다. (B) 빈칸 앞부분에서 국경 간 무역과 투자의 장벽에 대해 언급하고 있고 빈칸 뒷부분에서 인식되는 거리가 줄어들고, 물질문화가 전체적으로 비슷해 보이기 시작한다는 내용을 언급하고 있으므로, (B)에는 국경 간 무역과 투자의 장벽이 '낮아진다(declining)'는 내용이 들어가야 한다. 따라서 ⑤ (A) isolated from(~로부터 고립되는) - (B) declining(낮아지는)이 정답이다.

어휘 fundamental 근본적인 shift 변화 occur 일어나다, 발생하다
relatively 상대적으로 self-contained 자립적인, 독립의
entity 주체, 실체 barrier 장벽 cross-border 국경 간의, 국경을 넘는
trade 무역 investment 투자 distance 거리 regulation 규제
perceive 인식하다, 인지하다 shrink 줄다, 감소하다
telecommunication 원격 통신 material 물질의
merge 융합하다, 합병하다 interdependent 상호 의존적인
integrate 통합하다, 융합하다 converge 통합하다 unfaltering 단호한

p.124

불변의 패턴 19 빈칸 앞뒤 문장의 논리적 관계를 나타내는 연결어가 정답이다.

대표 기출 예제 정답 ②

끊어읽기 해석

Beliefs about maintaining ties / with those who have died / vary from culture to culture.
유대 관계를 유지하는 것에 대한 생각은 / 죽은 사람들과의 / 문화마다 다르다

For example, / maintaining ties / with the deceased / is accepted and sustained / in the religious rituals of Japan.
예를 들어 / 유대 관계를 유지하는 것은 / 고인과의 / 받아들여지고 지속된다 / 일본의 종교의식에서

Yet / among the Hopi Indians of Arizona, / the deceased are forgotten / as quickly / as possible / and life goes on / as usual.
하지만 / 애리조나주의 호피족 인디언들 사이에서 / 고인은 잊힌다 / 빠르게 / 가능한 한 / 그리고 삶은 계속된다 / 평소처럼

(A) In fact, / the Hopi funeral ritual / concludes with a break-off / between mortals and spirits.
(A) 실제로 / 호피족의 장례 의식은 / 단절로 마무리된다 / 인간들과 영혼들 사이의

The diversity of grieving / is nowhere clearer / than in two Muslim societies /—one in Egypt, / the other in Bali.
애도의 차이가 / 더 뚜렷한 곳은 없다 / 두 이슬람 사회보다 / 이집트와 / 발리에 있는

Among Muslims in Egypt, / the bereaved are encouraged / to dwell at length / on their grief, / surrounded by others / who relate / to similarly tragic accounts / and express their sorrow.
이집트의 이슬람교도들 사이에서 / 유족들은 격려된다 / 오랫동안 자세히 이야기하도록 / 자신들의 슬픔을 / 다른 사람들에 둘러싸여 / 언급하는 / 유사한 비극적 이야기에 대해 / 그리고 슬픔을 표하는

(B) By contrast, / in Bali, / bereaved Muslims are encouraged / to laugh / and be joyful / rather than be sad.
(B) 그에 반해 / 발리에서는 / 이슬람교도 유족들은 격려된다 / 웃고 / 기뻐하도록 / 슬퍼하기보다는

해석 죽은 사람들과의 유대 관계를 유지하는 것에 대한 생각은 문화마다 다르다. 예를 들어, 고인과의 유대 관계를 유지하는 것은 일본의 종교 의식에서 받아들여지고 지속된다. 하지만 애리조나주의 호피족 인디언들 사이에서, 고인은 가능한 한 빠르게 잊히고 삶은 평소처럼 계속된다. (A) 실제로, 호피족의 장례 의식은 인간들과 영혼들 사이의 단절로 마무리된다. 애도의 차이가 이집트와 발리에 있는 두 이슬람 사회보다 더 뚜렷한 곳은 없다. 이집트의 이슬람교도들 사이에서, 유족들은 유사한 비극적 이야기에 대해 언급하고 슬픔을 표하는 다른 사람들에 둘러싸여 자신들의 슬픔을 오랫동안 자세히 이야기하도록 격려된다. (B) 그에 반해, 발리에서는, 이슬람교도 유족들은 슬퍼하기보다는 웃고 기뻐하도록 격려된다.

	(A)	(B)
①	하지만	비슷하게
②	실제로	그에 반해
③	그러므로	예를 들어
④	마찬가지로	그 결과

어휘 tie 유대 관계, 인연 vary 다르다 the deceased 고인 sustain 지속하다
ritual 의식 as usual 평소처럼 funeral 장례의; 장례식
conclude with ~으로 마무리되다 mortal 인간; 언젠가는 반드시 죽는
spirit 영혼 diversity 차이, 다양성 grieve 애도하다
the bereaved 유족 dwell on ~을 자세히 이야기하다
surround 둘러싸다 tragic 비극적인 account 이야기, 계좌
sorrow 슬픔

기출문제 풀어보기 정답 ③

끊어읽기 해석

Scientists are working / on many other human organs and tissues.
과학자들은 연구하고 있다 / 다른 많은 인간의 장기와 조직에 대해

For example, / they have successfully generated, or grown, / a piece of liver.
예를 들어 / 그들은 성공적으로 생성하거나 발달시켰다 / 간의 한 부분을

This is an exciting achievement / since people cannot live without a liver.
이것은 흥미진진한 업적이다 / 사람들이 간 없이 살 수 없기 때문이다

In other laboratories, / scientists have created a human jawbone and a lung.
다른 실험실에서 / 과학자들은 인간의 턱뼈와 폐를 만들었다

While these scientific breakthroughs are very promising, / they are also limited.

이러한 과학적 발전은 매우 기대되지만 / 그것들은 제한적이기도 하다

Scientists cannot use cells / for a new organ / from a very diseased or damaged organ.

과학자들은 세포를 사용할 수 없다 / 새로운 장기에 / 매우 병들거나 손상된 장기로부터 나온

(A) Consequently, / many researchers are working / on a way to use stem cells / to grow completely new organs.

(A) 그 결과 / 많은 연구원들은 연구하고 있다 / 줄기세포를 사용하는 방법에 대해 / 완전히 새로운 장기를 만들기 위해

Stem cells are very simple cells / in the body / that can develop into any kind of complex cells, / such as skin cells or blood cells and even heart and liver cells.

줄기세포는 매우 단순한 세포이다 / 몸 안의 / 어떤 종류의 복잡한 세포로든 발달할 수 있는 / 피부 세포나 혈액 세포, 그리고 심지어는 심장과 간세포와 같은

(B) In other words, / stem cells can grow / into all different kinds of cells.

(B) 다시 말해서 / 줄기세포는 자랄 수 있다 / 모든 다른 종류의 세포로

[해석] 과학자들은 다른 많은 인간의 장기와 조직에 대해 연구하고 있다. 예를 들어, 그들은 성공적으로 간의 한 부분을 생성하거나 발달시켰다. 사람들은 간 없이 살 수 없기 때문에 이것은 흥미진진한 업적이다. 다른 실험실에서, 과학자들은 인간의 턱뼈와 폐를 만들었다. 이러한 과학적 발전은 매우 기대되지만, 그것들은 제한적이기도 하다. 과학자들은 매우 병들거나 손상된 장기로부터 나온 세포를 새로운 장기에 사용할 수 없다. (A) 그 결과, 많은 연구원들은 완전히 새로운 장기를 만들기 위해 줄기세포를 사용하는 방법에 대해 연구하고 있다. 줄기세포는 피부 세포나 혈액 세포, 그리고 심지어는 심장과 간세포와 같은 어떤 종류의 복잡한 세포로든 발달할 수 있는 몸 안의 매우 단순한 세포이다. (B) 다시 말해서, 줄기세포는 모든 다른 종류의 세포로 자랄 수 있다.

	(A)	(B)
①	특히	예를 들어
②	게다가	반면에
③	그 결과	다시 말해서
④	따라서	대조적으로

[해설] (A) 빈칸 앞 문장은 과학자들은 매우 병들거나 손상된 장기로부터 나온 세포를 새로운 장기에 사용할 수 없다는 내용이고, (A) 빈칸 뒤 문장은 많은 연구원들이 완전히 새로운 장기를 만들기 위해 줄기세포를 사용하는 방법을 연구하고 있다는 결과적인 내용이므로 (A)에는 Consequently(그 결과)가 나와야 한다. (B) 빈칸 앞 문장에 줄기세포는 어떤 종류의 복잡한 세포로든 발달할 수 있다는 내용이 있고, (B) 빈칸 뒤 문장에 줄기세포가 모든 다른 종류의 세포로 자랄 수 있다고 하며 앞 문장을 다시 설명하는 내용이 있으므로 (B)에는 In other words(다시 말해서)가 나와야 한다. 따라서 ③ (A) Consequently(그 결과) - (B) In other words(다시 말해서)가 정답이다.

[어휘] tissue (세포들로 이뤄진) 조직 liver 간 laboratory 실험실 lung 폐 promising 기대되는, 장래성 있는 cell 세포 organ 장기 diseased 병든 complex 복잡한

p.125

불변의 패턴 20 지문의 흐름을 자연스럽게 이어주는 연결어가 정답이다.

끊어읽기 해석

Duration shares an inverse relationship with frequency.
지속 시간은 빈도와 반비례 관계를 갖는다

If you see a friend frequently, / then the duration of the encounter will be shorter.
만약 당신이 한 친구를 자주 만난다면 / 그렇다면 만남의 지속 시간은 더 짧을 것이다

Conversely, / if you don't see your friend very often, / the duration of your visit will typically increase significantly.
반대로 / 만약 당신이 친구를 자주 보지 않는다면 / 당신의 만남의 지속 시간은 일반적으로 상당히 늘어날 것이다

(A) For example, / if you see a friend every day, / the duration of your visits can be low / because you can keep up with / what's going on as events unfold.
(A) 예를 들어 / 만약 당신이 매일 친구를 본다면 / 당신의 만남의 지속 시간이 저조할 수 있다 / 당신은 ~에 대해 계속 알 수 있기 때문에 / 일이 전개될 때 무엇이 일어나고 있는지

If, however, you only see your friend / twice a year, / the duration of your visits will be greater.
그러나, 만약 당신이 오직 친구를 만난다면 / 일 년에 두 번 / 당신의 만남의 지속 시간은 더 커질 것이다

Think back to a time / when you had dinner in a restaurant / with a friend you hadn't seen / for a long period of time.
때를 생각해 보아라 / 당신이 식당에서 저녁을 먹었던 / 당신이 보지 못했던 친구와 / 오랜 기간 동안

You probably spent several hours / catching up on each other's lives.
당신은 아마도 몇 시간을 보냈을 것이다 / 서로의 삶에 대한 소식을 주고받는 데

The duration of the same dinner would be considerably shorter / if you saw the person / on a regular basis.
같은 저녁 식사의 지속 시간은 상당히 짧아질 것이다 / 만약 당신이 그 사람을 본다면 / 정기적으로

(B) Conversely, / in romantic relationships / the frequency and duration are very high / because couples, especially newly minted ones, want to spend / as much time with each other as possible.
(B) 반대로 / 연인 관계에서 / 빈도와 지속 시간이 매우 높다 / 연인들, 특히 최근에 생겨난 연인들은 보내고 싶어 하기 때문에 / 가능한 한 많은 시간을 서로와

The intensity of the relationship will also be very high.
관계의 강렬함 또한 매우 높을 것이다

[해석] 지속 시간은 빈도와 반비례 관계를 갖는다. 만약 당신이 한 친구를 자주 만난다면, 만남의 지속 시간은 더 짧을 것이다. 반대로, 만약 당신이 친구를 자주 보지 않는다면, 당신의 만남의 지속 시간은 일반적으로 상당히 늘어날 것이다. (A) 예를 들어, 만약 당신이 매일 친구를 본다면, 당신은 일이 전개될 때 무엇이 일어나고 있는지에 대해 계속 알 수 있기 때문에 만남의 지속 시간이 저조할 수 있다. 그러나, 만약 당신이 오직 일 년에 두 번 친구를 만난다면, 당신의 만남의 지속 시간은 더 커질 것이다. 당신이 오랜 기간 동안 보지 못했던 친구와 식당에서 저녁을 먹었던 때를 생각해 보아라. 당신은 아마도 서로의 삶에 대한 소식을 주고받는 데 몇 시간을 보냈을 것이다. 만약 당신이 그 사람을 정기적으로 본다면 같은 저녁 식사의 지속 시간은 상당히 짧아질 것이다. (B) 반대로, 연인 관계에서, 연인들, 특히 최근에 생겨난 연인들은 가능한 한 많은 시간을 서로와 보내고 싶어 하기 때문에 빈도와 지속 시간이 매우 높다. 관계의 강렬함 또한 매우 높을 것이다.

	(A)	(B)
①	예를 들어	반대로

② 그럼에도 불구하고　　　게다가
③ 그러므로　　　결과적으로
④ 같은 방법으로　　　따라서

어휘　duration 지속 시간　inverse 반비례의, 역의　frequency 빈도, 주파수
encounter 만남; 만나다, 접하다
keep up with ~에 대해 계속 알다, ~을 따라 잡다　unfold 전개되다, 펴다
catch up on 소식을 주고받다　minted 최근에 생겨난
intensity 강렬함, 격렬함

기출문제 풀어보기

정답 ①

끊어읽기 해석

More and more people and communities / are changing their habits / in order to protect the environment.
점점 더 많은 사람들과 공동체들은 / 그들의 습관을 바꾸고 있다 / 환경을 보호하기 위해

One reason / for this change / is that / space in landfills / is running out / and the disposal of waste / has become difficult.
한 가지 이유는 / 이 변화를 위한 / ~라는 점이다 / 매립지의 공간이 / 부족해지고 있다 / 그리고 쓰레기 처리가 / 어려워졌다

(A) As a result, / the practices of recycling, reusing, and reducing waste / are becoming more commonplace.
(A) 그 결과 / 재활용, 재사용, 그리고 쓰레기 감소의 실천이 / 더 흔해지고 있다

In some countries / the technology for / disposing of, or getting rid of, waste / has actually become big business.
어떤 국가들에서는 / ~하기 위한 기술이 / 쓰레기를 처리하거나 제거하기 / 실제로 큰 사업이 되었다

Individuals have also taken actions / to reduce landfill waste; / for example, / people are recycling newspapers / and donating clothes to charities.
개인들 또한 조치를 취했다 / 매립 쓰레기를 줄이기 위해 / 예를 들어 / 사람들은 신문지를 재활용하고 있다 / 그리고 자선 단체에 옷을 기부(하고 있다)

(B) In addition, / some people take leftover food / and turn it into rich garden compost, / an excellent fertilizer / for vegetable and flower gardens.
(B) 게다가 / 어떤 사람들은 남은 음식을 가져간다 / 그리고 그것을 비옥한 정원 퇴비로 탈바꿈시킨다 / 한 훌륭한 비료 / 채소와 꽃밭을 위한

해석　점점 더 많은 사람들과 공동체들은 환경을 보호하기 위해 그들의 습관을 바꾸고 있다. 이 변화를 위한 한 가지 이유는 매립지의 공간이 부족해지고 있고 쓰레기 처리가 어려워졌다는 점이다. (A) 그 결과, 재활용, 재사용, 그리고 쓰레기 감소의 실천이 더 흔해지고 있다. 어떤 국가들에서는 쓰레기를 처리하거나 제거하기 위한 기술이 실제로 큰 사업이 되었다. 개인들 또한 매립 쓰레기를 줄이기 위해 조치를 취했다. 예를 들어, 사람들은 신문지를 재활용하거나 자선 단체에 옷을 기부하고 있다. (B) 게다가, 어떤 사람들은 남은 음식을 가져가서 그것을 채소나 꽃밭을 위한 훌륭한 비료인, 비옥한 정원 퇴비로 탈바꿈시킨다.

	(A)	(B)
①	그 결과	게다가
②	그러나	일반적으로
③	우연히	전반적으로
④	결과적으로	예를 들어
⑤	따라서	특히

해설　지문 처음에서 점점 더 많은 사람들과 공동체가 환경을 보호하기 위해 습관을 바꾸고 있다고 하고 있으므로, 이후 지문의 흐름이 이 변화에 대한 설명이 될 것임을 예상할 수 있다. (A) 빈칸 뒤 문장은 재활용, 재사용, 쓰레기 감소의 실천이 더 흔해졌다는 결과적인 내용이므로, (A)에는 As a result(그 결과)가 들어가야 한다. (B) 빈칸 앞 문장

은 쓰레기를 줄이기 위해 신문지 재활용을 하거나 옷을 기부하는 사람들에 대한 내용이고, 빈칸 뒤 문장은 남은 음식을 가져가 비료로 사용하는 사람들도 있다는 추가적인 내용이므로, (B)에는 이러한 흐름을 자연스럽게 이어주는 In addition(게다가)이 들어가야 한다. 따라서 ① (A) As a result(그 결과) - (B) In addition(게다가)이 정답이다.

어휘　landfill 매립지　run out 부족하다　disposal 처리, 처분
commonplace 흔한　dispose of ~을 처리하다
get rid of ~을 제거하다　take action 조치를 취하다　leftover 남은 음식
compost 퇴비　fertilizer 비료　incidentally 우연히

Section Test

p. 126-129

1	①	2	①	3	④	4	②
5	②	6	①	7	①	8	①

1

정답 ①

끊어읽기 해석

Javelin Research noticed / that not all Millennials are currently in the same stage of life.
Javelin 리서치는 주목했다 / 모든 밀레니얼 세대가 현재 동일한 삶의 단계에 있는 것은 아니라는 점에

While all Millennials were born / around the turn of the century, / some of them are still in early adulthood, / wrestling with new careers / and / settling down.
모든 밀레니얼 세대는 태어났지만 / 세기가 바뀔 무렵에 / 그들 중 일부는 여전히 성인 초기에 있다 / 새로운 직업과 씨름하면서 / 그리고 / 정착하면서

On the other hand, / the older Millennials have a home / and / are building a family.
반면에 / 더 나이가 많은 밀레니얼 세대는 집을 가지고 있다 / 그리고 / 가족을 이루고 있다

You can imagine / how having a child / might change your interests and priorities, / so / for marketing purposes, / it's useful to split this generation / into Gen Y.1 and Gen Y.2.
당신은 상상할 수 있다 / 아이를 갖는 것이 어떻게 / 당신의 관심사와 우선순위를 바꿀 수 있는지 / 그러므로 / 마케팅 목적으로 / 이 세대를 나누는 것이 유용하다 / Y.1 세대와 Y.2 세대로

Not only are the two groups culturally different, / but they're in vastly different phases / of their financial life.
두 그룹은 문화적으로 다를 뿐만 아니라 / 그들은 매우 다른 단계에 있다 / 경제적 생활에서

The younger group is financial beginners, / just starting to show their buying power.
더 어린 그룹은 금융 초보자이다 / 이제 막 그들의 구매력을 보여주기 시작하는

The latter group / has a credit history, / may have their first mortgage / and / is raising young children.
후자의 그룹은 / 신용 이력이 있다 / 그들의 첫 번째 주택 담보 대출을 가지고 있을 수 있다 / 그리고 / 어린아이들을 키우고 있다

The contrast in priorities and needs / between Gen Y.1 and Gen Y.2 / is vast.
우선순위와 필요한 것에 있어서의 차이는 / Y.1 세대와 Y.2 세대 사이의 / 엄청나다

해석　Javelin 리서치는 모든 밀레니얼 세대가 현재 동일한 삶의 단계에 있는 것은 아니라는 점에 주목했다. 모든 밀레니얼 세대는 세기가 바뀔 무렵에 태어났지만, 그들 중 일부는 여전히 성인 초기에 있으며, 새로운 직업과 씨름하면서 정착하고 있다. 반면에, 더 나이가 많은 밀레니얼 세대는 집을 가지고 있고 가족을 이루고 있다. 아이를 갖는 것이 관심사와 우선순위를 어떻게 바꿀 수 있는지 상상할 수 있으므로, 마케팅 목적으로 이 세대를 Y.1세대와 Y.2세대로 나누는 것이 유용하

다. 두 그룹은 문화적으로 다를 뿐만 아니라, 그들은 경제적 생활에서 매우 다른 단계에 있다. 더 어린 그룹은 이제 막 그들의 구매력을 보여주기 시작하는 금융 초보자이다. 후자의 그룹은 신용 이력이 있고, 그들의 첫 번째 주택 담보 대출을 가지고 있을 수 있으며 어린아이들을 키우고 있다. Y.1 세대와 Y.2 세대 사이의 우선순위와 필요한 것에 있어서의 <u>차이</u>는 엄청나다.

① 차이
② 감소
③ 반복
④ 능력

[해설] 글의 후반부에 빈칸이 나왔으므로 주제문이 어떻게 재진술되어야 하는지 확인해야 한다. 지문 처음에서 모든 밀레니얼 세대가 현재 동일한 삶의 단계에 있는 것은 아니라고 했고 지문 전반에 걸쳐 더 나이가 어린 밀레니얼(Y.1) 세대와 더 나이가 많은 밀레니얼(Y.2) 세대의 문화적, 경제적 차이에 대해 설명하고 있으므로, 빈칸에는 Y.1 세대와 Y.2 세대 사이의 우선순위와 필요한 것에 있어서의 '① 차이'는 엄청나다는 주제를 재진술한 내용이 들어가야 한다. (불변의 패턴 17)

[어휘] settle down 정착하다, 안정되다 priority 우선순위 split 나누다
generation 세대 vastly 매우 phase 단계 financial 경제적인, 금융의
buying power 구매력 latter 후자의 credit history 신용 이력
mortgage 주택 담보 대출 reduction 감소 repetition 반복

2

정답 ①

끊어읽기 해석

Cost pressures / in liberalized markets / have different effects / on existing and future hydropower schemes.
비용 압박은 / 자유화된 시장에서의 / 서로 다른 영향을 미친다 / 기존 및 미래의 수력 발전 계획에

Because of the cost structure, / existing hydropower plants / will always be able to earn / a profit.
비용 구조 때문에 / 기존의 수력 발전소는 / 항상 얻을 수 있을 것이다 / 이익을

Because / the planning and construction / of future hydropower schemes / is not a short-term process, / it is not a popular investment, / in spite of low electricity generation costs.
~이기 때문에 / 구상과 건설은 / 미래 수력 발전 계획의 / 단기적인 과정이 아니다 / 그것은 대중적인 투자가 아니다 / 낮은 전기 생산 비용에도 불구하고

Most private investors / would prefer to finance / <u>more short-term technologies</u>, / leading to / the paradoxical situation that although an existing hydropower plant seems / to be a cash cow, / nobody wants to invest / in a new one.
대부분의 민간 투자자들은 / 자금을 조달하는 것을 선호할 것이다 / <u>더 단기적인 기술에</u> / 이는 이어진다 / 역설적인 상황으로 / 비록 기존 수력 발전소가 ~인 것처럼 보이지만 / 효자 사업 / 누구도 투자하고 싶어 하지 않는다는 / 새로운 것(수력 발전소)에

Where public shareholders/owners (states, cities, municipalities) are involved, / the situation looks very different / because they can see / the importance of the security of supply / and / also appreciate / long-term investments.
공공 주주/소유주(주, 도시, 지방 자치 단체)가 참여하는 경우 / 상황은 매우 다르게 보인다 / 그들이 인식할 수 있기 때문에 / 공급 보안의 중요성을 / 그리고 / 또한 이해하기 때문에 / 장기적인 투자를

[해석] 자유화된 시장에서의 비용 압박은 기존 및 미래의 수력 발전 계획에 서로 다른 영향을 미친다. 비용 구조 때문에 기존의 수력 발전소는 항상 이익을 얻을 수 있을 것이다. 미래 수력 발전 계획의 구상과 건설은 단기적인 과정이 아니기 때문에, 낮은 전기 생산 비용에도 불구하고 대중적인 투자가 아니다. 대부분의 민간 투자자들은 <u>더 단기적인 기술</u>에 자금을 조달하는 것을 선호할 것이고, 이는 기존 수력 발전소

가 효자 사업인 것처럼 보이지만, 누구도 새로운 것(수력 발전소)에 투자하고 싶어 하지 않는다는 역설적인 상황으로 이어진다. 공공 주주/소유주(주, 도시, 지방 자치 단체)가 참여하는 경우, 공급 보안의 중요성을 인식하고 장기적인 투자를 이해할 수 있기 때문에 상황은 매우 다르게 보인다.

① 더 단기적인 기술
② 모든 첨단 기술 산업
③ 공익의 증진
④ 전력 공급의 강화

[해설] 글의 중반부에 빈칸이 나왔으므로 주제문에 대한 구체적인 설명이 어떻게 들어가야 하는지 확인해야 한다. 지문 처음에서 비용 압박이 기존 및 미래의 수력 발전 계획에 서로 다른 영향을 미친다고 했고, 빈칸 앞 문장에서 미래 수력 발전 계획의 구상과 건설은 단기적인 과정이 아니기 때문에 대중적인 투자가 아니라고 언급하고 있으므로 비용 압박과 수력 발전 계획과의 관계와 관련된 내용이 구체적으로 설명되어야 하는 것을 알 수 있다. 빈칸이 있는 문장에서 기존 수력 발전소가 효자 사업인 것처럼 보이지만 누구도 새로운 수력 발전소에 투자하고 싶어 하지 않는 역설적인 상황으로 이어진다고 설명하고 있으므로, 빈칸에는 대부분의 민간 투자자들은 '① 더 단기적인 기술'에 자금을 조달하는 것을 선호할 것이라는 내용이 들어가야 한다. (불변의 패턴 16)

[어휘] cost 비용, 가격 pressure 압박, 압력 liberalize 자유화하다, 완화하다
existing 기존의 hydropower 수력 발전력 scheme 계획, 기획
structure 구조 plant 발전소 earn 얻다 profit 이익
short-term 단기적인 investment 투자 private 민간의, 개인의
shareholder 주주 municipality 지방 자치 단체 security 보안
appreciate 이해하다, 감사하다 long-term 장기적인
promotion 증진, 진흥 public interest 공익 enhancement 강화

3

정답 ④

끊어읽기 해석

Antibiotics are among the most commonly prescribed drugs / for people.
항생제는 가장 흔하게 처방되는 약들 중 하나이다 / 사람들에게

Antibiotics are effective / against bacterial infections, / such as strep throat, / some types of pneumonia, / eye infections, / and ear infections.
항생제는 효과적이다 / 박테리아 감염에 / 패혈성 인두염과 같은 / 일부 유형의 폐렴 / 눈 감염 / 그리고 귀 감염

But / these drugs / don't work at all / against viruses, / such as those that cause colds or flu.
하지만 / 이 약들은 / 전혀 효과가 없다 / 바이러스에 / 감기나 독감을 유발하는 것과 같은

Unfortunately, / many antibiotics / prescribed to people and to animals / are unnecessary.
불행하게도 / 많은 항생제는 / 사람과 동물에게 처방되는 / 불필요하다

(A) Furthermore, / the overuse and misuse of antibiotics / help to create / drug-resistant bacteria.
(A) 게다가 / 항생제의 남용과 오용은 / 생성하는 것을 돕는다 / 약물에 내성이 있는 박테리아를

Here's how that might happen.
그것이 어떻게 일어날 수 있는지는 다음과 같다

When used properly, / antibiotics can help / destroy disease-causing bacteria.
적절하게 사용되면 / 항생제는 도움이 될 수 있다 / 질병을 일으키는 박테리아를 파괴하는 데

(B) However, / if you take an antibiotic / when you have a viral infection / like the flu, / the drug won't affect the viruses / making you sick.

(B) 하지만 / 항생제를 복용하면 / 당신이 바이러스 감염이 있을 때 / 독감과 같은 / 그 약은 바이러스에 영향을 미치지 않는다 / 당신을 아프게 하는

항생제는 사람들에게 가장 흔하게 처방되는 약들 중 하나이다. 항생제는 패혈성 인두염, 일부 유형의 폐렴, 눈 감염, 그리고 귀 감염과 같은 박테리아 감염에 효과적이다. 하지만 이 약들은 감기나 독감을 유발하는 것과 같은 바이러스에는 전혀 효과가 없다. 불행하게도, 사람과 동물에게 처방되는 많은 항생제는 불필요하다. (A) 게다가, 항생제의 남용과 오용은 약물에 내성이 있는 박테리아를 생성하는 것을 돕는다. 그것이 어떻게 일어날 수 있는지는 다음과 같다. 항생제는 적절하게 사용되면 질병을 일으키는 박테리아를 파괴하는 데 도움이 될 수 있다. (B) 하지만, 독감과 같은 바이러스 감염이 있을 때 항생제를 복용하면, 그 약은 당신을 아프게 하는 바이러스에 영향을 미치지 않는다.

	(A)	(B)
①	하지만	대신에
②	게다가	그러므로
③	반면에	예를 들어
④	게다가	하지만

(A) 빈칸 앞 문장은 사람과 동물에게 처방되는 많은 항생제는 불필요하다는 내용이고, 빈칸 뒤 문장은 항생제의 남용과 오용은 약물에 내성이 있는 박테리아를 생성하는 것을 돕는다는 추가적인 내용이다. 따라서 빈칸에는 추가를 나타내는 연결어인 Furthermore(게다가)가 들어가야 한다. (B) 빈칸 앞 문장은 항생제는 적절하게 사용되면 질병을 일으키는 박테리아를 파괴하는 데 도움이 될 수 있다는 내용이고, 빈칸 뒤 문장은 바이러스 감염이 있을 때 항생제를 복용하면 그 약은 바이러스에 영향을 미치지 않는다는 내용으로 앞 문장과 대조적인 내용이다. 따라서 빈칸에는 대조를 나타내는 연결어인 However(하지만)가 들어가야 한다. 따라서 ④ (A) Furthermore (게다가) - (B) However(하지만)가 정답이다. (불변의 패턴 19)

antibiotic 항생제, 항균 prescribe 처방하다 effective 효과적인
infection 감염 strep throat 패혈성 인두염 pneumonia 폐렴
overuse 남용 misuse 오용 resistant 내성이 있는, 저항력이 있는
properly 적절하게, 제대로 viral 바이러스의

4
정답 ②

끊어읽기 해석

The understandings / that children bring to the classroom / can already be quite powerful / in the early grades.
지식은 / 아이들이 교실에 가져오는 / 이미 꽤 강력할 수 있다 / 저학년 때

For example, / some children have been found / to hold onto their preconception / of a flat earth / by imagining a round earth / to be shaped like a pancake.
예를 들어 / 어떤 아이들은 밝혀졌다 / 그들의 선입견을 고수하는 것으로 / 평평한 지구에 대한 / 둥근 지구를 상상함으로써 / 팬케이크처럼 생겼다고

This construction of a new understanding / is guided / by a model of the earth / that helps the child explain / how people can stand or walk / on its surface.
이러한 새로운 지식의 구성은 / 이루어진다 / 지구의 모형에 의해 / 아이들이 설명하는 것을 돕는 / 어떻게 사람들이 서거나 걸을 수 있는지를 / 그것의(지구의) 표면에서

Many young children have trouble / giving up the notion / that one-eighth is greater than one-fourth, / because 8 is more than 4.
많은 어린 아이들은 어려움을 겪는다 / 개념을 포기하는 데 / 8분의 1이 4분의 1보다 크다는 / 8이 4보다 많기 때문에

If children were blank slates, / just telling them / that the earth is round / or / that one-fourth is greater than one-eighth / would be <u>adequate</u>.

But / since they already have ideas / about the earth / and / about numbers, / those ideas / must be directly addressed / in order to transform or expand them.
하지만 / 그들은 이미 개념을 가지고 있기 때문에 / 지구에 대한 / 그리고 / 숫자에 대한 / 그 관념들은 / 직접적으로 다뤄져야 한다 / 그것들을 변형하거나 확장하기 위해서는

아이들이 교실에 가져오는 지식은 이미 저학년 때 꽤 강력할 수 있다. 예를 들어, 어떤 아이들은 둥근 지구가 팬케이크처럼 생겼다고 상상함으로써 평평한 지구에 대한 그들의 선입견을 고수하는 것으로 밝혀졌다. 이러한 새로운 지식의 구성은 아이들이 어떻게 사람들이 지구 표면에서 서거나 걸을 수 있는지를 설명하는 것을 돕는 지구의 모형에 의해 이루어진다. 많은 어린 아이들은 8이 4보다 많기 때문에 8분의 1이 4분의 1보다 크다는 개념을 포기하는 데 어려움을 겪는다. 만약 아이들이 백지상태라면, 지구가 둥글다거나 4분의 1이 8분의 1보다 크다고 말하는 것만으로도 충분할 것이다. 하지만 그들은 이미 지구와 숫자에 대한 개념을 가지고 있기 때문에, 그것들을 변형하거나 확장하기 위해서는 그 관념들이 직접적으로 다뤄져야 한다.

① 익숙한
② 충분한
③ 부적절한
④ 무관한

글의 후반부에 빈칸이 나왔으므로 주제문이 어떻게 재진술되어야 하는지 확인해야 한다. 지문 처음에서 아이들이 교실에 가져오는 지식은 이미 저학년 때 꽤 강력할 수 있다고 했고, 빈칸 뒤 문장에서 하지만 그들은 이미 지구와 숫자에 대한 개념을 가지고 있기 때문에 그것들을 변형하거나 확장하기 위해서는 그 관념들이 직접적으로 다뤄져야 한다고 설명하고 있으므로, 빈칸에는 만약 아이들이 백지상태라면 지구가 둥글다거나 4분의 1이 8분의 1보다 크다고 말하는 것만으로도 '② 충분할' 것이라는 주제를 재진술한 내용이 들어가야 한다. (불변의 패턴 17)

hold onto 고수하다, 계속 유지하다 preconception 선입견, 편견
flat 평평한 construction 구성, 건설 surface 표면 notion 개념, 생각
blank slate 백지상태, 빈 석판 address 다루다, 해결하다
transform 변형하다, 변화시키다 expand 확장하다, 확대하다
adequate 충분한, 적당한 improper 부적절한 irrelevant 무관한, 부적절한

5
정답 ②

끊어읽기 해석

In recent years, / the increased popularity / of online marketing and social media sharing / has boosted the need / for advertising standardization / for global brands.
최근에, / 높아진 인기는 / 온라인 마케팅과 소셜 미디어 공유의 / 필요성을 북돋웠다 / 광고 표준화의 / 글로벌 브랜드에 대한

Most big marketing and advertising campaigns / include a large online presence.
대부분의 대규모 마케팅과 광고 캠페인은 / 대규모의 온라인상에서의 존재감을 포함한다

Connected consumers / can now zip easily across borders / via the internet and social media, / making it difficult for advertisers / to roll out adapted campaigns / in a controlled, orderly fashion.
연결된 소비자들은 / 이제 국경을 쉽게 넘나들 수 있다 / 인터넷과 소셜 미디어를 통해 / 광고주들을 어렵게 만든다 / 적합한 캠페인을 시작하는 것을 / 통제되고 질서정연한 방식으로

As a result, / most global consumer brands / coordinate their digital sites / internationally.

결과적으로, / 대부분의 글로벌 소비자 브랜드는 / 그들의 디지털 사이트를 동등하게 한다 / 국제적으로

For example, / Coca-Cola web and social media sites around the world, / from Australia and Argentina / to France, Romania, and Russia, / are surprisingly uniform.

예를 들어, / 전 세계의 코카콜라 웹 사이트와 소셜 미디어 사이트는 / 호주와 아르헨티나부터 / 프랑스, 루마니아, 그리고 러시아에 이르기까지 / 놀랍게도 똑같다

All feature / splashes of familiar Coke red, / iconic Coke bottle shapes, / and Coca-Cola's music and "Taste the Feeling" themes.

전부 특징으로 한다 / 친숙한 코카콜라 빨간색의 물방울들을, / 상징적인 콜라병 모양을 / 그리고 코카콜라의 음악과 '이 맛, 이 느낌' 테마를

해석 최근에, 온라인 마케팅과 소셜 미디어 공유의 높아진 인기는 글로벌 브랜드에 대한 광고 표준화의 필요성을 북돋웠다. 대부분의 대규모 마케팅과 광고 캠페인은 대규모의 온라인상에서의 존재감을 포함한다. 연결된 소비자들은 이제 인터넷과 소셜 미디어를 통해 국경을 쉽게 넘나들 수 있고, 이는 광고주들이 적합한 캠페인을 통제되고 질서 정연한 방식으로 시작하는 것을 어렵게 만든다. 결과적으로, 대부분의 글로벌 소비자 브랜드는 그들의 디지털 사이트를 국제적으로 동등하게 한다. 예를 들어, 호주와 아르헨티나부터 프랑스, 루마니아, 그리고 러시아에 이르기까지, 전 세계의 코카콜라 웹 사이트와 소셜 미디어 사이트는 놀랍게도 똑같다. 전부 친숙한 코카콜라 빨간색의 물방울들, 상징적인 콜라병 모양, 그리고 코카콜라의 음악과 '이 맛, 이 느낌' 테마를 특징으로 한다.

① 실험의　　　　　② 똑같은
③ 국한된　　　　　④ 다양한

해설 글의 후반부에 빈칸이 나왔으므로 주제문이 어떻게 재진술되어야 하는지 확인해야 한다. 지문 처음에서 최근에 온라인 마케팅과 소셜 미디어 공유의 높아진 인기는 글로벌 브랜드에 대한 광고 표준화의 필요성을 북돋았다고 했고, 지문 마지막에서 대부분의 글로벌 소비자 브랜드는 그들의 디지털 사이트를 국제적으로 동등하게 하는데, 코카콜라 웹 사이트는 전부 친숙한 코카콜라 빨간색의 물방울들, 상징적인 콜라병 모양, 그리고 코카콜라의 음악과 '이 맛, 이 느낌' 테마를 특징으로 한다고 했으므로, 빈칸에는 전 세계의 코카콜라 웹 사이트와 소셜 미디어 사이트는 놀랍게도 '② 똑같다'는 주제를 재진술한 내용이 들어가야 한다. (불변의 패턴 17)

어휘 popularity 인기　advertising 광고　standardization 표준화
online presence 온라인상에서의 존재감, 영향력　consumer 소비자
border 국경　via (특정한 사람·시스템 등을) 통해
roll out 시작하다, 출시하다　adapted 적합한, 알맞은　fashion 방식
coordinate 동등하게 하다, 조정하다　feature ~을 특징으로 하다
iconic 상징적인　experimental 실험의　uniform 같은
localize ~을 국한시키다

6
정답 ①
끊어읽기 해석

Child psychologist Jean Piaget was one of the first / to study questions of moral development.

아동 심리학자 장 피아제는 최초의 사람 중 한 명이다 / 도덕적 발달에 대한 의문을 연구한

He suggested / that moral development, like cognitive development, proceed in stages.

그는 시사했다 / 인지 발달과 같은 도덕적 발달이 단계적으로 진행된다고

The earliest stage is a broad form of moral thinking / he called heteronomous morality, / in which rules are seen / as invariant and unchangeable.

가장 초기 단계는 도덕적 사고의 광범위한 형성이다 / 그가 타율적 도덕성

During this stage, / which lasts from about age 4 to age 7, / children play games rigidly, / assuming that there is one, and only one, way / to play / and that every other way is wrong.

이 단계 동안 / 약 4세부터 7세까지 지속되는 / 아이들은 융통성 없이 놀이를 한다 / 유일한 단 한 가지 방법만 있다고 가정하면서 / 놀이를 하는 / 그리고 다른 모든 방법이 틀렸다고

At the same time, though, / preschool-age children may not even fully grasp game rules.

그러나, 동시에 / 미취학 아동들은 놀이 규칙을 완전히 이해하지 못할 수도 있다

(A) Consequently, / a group of children may be playing together, / with each child playing / according to a slightly different set of rules.

(A) 그 결과 / 아이들 무리는 함께 놀고 있는 것일지도 모른다 / 각각의 아이가 노는 상태로 / 약간 다른 규칙들에 따르며

Nevertheless, / they enjoy playing with others.

그럼에도 불구하고 / 그들은 다른 사람들과 노는 것을 즐긴다

Piaget suggests / that every child may "win" such a game / (B) because winning is equated with having a good time, / as opposed to truly competing with others.

피아제는 시사한다 / 모든 아이들이 이러한 놀이에서 '이길' 수 있다고 / 이기는 것은 즐거운 시간을 보내는 것과 같기 (B) 때문에 / 진정으로 다른 사람들과 경쟁하는 것이 아니라

해석 아동 심리학자 장 피아제는 도덕적 발달에 대한 의문을 연구한 최초의 사람 중 한 명이다. 그는 인지 발달과 같은 도덕적 발달이 단계적으로 진행된다고 시사했다. 가장 초기 단계는 그가 타율적 도덕성이라고 부르는 도덕적 사고의 광범위한 형성이며, 이 안에서 규칙은 변함없고 바꿀 수 없는 것으로 간주된다. 약 4세부터 7세까지 지속되는 이 단계 동안, 아이들은 놀이를 하는 유일한 단 한 가지 방법만 있고 다른 모든 방법이 틀렸다고 가정하면서 융통성 없이 놀이를 한다. 그러나, 동시에 미취학 아동들은 놀이 규칙을 완전히 이해하지 못할 수도 있다. (A) 그 결과, 아이들 무리는 각각의 아이가 약간 다른 규칙들에 따르며 노는 상태로 함께 놀고 있는 것일지도 모른다. 그럼에도 불구하고, 그들은 다른 사람들과 노는 것을 즐긴다. 피아제는 이기는 것은 진정으로 다른 사람들과 경쟁하는 것이 아니라 즐거운 시간을 보내는 것과 같기 (B) 때문에 모든 아이들이 이러한 놀이에서 '이길' 수 있다고 시사한다.

	(A)	(B)
①	그 결과	~ 때문에
②	예를 들어	비록 ~일지라도
③	사실은	반면에
④	하지만	~할 무렵에
⑤	게다가	~하는 경우에 대비해서

해설 (A) 빈칸 앞부분은 약 4세부터 7세까지의 아이들은 놀이를 하는 유일한 단 한 가지 방법만 있고 다른 모든 방법이 틀렸다고 가정하면서 융통성 없이 놀이를 하고, 놀이 규칙을 완전히 이해하지 못할 수도 있다는 내용이고, (A) 빈칸 뒤 문장은 아이들 무리가 각자 약간 다른 규칙들에 따르며 함께 놀고 있는 것일지도 모른다는 결론인 내용이므로, (A)에는 Consequently(그 결과)가 들어가야 한다. (B) 빈칸이 있는 문장에서 (B) 빈칸 앞부분은 이러한 놀이에서는 모든 아이들이 '이길' 수 있다는 내용이고, (B) 빈칸 뒷부분은 이기는 것이 진정으로 다른 사람들과 경쟁하는 것이 아니라 즐거운 시간을 보내는 것과 같다고 하며 그 이유를 설명하는 내용이므로, (B)에는 because(~ 때문에)가 들어가야 한다. 따라서 ① (A) Consequently(그 결과) - because(~ 때문에)가 정답이다. (불변의 패턴 19)

어휘 moral 도덕적인　cognitive 인지의　proceed 진행되다
broad 광범위한, 넓은　heteronomous morality 타율적 도덕성(도덕적 판

invariant 변함없는   last 지속되다   rigidly 융통성 없이
assume 가정하다   grasp 이해하다, 움켜쥐다   slightly 약간
be equated with ~와 같다

7

끊어읽기 해석

> To speak of 'the aim' of scientific activity / may perhaps sound a little (A) <u>naive</u>; / for clearly, different scientists have different aims, / and science itself / (whatever that may mean) / has no aims.
> 과학 활동의 '목표'에 대해 말하는 것은 / 아마도 약간 (A) 순진하게 들릴지도 모른다 / 왜냐하면 분명히, 서로 다른 과학자들은 서로 다른 목표를 가지고 있기 때문이다 / 그리고 과학 그 자체는 / (그것이 무엇을 의미하든) / 목표가 없다
>
> I admit all this.
> 나는 이 모든 것을 인정한다
>
> And yet it seems / that when we speak of science we do feel, / more or less clearly, / that there is something characteristic of scientific activity; / and since scientific activity looks pretty much like a rational activity, / and since a rational activity must have some aim, / the attempt to describe the aim of science / may not be entirely (B) <u>futile</u>.
> 그럼에도 불구하고 ~인 것처럼 보인다 / 우리가 과학에 대해 말할 때 우리는 느낀다 / 다소 분명하게 / 과학 활동 특유의 무언가가 있다는 것을 / 그리고 과학 활동이 이성적인 활동과 거의 비슷해 보이기 때문에 / 그리고 이성적인 활동은 어떤 목표를 가지고 있어야 하기 때문에 / 과학의 목표를 설명하려는 시도가 / 완전히 (B) 헛된 것은 아닐 수도 있다

해석 과학 활동의 '목표'에 대해 말하는 것은 아마도 약간 (A) 순진하게 들릴지도 모르는데, 왜냐하면 분명히, 서로 다른 과학자들은 서로 다른 목표를 가지고 있고, 과학 그 자체는 (그것이 무엇을 의미하든) 목표가 없기 때문이다. 나는 이 모든 것을 인정한다. 그럼에도 불구하고 우리가 과학에 대해 말할 때, 우리는 과학 활동 특유의 무언가가 있다는 것을 다소 분명하게 느끼는 것처럼 보인다. 그리고 과학 활동이 이성적인 활동과 거의 비슷해 보이고, 이성적인 활동은 어떤 목표를 가지고 있어야 하기 때문에, 과학의 목표를 설명하려는 시도가 완전히 (B) 헛된 것은 아닐 수도 있다.

	(A)	(B)
①	순진한	헛된
②	합리적인	유익한
③	혼란스러운	용인되는
④	일관성 있는	버려진

해설 빈칸이 두 개 있으므로 글의 주제문이나 중심 소재와 관련된 키워드가 무엇인지 확인해야 한다. 이 지문의 중심 소재는 과학 활동의 목표인데, (A) 빈칸 앞부분에 과학 활동의 목표에 대해 말하는 것이 어떻게 들릴 수 있는지에 대한 내용이 있고, 빈칸 뒤 문장에 서로 다른 과학자들은 서로 다른 목표를 가지고 있으며 과학 그 자체는 목표가 없다는 내용이 있으므로, (A)에는 naive(순진한)가 들어가야 한다. (B) 빈칸 앞부분에 과학 활동이 이성적인 활동과 거의 비슷해 보이고, 이성적인 활동은 어떤 목표를 가지고 있어야 한다고 하며 과학의 목표를 설명하려는 시도가 어떤 것이 아닐 수 있다고 설명하는 내용이 있으므로, (B)에는 futile(헛된)이 들어가야 한다. 따라서 ① naive(순진한) – futile(헛된)이 정답이다. (불변의 패턴 18)

어휘 aim 목표   admit 인정하다   characteristic 특유의   rational 이성적인   attempt 시도   describe 설명하다, 묘사하다   naive 순진한   futile 헛된   reasonable 합리적인   fruitful 유익한, 생산적인   chaotic 혼란스러운   consistent 일관성 있는   discard 버리다

8

끊어읽기 해석

> What counts / as private information or as intrusion / can vary / among cultures / and even within subcultures of a particular society.
> 간주되는 것은 / 개인 정보 또는 침범으로 / 다를 수 있다 / 문화마다 / 그리고 심지어 특정 사회의 하위문화 내에서도
>
> Whether an act is regarded / as intrusion or comfortable familiarity / depends on / <u>the circumstances and shared understandings of those involved.</u>
> 어떤 행동이 여겨지는지는 / 침범 아니면 편안한 친숙함으로 / ~에 달려 있다 / <u>상황과 관련된 사람들의 공유된 합의에</u>
>
> For example, / knocking on doors / and waiting to be granted permission to enter / is one way / that privacy is respected / in some cultures.
> 예를 들어, / 문을 두드리는 것은 / 그리고 들어갈 허락을 받는 것을 기다리는 것은 / 한 가지 방법이다 / 사생활이 존중되는 / 일부 문화에서
>
> In other cultures, / it is acceptable / for people / to walk unannounced through entranceways / or to enter a friend's or family member's home / without knocking.
> 다른 문화에서는, / ~이 받아들여진다 / 사람들에게 / 예고 없이 입구를 통과하는 것이 / 또는 친구나 가족의 집에 들어가는 것이 / 노크 없이

해석 개인 정보 또는 침범으로 간주되는 것은 문화마다 다를 수 있으며 심지어 특정 사회의 하위문화 내에서도 다를 수 있다. 어떤 행동이 침범으로 여겨지는지 아니면 편안한 친숙함으로 여겨지는지는 상황과 관련된 사람들의 공유된 합의에 달려 있다. 예를 들어, 문을 두드리고 들어갈 허락을 받는 것을 기다리는 것은 일부 문화에서 사생활이 존중되는 한 가지 방법이다. 다른 문화에서는, 사람들에게 예고 없이 입구를 통과하거나 친구나 가족의 집에 노크 없이 들어가는 것이 받아들여진다.

① 상황과 관련된 사람들의 공유된 합의
② 사생활과 관련된 권리와 책임
③ 간섭받지 않고 삶을 살 수 있는 사람들의 능력
④ 개인 정보에 대한 개인의 통제
⑤ 사생활을 보호하기 위한 법의 효력

해설 글의 초반부에 빈칸이 나왔으므로 이어지는 글의 내용을 종합하여 주제가 무엇인지를 파악해야 한다. 빈칸 뒤 문장에서 일부 문화에서는 문을 두드리고 들어갈 허락을 받는 것을 기다리는 것이 사생활이 존중되는 한 가지 방법이고, 다른 문화에서는 사람들에게 예고 없이 출입구를 통과하거나 친구나 가족의 집에 노크 없이 들어가는 것이 허용된다고 하며 어떤 행동이 침범이나 편안한 친숙함으로 여겨지는 것은 상황이나 공유된 합의에 달려있다는 것에 대한 예시를 들어 주제문을 설명하고 있다. 따라서, 빈칸에는 어떤 행동이 침범으로 여겨지는지 아니면 편안한 친숙함으로 여겨지는지는 '① 상황과 관련된 사람들의 공유된 합의'에 달려 있다는 내용이 들어가야 한다. (불변의 패턴 15)

어휘 intrusion 침범, 침입   vary 다르다, 달라지다   subculture 하위문화   particular 특정한   familiarity 친숙함   grant 부여하다, 허가하다   acceptable 받아들일 만한   unannounced 예고 없이   entranceway 입구, 통로   circumstance 상황   understanding 합의, 이해   associated with ~과 관련된   interfere 간섭하다, 방해하다   efficacy 효력

Section 5 논리적 흐름 파악 유형

p.132

불변의 패턴 21 대명사나 연결어를 찾으면 앞뒤 글의 순서가 보인다.

대표 기출 예제

정답 ③

끊어읽기 해석

For people who are blind, / everyday tasks / such as sorting through the mail or doing a load of laundry / present a challenge.
시각장애가 있는 사람들에게 / 일상적인 일들은 / 우편물을 분류하거나 빨래를 많이 하는 것과 같은 / 도전을 제기한다

(A) That's the thinking behind Aira, / a new service that enables its thousands of users / to stream live video of their surroundings / to an on-demand agent, / using either a smartphone or Aira's proprietary glasses.
그것은 Aira의 이면에 있는 생각이다 / 그것의 수천 명의 사용자들이 할 수 있게 해주는 새로운 서비스인 / 그들 주변 환경의 실시간 영상을 스트리밍하는 것을 / 언제든지 에이전트에게 / 스마트폰이나 Aira의 전매 안경을 사용하여

(B) But what if they could "borrow" the eyes of someone / who could see?
하지만 만약 그들이 누군가의 눈을 '빌릴' 수 있다면 어떻겠는가 / 앞을 볼 수 있는

(C) The Aira agents, / who are available 24/7, / can then answer questions, describe objects / or guide users through a location.
Aira 에이전트는 / 24시간 연중무휴로 이용할 수 있는 / 질문에 답하거나, 사물을 묘사할 수 있다 / 혹은 위치 추적을 통해 사용자들에게 길을 안내한다

해석

시각장애가 있는 사람들에게, 우편물을 분류하거나 빨래를 많이 하는 것과 같은 일상적인 일들은 도전을 제기한다.

(B) 하지만 만약 그들이 앞을 볼 수 있는 누군가의 눈을 '빌릴' 수 있다면 어떻겠는가?

(A) 그것은 수천 명의 사용자들이 스마트폰이나 Aira의 전매 안경을 사용하여 그들 주변 환경의 실시간 영상을 언제든지 에이전트에게 스트리밍할 수 있게 해주는 새로운 서비스인 Aira의 이면에 있는 생각이다.

(C) 24시간 연중무휴로 이용할 수 있는 Aira 에이전트는 질문에 답하거나, 사물을 묘사하거나, 위치 추적을 통해 사용자들에게 길을 안내할 수 있다.

어휘 sort 분류하다 enable ~을 할 수 있게 하다
stream 스트리밍하다(음악 파일이나 동영상 파일을 내려받거나 저장하여 재생하지 않고 인터넷에 연결된 상태에서 실시간으로 재생하다)
proprietary 전매의, 독점의 borrow 빌리다 describe 묘사하다
location 위치 추적

기출문제 풀어보기

정답 ③

끊어읽기 해석

Today, / Lamarck is unfairly remembered / in large part / for his mistaken explanation / of how adaptations evolve.
오늘날 / Lamarck는 부당하게 기억되고 있다 / 대개 / 그의 잘못된 설명으로 인해 / 적응이 어떻게 전개되는지에 대한

He proposed / that by using or not using / certain body parts, / an organism develops / certain characteristics.
그는 제안했다 / 사용하거나 사용하지 않음으로써 / 특정한 신체 부위들을 / 유기체가 발달시킨다고 / 특정한 특성들을

(A) There is no evidence / that this happens.
증거는 없다 / 이것이 일어난다는

Still, / it is important to note / that Lamarck proposed / that evolution occurs / when organisms adapt to their environments.
그럼에도 불구하고 / 주목하는 것은 중요하다 / Lamarck가 제안한 것에 / 진화가 일어난다고 / 유기체가 환경에 적응할 때

This idea helped / set the stage for Darwin.
이 개념은 도움이 되었다 / Darwin의 발판을 마련하는 데

(B) Lamarck thought / that these characteristics would be passed / on to the offspring.
Lamarck는 생각했다 / 이러한 특성들이 전해질 것이라고 / 자손에게

Lamarck called this idea / *inheritance of acquired characteristics.*
Lamarck는 이 개념을 불렀다 / '획득형질의 유전'이라고

(C) For example, / Lamarck might explain / that a kangaroo's powerful hind legs / were the result of ancestors / strengthening their legs by jumping / and then / passing that acquired leg strength on / to the offspring.
예를 들어 / Lamarck는 설명할지도 모른다 / 캥거루의 강력한 뒷다리가 / 조상들의 결과였다고 / 뛰어다님으로써 다리를 강화시키고 / 그 후 / 획득된 다리 힘을 물려준 것의 / 자손에게

However, / an acquired characteristic / would have to somehow modify / the DNA of specific genes / in order to be inherited.
하지만 / 획득형질은 / 어떻게든 수정해야 할 것이다 / 특정 유전자의 DNA를 / 유전되기 위해

해석

오늘날, Lamarck는 대개 적응이 어떻게 전개되는지에 대한 그의 잘못된 설명으로 인해 부당하게 기억되고 있다. 그는 특정한 신체 부위들을 사용하거나 사용하지 않음으로써 유기체가 특정한 특성들을 발달시킨다고 제안했다.

(B) Lamarck는 이러한 특성들이 자손에게 전해질 것이라고 생각했다. Lamarck는 이 개념을 '획득형질의 유전'이라고 불렀다.

(C) 예를 들어, Lamarck는 캥거루의 강력한 뒷다리가 조상들이 뛰어다님으로써 다리를 강화시키고 그 후 획득된 다리 힘을 자손에게 물려준 것의 결과였다고 설명할지도 모른다. 하지만, 획득형질은 유전되기 위해 특정 유전자의 DNA를 어떻게든 수정해야 할 것이다.

(A) 이것이 일어난다는 증거는 없다. 그럼에도 불구하고, Lamarck가 유기체가 환경에 적응할 때 진화가 일어난다고 제안한 것에 주목하는 것은 중요하다. 이 개념은 Darwin의 발판을 마련하는 데 도움이 되었다.

해설 주어진 글에서 Lamarck가 특정한 신체 부위들을 사용하거나 사용하지 않음으로써 유기체가 특정한 특성들을 발달시킨다고 제안했다고 한 후, (B)에서 Lamarck는 이러한 특성들(these characteristics)이 자손에게 전해질 것이라고 생각했으며, 이 개념을 '획득형질의 유전'이라고 불렀다고 설명하고 있다. 이어서 (C)에서 예를 들어(For example) 그는 캥거루의 강력한 뒷다리가 조상들이 뛰어다님으로써 획득된 다리 힘을 자손에게 물려준 것의 결과였다고 설명할지도 모른다고 언급한 후, 획득형질은 유전되기 위해 특정 유전자의 DNA를 어떻게든 수정해야 할 것이라며 획득 형질이 유전되기 위해 필요한 조건을 언급하고 있다. 마지막으로, (A)에서 이것(this)이 일어난다는 증거는 없지만 그럼에도 불구하고 Lamarck의 제안에 주목하는 것이 중요하다고 하고 있다. 따라서 ③ (B) – (C) – (A)가 정답이다.

어휘 adaptation 적응, 각색 evolve 전개되다, 진화하다 evidence 증거

set the stage for ~의 발판을 마련하다 pass on to ~에게 전하다
offspring 자손, 새끼 inheritance 유전, 유산
acquired characteristics 획득형질 ancestor 조상 modify 수정하다

p.133

불변의 패턴 22 주어진 글을 보고 뒤에 나올 글의 구조를 예측할 수 있다.

대표 기출 예제

정답 ③

끊어읽기 해석

All civilizations rely on government administration.
모든 문명은 정부의 행정에 의존한다
Perhaps / no civilization better exemplifies this / than ancient Rome.
아마도 / 이것을 더 잘 보여주는 문명은 없을 것이다 / 고대 로마보다

(A) To rule an area that large, / the Romans, / based in what is now central Italy, / needed an effective system / of government administration.
그렇게 넓은 지역을 통치하기 위해, / 로마인들은 / 현재의 중부 이탈리아에 기반을 둔 / 효과적인 시스템이 필요했다 / 정부 행정의
(B) Actually, / the word "civilization" itself / comes from the Latin word *civis*, / meaning "citizen."
사실, / '문명'이라는 단어 자체는 / 라틴어 'civis'에서 왔다 / '시민'을 의미하는
(C) Latin was the language of ancient Rome, / whose territory stretched / from the Mediterranean basin / all the way to parts of Great Britain in the north / and the Black Sea to the east.
라틴어는 고대 로마의 언어였다 / 그들의 영토는 뻗어 있었다 / 지중해의 분지에서 / 북쪽의 그레이트브리튼 섬의 일부까지 / 그리고 동쪽의 흑해까지

해석
모든 문명은 정부의 행정에 의존한다. 아마도 고대 로마보다 이것을 더 잘 보여주는 문명은 없을 것이다.

(B) 사실, '문명'이라는 단어 자체는 '시민'을 의미하는 라틴어 'civis'에서 왔다.
(C) 라틴어는 고대 로마의 언어였는데, 그들의 영토는 지중해의 분지에서 북쪽의 그레이트브리튼 섬의 일부와 동쪽의 흑해까지 뻗어 있었다.
(A) 로마인들은 현재의 중부 이탈리아에 기반을 둔 그렇게 넓은 지역을 통치하기 위해, 효과적인 정부 행정 시스템이 필요했다.

어휘 civilization 문명 administration 행정 exemplify 보여주다
ancient 고대의 rule 통치하다 effective 효과적인 territory 영토
stretch 뻗어 있다, 이르다 basin 분지

기출문제 풀어보기

정답 ③

끊어읽기 해석

Past research has shown / that experiencing frequent psychological stress / can be a significant risk factor / for cardiovascular disease, / a condition that affects almost half of those / aged 20 years and older in the United States.
과거 연구는 보여주었다 / 잦은 정신적인 스트레스를 경험하는 것은 / 상당한 위험 요소가 될 수 있다는 것을 / 심혈관 질병에 / ~인 사람들 중 거의 절반에게 영향을 끼치는 질환인 / 미국의 20세 이상인

(A) Does this mean, / though, / that people / who drive on a

---

daily basis / are set to develop heart problems, / or is there a simple way / of easing the stress / of driving?
이것은 의미할까 / 하지만 / 사람들이 / 매일 운전하는 / 심장병이 생길 예정이라는 것을 / 혹은 간단한 방법이 있을까 / 스트레스를 푸는 / 운전으로 인한
(B) According to a new study, / there is.
새로운 연구에 따르면 / (그 방법이) 있다
The researchers noted / that listening to music / while driving / helps relieve the stress / that affects heart health.
연구원들은 언급했다 / 음악을 듣는 것이 / 운전하는 동안 / 스트레스를 줄이도록 돕는다고 / 심장 건강에 영향을 끼치는
(C) One source / of frequent stress / is driving, / either due to the stressors / associated with heavy traffic / or the anxiety / that often accompanies / inexperienced drivers.
한 가지 원인은 / 잦은 스트레스의 / 운전이다 / 스트레스 요인 때문이든 / 극심한 교통량과 관련된 / 불안감 때문이든 / 종종 동반되는 / 미숙한 운전자들에게

해석
과거 연구는 잦은 정신적인 스트레스를 경험하는 것은 미국의 20세 이상인 사람들 중 거의 절반에게 영향을 끼치는 질환인 심혈관 질병에 상당한 위험 요소가 될 수 있다는 것을 보여주었다.

(C) 잦은 스트레스의 한 가지 원인은, 극심한 교통량과 관련된 스트레스 요인 때문이든 미숙한 운전자들에게 종종 동반되는 불안감 때문이든, 운전이다.
(A) 하지만, 이것은 매일 운전하는 사람들이 심장병이 생길 예정이라는 것을 의미할까? 혹은 운전으로 인한 스트레스를 푸는 간단한 방법이 있을까?
(B) 새로운 연구에 따르면 (그 방법이) 있다. 연구원들은 운전하는 동안 음악을 듣는 것이 심장 건강에 영향을 끼치는 스트레스를 줄이도록 돕는다고 언급했다.

해설 주어진 글에서 잦은 정신적인 스트레스를 경험하는 것은 심혈관 질병에 엄청난 위험 요소(a significant risk factor)가 될 수 있다고 하고 있으므로, 뒤에는 정신적 스트레스의 예시가 나올 것임을 예측할 수 있다. (C)에서 잦은 스트레스의 한 가지 원인(One source of frequent stress)인 운전에 대해서 설명하고, 이어서 (A)에서 운전으로 인한 스트레스(stress of driving)를 푸는 방법이 있는지에 대해 언급한 후, 이어서 (B)에서 그 방법으로 운전하는 동안 음악을 듣는 것에 대해서 이야기하고 있다. 따라서 ③ (C) – (A) – (B)가 정답이다.

어휘 frequent 잦은, 빈번한 significant 상당한 cardiovascular 심혈관의
condition 질병, 질환 stressor 스트레스 요인
accompany 동반되다, 딸리다 inexperienced 미숙한

p.134

불변의 패턴 23 주어진 문장에는 문장이 들어갈 위치에 대한 결정적인 단서가 있다.

대표 기출 예제

정답 ④

끊어읽기 해석

But / she quickly popped her head out / again.
하지만 / 그녀는 재빨리 고개를 내밀었다 / 다시

The little mermaid swam right up / to the small window / of the cabin, / and / every time a wave lifted her up, / she could see a crowd / of well-dressed people / through the clear glass.

인어공주는 헤엄쳐 올라갔다 / 작은 창문으로 / 선실의 / 그리고 / 파도가 그녀를 들어 올릴 때마다 / 그녀는 무리를 볼 수 있었다 / 옷을 잘 차려입은 사람들의 / 투명한 유리를 통해

Among them was a young prince, / the handsomest person there, / with large dark eyes.
그들 중에는 어린 왕자가 있었다 / 그곳에서 가장 잘생긴 사람인 / 크고 어두운 눈을 가진

(①) It was his birthday, / and / that's why there was so much excitement.
그날은 그의 생일이었다 / 그리고 / 그래서 신나는 일이 매우 많았다

(②) When the young prince came out / on the deck, / where the sailors were dancing, / more than a hundred rockets / went up into the sky / and / broke into a glitter, / making the sky / as bright as day.
어린 왕자가 나왔을 때 / 갑판으로 / 선원들이 춤을 추고 있는 / 백 개가 넘는 로켓이 / 하늘로 솟아올랐다 / 그리고 / 불빛으로 부서졌다 / 하늘을 만들며 / 대낮처럼 밝게

(③) The little mermaid was so startled / that she dove down / under the water.
인어공주는 너무 놀랐다 / 그래서 그녀는 뛰어들었다 / 물속으로

(④) And look!
그리고 보아라

It was just as if / all the stars up in heaven / were falling down / on her.
마치 ~인 것 같았다 / 하늘에 있는 모든 별들이 / 떨어지고 있는 / 그녀에게

Never had she seen such fireworks.
그녀는 그런 불꽃놀이를 본 적이 없었다

[해석] 인어공주는 선실의 작은 창문으로 헤엄쳐 올라갔고, 파도가 그녀를 들어 올릴 때마다, 그녀는 투명한 유리를 통해 옷을 잘 차려입은 사람들의 무리를 볼 수 있었다. 그들 중에는, 크고 어두운 눈을 가진, 그곳에서 가장 잘생긴 사람인 어린 왕자가 있었다. 그날은 그의 생일이었고, 그래서 신나는 일이 매우 많았다. 어린 왕자가 선원들이 춤을 추고 있는 갑판으로 나왔을 때, 백 개가 넘는 로켓이 하늘로 솟아올라 반짝이는 불빛으로 부서져 하늘을 대낮처럼 밝게 만들었다. 인어공주는 너무 놀라서 물속으로 뛰어들었다. ④ 하지만 그녀는 재빨리 다시 고개를 내밀었다. 그리고 보아라! 마치 하늘에 있는 모든 별들이 그녀 위로 떨어지고 있는 것 같았다. 그녀는 그런 불꽃놀이를 본 적이 없었다.

[어휘] the little mermaid 인어공주 cabin (배의) 선실, 오두막 deck 갑판
sailor 선원 glitter 반짝이는 불빛 firework 불꽃놀이

기출문제 풀어보기   정답 ③

끊어읽기 해석

Similarly, / television gave rise to televise, / double-glazing preceded double-glaze, / and baby-sitter preceded baby-sit.
마찬가지로 / 'television'(텔레비전)은 'televise'(텔레비전으로 방송하다)가 생기게 했다 / 'double-glazing'(이중 유리창)은 'doubleglaze'(이중 유리를 끼우다)보다 먼저 생겼다 / 그리고 'baby-sitter'(아이를 돌봐주는 사람)가 'baby-sit'(아이를 돌봐주다)보다 먼저 생겼다

It is common in English / to form a new lexeme / by adding a prefix or a suffix to an old one.
영어에서는 흔하다 / 새로운 어휘소를 형성하는 것이 / 기존의 것(어휘소)에 접두사나 접미사를 추가하여

From happy we get unhappy; / from inspect we get inspector.
우리는 'happy'(행복한)에서 'unhappy'(불행한)를 얻는다 / 'inspect'(조사하다)에서 'inspector'(조사관)를 얻는다

(①) Every so often, however, / the process works the other way round, / and a shorter word is derived from a longer one /

by deleting an imagined affix.
그러나, 이따금 / 그 과정은 반대로 작용한다 / 그래서 짧은 단어가 긴 단어에서 파생된다 / 가상의 접사를 삭제함으로써

(②) Editor, for example, looks / as if it comes from edit, / whereas the noun was in the language first.
예를 들어, 'editor'(편집자)는 보인다 / 'edit'(편집하다)에서 나온 것처럼 / 하지만 명사가 먼저 언어에 있었다

(③) Such forms are known as 'back-formations'.
이러한 형식을 '역성어'라고 한다

Each year sees a new crop of back-formations.
매년 잇단 새로운 역성어들을 볼 수 있다

(④) Some are coined / because they meet a real need, / as when a group of speech therapists in the 1970s felt / they needed a new verb / to describe what they did / —to therap.
어떤 것들은 만들어진다 / 그것들이 진정한 필요를 충족시키기 때문에 / 1970년대의 언어치료사들의 한 집단이 느꼈을 때처럼 / 새로운 동사가 필요하다고 / 그들이 한 일을 묘사하기 위해 / 즉, 'therap'(치료하다)

Some are playful formations, / as when a tidy person is described / as couth, kempt, or shevelled.
어떤 것들은 장난스러운 형태이다 / 깔끔한 사람이 묘사되는 것과 같이 / 'couth'(예의 바른), 'kempt'(깔끔한), 혹은 'shevelled'(단정한)로

(⑤) Back-formations often attract criticism / when they first appear, / as happened in the late 1980s / to explete ('to use an expletive') and accreditate (from accreditation).
역성어는 종종 비판을 불러일으킨다 / 그것들이 처음 등장할 때 / 1980년대 후반에 일어난 일처럼 / ('expletive(비속어)'를 쓰다를 뜻하는) 'explete'와 ('accreditation'(승인)에서 온) 'accreditate'(승인하다)에

[해석] 영어에서는 기존의 것(어휘소)에 접두사나 접미사를 추가하여 새로운 어휘소를 형성하는 것이 흔하다. 우리는 'happy'(행복한)에서 'unhappy'(불행한)를 얻고, 'inspect'(조사하다)에서 'inspector'(조사관)를 얻는다. 그러나, 이따금 그 과정은 반대로 작용해서, 가상의 접사를 삭제함으로써 짧은 단어가 긴 단어에서 파생된다. 예를 들어, 'editor'(편집자)는 'edit'(편집하다)에서 나온 것처럼 보이지만, 명사가 먼저 언어에 있었다(명사인 editor가 먼저 존재했었다). ③ 마찬가지로, 'television'(텔레비전)은 'televise'(텔레비전으로 방송하다)가 생기게 했고, 'double-glazing'(이중 유리창)은 'double-glaze'(이중 유리를 끼우다)보다 먼저 생겼으며, 'baby-sitter'(아이를 돌봐주는 사람)가 'baby-sit'(아이를 돌봐주다)보다 먼저 생겼다. 이러한 형식을 '역성어'라고 한다. 매년 잇단 새로운 역성어들을 볼 수 있다. 1970년대의 언어치료사들의 한 집단이 그들이 한 일을 묘사하기 위해 새로운 동사 즉, 'therap'(치료하다)가 필요하다고 느꼈을 때처럼, 어떤 것들은 그것들이 진정한 필요를 충족시키기 때문에 만들어진다. 어떤 것들은 깔끔한 사람이 'couth'(예의 바른), 'kempt'(깔끔한), 혹은 'shevelled'(단정한)로 묘사되는 것과 같이 장난스러운 형태이다. 역성어는 1980년대 후반 ('expletive'(비속어)를 쓰다를 뜻하는) 'explete'와 ('accreditation'(승인)에서 온) 'accreditate'(승인하다)에 일어난 일처럼, 그것들이 처음 등장할 때 종종 비판을 불러일으킨다.

[해설] 주어진 문장에 순접 연결어 Similarly(마찬가지로)와 함께 'television'은 'televise'가 생기게 했고, 'double-glazing'은 'double-glaze'보다 먼저 생겼다고 하며 짧은 단어가 긴 단어에서 파생된 추가적인 예시를 설명하는 내용이 있는데, ③번 앞부분에 이따금 가상의 접사를 삭제함으로써 짧은 단어가 긴 단어에서 파생된다고 하며, 'editor'가 'edit'보다 먼저 언어에 존재했었다는 예시를 드는 내용이 있으므로, ③번 자리에 주어진 문장이 들어가야 지문이 자연스럽게 연결된다.

[어휘] give rise to ~이 생기게 하다 televise 텔레비전으로 방송하다
precede 먼저 생기다, 우선하다 common 흔한, 공통의 lexeme 어휘소
prefix 접두사 suffix 접미사 inspect 조사하다
the other way round 반대로 derive 파생하다, 유래하다 affix 접사
a crop of 잇단 therapist 치료사 tidy 깔끔한 couth 예의 바른

kempt 깔끔한   shevelled 단정한
attract (어떤 반응을) 불러일으키다, 마음을 끌다
expletive (화나거나 아플 때 뱉는) 비속어   accreditation 승인

로, 일부 업무는 현장에서 수행되고 일부는 원격으로 수행되는 혼합 근무 구성이 지속될 가능성이 높다. 혼합의 세계에서 지속 가능한 성과와 복지를 실현하려면, 성과와 생산성의 주요 동인은 보상이 아니라 업무가 직원에게 제공하는 목적의식이어야 한다.

어휘 note 주목하다   workforce 노동력   remote work 원격 근무
flatten 허물다, 깨부수다   barrier 장벽   analysis 분석
potential 가능성   persist 지속되다   negotiation 협상
sensitive 민감한   outlook 전망   at hand 당면한   setup 구성
unlock 실현하다, 드러내다   driver 동인   productivity 생산성
compensation 보상

p.135

불변의 패턴 24 뜬금없는 대명사나 지시어, 어색한 연결어가 있는 문장 앞이 주어진 문장이 들어갈 위치이다.

대표 기출 예제   정답 ②

끊어읽기 해석

But here it's worth noting / that more than half the workforce has little or no opportunity for remote work.
그러나 여기에서, 주목할 가치가 있다 / 노동력의 절반 이상이 원격 근무를 할 기회가 거의 또는 전혀 없다는 점에

COVID-19's spread flattened the cultural and technological barriers / standing in the way of remote work.
코로나19의 확산은 문화적, 기술적 장벽을 허물었다 / 원격 근무를 가로막는

One analysis of the potential for remote work to persist showed that / 20 to 25 percent of workforces in advanced economies could work from home / in the range of three to five days a week.
원격 근무의 지속 가능성에 대한 한 분석에 따르면 / 선진국 노동력의 20에서 25퍼센트가 집에서 일할 수 있었다 / 일주일에 3일에서 5일의 범위에서

(①) This is four to five times more remote work / than pre-COVID-19.
이는 4배에서 5배 더 많은 원격 근무이다 / 코로나19 이전보다

(②) Moreover, / not all work that can be done remotely should be; / for example, / negotiations, brainstorming, and providing sensitive feedback are activities / that may be less effective / when done remotely.
게다가, / 원격으로 할 수 있는 모든 업무가 원격으로 이루어져야 하는 것은 아니다 / 예를 들어, / 협상, 브레인스토밍, 그리고 민감한 피드백 제공은 활동이다 / 덜 효과적일 수 있는 / 원격으로 수행될 때

(③) The outlook for remote work, / then, / depends on the work environment, job, and the tasks at hand, / so hybrid work setups, / where some work happens on-site and some remotely, / are likely to persist.
원격 근무에 대한 전망은, / 그러면, / 업무 환경, 직업, 그리고 당면한 과업에 달려있다 / 따라서 혼합 근무 구성이 / 일부 업무는 현장에서 수행되고 일부는 원격으로 수행되는 / 지속될 가능성이 높다

(④) To unlock sustainable performance and well-being in a hybrid world, / the leading driver of performance and productivity / should be the sense of purpose work provides to employees, / not compensation.
혼합의 세계에서 지속 가능한 성과와 복지를 실현하려면, / 성과와 생산성의 주요 동인은 / 업무가 직원에게 제공하는 목적의식이어야 한다 / 보상이 아니라

해석 코로나19의 확산은 원격 근무를 가로막는 문화적, 기술적 장벽을 허물었다. 원격 근무의 지속 가능성에 대한 한 분석에 따르면 선진국 노동력의 20에서 25퍼센트가 일주일에 3일에서 5일의 범위에서 집에서 일할 수 있었다. 이는 코로나19 이전보다 4배에서 5배 더 많은 원격 근무이다. ② 그러나 여기에서, 노동력의 절반 이상이 원격 근무를 할 기회가 거의 또는 전혀 없다는 점에 주목할 가치가 있다. 게다가, 원격으로 할 수 있는 모든 업무가 원격으로 이루어져야 하는 것은 아니다. 예를 들어, 협상, 브레인스토밍, 그리고 민감한 피드백 제공은 원격으로 수행될 때 덜 효과적일 수 있는 활동이다. 그러면, 원격. 근무에 대한 전망은 업무 환경, 직업, 그리고 당면한 과업에 달려있으므

기출문제 풀어보기   정답 ④

끊어읽기 해석

But there is also clear evidence / that millennials, / born between 1981 and 1996, / are saving more aggressively / for retirement / than Generation X did / at the same ages, 22~37.
그러나 분명한 근거도 있다 / 밀레니얼 세대는 / 1981년과 1996년 사이에 태어난 / 더 적극적으로 저축하고 있다는 / 은퇴를 대비하기 위해 / X세대가 그랬던 것보다 / 동일한 22~37살 시기에

Millennials are often labeled / the poorest, most financially burdened generation / in modern times.
밀레니얼 세대는 종종 ~라고 불린다 / 가장 가난하고 가장 재정적으로 부담을 지고 있는 세대 / 현대에 들어서

Many of them / graduated from college / into one of the worst labor markets / the United States has ever seen, / with a staggering load of student debt / to boot.
그들 중 많은 사람들은 / 대학을 졸업해서 / 최악의 노동 시장 중 하나로 (진입했다) / 미국이 이제까지 경험했었던 / 충격적인 양의 학자금 대출과 함께 / 그것도

① Not surprisingly, / millennials have accumulated less wealth / than Generation X did / at a similar stage in life, / primarily because fewer of them own homes.
놀랄 것 없이 / 밀레니얼 세대는 부를 덜 축적했다 / X세대가 그랬던 것 보다 / 인생의 비슷한 단계에서 / 주로 그들 중 극소수가 집을 소유하고 있기 때문이다

② But newly available data / providing the most detailed picture / to date / about what Americans of different generations save / complicates that assessment.
그러나 새롭게 이용 가능한 자료는 / 가장 자세한 설명을 제공하는 / 지금까지 / 서로 다른 세대의 미국인들이 무엇을 저축하는지에 대해 / 그 평가를 더 복잡하게 만든다

③ Yes, / Gen Xers, / those born between 1965 and 1980, / have a higher net worth.
그렇다 / X세대들은 / 1965년과 1980년 사이에서 태어난 사람들인 / 더 많은 순자산을 소유하고 있다

④ And that might put them / in better financial shape / than many assume.
그리고 그것은 아마 그들을 이르게 할 수도 있다 / 더 나은 재정 상태에 / 많은 사람들이 추측하는 것보다

해석 밀레니얼 세대는 현대에 들어서 가장 가난하고 가장 재정적으로 부담을 지고 있는 세대라고 종종 불린다. 그들 중 많은 사람들은 대학을 졸업해서, 그것도 충격적인 양의 학자금 대출과 함께, 미국이 이제까지 경험했었던 최악의 노동 시장 중 하나로 진입했다. 놀랄 것 없이, 밀레니얼 세대는 X세대가 인생의 비슷한 단계에서 그랬던(부를 축적했던) 것보다 부를 덜 축적했는데, 이는 주로 그들 중 극소수가 집을 소유하고 있기 때문이다. 그러나 지금까지 서로 다른 세대의 미국인들이 무엇을 저축한 지에 대해 가장 자세한 설명을 제공하는, 새롭게 이용 가능한 자료는 그 평가를 더 복잡하게 만든다. 그렇다, 1965년과 1980년 사이에서 태어난 사람들인 X세대들은 더 많은 순자산을

소유하고 있다. ④ 그러나 1981년과 1996년 사이에 태어난 밀레니얼 세대는 동일한 22~37살 시기에 X세대가 그랬던(저축했던) 것보다 은퇴를 대비하기 위해 더 적극적으로 저축하고 있다는 분명한 근거도 있다. 그리고 그것은 아마 많은 사람들이 추측하는 것보다 그들을 더 나은 재정 상태에 이르게 할 수도 있다.

해설 ④번 뒤 문장에 대명사 that(그것)이 왔으므로, ④번에 주어진 문장을 넣어 자연스럽게 연결되는지 확인한다. ④번 앞 문장에 X세대들이 밀레니얼 세대보다 더 많은 순자산을 소유하고 있다는 내용이 있고, ④번 뒤 문장에 그것(더 적극적으로 저축하는 것)이 그들(밀레니엄 세대)을 더 나은 재정 상태에 이르게 할 수도 있다는 내용이 있으므로, ④번 자리에 그러나(But) 밀레니얼 세대가 X세대보다 은퇴를 대비하기 위해 더 적극적으로 저축하고 있다는 분명한 근거도 있다는 내용의 주어진 문장이 나와야 지문이 자연스럽게 연결된다. 따라서 ④번이 정답이다.

어휘 aggressively 적극적으로, 공격적으로 label ~을 부르다, ~에 라벨을 붙이다 staggering 충격적인 to boot 그것도, 더구나 to date 지금까지 complicate (더) 복잡하게 만들다; 복잡한 net worth 순자산

p.136

불변의 패턴 25 주제만 파악하면 흐름과 무관한 문장이 보인다.

대표 기출 예제

정답 ③

끊어읽기 해석

The skill to have a good argument is critical / in life.
좋은 논쟁을 하는 기술은 매우 중요하다 / 인생에서
But it's one / that few parents teach / to their children.
하지만 그것은 ~한 것이다 / 극소수의 부모들만이 가르치는 / 그들의 아이들에게
① We want to give kids a stable home, / so we stop siblings from quarreling / and we have our own arguments behind closed doors.
우리는 아이들에게 안정적인 가정을 만들어주고 싶어 한다 / 그래서 우리는 형제자매들이 언쟁하는 것을 막는다 / 그리고 우리 자신의 논쟁은 비밀로 한다
② Yet if kids never get exposed to disagreement, / we may eventually limit their creativity.
그러나 만약 아이들이 전혀 의견 차이에 노출되지 않는다면 / 우리는 결국 그들의 창의력을 제한하게 될지도 모른다
③ Children are most creative / when they are free to brainstorm / with lots of praise and encouragement / in a peaceful environment.
아이들은 가장 창의적이다 / 그들이 자유롭게 브레인스토밍을 할 수 있을 때 / 많은 칭찬과 격려로 / 평화로운 환경에서
④ It turns out / that highly creative people often grow up / in families full of tension.
밝혀졌다 / 대단히 창의적인 사람들은 대개 자라는 것으로 / 갈등이 넘치는 가정에서
They are not surrounded / by fistfights or personal insults, / but real disagreements.
그들은 둘러싸여 있지 않다 / 주먹다짐이나 인신공격적인 모욕으로 / 그것이 아니라 진정한 의견 차이로
When adults in their early 30s were asked / to write imaginative stories, / the most creative ones came / from those whose parents had the most conflict a quarter-century earlier.
30대 초반의 어른들이 요청을 받았을 때 / 상상의 이야기를 쓰라고 / 가장 창의적인 것들은 나왔다 / 25년 전에 부모가 가장 많은 갈등을 겪었던 사람들에게서

해석 좋은 논쟁을 하는 기술은 인생에서 매우 중요하다. 하지만 그것은 극소수의 부모들만이 그들의 아이들에게 가르치는 것이다. ① 우리는 아이들에게 안정적인 가정을 만들어주고 싶어서, 형제자매들이 언쟁하는 것을 막고 우리 자신의 논쟁은 비밀로 한다. ② 그러나 만약 아이들이 전혀 의견 차이에 노출되지 않는다면, 우리는 결국 그들의 창의력을 제한하게 될지도 모른다. ③ 아이들은 평화로운 환경에서 많은 칭찬과 격려로 자유롭게 브레인스토밍을 할 수 있을 때 가장 창의적이다. ④ 대단히 창의적인 사람들은 대개 갈등이 넘치는 가정에서 자라는 것으로 밝혀졌다. 그들은 주먹다짐이나 인신공격적인 모욕이 아니라, 진정한 의견 차이로 둘러싸여 있다. 30대 초반의 어른들이 상상의 이야기를 쓰라고 요청을 받았을 때, 가장 창의적인 것들은 25년 전에 부모가 가장 많은 갈등을 겪었던 사람들에게서 나왔다.

어휘 argument 논쟁, 언쟁 stable 안정적인 behind closed doors 비밀로 disagreement 의견 차이 praise 칭찬 tension 갈등, 긴장 fistfight 주먹다짐 personal 인신공격적인, 개인의 insult 모욕 imaginative 상상의, 상상력이 풍부한 conflict 갈등

기출문제 풀어보기

정답 ③

끊어읽기 해석

In the early 1980s, / a good friend of mine discovered / that she was dying of multiple myeloma, / an especially dangerous, painful form of cancer.
1980년대 초 / 나의 좋은 친구 하나는 발견했다 / 그녀가 다발성 골수종으로 죽어가고 있다는 것을 / 특히 위험하고 고통스러운 형태의 암인
I had lost elderly relatives and family friends to death / before this, / but I had never lost a personal friend.
나는 나이 든 친척들과 가족의 친구들을 죽음으로 잃은 적이 있었다 / 이보다 전에 / 그러나 개인적인 친구를 잃은 적은 없었다
① I had never watched a relatively young person die / slowly and painfully of disease.
나는 비교적 젊은 사람이 죽는 것을 본 적이 없었다 / 질병으로 천천히 고통스럽게
It took my friend a year to die, / and ② I got into the habit of visiting her every Saturday / and taking along the latest chapter of the novel / I was working on.
나의 친구가 죽기까지 일 년이 걸렸다 / 그리고 나는 토요일마다 그녀를 찾아가는 버릇이 생겼다 / 그리고 소설의 최신 장을 가지고 / 내가 작업하고 있었던
This happened to be *Clay's Ark*.
이것(소설)은 우연히도 『진흙 방주』였다
With its story of disease and death, / it was thoroughly inappropriate / for the situation.
질병과 죽음에 대한 그것의 줄거리 때문에 / 그것은 대단히 부적절했다 / 그 상황에
But my friend had always read my novels.
하지만 나의 친구는 항상 나의 소설을 읽었다
③ She insisted / that she no longer wanted to read this one as well.
그녀는 고집했다 / 그녀가 더 이상 이것(『진흙 방주』)을 읽고 싶지 않다고
I suspect / that neither of us believed / she would live to read it / in its completed form / —④ although, of course, we didn't talk about this.
나는 짐작하고 있다 / 우리 둘 중 누구도 믿지 않았다고 / 그녀가 그것을 읽을 때까지 살 것이라고 / 그것의 완성된 형태로 / 물론, 우리가 이것에 대해 이야기하지는 않았지만

해석 1980년대 초, 나의 좋은 친구 하나는 그녀가 특히 위험하고 고통스러운 형태의 암인 다발성 골수종으로 죽어가고 있다는 것을 발견했다. 나는 이보다 전에 나이 든 친척들과 가족의 친구들을 죽음으로 잃은 적이 있었지만, 개인적인 친구를 잃은 적은 없었다. ① 나는 비교

적 젊은 사람이 질병으로 천천히 고통스럽게 죽는 것을 본 적이 없었
다. 나의 친구가 죽기까지 일 년이 걸렸고, ② 나는 토요일마다 내가
작업하고 있었던 소설의 최신 장을 가지고 그녀를 찾아가는 버릇이
생겼다. 이것(소설)은 우연히도 『진흙 방주』였다. 질병과 죽음에 대한
그것의 줄거리 때문에, 그것은 그 상황에 대단히 부적절했다. 하지만
나의 친구는 항상 나의 소설을 읽었다. ③ 그녀는 더 이상 이것(『진흙
방주』)을 읽고 싶지 않다고 주장했다. ④ 물론, 우리가 이것에 대해 이
야기하지는 않았지만, 나는 우리 둘 중 누구도 그녀가 그것을 완성된
형태로 읽을 때까지 살 것이라고 믿지 않았다고 짐작하고 있다.

[해설] 화자의 친구 중 한 명이 다발성 골수종으로 죽어가고 있다는 것에 대
한 이야기가 이 글의 주제이다. ①번에서 비교적 젊은 사람이 질병으
로 천천히 고통스럽게 죽는 것을 본 적이 없음을 설명한 뒤 ②번에서
화자는 토요일마다 자신이 작업하던 소설의 최신 장을 가지고 그 친
구를 찾아가는 버릇이 생겼다고 하며 그 책이 질병과 죽음에 대한 줄
거리 때문에 상황상 부적절했지만 친구가 항상 화자의 책을 읽었다
고 하고 있다. 이어서 ④번에서 서로 이야기하지는 않았지만 둘 중 누
구도 그녀가 책을 완성된 형태로 읽을 때까지 살 것이라고 믿지 않았
음을 언급하고 있다. 그러나 ③번은 친구가 더 이상 『진흙 방주』를 읽
고 싶지 않다고 주장했다는 내용으로, 화자의 아픈 친구가 자신을 위
해 화자가 가져오던 소설을 항상 읽었다는 지문 전반의 흐름과 관련
이 없다.

[어휘] myeloma 골수종 get into the habit of ~하는 버릇이 생기다
clay 진흙 ark 방주 thoroughly 대단히, 철저히
inappropriate 부적절한 insist 주장하다, 고집하다
suspect 짐작하다, 의심하다

p.137

불변의 패턴 26 핵심 소재만 같고 주제에서 살짝 벗어나는 문
장이 글의 흐름과 무관한 문장이다.

대표 기출 예제   정답 ③

끊어읽기 해석

In our monthly surveys / of 5,000 American workers and 500
U.S. employers, / a huge shift to hybrid work is / abundantly
clear / for office and knowledge workers.
월간 설문조사에서 / 5,000명의 미국인 근로자와 500명의 미국인 고용주
를 대상으로 실시한 / 하이브리드 근무로의 대대적인 전환은 / 매우 분명하
다 / 사무실 근로자 및 지식 근로자에게

① An emerging norm / is three days a week in the office / and
two at home, / cutting days on site / by 30% or more.
최근 생겨난 표준은 / 일주일에 3일은 사무실에서 근무하는 것으로 / 그리
고 이틀은 집에서 / 현장에서의 일수를 단축하는 것이다 / 30퍼센트 이상

You might think / this cutback would bring a huge drop / in the
demand for office space.
당신은 생각할지도 모른다 / 이 단축이 큰 감소를 가져올 수 있다고 / 사무
실 공간에 대한 수요의

② But our survey data suggests / cuts in office space / of 1%
to 2% on average, / implying big reductions / in density not
space.
하지만 우리의 설문조사 자료는 보여준다 / 사무실 공간의 감소를 / 평균
1퍼센트에서 2퍼센트의 / 큰 감소를 의미한다 / 공간이 아닌 밀도에서의

We can understand why.
우리는 그 이유를 이해할 수 있다

High density at the office is uncomfortable / and many workers
dislike crowds / around their desks.
사무실의 밀도가 높은 것은 불편하다 / 그리고 많은 근로자들은 모여 있는
사람들을 싫어한다 / 그들의 책상 주위에

③ Most employees / want to work from home / on Mondays
and Fridays.
대부분의 직원들은 / 집에서 근무하기를 원한다 / 월요일과 금요일에

Discomfort with density / extends to lobbies, kitchens, and
especially elevators.
밀도에 대한 불편함은 / 로비, 식당, 그리고 특히 엘리베이터까지 확장된다

④ The only sure-fire way / to reduce density / is to cut days on
site / without cutting square footage as much.
단 하나의 확실한 방법은 / 밀도를 줄이기 위한 / 현장에서 근무하는 날을
단축하는 것이다 / 평방 피트를 많이 줄이지 않고

Discomfort with density / is here to stay / according to our
survey evidence.
밀도에 대한 불편함은 / 계속 남아 있다 / 우리의 설문조사 증거에 따르면

[해석] 5,000명의 미국인 근로자와 500명의 미국인 고용주를 대상으로 실
시한 월간 설문조사에서 사무실 근로자 및 지식 근로자에게 하이브
리드 근무로의 대대적인 전환은 매우 분명하다. ① 최근 생겨난 표준
은 일주일에 3일은 사무실에서 그리고 이틀은 집에서 근무하는 것으
로, 현장에서의 근무 일수를 30퍼센트 이상 단축하는 것이다. 당신은
이 단축이 사무실 공간에 대한 수요의 큰 감소를 가져올 수 있다고 생
각할지도 모른다. ② 하지만 우리의 설문조사 자료는 사무실 공간의
평균 1퍼센트에서 2퍼센트의 감소를 보여주며, 이는 공간이 아닌 밀
도에서의 큰 감소를 의미한다. 우리는 그 이유를 이해할 수 있다. 사
무실의 밀도가 높은 것은 불편하고 많은 근로자들은 그들의 책상 주
위에 모여 있는 사람들을 싫어한다. ③ 대부분의 직원들은 월요일과
금요일에 집에서 근무하기를 원한다. 밀도에 대한 불편함은 로비, 식
당, 그리고 특히 엘리베이터까지 확장된다. ④ 밀도를 줄이기 위한 단
하나의 확실한 방법은 평방 피트를 많이 줄이지 않고 현장에서 근무
하는 날을 단축하는 것이다. 우리의 설문조사 증거에 따르면 밀도에
대한 불편함은 계속 남아 있다.

[어휘] abundantly 매우, 많이 emerging 최근 생겨난 norm 표준
cut 단축하다, 감축하다 on site 현장의 cutback 단축 demand 수요
imply 의미하다 reduction 감소 density 밀도 extend 확장하다
sure-fire 확실한, 성공할 것이 틀림없는

기출문제 풀어보기   정답 ④

끊어읽기 해석

In spite of all evidence to the contrary, / there are people / who
seriously believe / that NASA's Apollo space program / never
really landed men / on the moon.
반대되는 모든 증거에도 불구하고 / 사람들이 있다 / 진지하게 믿는 /
NASA의 아폴로 우주 프로그램이 / 실제로 사람을 착륙시킨 적이 없다
고 / 달에

These people claim / that the moon landings were nothing
more than a huge conspiracy, / perpetuated by a government
/ desperately in competition with the Russians / and fearful of
losing face.
이러한 사람들은 주장한다 / 달 착륙이 거대한 음모에 불과했다고 / 정부
에 의해 지속된 / 러시아와 필사적으로 경쟁하는 / 그리고 체면을 잃을 것
을 두려워하는

① These conspiracy theorists claim / that the United States
knew / it couldn't compete with the Russians / in the space
race / and / was therefore forced to fake a series of successful
moon landings.
이 음모론자들은 주장한다 / 미국은 알았다고 / 그것(미국)이 러시아와 경
쟁할 수 없다는 것을 / 우주 경쟁에서 / 그리고 그래서 일련의 성공적인 달
착륙을 가짜로 만들 수밖에 없었다고

② Advocates of a conspiracy / cite several pieces of what they
consider evidence.
음모론의 옹호자들은 / 그들이 증거라고 생각하는 몇 가지를 인용한다

③ Crucial to their case / is the claim / that astronauts never could have safely passed through the Van Allen belt, / a region of radiation / trapped in Earth's magnetic field.
그들의 주장에서 결정적인 것은 / 주장이다 / 우주 비행사들이 밴앨런대를 결코 안전하게 통과할 수 없었을 것이라는 / 방사선의 지역인 / 지구의 자기장에 갇힌
④ They also point to the fact / that the metal coverings of the spaceship / were designed to block radiation.
그들은 또한 사실을 들먹인다 / 우주선의 금속 덮개가 / 방사선을 차단하도록 설계되었다는
If the astronauts had truly gone through the belt, / say conspiracy theorists, / they would have died.
만약 우주 비행사들이 진정으로 그 벨트를 통과했다면 / 음모론자들은 말한다 / 그들은 죽었을 것이라고

[해석] 반대되는 모든 증거에도 불구하고, NASA의 아폴로 우주 프로그램이 실제로 달에 사람을 착륙시킨 적이 없다고 진지하게 믿는 사람들이 있다. 이러한 사람들은 달 착륙이 러시아와 필사적으로 경쟁하며 체면을 잃을 것을 두려워하는 정부에 의해 지속된 거대한 음모에 불과했다고 주장한다. ① 이 음모론자들은 미국이 우주 경쟁에서 러시아와 경쟁할 수 없다는 것을 알았기 때문에 일련의 성공적인 달 착륙을 가짜로 만들 수밖에 없었다고 주장한다. ② 음모론의 옹호자들은 그들이 증거라고 생각하는 몇 가지를 인용한다. ③ 그들의 주장에서 결정적인 것은 우주 비행사들이 지구의 자기장에 갇힌 방사선의 지역인 밴앨런대를 결코 안전하게 통과할 수 없었을 것이라는 주장이다. ④ 그들은 또한 우주선의 금속 덮개가 방사선을 차단하도록 설계되었다는 사실을 들먹인다. 만약 우주 비행사들이 진정으로 그 벨트를 통과했다면, 그들은 죽었을 것이라고 음모론자들은 말한다.

[해설] 지문 처음에서 NASA의 아폴로 우주 프로그램이 실제로 달에 사람을 착륙시킨 적이 없다고 믿는 사람들에 대해 언급한 뒤, ①, ②, ③번에서 그들의 주장과 그 증거에 대해 설명하고 있으므로 모두 첫 문장과 관련이 있다. 그러나 ④번은 음모론의 옹호자들이 우주선의 금속 덮개가 방사선을 차단하도록 설계되었다는 사실을 들먹인다는 내용으로 NASA의 아폴로 우주 프로그램의 음모론에 대해 다루긴 하지만, 아폴로 우주 프로그램이 달에 사람을 착륙시킨 적이 없다는 음모론자들의 주장에 대해 설명하는 지문 전반의 내용과 반대이다. 따라서 ④번이 정답이다.

[어휘] evidence 증거, 근거 contrary 반대의 것 land 착륙하다
claim 주장하다 conspiracy 음모
perpetuate 지속하다, ~을 영속하게 하다
desperately 필사적으로, 절실하게 lose face 체면을 잃다
fake 가짜로 만들다, 가장하다 advocate 옹호자 crucial 결정적인
case 주장, 진술 astronaut 우주 비행사 radiation 방사선 trap 가두다
magnetic field 자기장 spaceship 우주선

Section Test							p. 138~141
1	②	2	③	3	③	4	③
5	③	6	③	7	④	8	⑤

1
정답 ②
끊어읽기 해석

Interest in movie and sports stars / goes beyond their performances / on the screen and in the arena.
영화와 스포츠 스타에 대한 관심은 / 그들의 활약의 범위를 넘어선다 / 스크린과 경기장에서의

(A) The doings of skilled baseball, football, and basketball players / out of uniform / similarly attract public attention.
뛰어난 야구, 축구, 그리고 농구 선수들의 행동은 / 유니폼을 벗고 하는 / 비슷하게 대중의 관심을 끈다

(B) Newspaper columns, specialized magazines, television programs, and Web sites record / the personal lives / of celebrated Hollywood actors, / sometimes accurately.
신문 칼럼, 전문 잡지, 텔레비전 프로그램, 그리고 웹사이트는 기록한다 / 개인 생활을 / 유명 할리우드 배우들의 / 때로는 정확하게

(C) Both industries / actively promote such attention, / which expands audiences / and thus increases revenues.
두 업계 모두 / 이러한 관심을 적극적으로 홍보한다 / 이는 관객을 확장한다 / 그리고 따라서 수익도 증가시킨다

But a fundamental difference / divides them: / What sports stars do for a living is authentic / in a way that what movie stars do is not.
그러나 근본적인 차이점이 / 그들을 나눈다 / 스포츠 스타가 생계를 위해 하는 일은 진짜이다 / 영화배우들이 하지 않는 방식으로

[해석]
> 영화와 스포츠 스타에 대한 관심은 스크린과 경기장에서의 그들의 활약의 범위를 넘어선다.

(B) 신문 칼럼, 전문 잡지, 텔레비전 프로그램, 그리고 웹사이트는 유명 할리우드 배우들의 개인 생활을 때로는 정확하게 기록한다.
(A) 뛰어난 야구, 축구, 그리고 농구 선수들이 유니폼을 벗고 하는 행동도 비슷하게 대중의 관심을 끈다.
(C) 두 업계 모두 이러한 관심을 적극적으로 홍보하는데, 이는 관객을 확장하고 따라서 수익도 증가시킨다. 그러나 근본적인 차이점이 그들을 나눈다. 스포츠 스타가 생계를 위해 하는 일은 영화배우들이 하지 않는 방식으로 진짜이다.

[해설] 주어진 글에서 영화와 스포츠 스타에 대한 관심은 스크린과 경기장에서의 그들의 활약의 범위를 넘어선다고 하고 있으므로, 뒤에는 영화와 스포츠 스타에 대한 관심의 예시가 나올 것임을 예측할 수 있다. (B)에서 각종 매체들은 유명 배우들의 개인 생활을 기록한다고 설명하고 있고, 이어서 (A)에서 운동선수들이 경기 중이 아닐 때 하는 행동도 배우들과 비슷하게 대중의 관심을 끈다고 한 뒤, (C)에서 배우와 운동선수 두 업계 모두 그러한 관심을 적극적으로 홍보한다고 설명하고 있다. 따라서 ② (B) – (A) – (C)가 정답이다. (불변의 패턴 22)

[어휘] arena 경기장, 시합장 attract 끌다, 유인하다 specialized 전문의
accurately 정확하게 actively 적극적으로 expand 확장하다, 확대하다
revenue 수익 fundamental 근본적인 divide 나누다
authentic 진짜의, 진정한

2
정답 ③
끊어읽기 해석

Critical thinking sounds / like an unemotional process / but it can engage emotions / and even passionate responses.
비판적 사고는 들린다 / 비감정적인 과정처럼 / 하지만 감정을 끌 수 있다 / 그리고 심지어 격렬한 반응을

In particular, / we may not like evidence / that contradicts our own opinions or beliefs.
특히 / 우리는 증거를 좋아하지 않을 수도 있다 / 우리 자신의 의견이나 신념과 모순되는

① If the evidence points in a direction / that is challenging, / that can rouse / unexpected feelings of anger, frustration or anxiety.
만약 그 증거가 방향을 가리키면 / 어려운 / 그것은 불러일으킬 수 있다 / 예상치 못한 분노, 좌절, 또는 불안의 감정을

② The academic world / traditionally likes to consider itself / as logical and free of emotions, / so / if feelings do emerge, / this can be especially difficult.

학계는 / 전통적으로 그 자체를 생각하기를 좋아한다 / 논리적이고 감정이 없다고 / 그래서 / 감정이 나타나면 / 이것은 특히 어려울 수 있다

③ For example, / looking at the same information / from several points of view / is not important.
예를 들어 / 같은 정보를 보는 것은 / 여러 관점에서 / 중요하지 않다

④ Being able to manage your emotions / under such circumstances / is a useful skill.
당신의 감정을 관리할 수 있는 것은 / 그러한 상황에서 / 유용한 기술이다

If you can remain calm, / and present your reasons logically, / you will be better able to argue your point of view / in a convincing way.
만약 당신이 침착함을 유지할 수 있다면 / 그리고 당신의 이유를 논리적으로 제시할 수 있다면 / 당신은 당신의 관점을 주장할 수 있을 것이다 / 설득력 있는 방식으로

[해석] 비판적 사고는 비감정적인 과정처럼 들리지만, 감정과 심지어 격렬한 반응을 끌 수 있다. 특히, 우리는 우리 자신의 의견이나 신념과 모순되는 증거를 좋아하지 않을 수도 있다. ① 만약 그 증거가 어려운 방향을 가리키면, 그것은 예상치 못한 분노, 좌절, 또는 불안의 감정을 불러일으킬 수 있다. ② 학계는 전통적으로 그 자체를 논리적이고 감정이 없다고 생각하기를 좋아하기 때문에, 감정이 나타나면, 이것(비판적 사고)이 특히 어려울 수 있다. ③ 예를 들어, 같은 정보를 여러 관점에서 보는 것은 중요하지 않다. ④ 그러한 상황에서 당신의 감정을 관리할 수 있는 것은 유용한 기술이다. 만약 당신이 침착함을 유지하고, 당신의 이유를 논리적으로 제시할 수 있다면, 당신은 당신의 관점을 설득력 있는 방식으로 주장할 수 있을 것이다.

[해설] 비판적 사고는 감정과 격렬한 반응을 끌 수 있다는 것이 이 글의 주제이다. ①, ②, ④번에서 비판적 사고가 분노, 좌절, 불안과 같은 감정을 불러일으킬 수 있고, 감정이 나타나면 비판적 사고가 특히 어려울 수 있으며, 감정을 관리할 수 있는 것이 유용한 기술이라고 설명하고 있으므로 모두 주제와 관련이 있다. 그러나 ③번은 같은 정보를 여러 관점에서 보는 것은 중요하지 않다는 내용으로 비판적 사고가 비감정적인 과정처럼 들리지만 감정을 수반할 수 있다는 지문 전반의 흐름과 관련이 없다. (불변의 패턴 25)

[어휘] critical thinking 비판적 사고 unemotional 비감정적인, 이지적인 engage (마음·주의 등을) 끌다, 관여하다 passionate 격렬한, 열정적인 evidence 증거 contradict 모순되다 challenging 어려운, 도전적인 rouse 불러일으키다 frustration 좌절 academic world 학계 traditionally 전통적으로 logical 논리적인 emerge 나타나다, 떠오르다 circumstance 상황, 환경 convincing 설득력 있는, 그럴듯한

3
정답 ③
끊어읽기 해석

Computer assisted language learning (CALL) / is both exciting and frustrating / as a field of research and practice.
컴퓨터 보조 언어 학습(CALL)은 / 흥미롭기도 하고 좌절감을 주기도 한다 / 연구 및 실습 분야로서

(A) Yet / the technology changes so rapidly / that CALL knowledge and skills / must be constantly renewed / to stay apace / of the field.
하지만 / 그 기술은 매우 빠르게 변화한다 / 그래서 CALL 지식과 기술은 / 지속적으로 새로 교체되어야 한다 / 발맞추어 나가기 위해 / 그 분야에

(B) It is exciting / because it is complex, dynamic and quickly changing / —and it is frustrating / for the same reasons.
그것은 흥미롭다 / 그것은 복잡하고, 역동적이며, 빠르게 변화하기 때문에 / 그리고 그것은 좌절감을 준다 / 같은 이유로

(C) Technology adds dimensions / to the domain of language learning, / requiring new knowledge and skills / for those who wish to apply it / into their professional practice.
기술은 차원을 추가한다 / 언어 학습 영역에 / 새로운 지식과 기술을 요구한다 / 이를 적용하려는 사람들에게 / 그들의 전문적인 실습에

[해석] 컴퓨터 보조 언어 학습(CALL)은 연구 및 실습 분야로서 흥미롭기도 하고 좌절감을 주기도 한다.

(B) 그것은 복잡하고, 역동적이며, 빠르게 변화하기 때문에 흥미롭고, 같은 이유로 좌절감을 준다.

(C) 기술은 언어 학습 영역에 차원을 추가하여 이를 전문적인 실습에 적용하려는 사람들에게 새로운 지식과 기술을 요구한다.

(A) 하지만 그 기술은 매우 빠르게 변화하기 때문에 CALL 지식과 기술은 그 분야에 발맞추어 나가기 위해 지속적으로 새로 교체되어야 한다.

[해설] 주어진 문장에서 컴퓨터 보조 언어 학습은 흥미롭기도 하고 좌절감을 주기도 한다고 하고, (B)에서 그것(It)이 복잡하고, 역동적이며, 빠르게 변화하기 때문에 흥미롭고 좌절감을 준다며 주어진 문장을 부연 설명하고 있다. 이어서 (C)에서 기술은 언어 학습 영역에 차원을 추가한다고 하면서 앞서 언급한 흥미로운 예시를 설명하고, (A)에서 하지만(Yet) 그 기술은 매우 빠르게 변화하기 때문에 지속적으로 새로 교체되어야 한다고 하며 좌절감을 주는 예시를 설명하고 있다. 따라서 ③ (B) – (C) – (A)가 정답이다. (불변의 패턴 21)

[어휘] assist 보조하다, 조력하다 frustrating 좌절감을 주는 field 분야 rapidly 빠르게 constantly 지속적으로, 끊임없이 renew 새로 교체하다, 갱신하다 apace 발맞추어 dynamic 역동적인 dimension 차원 domain 영역 require 요구하다 professional 전문적인, 직업적인

4
정답 ③
끊어읽기 해석

International management is applied / by managers of enterprises / that attain their goals and objectives / across unique multicultural, multinational boundaries.
국제적 경영은 적용된다 / 기업의 관리자들에 의해 / 그들의 목표와 목적을 달성하는 / 고유한 다문화, 다국적 경계를 넘어

The term management is defined / in many Western textbooks / as the process of completing activities efficiently / with and through other individuals.
관리라는 용어는 정의된다 / 많은 서양 교과서에서 / 활동을 효율적으로 완료하는 과정으로 / 다른 개인들과 함께 그리고 그들을 통해

(①) The process consists of / the functions or main activities / engaged in by managers.
그 과정은 구성된다 / 기능 또는 주요 활동으로 / 관리자들이 수행하는

These functions or activities are usually labeled / planning, organizing, staffing, coordinating(leading and motivating), and controlling.
이러한 기능이나 활동은 보통 ~라고 불린다 / 계획, 조직, 직원 채용, 조정(이끌고 동기부여 하는 것), 그리고 통제

(②) The management process is affected / by the organization's home country environment, / which includes / the shareholders, creditors, customers, employees, government, and community, / as well as technological, demographic, and geographic factors.
관리 과정은 영향을 받는다 / 조직의 본국 환경에 의해 / 그것은 포함한다 / 주주, 채권자, 고객, 직원, 정부, 그리고 지역사회를 / 기술적, 인구 통계학적, 그리고 지리적 요인뿐만 아니라

(③) These business enterprises are generally referred to as / international corporations, multinational corporations(MNCs), or global corporations.

이러한 기업체들은 일반적으로 ~으로 불린다 / 국제 기업, 다국적 기업 (MNCs), 또는 글로벌 기업

(④) This means / that the process is affected by the environment / where the organization is based, / as well as by the unique culture, / including views on ethics and social responsibility, / existing in the country or countries / where it conducts its business activities.
이것은 의미한다 / 그 과정이 환경에 영향을 받는다는 것을 / 조직이 기반을 두고 있는 / 고유한 문화뿐만 아니라 / 윤리 및 사회적 책임에 대한 견해를 포함한 / 국가나 국가들에 존재하는 / 그것이 사업 활동을 수행하는

[해석] 관리라는 용어는 많은 서양 교과서에서 다른 개인들과 함께 그리고 그들을 통해 효율적으로 활동을 완료하는 과정으로 정의된다. 그 과정은 관리자들이 수행하는 기능 또는 주요 활동으로 구성된다. 이러한 기능이나 활동은 보통 계획, 조직, 직원 채용, 조정(이끌고 동기부여 하는 것), 그리고 통제라고 불린다. 관리 과정은 조직의 본국 환경에 의해 영향을 받는데, 그것은 기술적, 인구 통계학적, 그리고 지리적 요인뿐만 아니라 주주, 채권자, 고객, 직원, 정부, 그리고 지역사회를 포함한다. ③ 국제적 경영은 고유한 다문화, 다국적 경계를 넘어 그들의 목표와 목적을 달성하는 기업의 관리자들에 의해 적용된다. 이러한 기업체들은 일반적으로 국제 기업, 다국적 기업(MNCs), 또는 글로벌 기업이라고 불린다. 이것은 그 과정이 사업 활동을 수행하는 국가나 국가들에 존재하는 윤리 및 사회적 책임에 대한 견해를 포함한 고유한 문화뿐만 아니라 그 조직이 기반을 두고 있는 환경에 영향을 받는다는 것을 의미한다.

[해설] ③번 뒤 문장에 지시어 These(이러한)가 왔으므로, ③번에 주어진 문장을 넣어 자연스럽게 연결되는지 확인한다. ③번 앞 문장에 관리 과정은 조직의 본국 환경에 의해 영향을 받는다는 내용이 있고, ③번 뒤 문장에 이러한(These) 기업체들은 일반적으로 국제 기업, 다국적 기업, 또는 글로벌 기업이라고 불린다는 내용이 있으므로, ③번 자리에 국제적 경영은 독특한 다문화, 다국적 경계를 넘어 그들의 목표와 목적을 달성하는 기업의 관리자들에 의해 적용된다는 내용의 주어진 문장이 나와야 지문이 자연스럽게 연결된다. (불변의 패턴 24)

[어휘] management 경영, 관리 enterprise 기업, 사업 attain 달성하다
objective 목적, 목표 multicultural 다문화의 multinational 다국적의
term 용어 staffing 직원 채용 coordinate 조정하다, 조직하다
lead 이끌다 motivate 동기부여하다 shareholder 주주
creditor 채권자 demographic 인구 통계학적인 geographic 지리적인
ethics 윤리 responsibility 책임, 의무 conduct 수행하다, 실시하다

5 정답 ③

끊어읽기 해석

However, / there are now a lot of issues / with the current application / of unmanned distribution.
그러나 / 현재 많은 문제가 있다 / 현행 적용에는 / 무인 유통의

The city lockdown policy / during COVID-19 / has facilitated / the rapid growth of / numerous takeaways, / vegetable shopping, / community group buying, / and / other businesses.
도시 봉쇄 정책은 / 코로나19 동안의 / 촉진했다 / ~의 급속한 성장을 / 수많은 테이크아웃 전문점 / 채소 쇼핑 / 지역사회 공동 구매 / 그리고 / 기타 사업의

(①) Last-mile delivery / became an important livelihood support / during the epidemic.
최종 단계의 배송은 / 중요한 생계 지원이 되었다 / 그 전염병 동안

(②) At the same time, / as viruses can be transmitted / through aerosols, / the need for contactless delivery / for last-mile delivery / has gradually increased, / thus / accelerating the use / of unmanned logistics / to some extent.
동시에 / 바이러스가 전파될 수 있기 때문에 / 에어로졸을 통해 / 비접촉 배

송의 필요성이 / 최종 단계의 배송을 위한 / 점차 증가했다 / 그래서 / 사용이 가속화되었다 / 무인 물류의 / 어느 정도

(③) For example, / the community space is not suitable / for the operation / of unmanned delivery facilities / due to the lack / of supporting logistics infrastructure.
예를 들어 / 공동체 공간은 적합하지 않다 / 운영에 / 무인 배송 시설의 / 부족 때문에 / 물류 지원 인프라의

(④) In addition, / the current technology is unable to complete / the delivery process / and / requires the collaboration / of relevant space / as well as personnel / to help dock unmanned delivery nodes.
또한 / 현재 기술로는 완료할 수 없다 / 배송 과정을 / 그리고 / 협조가 필요하다 / 관련 공간의 / 인력뿐만 아니라 / 무인 배송 중심점의 도킹을 도울

[해석] 코로나19 동안의 도시 봉쇄 정책은 수많은 테이크아웃 전문점, 채소 쇼핑, 지역사회 공동 구매 및 기타 사업의 급속한 성장을 촉진했다. 최종 단계의 배송은 그 전염병 동안 중요한 생계 지원이 되었다. 동시에, 바이러스가 에어로졸을 통해 전파될 수 있기 때문에, 최종 단계의 배송을 위한 비접촉 배송의 필요성이 점차 증가하여, 무인 물류 사용이 어느 정도 가속화되었다. ③ 그러나, 현재 무인 유통의 현행 적용에는 많은 문제가 있다. 예를 들어, 공동체 공간은 물류 지원 인프라의 부족 때문에 무인 배송 시설 운영에 적합하지 않다. 또한, 현재 기술로는 배송 과정을 완료할 수 없으며 무인 배송 중심점의 도킹을 도울 인력뿐만 아니라 관련 공간의 협조가 필요하다.

[해설] ③번 뒤 문장에 연결어 For example(예를 들어)이 왔으므로 ③번에 주어진 문장을 넣어 자연스럽게 연결되는지 확인한다. ③번 앞 문장에 바이러스가 에어로졸을 통해 전파될 수 있기 때문에 비접촉 배송의 필요성이 증가하여 무인 물류 사용이 가속화되었다는 내용이 있고, ③번 뒤 문장에 예를 들어(For example) 공동체 공간은 물류 지원 인프라의 부족 때문에 무인 배송 시설 운영에 적합하지 않다는 내용이 있으므로, ③번 자리에 그러나 현재 무인 유통의 현행 적용에는 많은 문제가 있다는 내용의 주어진 문장이 나와야 지문이 자연스럽게 연결된다. (불변의 패턴 24)

[어휘] application 적용, 응용, 활용 unmanned 무인의
distribution 유통, 분배 takeaway 테이크아웃 전문점
livelihood 생계, 민생 epidemic 전염병, 유행병 transmit 전파하다
aerosol 에어로졸(대기 중 부유하는 고체 및 액체 입자)
contactless 비접촉의 logistics 물류, 화물
to some extent 어느 정도는, 다소 suitable 적합한 operation 운영
infrastructure 인프라, 기반, 시설 personnel 인력
dock (하역·승하선하기 위해) 도킹하다, 정박하다 node 중심점, 교점

6 정답 ③

끊어읽기 해석

They installed video cameras / at places known for illegal crossings, / and put live video feeds from the cameras / on a Web site.
그들은 비디오카메라를 설치했다 / 불법 횡단로로 알려진 장소에 / 그리고 카메라의 생중계 영상 피드를 올렸다 / 웹 사이트에

Immigration reform is a political minefield.
이민 개혁은 정치적 지뢰밭이다

(①) About the only aspect of immigration policy / that commands broad political support / is the resolve to secure the U.S. border with Mexico / to limit the flow of illegal immigrants.
이민 정책의 거의 유일한 측면은 / 광범위한 정치적 지지를 받는 / 멕시코와의 미국 국경을 확보하려는 결의이다 / 불법 이민자의 유입을 제한하기 위해

(②) Texas sheriffs / recently developed / a novel use of the Internet / to help them keep watch on the border.

텍스스 보안관들은 / 최근에 개발했다 / 새로운 인터넷 사용 방법을 / 국경을 감시하는 데 도움이 되는

(③) Citizens who want to help monitor the border / can go online and serve as "virtual Texas deputies."
국경 감시를 돕고 싶은 시민들은 / 온라인에서 '가상 텍스스 대표' 역할을 할 수 있다

(④) If they see anyone / trying to cross the border, / they send a report to the sheriff's office, / which follows up, / sometimes with the help of the U.S. Border Patrol.
그들이 누군가를 보면 / 국경을 넘으려는 / 그들은 보안관 사무실로 보고서를 보낸다 / 그것은 후속 조치를 취한다 / 때때로 미국 국경 순찰대의 도움을 받아서

[해석] 이민 개혁은 정치적 지뢰밭이다. 광범위한 정치적 지지를 받는 이민 정책의 거의 유일한 측면은 불법 이민자의 유입을 제한하기 위해 멕시코와의 미국 국경을 확보하려는 결의이다. 텍스스 보안관들은 최근에 국경을 감시하는 데 도움이 되는 새로운 인터넷 사용 방법을 개발했다. ③ 그들은 불법 횡단로로 알려진 장소에 비디오카메라를 설치했고, 웹 사이트에 카메라의 생중계 영상 피드를 올렸다. 국경 감시를 돕고 싶은 시민들은 온라인에서 '가상 텍스스 대표' 역할을 할 수 있다. 그들이 국경을 넘으려는 누군가를 보면, 그들은 보안관 사무실로 보고서를 보내고, 그곳(보안관 사무실)은 때때로 미국 국경 순찰대의 도움을 받아서 후속 조치를 취한다.

[해설] 주어진 문장에 그들(They)이 불법 횡단로로 알려진 장소에 비디오카메라를 설치했고, 웹 사이트에 카메라의 생중계 영상 피드를 올렸다는 내용이 있는데, ③번 앞 문장에 텍스스 보안관들이 최근에 국경을 감시하는 데 도움이 되는 새로운 인터넷 사용 방법을 개발했다는 내용이 있고, ③번 뒤 문장에 국경 감시를 돕고 싶은 시민들은 온라인에서 '가상 텍스스 대표' 역할을 할 수 있다는 내용이 있으므로, ③번 자리에 주어진 문장이 나와야 지문이 자연스럽게 연결된다. (불변의 패턴 23)

[어휘] install 설치하다 illegal 불법의 crossing 횡단로 immigration 이민 reform 개혁 political 정치적인 minefield 지뢰밭 aspect 측면 command 받다 resolve 결의 secure 확보하다 border 국경 sheriff 보안관 novel 새로운 keep watch 감시하다, 망을 보다 citizen 시민 virtual 가상의 deputy 대표, 대리인 patrol 순찰대

7
정답 ④

끊어읽기 해석

I once took a course in short-story writing / and during that course / a renowned editor of a leading magazine / talked to our class.
나는 한 때 단편 소설 쓰기 수업을 들은 적이 있다 / 그리고 그 수업에서 / 일류 잡지의 유명한 편집자가 / 우리 학급에 강연했다

① He said / he could pick up / any one of the dozens of stories / that came to his desk every day / and after reading a few paragraphs / he could feel / whether or not the author liked people.
그는 말했다 / 그는 고를 수 있다고 / 수십 개의 이야기들 중 아무거나 / 매일 그의 책상으로 오는 / 그리고 몇 단락을 읽고 나면 / 그는 느낄 수 있다고 / 그 작가가 사람을 좋아하는지 아닌지를

② "If the author doesn't like people," / he said, / "people won't like his or her stories."
"만약 작가가 사람을 좋아하지 않는다면," / 그는 말했다 / "사람들은 그나 그녀의 이야기를 좋아하지 않을 것입니다."

③ The editor kept stressing / the importance of being interested in people / during his talk on fiction writing.
그 편집자는 계속 강조했다 / 사람들에게 관심을 갖는 것의 중요성을 / 그가 소설 쓰기에 대해 강연을 하는 동안

④ Thurston, a great magician, said that / every time he went on stage / he said to himself, / "I am grateful because I'm successful."
훌륭한 마술사인 Thurston은 말했다 / 그가 무대에 오를 때마다 / 혼잣말을 했다고 / "성공해서 감사합니다."라고

At the end of the talk, / he concluded, / "Let me tell you again. / You have to be interested in people / if you want to be a successful writer of stories."
강연 말미에, / 그는 끝맺었다 / "다시 한번 말씀드리겠습니다 / 여러분은 사람들에게 관심을 가져야 합니다 / 여러분이 성공적인 이야기 작가가 되고 싶다면"

[해석] 나는 한 때 단편 소설 쓰기 수업을 들은 적이 있는데, 그 수업에서 일류 잡지의 유명한 편집자가 우리 학급에게 강연했다. ① 그는 매일 그의 책상으로 오는 수십 개의 이야기들 중 아무거나 고를 수 있고, 몇 단락을 읽고 나면 그 작가가 사람을 좋아하는지 아닌지를 느낄 수 있다고 말했다. ② "만약 작가가 사람을 좋아하지 않는다면, 사람들은 그나 그녀의 이야기를 좋아하지 않을 것입니다."라고 그는 말했다. ③ 그 편집자는 소설 쓰기에 대해 강연을 하는 동안 사람들에게 관심을 갖는 것의 중요성을 계속 강조했다. ④ 훌륭한 마술사인 Thurston은 그가 무대에 오를 때마다 "성공해서 감사합니다."라고 혼잣말을 했다고 말했다. 강연 말미에, 그는 "다시 한번 말씀드리겠습니다. 여러분이 성공적인 이야기 작가가 되고 싶다면, 사람들에게 관심을 가져야 합니다."라며 끝맺었다.

[해설] 화자의 학급에서 유명한 편집자가 강연한 것에 대한 이야기가 이 글의 주제이다. ①, ②, ③번에서는 그 편집자가 소설 쓰기에 대해 강연하는 동안 사람들에게 관심을 갖는 것의 중요성에 대해 강조한 내용을 설명하고 있다. 그러나 ④번은 훌륭한 마술사가 무대에 오를 때마다 "성공해서 감사합니다."라고 혼잣말을 했다는 내용으로, 성공적인 이야기 작가가 되고 싶다면 사람들에게 관심을 가져야 한다고 강조한 편집자의 강연에 대한 지문 전반의 흐름과 관련이 없다. (불변의 패턴 25)

[어휘] renowned 유명한 editor 편집자 leading 일류의, 선두적인 dozens of 수십의 paragraph 단락 stress 강조하다

8
정답 ⑤

끊어읽기 해석

Dottie and I entered 1966 / expecting another good year, / but as it turned out, / that was not to be, / as our parents were hurting.
Dottie와 나는 1966년에 들어섰다 / 또 다른 좋은 한 해를 기대하며 / 하지만 나중에 밝혀진 것처럼 / 그것은 그렇지 않았다 / 우리 부모님께서 편찮으셨기 때문이다

(A) We flew to Wichita / and were met by my sisters.
우리는 Wichita로 비행기를 타고 갔다 / 그리고 언니들을 만났다

By the time we got to the hospital, / Dad was responding to some new medicine.
우리가 병원에 도착했을 때 / 아버지는 어떤 새로운 약에 차도를 보이고 있었다

He recovered / and was able to go home / in a couple of weeks.
그는 회복했다 / 그리고 집에 갈 수 있었다 / 2주 만에

(B) We made some changes / in his care, / and after a couple of days, / he was beginning to recover.
우리는 어느 정도의 변화를 만들었다 / 그의 치료에 / 그리고 며칠 후 / 그는 회복되기 시작했다

We then received the call / that Dad had gotten worse, / his remaining kidney had stopped functioning, / he had fallen into a coma, / and that we should come.
그리고 나서 우리는 전화를 받았다 / (나의) 아버지가 악화되었다는 / 그의

남은 신장이 기능을 멈췄다는 / 그가 혼수상태에 빠졌다는 / 그래서 우리가 와야 한다고

(C) Mother had fallen and hurt her leg; / then, in April, / Dad had a kidney removed / due to a tumor.
어머니는 넘어져 다리를 다쳤다 / 그 후 4월에 / 아버지는 신장을 제거했다 / 종양 때문에

At the same time, / Dottie's father became very sick, / and we flew to Tucson / to be with him.
동시에 / Dottie의 아버지가 매우 편찮아지셨다 / 그리고 우리는 Tucson으로 비행기를 타고 갔다 / 그와 함께 있기 위해

해석

Dottie와 나는 또 다른 좋은 한 해를 기대하며 1966년에 들어섰지만, 나중에 밝혀진 것처럼, 그것은 그렇지 않았는데, 우리 부모님께서 편찮으셨기 때문이다.

(C) 어머니는 넘어져 다리를 다쳤고, 그 후 4월에, 아버지는 종양 때문에 신장을 제거했다. 동시에, Dottie의 아버지가 매우 편찮아지셨고, 우리는 그와 함께 있기 위해 Tucson으로 비행기를 타고 갔다.

(B) 우리는 그(Dottie의 아버지)의 치료에 어느 정도의 변화를 만들었고, 며칠 후, 그는 회복되기 시작했다. 그리고 나서 우리는 (나의) 아버지가 악화되어, 그의 남은 신장이 기능을 멈췄고, 그가 혼수상태에 빠졌으며, 그래서 우리가 와야 한다는 전화를 받았다.

(A) 우리는 Wichita로 비행기를 타고 가서 언니들을 만났다. 우리가 병원에 도착했을 때, 아버지는 새로운 약에 차도를 보이고 있었다. 그는 회복했고 2주 만에 집에 갈 수 있었다.

해설 주어진 글에서 1966년에 필자의 부모님이 편찮으셨다는 일화를 소개하고 있으므로 뒤에는 사건이 전개되는 내용이 나올 것임을 예측할 수 있다. (C)에서 필자의 부모님이 아프신 동시에 Dottie의 아버지도 매우 편찮아지게 되어서 Dottie와 필자가 그와 함께 있기 위해 Tucson으로 간 것을 설명하고, 이어서 (B)에서 그의 치료(his care)에 변화가 있었고 Dottie의 아버지가 회복하기 시작하고 나서는 필자의 아버지의 상태가 더 악화되어 다시 돌아가야 한다는 전화를 받았다고 하고 있다. 뒤이어 (A)에서 우리(We)가 Wichita의 병원에 도착했을 때 필자의 아버지가 새로운 약에 차도를 보여 결국 퇴원할 수 있었음을 언급하고 있다. 따라서 ⑤ (C) − (B) − (A)가 정답이다. (불변의 패턴 22)

어휘 turn out 밝혀지다 respond 차도를 보이다 recover 회복하다
get worse 악화되다 kidney 신장
fall into a comma 혼수상태에 빠지다 remove 제거하다 tumor 종양

어휘&생활영어

Section 1 어휘

p.146

불변의 패턴 01 선택지가 형용사로 구성된 경우, 형용사가 수식하거나 서술하는 명사에서 단서를 찾는다.

대표 기출 예제
정답 ③

[해석] 분명히, 언어 예술의 어떤 측면도 배움이나 가르침에 있어 분리되지 않는다. 듣기, 말하기, 읽기, 쓰기, 보기, 그리고 시각적으로 표현하기는 상호 연관되어 있다.
① 뚜렷한
② 왜곡된
③ 상호 연관된
④ 독립된

[어휘] obviously 분명히, 확실히 aspect 측면
stand alone 분리되다, 혼자 떨어져 있다 visually 시각적으로
represent 표현하다, 나타내다 distinct 뚜렷한, 분명한
distorted 왜곡된, 비뚤어진 interrelated 상호 연관된
independent 독립된

기출문제 풀어보기

Q1
정답 ①
[해설] 선택지가 형용사로 구성되어 있으므로 명사 forest rangers(산림 경비원들)가 문맥 속에서 어떻게 서술되어야 하는지 파악해야 한다. 문장 앞 부분에 캘리포니아에는 비가 거의 오지 않았다는 내용이 있으므로, '산림 경비원들은 특히 경계하고 있어야 한다'는 내용이 되어야 함을 파악할 수 있다. 따라서, 빈칸에 들어갈 형용사는 '경계하고 있는'이라는 의미의 ① vigilant이다.

[해석] 지난 6년 동안 캘리포니아에는 비가 거의 오지 않았기 때문에 산림 경비원들은 산불을 감시할 때 특히 경계하고 있어야 한다.
① 경계하고 있는   ② 느긋한
③ 무관심한   ④ 주의가 산만한

[어휘] ranger 경비원, 관리원 especially 특히
vigilant 경계하고 있는, 방심 않는 indifferent 무관심한
distracted 주의가 산만한

Q2
정답 ②
[해설] 선택지가 형용사로 구성되어 있으므로 밑줄 친 형용사 intimate이 명사 her friends(그녀의 친구들)를 어떤 의미로 수식하고 있는지 파악해야 한다. 밑줄이 있는 문장 앞 문장에 Jane이 작은 결혼식을 하고 싶어 한다는 내용이 있으므로, '그녀의 가족과 몇몇 친한 친구들을 초대하기로 계획했다'는 내용이 되어야 함을 파악할 수 있다. 따라서, 밑줄 친 형용사 intimate과 의미가 가장 가까운 것은 '친한'이라는 의미의 ② close이다.

[해석] Jane은 화려한 결혼식보다는 작은 결혼식을 하고 싶었다. 그래서, 그녀는 맛있는 음식을 먹고 즐거운 시간을 보내기 위해 그녀의 가족과 몇몇 친한 친구들을 초대하기로 계획했다.
① 참견하기 좋아하는

② 친한
③ 사교적인
④ 사려 깊은

[어휘] fancy 화려한 intimate 친한 nosy 참견하기 좋아하는
outgoing 사교적인, 외향적인 considerate 사려 깊은

p.147

불변의 패턴 02 선택지가 동사(구)로 구성된 경우, 문맥상 주어/목적어의 동작이나 상태를 가장 잘 나타내는 것이 정답이다.

대표 기출 예제
정답 ③

[해석] 슈퍼마켓의 자동문은 가방이나 쇼핑 카트를 가진 고객의 출입을 용이하게 한다.
① 무시하다
② 용서하다
③ 용이하게 하다
④ 과장하다

[어휘] automatic 자동의 entry and exit 출입
facilitate 용이하게 하다, 촉진하다 exaggerate 과장하다

기출문제 풀어보기

Q1
정답 ①
[해설] 선택지가 동사로 구성되어 있으므로 목적어 critics(비평가들)의 동작이나 상태를 문맥 속에서 어떻게 나타내야 하는지 파악해야 한다. 문장 뒷부분에 '라디오 업계가 출퇴근 시간대 라디오에서 공교육 캠페인을 시작했다'는 내용이 있으므로, '비평가들을 달래기 위해서'라는 의미가 되어야 한다. 따라서 밑줄 친 동사 appease와 의미가 가장 가까운 것은 '달래다'라는 의미의 ① soothe이다.

[해석] 비평가들을 달래기 위해, 라디오 업계는 출퇴근 시간대 라디오에서 1,200만 달러의 공교육 캠페인을 시작했다.
① 달래다
② 반박하다
③ 이해시키다
④ 동화시키다

[어휘] appease 달래다, 누그러뜨리다 wireless 라디오; 무선의
industry 업계, 산업 drive-time 출퇴근 시간대, 드라이브 타임
soothe 달래다 counter 반박하다 enlighten 이해시키다
assimilate 동화시키다, 완전히 이해하다

Q2
정답 ①
[해설] 선택지가 동사구로 구성되어 있으므로 주어 The Prime Minister(총리)의 동작이나 상태를 문맥 속에서 어떻게 나타내야 하는지 파악해야 한다. 문장 뒷부분에 '아동 수당이나 연금의 삭감'이라는 내용이 있고, 밑줄 친 ruled out에서 rule은 '결정을 내리다', out은 '나가다'라는 의미로, '결정해서 밖으로 빼내다', 즉, '배제하다'라는 의미를 가지는 것을 알 수 있다. 따라서 밑줄 친 동사구 ruled out과 의미가 가장 가까운 것은 '배제했다'는 의미의 ① excluded이다.

[해석] 총리는 아동 수당이나 연금의 삭감을 배제했다고 여겨진다.

① 배제했다
② 지지했다
③ 제출했다
④ 인가했다

어휘 prime minister 총리, 수상 rule out 배제하다, 제외하다
cut 삭감, 인하 benefit 수당, 혜택 pension 연금
authorize 인가하다, 승인하다

p.148

불변의 패턴 03 선택지가 명사로 구성된 경우, 빈칸/밑줄 앞뒤에 나온 정의/설명/예시에서 단서를 찾는다.

대표 기출 예제

정답 ②

해석 해결되어야 할 문제가 많지만, 저는 우리 국민의 안전이 최우선이라는 점을 강조하고 싶습니다.
① 비밀
② 우선
③ 해결책
④ 기회

어휘 emphasize 강조하다 safety 안전 citizen 국민, 시민

기출문제 풀어보기

Q1

정답 ②

해설 선택지가 명사로 구성되어 있으므로 빈칸 앞뒤에 나온 정의에서 단서를 찾아야 한다. 콜론(:) 뒷부분에 '카우치 포테이토가 텔레비전 앞에서 그러는 것과 거의 동일한 방식으로 컴퓨터 앞에서 많은 여가 시간을 보내는 경향이 있는 사람이다'라는 정의가 있으므로, '마우스 포테이토는 카우치 포테이토의 컴퓨터 상당어구'라는 의미가 되어야 한다. 따라서 빈칸에 들어갈 명사는 '상당어구'라는 의미의 ② equivalent이다.

해석 마우스 포테이토(컴퓨터 중독자)는 텔레비전의 카우치 포테이토(TV만 보는 사람)의 컴퓨터 상당어구인데, 카우치 포테이토가 텔레비전 앞에서 그러는 것과 거의 동일한 방식으로 컴퓨터 앞에서 많은 여가 시간을 보내는 경향이 있는 사람이다.
① 기술자
② 상당어구
③ 통신망
④ 모의실험

어휘 equivalent 상당어구, 동의어

Q2

정답 ①

해설 선택지가 명사로 구성되어 있으므로 밑줄 앞뒤에 나온 설명에서 단서를 찾아야 한다. 밑줄 뒷부분에서 '2학년 학생들의 이것이 임시 교사가 참을 수 있는 것 이상에 가까웠다'는 내용이 있으므로, 밑줄 친 flippancy는 참을 수 있는 것 이상의 어떤 것임을 알 수 있다. 따라서 밑줄 친 명사 flippancy(경솔한 언행)와 의미가 가장 가까운 것은 '실례되는 말'이라는 의미의 ① disrespect이다.

해석 2학년 학생들의 경솔한 언행은 임시 교사가 참을 수 있는 것 이상에 가까웠다.
① 실례되는 말   ② 유머가 없음
③ 심각함   ④ 봉급
⑤ 가장자리

어휘 flippancy 경솔한 언행, 경박

substitute teacher 임시 교사, 대체 교사 stand 참다, 견디다
disrespect 실례되는 말, 무례 stipend 봉급, 장학금 verge 가장자리

p.149

불변의 패턴 04 선택지가 부사로 구성된 경우, 부사가 수식하는 형용사나 서술어에서 단서를 찾는다.

대표 기출 예제

정답 ②

해석 셰익스피어의 희극은 많은 유사점을 공유하지만, 또한 서로 현저하게 다르기도 하다.
① 부드럽게
② 분명히
③ 미미하게
④ 분간할 수 없게

어휘 markedly 현저하게 obviously 분명히, 명백히
marginally 미미하게, 조금만 indiscernibly 분간할 수 없게

기출문제 풀어보기

Q1

정답 ⑤

해설 선택지가 부사로 구성되어 있으므로 밑줄 친 부사 ostentatiously가 수식하는 동사 hang(걸다)에서 정답의 단서를 찾아야 한다. 문장에 젊은 변호사가 그의 사무실 문에 대학 졸업장을 걸었다는 내용이 있으므로, 동사 hang은 '자랑하면서'라는 의미로 수식되는 것이 자연스럽다. 따라서 밑줄 친 부사 ostentatiously와 의미가 가장 가까운 것은 '자랑하면서'라는 의미의 ⑤ boastfully이다.

해석 젊은 변호사는 그의 사무실 문에 그의 대학 졸업장을 과시하듯이 걸었다.
① 예외적으로
② 확신을 갖고
③ 시험적으로
④ 비이성적으로
⑤ 자랑하면서

어휘 ostentatiously 과시하듯이, 허세 부려서 diploma 졸업장
boastfully 자랑하면서, 뽐내며

Q2

정답 ①

해설 선택지가 부사로 구성되어 있으므로 부사 inextricably가 수식하는 동사 bind together(관련 짓다)에서 정답의 단서를 찾아야 한다. 두 번째 문장에서 '우리는 강인한 사람을 지도자로서 기대한다'는 내용이 있으므로, 동사 bind together는 '밀접하게'라는 의미로 수식되는 것이 자연스럽다. 따라서 밑줄 친 부사 inextricably와 의미가 가장 가까운 것은 '불가분하게'라는 의미의 ① inseparably이다.

해석 리더십과 강인함은 밀접하게 관련되어 있다. 우리는 강인한 사람을 지도자로서 기대하는데, 왜냐하면 그들은 우리 집단을 향한 위협으로부터 우리를 보호할 수 있기 때문이다.
① 불가분하게
② 활기가 없이
③ 헛되게
④ 경솔하게

어휘 inextricably 밀접하게, 불가분하게 bind together 관련 짓다
look to 기대하다 inseparably 불가분하게, 밀접하게
inanimately 활기가 없이 ineffectively 헛되게, 무능하게
inconsiderately 경솔하게

1
정답 ①

해설 선택지가 형용사로 구성되어 있으므로 명사 weather patterns (기상 패턴)가 문맥 속에서 어떻게 수식되어야 하는지 파악해야 한다. 문장 뒷부분에 '이상 기후라고 불리는 기상 패턴이 세계 곳곳에서 관찰되고 있다'는 내용이 있으므로, 이 기상 패턴은 '불규칙적인' 이라는 의미의 형용사로 수식되어야 함을 파악할 수 있다. 따라서 빈칸에 들어갈 형용사는 '불규칙적인'이라는 의미의 ① irregular이다. (불변의 패턴 01)

해석 최근에, 보통 '이상 기후'라고 불리는 점점 더 불규칙적인 기상 패턴이 세계 곳곳에서 관찰되고 있다.
① 불규칙적인
② 일관된
③ 예측할 수 있는
④ 효과 없는

어휘 abnormal 이상한, 비정상적인 observe 관찰하다
irregular 불규칙적인 consistent 일관된
predictable 예측할 수 있는 ineffective 효과 없는, 효력 없는

2
정답 ②

해설 선택지가 형용사로 구성되어 있으므로 밑줄 친 형용사 concealed 가 명사 The money(그 돈)를 어떤 의미로 서술하고 있는지 파악해야 한다. 문장 뒷부분에 '그것(돈)을 찾는 것을 포기할 수밖에 없었다'는 내용이 있으므로, 그 돈은 '숨겨진'이라는 의미의 형용사로 서술되어야 함을 파악할 수 있다. 따라서 밑줄 친 형용사 concealed와 의미가 가장 가까운 것은 '숨겨진'이라는 의미의 ② hidden이다. (불변의 패턴 01)

해석 그 돈은 너무 교묘하게 숨겨져서 우리는 그것을 찾는 것을 포기할 수밖에 없었다.
① 소비된
② 숨겨진
③ 투자된
④ 배달된

어휘 cleverly 교묘하게, 영리하게 conceal 숨기다, 감추다
abandon 포기하다, 그만두다 invest 투자하다

3
정답 ④

해설 선택지가 동사로 구성되어 있으므로 주어인 She(그녀)의 동작이나 상태를 문맥 속에서 어떻게 나타내야 하는지 파악해야 한다. 문장 앞부분에 '그녀가 부지런히 일했다'는 내용이 있으므로, 주어(She)는 원하는 것을 얻기 위해 애쓸 '용기가 있었다'는 의미로 서술되어야 한다. 따라서 밑줄 친 동사구 had the guts와 의미와 가장 가까운 것은 '용기가 있었다'는 의미의 ④ was courageous이다. (불변의 패턴 02)

해석 그녀는 부지런히 일했고 그녀가 원하는 것을 얻기 위해 애쓸 용기가 있었다.
① 불안해했다
② 운이 좋았다
③ 평판이 좋았다
④ 용기가 있었다

어휘 diligently 부지런히, 열심히 have the guts to ~할 용기가 있다
go for ~을 얻으려고 애쓰다

4
정답 ②

해설 선택지가 동사로 구성되어 있으므로 주어인 Jane의 동작이나 상태를 문맥 속에서 어떻게 나타내야 하는지 파악해야 한다. 문장 앞부분에 'Jane이 진하고 짙은 차를 따랐다'는 내용이 있으므로, 주어(Jane)는 그것(차)을 '희석했다'는 의미로 서술되어야 한다. 따라서 밑줄 친 동사 diluted와 의미가 가장 가까운 것은 '묽게 했다'는 의미의 ② weakened이다. (불변의 패턴 02)

해석 Jane은 진하고 짙은 차를 따르고 그것을 우유로 희석했다.
① 씻었다
② 묽게 했다
③ 연결했다
④ 발효시켰다

어휘 pour 따르다, 붓다 strong (차가) 진한 dark (색이) 짙은, 어두운
dilute 희석하다, 묽게 하다 ferment ~을 발효시키다

5
정답 ①

해설 선택지가 동사로 구성되어 있으므로 주어인 you(너)의 동작이나 상태를 문맥 속에서 어떻게 나타내야 하는지 파악해야 한다. 문장 뒷부분에 '아빠는 너에게 질문을 멈추지 않을 것이다'라는 내용이 있으므로, 주어(you)는 '털어놓다'라는 의미로 서술되어야 한다. 따라서 밑줄 친 동사구 let on과 의미가 가장 가까운 것은 '밝히다'라는 의미의 ① reveal이다. (불변의 패턴 02)

해석 우리가 깜짝 파티를 계획하고 있다고 네가 털어놓으면, 아빠는 너에게 질문을 멈추지 않을 것이다.
① 밝히다
② 관찰하다
③ 믿다
④ 소유하다

어휘 let on 털어놓다, 폭로하다 reveal 밝히다 possess 소유하다

6
정답 ④

해설 선택지가 동사로 구성되어 있으므로 주어인 They(그들)의 동작이나 상태를 문맥 속에서 어떻게 나타내야 하는지 파악해야 한다. 첫 번째 문장에 '보스턴 스포츠 팬들은 좋은 점과 나쁜 점을 함께 받아들이는 법을 배웠다'는 내용이 있고, '그들은 다른 어떤 도시보다 더 많은 농구 선수권 대회를 경험했다'고 하면서 역접의 접속사 but(그러나)으로 연결하고 있으므로, 주어(They)는 75년 넘게 월드 시리즈 타이틀을 '자랑하지' 못했다는 의미로 서술되어야 한다. 따라서 밑줄 친 동사 boasted와 의미가 가장 가까운 것은 '자랑했다'는 의미의 ④ bragged이다. (불변의 패턴 02)

해석 1918년에 레드삭스가 베이브 루스를 양키스와 트레이드한 이후로, 보스턴 스포츠 팬들은 좋은 점과 나쁜 점을 함께 받아들이는 법을 배웠다. 그들은 다른 어떤 도시보다 더 많은 농구 선수권 대회를 경험했지만, 75년 넘게 월드 시리즈 타이틀을 자랑하지 못했다.
① 포기했다　　　　② 산출했다
③ 포기했다　　　　④ 자랑했다

어휘 trade (선수를) 트레이드하다, 교환하다 see 경험하다, 체험하다
championship 선수권 대회 boast 자랑하다
title (스포츠에서) 타이틀 waive 포기하다, 보류하다 yield 산출하다, 내다
renounce 포기하다 brag 자랑하다

7 　　　　　　　　　　　　　　　　　　　　정답 ④

해설 　선택지가 명사로 구성되어 있으므로 빈칸 앞뒤에 나온 설명에서 단서를 찾아야 한다. 빈칸 뒤에 '우리가 꽤 오랫동안 지루함을 느끼게 했다'는 내용이 있으므로, 기조연설자가 장황했던 '진부한 이야기'를 꺼냈다는 의미가 되어야 자연스러운 것을 알 수 있다. 따라서 빈칸에 들어갈 명사는 '진부한 이야기'라는 의미의 ④ platitude이다. (불변의 패턴 03)

해석 　우리에게 현재 다루고 있는 문제에 대한 혁신적인 아이디어를 제시하는 대신, 기조연설자는 장황했던 <u>진부한 이야기</u>를 꺼냈고 우리가 꽤 오랫동안 지루함을 느끼게 했다.
① 브레인스토밍　　② 재담
③ 비문　　　　　　④ 진부한 이야기

어휘 　matter 문제　in hand 현재 다루고 있는(일·문제 등)
keynote speaker 기조연설자　bring up (의제·제안·화제 등을) 꺼내다
tedium 지루함, 단조로움　brainstorming 브레인스토밍(무엇에 대해 여러 사람들이 동시에 자유롭게 자기 생각을 제시하는 방법)
witticism 재담, 재치 있는 말　epigraph (건물·동상 등에 새기는) 비문
platitude 진부한 이야기

8 　　　　　　　　　　　　　　　　　　　　정답 ②

해설 　선택지가 형용사로 구성되어 있으므로 밑줄 친 형용사 incessant가 명사 The public curiosity(대중의 호기심)를 어떤 의미로 수식하고 있는지 파악해야 한다. 문장 뒷부분에 '기능성 식품에 대한 관심을 높였다'는 내용이 있고, 대중의 호기심이 '건강상의 이익과 더 낮은 가격으로 인한' 것이라고 설명하고 있으므로, 대중의 호기심은 '끊임없는'이라는 의미의 형용사로 수식되어야 함을 파악할 수 있다. 따라서 밑줄 친 형용사 incessant와 의미가 가장 가까운 것은 '끊임없는'이라는 의미의 ② constant이다. (불변의 패턴 01)

해석 　건강상의 이익과 더 낮은 가격으로 인한 <u>끊임없는</u> 대중의 호기심과 소비자의 수요가 기능성 식품에 대한 관심을 높였다.
① 급속한
② 끊임없는
③ 중요한
④ 간헐적인

어휘 　incessant 끊임없는　curiosity 호기심　consumer 소비자
demand 수요　functional 기능성의　intermittent 간헐적인

9 　　　　　　　　　　　　　　　　　　　　정답 ④

해설 　선택지가 명사로 구성되어 있으므로 밑줄 앞뒤에 나온 예시에서 단서를 찾아야 한다. 밑줄이 있는 문장 다음 문장에서 재채기를 할 때 '실례합니다'라고 말하는 미국의 관습을 예시로 들고 있으므로, 밑줄 친 courtesy는 '따를 것으로 기대되는 풍습'이라는 의미임을 알 수 있다. 따라서 밑줄 친 명사 courtesy와 의미가 가장 가까운 것은 '예의'라는 의미의 ④ politeness이다. (불변의 패턴 03)

해석 　관습은 한 집단의 구성원들이 다른 사람들에게 <u>예의</u>를 보이기 위해 따를 것으로 기대되는 풍습이다. 예를 들어, 재채기를 할 때 "실례합니다"라고 말하는 것은 미국의 관습이다.
① 자선
② 겸손
③ 대담함
④ 예의

어휘 　folkways 관습, 어떤 사회 집단의 관행적인 생활 양식·사고방식·행동
courtesy 예의　sneeze 재채기하다　charity 자선　humility 겸손
boldness 대담함　politeness 예의

10 　　　　　　　　　　　　　　　　　　　　정답 ①

해설 　선택지가 부사로 구성되어 있으므로 밑줄 친 부사 inevitably가 수식하는 동사(rebound)에서 정답의 단서를 찾아야 한다. 문장 뒷부분에 '향후 브렌트유와 서부 텍사스산 중질유의 가격을 상승시킨다'는 내용이 있으므로 동사 rebound는 '반드시'라는 의미로 수식되어야 자연스럽다. 따라서 밑줄 친 부사 inevitably와 의미가 가장 가까운 것은 '반드시'라는 의미의 ① necessarily이다. (불변의 패턴 04)

해석 　수요가 <u>반드시</u> 활발하게 반등하며, 향후 브렌트유와 서부 텍사스산 중질유의 가격을 상승시킬 것이라고 생각하는 것은 타당하다.
① 반드시　　　　　② 상당히
③ 기적적으로　　　④ 완전히
⑤ 엄청나게

어휘 　demand 수요　rebound 반등하다, 제자리로 돌아오다　briskly 활발하게
substantially 상당히　utterly 완전히

11 　　　　　　　　　　　　　　　　　　　　정답 ②

해설 　선택지가 형용사로 구성되어 있으므로 밑줄 친 형용사 opulent가 명사 their four-bedroom house(그들의 침실 4개짜리 집)를 어떤 의미로 서술하고 있는지 파악해야 한다. 문장 앞부분에 '그 부부가 부모가 되는 것을 경험하기 전에'라는 내용이 있으므로 침실 4개짜리 집은 '호화로운'이라는 의미의 형용사로 서술되어야 함을 파악할 수 있다. 따라서 밑줄 친 형용사 opulent와 의미가 가장 가까운 것은 '호화로운'이라는 의미의 ② luxurious이다. (불변의 패턴 01)

해석 　그 부부가 부모가 되는 것을 경험하기 전에, 그들의 침실 4개짜리 집은 불필요하게 <u>호화로운</u> 것처럼 보였다.
① 숨겨진
② 호화로운
③ 비어 있는
④ 단단한

어휘 　opulent 호화로운　luxurious 호화로운, 사치스러운　solid 단단한, 견고한

12 　　　　　　　　　　　　　　　　　　　　정답 ②

해설 　선택지가 형용사로 구성되어 있으므로 밑줄 친 형용사 pervasive가 명사 The influence of Jazz(재즈의 영향력)를 어떤 의미로 서술하고 있는지 파악해야 한다. 문장 뒷부분에 '대부분의 대중음악이 양식의 뿌리를 재즈에 두고 있다'는 내용이 있으므로, 재즈의 영향력은 '만연한'이라는 형용사로 서술되어야 함을 파악할 수 있다. 따라서 밑줄 친 형용사 pervasive와 의미가 가장 가까운 것은 '어디에나 있는'이라는 의미의 ② ubiquitous이다. (불변의 패턴 01)

해석 　재즈의 영향력은 너무 <u>만연해서</u> 대부분의 대중음악이 양식의 뿌리를 재즈에 두고 있다.
① 현혹하는　　　　② 어디에나 있는
③ 설득력 있는　　　④ 처참한

어휘 　pervasive 만연하는　popular music 대중음악　stylistic 양식의

Section 2 생활영어

p.154

불변의 패턴 05 대화 초반부에 나온 빈칸 문장은 빈칸 다음 문장에서 단서를 찾는다.

[해석]
> Brian: 안녕하세요, 귀사의 시티 투어에 대한 정보를 좀 얻을 수 있을까요?
> Ace 관광: 연락해 주셔서 감사합니다. 구체적인 질문이 있으신가요?
> Brian: 시티 투어에는 무엇이 포함되나요?
> Ace 관광: 도시의 주요 명소를 모두 안내해 드립니다.
> Brian: 얼마인가요?
> Ace 관광: 4시간 투어에 1인당 50달러입니다.
> Brian: 알겠습니다. 금요일 오후 티켓 4장을 예매할 수 있나요?
> Ace 관광: 물론입니다. 곧 결제 정보를 보내드리겠습니다.

① 투어 시간은 얼마나 되나요?
② 시티 투어에는 무엇이 포함되나요?
③ 투어 패키지 목록이 있나요?
④ 좋은 여행 가이드북을 추천해 주실 수 있나요?

[어휘] contact 연락하다　specific 구체적인, 특정한
book 예매하다, 예약하다　include 포함하다　recommend 추천하다

[해설] 대화 초반부에 빈칸이 나왔으므로 다음 문장인 'It's my pleasure'에서 정답의 단서를 찾아야 한다. 빈칸 다음 문장에서 B가 '도움이 되어서 나도 기뻐'라고 말하고 있으므로, 빈칸에는 '④ I can't thank you enough for helping me with it(네가 그걸 도와줘서 얼마나 고마운지 몰라)'이 들어가야 자연스럽다.

[해석]
> A: 이봐! 지리 시험은 어땠어?
> B: 나쁘지 않았어, 고마워. 나는 그저 그게 끝나서 기뻐! 너는 어때? 과학 시험은 어땠어?
> A: 오, 그건 정말 결과가 좋았어. 네가 그걸 도와줘서 얼마나 고마운지 몰라. 그것 때문에 너한테 한턱내야 해.
> B: 도움이 되어서 나도 기뻐. 그러면, 다음 주에 예정된 수학 시험을 준비하지 않을래?
> A: 물론이지. 같이 공부하자.
> B: 좋은 생각이야. 나중에 보자.

① 이 일로 너 스스로 자책하는 건 무의미해
② 여기서 너를 만날 줄은 몰랐어
③ 사실, 우리는 매우 실망했어
④ 네가 그걸 도와줘서 얼마나 고마운지 몰라

[어휘] geography 지리(학)　owe (남의 은혜를 입었으므로) ~해야 한다
treat 한턱, 대접　beat oneself 자책하다　disappointed 실망한

p.155

불변의 패턴 06 대화 후반부에 나온 빈칸 문장은 빈칸 앞 문장에서 단서를 찾는다.

[해석]
> A: 당신이 어제 마지막으로 퇴근하셨죠, 맞나요?
> B: 네. 무슨 문제라도 있나요?

> A: 오늘 아침에 사무실 전등과 에어컨이 켜져 있는 것을 발견했어요.
> B: 정말요? 이런. 제가 어젯밤에 끄는 걸 깜빡했나 봐요.
> A: 아마 밤새 켜져 있었을 거예요.
> B: 죄송해요. 앞으로 더 조심할 것을 약속할게요.

① 걱정하지 마세요. 이 기계는 잘 작동합니다.
② 맞아요. 모두가 당신과 함께 일하는 것을 좋아합니다.
③ 죄송해요. 앞으로 더 조심할 것을 약속할게요.
④ 안됐군요. 당신은 너무 늦게 퇴근해서 피곤하겠어요.

[어휘] get off work 퇴근하다

[해설] 대화의 후반부에 빈칸이 나왔으므로 빈칸 앞 문장에서 단서를 찾아야 한다. Park 씨가 프로젝트를 담당하고 있으니 그가 서류를 가지고 있을 거라는 B의 말에 A가 대답하고 있으므로, '알려주셔서 감사해요. 그에게 연락해 볼게요'라고 하는 '④ Thank you for letting me know. I'll contact him'이 정답이다.

[해석]
> A: 어제 회의에서 말씀하신 서류를 받아볼 수 있을까요?
> B: 물론이죠. 서류 제목이 어떻게 되나요?
> A: 제목은 기억이 안 나는데, 지역사회 축제에 관한 내용이었어요.
> B: 아, 무엇을 말씀하시는지 알겠어요.
> A: 좋아요. 이메일로 보내주실 수 있나요?
> B: 저는 가지고 있지 않아요. Park 씨가 프로젝트를 담당하고 있으니, 그가 가지고 있을 거예요.
> A: 알려주셔서 감사해요. 그에게 연락해 볼게요.
> B: 행운을 빌어요. 원하시는 서류를 꼭 받으시길 바라요.

① 그가 사무실에 있는지 확인해 주시겠어요?
② Park 씨가 당신에게 이메일을 다시 보냈어요.
③ 지역사회 축제에 오시나요?
④ 알려주셔서 감사해요. 그에게 연락해 볼게요.

[어휘] document 서류, 문서　refer to 말하다, 참고하다
via ~를 통하여, ~에 의해　in charge of 담당하는, 책임이 있는

p.156

불변의 패턴 07 어색한/자연스러운 대화 고르기 유형에서는 문맥에서 살짝 벗어나는 대답을 주의해야 한다.

[해석] ① A: 나는 이 신문사가 자기 의견을 고집하지 않아서 좋아.
　　　B: 그래서 그곳이 판매 부수가 가장 많은 거야.
② A: 그렇게 차려입은 이유가 있니?
　　　B: 응, 나는 오늘 중요한 면접이 있어.
③ A: 나는 연습 중에는 공을 똑바로 칠 수 있지만 경기 중에는 그러지 못해.
　　　B: 나한테도 그런 일이 자주 일어나.
④ A: 캔버스에 그리고 싶은 어떤 특별한 주제가 있니?
　　　B: 나는 고등학교 때 역사 과목을 잘하지 못했어.

[어휘] opinionated 자기 의견을 고집하는, 독선적인
circulation 판매 부수, 순환　subject 주제, 과목

해설 어색한 대화 고르기 유형의 문제이므로 문맥에서 살짝 벗어나는 대답에 주의하여 정답을 골라야 한다. ④번에서 A는 B에게 월요일에 산 재킷의 지퍼가 고장 나서 환불하고 싶다고 하고 있으므로, 자신이 지퍼를 고치겠다는 B의 대답 'OK, I will fix the zipper(네, 제가 지퍼를 고칠게요)'는 어울리지 않는다. 따라서 ④번이 정답이다.

해석 ① A: 당신에게 한 가지 부탁할 게 있어요.
　　　B: 물론이죠, 무슨 일인가요?
② A: 제 계좌를 해지해야 할 것 같아요.
　　 B: 네, 이 양식을 작성해 주세요.
③ A: 그건 멋진 결혼식이었어요.
　　 B: 제 말이 그 말이에요. 그리고 결혼하는 커플은 서로에게 아주 잘 어울려 보였어요.
④ A: 저는 지난 월요일에 이 재킷을 샀는데 벌써 지퍼가 고장 났어요. 저는 환불하고 싶어요.
　　 B: 네, 제가 지퍼를 고칠게요.

어휘 **do a favor** 부탁을 들어주다 **account** 계좌 **refund** 환불 **fix** 고치다

Section Test   p. 158–159

1	④	2	④	3	②	4	③
5	③	6	③	7	①	8	②

1   정답 ④

해설 대화의 후반부에 빈칸이 나왔으므로 빈칸 앞 문장에서 단서를 찾아야 한다. 청구서에 항공 운송비가 추가될 것이라는 A의 말에 B가 대답하고, 빈칸 뒤에서 A가 I am afraid the free delivery service is no longer available(죄송하지만 무료 배송 서비스는 더 이상 제공되지 않습니다)이라고 말하고 있으므로, '잠시만요. 배송비는 귀사 부담인 줄 알았는데요'라고 하는 '④ Wait a minute. I thought the delivery costs were at your expense'가 정답이다. (불변의 패턴 06)

해석
A: 감사합니다. 주문해 주셔서 고맙습니다.
B: 별말씀을요. 상품을 항공 화물로 보내주실 수 있나요? 저희가 그것들이 빨리 필요해서요.
A: 물론이죠. 지금 바로 귀하의 부서로 보내드리겠습니다.
B: 알겠습니다. 저희가 다음 주 초에 상품을 받을 수 있으면 좋겠습니다.
A: 모든 일이 계획대로 진행되면, 월요일까지 받아 보실 수 있을 것입니다.
B: 월요일이 좋은 것 같네요.
A: 2주 이내에 결제해 주시기 바랍니다. 청구서에 항공 운송비가 추가될 것입니다.
B: 잠시만요. 배송비는 귀사 부담인 줄 알았는데요.
A: 죄송하지만 무료 배송 서비스는 더 이상 제공되지 않습니다.

① 그렇군요. 청구서는 언제 받을 수 있나요?
② 저희 부서에서는 2주 이내에 지불하지 못할 수도 있습니다.
③ 월요일에 귀하의 법인 계좌로 대금을 보내 드려도 될까요?
④ 잠시만요. 배송비는 귀사 부담인 줄 알았는데요.

어휘 **appreciate** 고마워하다 **goods** 상품, 물품 **air freight** 항공 화물 **invoice** 청구서, 송장 **business account** 법인 계좌 **at one's expense** 부담으로, 비용으로

2   정답 ④

해설 대화의 후반부에 빈칸이 나왔으므로 빈칸 앞 문장에서 단서를 찾아야 한다. 부장님이 350명 이상 올 거라고 말했다는 A의 말에 B가 대답하고 있으므로, '제가 예상했던 것보다 훨씬 더 많네요'라고 하는 '④ That's a lot more than I expected'가 정답이다. (불변의 패턴 06)

해석
A: Charles, 다가오는 행사에 의자가 더 필요할 것 같아요.
B: 정말요? 의자가 이미 충분하다고 생각했는데요.
A: 부장님께서 350명 이상 올 거라고 말씀하셨어요.
B: 제가 예상했던 것보다 훨씬 더 많네요.
A: 동의해요. 저도 조금 놀랐어요.
B: 그럼 제가 더 주문해야 할 것 같네요. 감사합니다.

① 부장님이 행사에 참석하실지 궁금해요.
② 350명 이상 올 거라고 생각했어요.
③ 그것은 사실 많은 숫자가 아니네요.
④ 제가 예상했던 것보다 훨씬 더 많네요.

어휘 **upcoming** 다가오는, 곧 있을 **attend** 참석하다
expect 예상하다, 기대하다

3   정답 ②

해설 대화의 후반부에 빈칸이 나왔으므로 빈칸 앞 문장에서 단서를 찾아야 한다. 주문을 제시간에 완료해 주겠다는 A의 말에 B가 전화를 해야 하는지 물었으므로, '그러실 필요 없습니다. 11시에 오시면 서류를 준비해 드리겠습니다'라고 하는 '② No need for that. Come at 11:00 and I'll have your documents ready'가 정답이다. (불변의 패턴 06)

해석
A: 기다리시게 해서 죄송합니다, Krauss 씨.
B: 음, 오늘은 할 일이 많은 것 같군요. 당신을 더 이상 붙잡아 두지 않을게요.
A: 걱정하지 마세요, Krauss 씨. 주문을 제시간에 완료해 드리겠습니다.
B: 제가 전화를 드려야 할까요?
A: 그러실 필요 없습니다. 11시에 오시면 서류를 준비해 드리겠습니다.

① 음, 당신은 좋은 고객이시군요. 제가 무엇을 할 수 있는지 알아보겠습니다.
② 그러실 필요 없습니다. 11시에 오시면 서류를 준비해 드리겠습니다.
③ 내일 아침이요? 걱정하지 마세요. 정오 전에 서류를 저에게 가져다주실 수 있나요?
④ 그건 어려울 것 같습니다. 오늘 아침에 완료해야 할 주문이 많습니다.

어휘 **have a lot on one's plate** 해야 할 일이 산더미처럼 있다
order 주문 **on time** 제시간에 **no sweat** 걱정 마라

4   정답 ③

해설 어색한 대화 고르기 유형의 문제이므로 문맥에서 살짝 벗어나는 대답에 주의하여 정답을 골라야 한다. ③번에서 A는 아이들이 생일파티에 갈 거라고 말하고 있으므로, 그것이 식은 죽 먹기였다고 말하는 B의 대답 So, it was a piece of cake(그럼, 그것은 식은 죽 먹기였네요)은 어울리지 않는다. 따라서 ③번이 정답이다. (불변의 패턴 07)

해석 ① A: 그는 마침내 흥행 영화에 출연했군요!
　　　B: 음, 그는 이제 성공했네요.

② A: 이제 좀 피곤해지는군요.
　　B: 오늘은 이만합시다.
③ A: 아이들은 생일파티에 갈 거예요.
　　B: 그럼, 그것은 식은 죽 먹기였네요.
④ A: 그가 어제 왜 집에 일찍 갔는지 궁금하네요.
　　B: 아마 그는 몸이 좀 안 좋았던 것 같아요.

어휘) hit movie 흥행 영화　a piece of cake 식은 죽 먹기

5

정답 ③

해설) 어색한 대화 고르기 유형의 문제이므로 문맥에서 살짝 벗어나는 대답에 주의하여 정답을 골라야 한다. ③번에서 A는 B에게 너무 오랜만이라며 이게 얼마 만이냐고 묻고 있으므로, 차로 한 시간 반 정도 걸렸다는 B의 대답 It took me about an hour and a half by car (차로 한 시간 반 정도 걸렸어요)는 어울리지 않는다. 따라서 ③번이 정답이다. (불변의 패턴 07)

해석) ① A: 머리를 어떻게 해드릴까요?
　　B: 머리 색깔이 조금 지겨워요. 염색하고 싶어요.
② A: 지구 온난화를 늦추기 위해 우리가 할 수 있는 일은 무엇입니까?
　　B: 우선, 대중교통을 더 많이 이용할 수 있습니다.
③ A: Anna, 당신인가요? 너무 오랜만이에요! 이게 얼마 만인가요?
　　B: 차로 한 시간 반 정도 걸렸어요.
④ A: Paul이 걱정돼요. 그는 불행해 보여요. 제가 어떻게 해야 할까요?
　　B: 제가 당신이라면, 그가 문제에 대해 말할 때까지 기다릴 거예요.

어휘) dye 염색하다　public transportation 대중교통　unhappy 불행한

6

정답 ③

해설) 대화의 후반부에 빈칸이 나왔으므로 빈칸 앞 문장에서 단서를 찾아야 한다. 스웨터를 찾는다는 B의 말에 A가 120달러짜리 최신 스타일의 스웨터를 권하고, 빈칸 뒤에서 다시 A가 Then how about this sweater?(그럼 이 스웨터는 어때요?)라고 하면서 50달러로 할인 중인 지난 시즌 제품을 다시 권하고 있으므로, '제 가격대를 조금 벗어나요'라고 하는 '③ It's a little out of my price range'가 정답이다. (불변의 패턴 06)

해석)
> A: 안녕하세요. 무엇을 도와드릴까요?
> B: 네, 저는 스웨터를 찾고 있어요.
> A: 음, 이건 이번 가을 컬렉션의 최신 스타일이에요. 어떤가요?
> B: 멋져요. 얼마인가요?
> A: 가격을 확인해 볼게요. 120달러네요.
> B: 제 가격대를 조금 벗어나요.
> A: 그럼 이 스웨터는 어때요? 이건 지난 시즌 제품인데 50달러로 할인 중이에요.
> B: 완벽해요! 한 번 입어볼게요.

① 저는 이것과 어울리는 바지 하나도 필요해요
② 그 재킷은 나를 위한 완벽한 선물이에요
③ 제 가격대를 조금 벗어나요
④ 우리는 토요일에 오후 7시까지 영업해요

어휘) latest 최신의　on sale 할인 중인

7

정답 ①

해설) 대화의 후반부에 빈칸이 나왔으므로 빈칸 앞 문장에서 단서를 찾아야 한다. 청소 점검표를 검토하는 것을 잊었다는 B의 말에 A가 You know how important a clean kitchen is(당신은 깨끗한 주방이 얼마나 중요한지 알잖아요)라고 말하고 있으므로, '이런 일이 다시 일어나지 않도록 할게요'라고 하는 '① I won't let it happen again'가 정답이다. (불변의 패턴 06)

해석)
> A: 어젯밤에 여기 왔었나요?
> B: 네. 저는 마감 교대 조로 일했어요. 왜 그러세요?
> A: 오늘 아침에 부엌이 엉망이었어요. 레인지 위에 음식이 흘어져 떨어져 있었고, 제빙 그릇들은 냉동고 안에 없었어요.
> B: 제 생각에 제가 청소 점검표를 검토하는 것을 잊은 것 같아요.
> A: 당신은 깨끗한 주방이 얼마나 중요한지 알잖아요.
> B: 죄송합니다. 이런 일이 다시 일어나지 않도록 할게요.

① 이런 일이 다시 일어나지 않도록 할게요.
② 지금 당신의 계산서를 원하시나요?
③ 그것이 어제 제가 그것을 잊어버린 이유입니다.
④ 주문하신 대로 옳게 받으실 수 있도록 하겠습니다.

어휘) shift 교대 조　spatter 흩어져 떨어지다　stove 레인지
go over 검토하다　bill 계산서

8

정답 ②

해설) 대화 초반부에 빈칸이 나왔으므로 다음 문장인 'That's a good idea. I want to ride the roller coaster'에서 단서를 찾아야 한다. 빈칸 다음 문장에서 '좋은 생각이야. 나는 롤러코스터를 타고 싶어'라고 말하고 있으므로, '다른 놀이기구를 찾아보자'라고 말하는 '② Let's look for another ride'가 정답이다. (불변의 패턴 05)

해석)
> A: 우와! 저 긴 줄을 봐. 내 생각에 틀림없이 우리는 최소한 30분은 기다려야 할 거야.
> B: 네 말이 맞아. 다른 놀이기구를 찾아보자.
> A: 좋은 생각이야. 나는 롤러코스터를 타고 싶어.
> B: 그건 내가 좋아하는 것이 아니야.
> A: 그렇다면 플룸라이드는 어때? 그거 재미있고 줄도 그렇게 길지 않아.
> B: 좋은 생각이야! 가자!

① 마술 쇼 자리를 찾아보자.
② 다른 놀이기구를 찾아보자.
③ 퍼레이드를 위한 의상을 사자.
④ 분실물 보관소에 가보자.

어휘) one's cup of tea 좋아하는 것, 기호에 맞는 것, 취미　ride 놀이기구
costume 의상, 복장　lost and found 분실물 보관소

해커스공무원 **단기 합격생**이 말하는

공무원 합격의 비밀!

해커스공무원과 함께라면
다음 합격의 주인공은 바로 여러분입니다.

대학교 재학 중,
7개월 만에 국가직 합격!

김*석 합격생

영어 단어 암기를 하프모의고사로!

___

하프모의고사의 도움을 많이 얻었습니다. **모의고사의 5일 치 단어를 일주일에 한 번씩 외웠고**, 영어 단어 **100개씩은 하루에** 외우려고 노력했습니다.

가산점 없이
6개월 만에 지방직 합격!

김*영 합격생

국어 고득점 비법은 기출과 오답노트!

___

이론 강의를 두 달간 들으면서 **이론을 제대로 잡고 바로 기출문제로** 들어갔습니다. 문제를 풀어보고 기출강의를 들으며 **틀렸던 부분을 필기**하며 머리에 새겼습니다.

직렬 관련학과 전공,
6개월 만에 서울시 합격!

최*숙 합격생

한국사 공부법은 기출문제 통한 복습!

___

한국사는 휘발성이 큰 과목이기 때문에 **반복 복습이 중요하다고 생각**했습니다. 선생님의 강의를 듣고 나서 바로 내용에 해당되는 기출문제를 풀면서 복습했습니다.